西域歷史語言研究集刊

二〇二〇年第二輯（總第十四輯）

中國人民大學國學院西域歷史語言研究所

烏雲畢力格 主編

社會科學文獻出版社

Historical and Philological Studies of China's Western Regions (2020 No.2)Vol. 14

Institute of Historical and Philological Studies of China's Western Regions,
School of Chinese Classics,
Renmin University of China

Oyunbilig Borjigidai Editor-in-Chief

Social Sciences Academic Press(China)

《西域歷史語言研究集刊》編委會

目 録

柯爾克孜族歷史上使用過的文字與文獻…………………… 阿地里·居瑪吐爾地　托汗·依薩克　1

唐蕃首次會盟考…………………………………………………………………………… 劉鳳强　25

明洪武刻本《元朝秘史》流傳始末……………………………………………… 薩仁高娃　肖　剛　39

準噶爾汗國的軍事裝備及其作戰方式…………………………………………………… 納森巴雅爾　52

首次金川戰争中清朝對“番子”人名地名的採録

——對“漢字十二字頭”、《同文韻統》、《清漢對音字式》關係的一個推測 ……… 石岩剛　72

清中期新疆南疆新建城市稱謂辨析……………………………………………………… 王　耀　83

清代宫廷動物畫譜的製作與思考………………………………………………………… 黄蕙如　107

北京藏傳佛教寺院清代蒙古文碑刻文獻概述…………………………………………… 格格其　117

歸化城副都統衙門户籍檔案的史料價值……………………………………………… 烏仁其其格　127

清末内蒙古地區官辦開墾中的西盟墾務局及墾務公司……………………… 蘇日朦　格日勒圖　137

七世章嘉呼圖克圖與民國政府蒙藏院的矛盾探析…………………………………… 烏力吉陶格套　151

民國赤峰縣知事葉大匡致國務卿徐世昌書札考釋……………………………………… 李俊義　173

復旦大學圖書館館藏米夏埃爾·哈恩私人藏書綜述：印度學書籍……………………… 李勝海　188

Early *phyi dar* Manuscripts from Ladakh（拉達克地區的後弘期早期寫本）

……………………………………………………………… Helmut Tauscher（赫爾穆特·陶舍）205

Brief Introduction to the History of Mongol Studies（蒙古學研究簡史）

……………J.Urangua（烏仁高娃） U. A. Kuzmin（庫兹敏） V. Vasilenko（瓦西連科） 221

A Sādhanā of Vajravārāhī Found in a Tibetan Manuscript from Khara–Khoto Preserved in Saint Petersburg

（保存在聖彼得堡的一篇黑水城出土的金剛亥母成就法藏文寫本）

……………………………………………………………… Alexander Zorin（亞歷山大·卓林） 231

Contents

The Scripts and Documents Created by Kirghiz in the History ………… Adil Jumaturdu Tokon Isak 1

Study on the First Alliance of Tang and Tubo ……………………………………………Liu Fengqiang 25

The Spread of the Block-printed Edition of *The Secret History of the Yuan Dynasty* in the Hongwu Period of the Ming Dynasty ……………………………………………… Saren Gaowa Xiao Gang 39

Military Equipment and Combat Methods of the Junggar Khanate ……………………… Nasanbayar 52

Notes on the Collection and Edition of Fanzi's Persons and Places' Names in the First Jinchuan War: An Experimental Interpretation of the Relationship between Nikan Hergen-i Juwan Juwe Uju, *Tongwen Yuntong* and *Qing-Han Duiyin Zishi* ……………………………… Shi Yangang 72

Research on the Name of New Cities Built in the Middle of Qing Dynasty in the Southern Reign of Xinjiang …………………………………………………………………… Wang Yao 83

The Making and Thinking of Animal Painting in Qing Dynasty ……………………… Huang Huiru 107

An Overview of the Mongolian Inscriptions in Beijing's Tibetan Buddhist Monasteries during the Qing Dynasty ………………………………………………… Giigch Borjigin (Gegeqi) 117

The Value of Historical Household Archives in the Yamen (Administration) of Deputy-Commander-in-Chief of Guihua City ……………………………………………… Urenchichig 127

A Study of Western Leagues Reclamation Bureau and Reclamation Companies in Inner Mongolia during the Late Qing Period ………………………………………………… Surimeng Geriletu 137

An Analysis on the Contradiction between the Seventh Janggiy-a Qutughtu and the Bureau of Mongolian and Tibetan Affairs of the Republic of China ………………………… Uljeitogtoh 151

Textual Research on the Letters from Ye Dakuang, Magistrate of Chifeng County in the Republic of China, to Secretary of State Xu Shichang ……………………………………………… Li Junyi 173

A Summary of the Private Collection of Michael Hahn in the Library of Fudan University: Books on India Studies ……………………………………………………………… Li Shenghai 188

Early *phyi dar* Manuscripts from Ladakh ……………………………………… Helmut Tauscher 205

Brief Introduction to the History of Mongol Studies …… J.Urangua U. A. Kuzmin V. Vasilenko 221

A Sādhanā of Vajravārāhī Found in a Tibetan Manuscript from Khara-Khoto Preserved in Saint Petersburg ……………………………………………………………… Alexander Zorin 231

柯爾克孜族歷史上使用過的文字與文獻

阿地里·居瑪吐爾地　托汗·依薩克

柯爾克孜族最初以“鬲昆”“堅昆”的名稱出現在中國第一部紀傳體通史《史記》以及班固的斷代史《漢書》中。據《史記》所記載的時間推算，柯爾克孜族在中國史料記載中的歷史超過兩千年。此外，在中國不同時期的史籍中，其又以“隔昆”“護骨氏”“契骨”“結骨”“紇扢斯”“黠戛斯”“轄戛斯”“吉利吉思”“乞兒吉斯”等名稱出現，均為本民族自稱“Kyrgyz/Kighiz”在不同歷史時期的音譯或異譯。清朝時期的史料沿用準噶爾衛拉特蒙古對柯爾克孜族的稱呼，稱其為“布魯特”。

一

柯爾克孜族是古老的遊牧民族，發源於葉尼塞河上游地區並從6世紀開始因各種原因分批分次逐步西遷至中亞。巴托爾德指出，“現生活於中亞的民族中，可能還沒有哪一個民族的名稱出現得能像柯爾克孜人那樣早”。[①] 在漫長的歷史發展過程中，柯爾克孜人用自己的勤勞和智慧，創造了燦爛的文化，在歐亞大陸的文明史上，留下了清晰而輝煌的足迹。根據中外文獻記載和專家學者的研究，柯爾克孜族是操突厥語民族中最先創立文字的民族之一。[②] 柯爾克孜族的先民創製的古老的岩畫符號在葉尼塞河上游地區的崖壁及石碑上多有發現，而他們曾經使用的葉尼塞文也在上述地區及中亞塔拉斯地區的衆多碑刻上被發現，總數有數十處，時間為552—744年。唯一遺憾的是，這些銘文内容都比較簡短，不能全面反映這種文字系統的整體面貌。儘管如此，這些碑銘還是在一定程度上體現出葉尼塞文的詞語語法規律和獨特的特徵。經過認真研究和比對，W. 拉德洛夫、C.E. 馬洛夫以及I.A. 巴特曼諾夫等均認為這種文字早於鄂爾渾文。[③]

---

① 巴托爾德:《中亞歷史》下册，《巴托爾德文集》第2卷第1册第1部分，張麗譯，蘭州大學出版社，2013，第524頁。

② C.B. 吉謝列夫:《南西伯利亞古代史》，王博譯，新疆人民出版社，2014，第663頁；巴托爾德:《中亞歷史》下册，《巴托爾德文集》第2卷第1册第1部分，第548頁；魯保羅:《西域的歷史與文明》，耿昇譯，新疆人民出版社、人民出版社，2012，第244頁。

③ 参見A. 伯恩什達姆《6至8世紀鄂爾渾葉尼塞突厥社會經濟制度：東突厥汗國和黠戛斯》，楊訥譯，新疆人民出版社，1997，第204頁。另見C.B. 吉謝列夫《南西伯利亞古代史》，第659頁；古麗嘉瑪勒·加曼庫洛娃《吉爾吉斯及吉爾吉斯文字史》第2卷，吉爾吉斯文，比什凱克：uluu toolor 出版社，2014，第293頁；

縱觀歷史，就正規的文字符號而言，柯爾克孜族從古至今先後使用過三種文字，即葉尼塞文、在阿拉伯字母基礎上結合波斯文而創製的哈卡尼亞字母察合台文（即波斯式阿拉伯文字）和在察合台文基礎上創製的目前正在使用的柯爾克孜文。當今柯爾克孜族所使用的文字即是在察合台文基礎上創製改進的柯爾克孜文。生活在中亞地區的柯爾克孜族（即吉爾吉斯人）曾於 20 世紀初使用過這種文字，但蘇聯成立後改用以西里爾（斯拉夫）文字母為基礎的吉爾吉斯文並沿用至今。

除了上述三種文字系統外，國內外史料以及出土文物、岩畫上的文字符號證明，在葉尼塞文出現之前，柯爾克孜族先民曾一度用一些特殊的符號來標記各種事物，這就是古柯爾克孜文字符號，即從古代柯爾克孜族先民曾經生活過的地區出土的文字記載銘文以及岩畫所反映的古圖畫文。這種文字符號是柯爾克孜人依據大自然的變化和生活内容、事物的外觀形態以及各種動物的形態和動作創造的，被稱為“巴卡甫特”[①] 文。他們用這種岩畫文將族群内發生的一些重大事件包括獵手們狩獵的情景等燒録在岩石上，表達自己的思想。這種古老的記事符號也包括早期的部落印記。這種古老的文字符號在柯爾克孜族先民生活過的葉尼塞河流域上游地區、阿爾泰山脉、塔拉斯谷地都有發現。[②] 例如：“”字是根據箭的形狀創造的，其讀音為“奥克”（ok），即表示箭的意思。根據氈房的外形，他們創造了“”字，讀音為“艾甫”（eb），還可讀為“紆”（yu）。“紆”和“艾甫”同為柯爾克孜語房子、氈房的意思。[③] 關於柯爾克孜族先民黠戛斯人在岩畫及一些出土文物上所展示的古代銘文和文字符號，吉謝列夫給出了比較明確的定論，[④] 在此不必贅述。我國蒙古族著名考古學家蓋山林經過多年的比較研究指出：“古代突厥字母與突厥岩畫之間存在着淵源關係，即古代突厥文字母是由岩畫符號發展而來的。至少突厥文的大部分字母來自岩畫中的符號……突厥字母，是自古以來遊牧人的岩畫藝術發展到一定階段升華的産物，它直接來源於突厥岩畫中的各類符號（包括有徽符、印記、記號等）。早在突厥人之前的若干世紀，就已經出現了類似突厥字母的符號。”[⑤] 從嚴格意義的文字學上講，上述所謂的文字符號應該是一種並不成系統的古老標記符號，並不能勝任系統文字的全部作用、使命和功能，但是其對文字的産生具有極為重要的意義，文化

馬塞爾 · 厄達爾《古突厥語語法》，劉釗譯，民族出版社，2017，第 3 頁。

① “巴卡甫特”在柯爾克孜語中意為“青蛙腿”，因這種文字的形狀類似於青蛙腿而得名。

② C.B. 吉謝列夫：《南西伯利亞古代史》，第 663 頁；巴托爾德：《中亞歷史》下册，《巴托爾德文集》第 2 卷第 1 册第 1 部分，第 663—664 頁；魯保羅：《西域的歷史與文明》，第 244 頁；賀繼宏、張光漢主編《中國柯爾克孜族百科全書》，新疆人民出版社，1998，第 186 頁。

③ 參見胡振華《黠戛斯葉尼塞文獻使用的字母》，《胡振華文集》上卷，中央民族大學出版社，2011，第 137 頁；安尼瓦爾 · 巴依吐爾《柯爾克孜歷史講座》，柯爾克孜文，新疆克孜勒蘇柯爾克孜文出版社，1986，第 141—146 頁。

④ C.B. 吉謝列夫：《南西伯利亞古代史》，第 663—665 頁。

⑤ 參見蓋山林《内蒙古百靈廟一帶突厥遺迹初探》，《東北地區歷史與文化》，第 303—315 頁。轉引自芒 · 牧林《古代突厥文來源新探》，中國民族古文字研究會編《中國民族古文字研究會第七次學術研討會論文集》，2004（未公開出版）。

價值不可忽視。

柯爾克孜族先民比較系統的文字葉尼塞文或葉尼塞－塔拉斯文，是其主體生活在葉尼塞河上游地區時即5—10世紀產生的比較成熟的文字系統。有一些碑銘甚至屬於13—14世紀，其分佈地區也擴展至塔拉斯地區，[①] 約有120多個（見下文）。該文字因其重要文獻（石碑）發現於南西伯利亞葉尼塞河上游以及今吉爾吉斯斯坦的塔拉斯地區，又被稱為“葉尼塞文”或“葉尼塞－塔拉斯文”。該文字為字母文字，母音、輔音字母齊全，共有38—40個字母。這種文字有5個母音（其中3個有兩種變體），本体和變体共8個；有32個輔音，其中前舌音輔音11個（其中5個有兩種以上的變體），後舌音輔音11個（其中5個有兩種變體），前後舌雙舌音輔音10個（其中5個有兩種以上的變體）。也就是説，有16個單符字母、18個多符字母和6個混合字母。母音、輔音合计共40個字母。[②] 這與古代突厥－回鶻文即鄂爾渾－葉尼塞文既有一定的共同之處，也存在明顯的區別。現存重要的代表性文獻有《蘇吉碑》《塔拉斯碑》等。[③] 這種文字有以下幾個顯著特點。（1）雖然在形式上與古突厥－回鶻文或鄂爾渾文有一定相似之處，但也存在明顯的區別。（2）葉尼塞河流域和塔拉斯谷地發現的碑文除了個別有差別外，文字的字母形式基本相同。（3）保留了古代柯爾克孜語的語言特點，主要以輔音符號為主，音節特徵明顯。雖然母音符號比現代柯爾克孜語多，但書寫和閱讀時有一些母音字母要根據上下文省略或使用不同的讀音。[④] 比如詞首或以輔音起首的詞的第一個音節中的母音a、e通常省略不寫。（4）文字書寫有兩種，一種是從右向左横着書寫，所發現的大多數銘文即如此。另一種是上一行從右往左書寫，下一行則接着上一行的尾部，從左往右連着寫，這被學者稱為“耕牛式”書寫。（5）文字中除了有事件描述之外，還出現了許多古代柯爾克孜族的官名。[⑤]

《新唐書·黠戛斯傳》載：“其文字語言與回鶻正同。”但據專家考證，柯爾克孜人的祖先最早使用一種特殊的岩畫文字，也就是上述岩畫文字符號，6世紀後開始使用上述葉尼塞文和塔拉斯文。柯爾克孜族先民所使用的葉尼塞文和塔拉斯文同突厥、回鶻使用的古突厥文或鄂爾渾文在字母的變體書寫形式和變體數目上都有一定差異。古代柯爾克孜人刻寫的《蘇吉碑》及大量碑銘證實了他們在古柯爾克孜文和古突厥文的基礎上形成了文字。[⑥] 柯爾克孜人使

---

① S.馬洛夫：《蒙古和吉爾吉斯的突厥文獻》，莫斯科，1959，第55頁。

② 參見胡振華《黠戛斯葉尼塞文獻使用的字母》，《胡振華文集》上卷，第138—146頁；安尼瓦爾·巴依吐爾《柯爾克孜歷史講座》，第141—146頁；白玉冬《E68(El-Baji)葉尼塞碑銘譯注》，余太山、李錦繡主編《歐亞學刊》新9輯，商務印書館，2019，第202—203頁。

③ 參見S.E.馬洛夫《葉尼塞古突厥碑銘》，莫斯科－列寧格勒，1952；L.R.克兹拉索夫《葉尼塞碑銘最新斷代》，《蘇聯考古》1960年第3期，第93—120頁；D.D.瓦西里耶夫《葉尼塞流域突厥如尼文文獻彙編》，列寧格勒：“科學”出版社，1983。

④ 見安尼瓦爾·巴依吐爾《柯爾克孜歷史講座》，第143頁。

⑤ 胡振華《黠戛斯葉尼塞文獻使用的字母》一文認為有32個輔音，而白玉冬在自己的論文中指出是33個輔音，參見白玉冬《E68(El-Baji)葉尼塞碑銘譯注》，余太山、李錦繡主編《歐亞學刊》新9輯，第202—203頁。

⑥ 參見王潔《黠戛斯文化管窺》，《廣播電視大學學報》2011年第4期，第91頁；安尼瓦爾·巴依吐爾《柯爾克孜歷史講座》，第140頁。

用該文字直至13世紀蒙古征服中亞。除了留下一些碑銘文獻外，該文字在民族遷徙至塔拉斯等中亞地區之後基本失傳了。

9—10世紀黠戛斯統治者與唐朝幾代帝王之間的友好書信往來從另一個側面證明了黠戛斯時期的柯爾克孜文字的使用情况。唐武宗（840—846年在位）年間，回鶻汗國滅亡，之後至少有四位黠戛斯官方使節受遣入唐，傳遞了官方的書信，直至847年唐宣宗正式册封黠戛斯可汗為"英武誠明可汗"。關於這段歷史，李德裕《會昌一品集》《李德裕文集》[①]以及《新唐書》等史書中都有明確記載。[②]我們目前尚不知道當時黠戛斯汗王遞交給唐朝皇帝的書信使用的是什麼文字，這些書信是否使用了古代碑銘上所使用的文字，由於資料缺乏尚不能確定。但是，無論如何，這些書信交往無疑説明當時的柯爾克孜族尤其是王公貴族層面用書面文字進行政治交往的歷史事實。

考古發現及碑銘文獻證明，柯爾克孜族最初遷徙至天山及中亞地區之後，曾繼續使用類似於古代葉尼塞文的塔拉斯文。但是，柯爾克孜族整體或絶大多數遷徙到天山、中亞地區之後逐步信仰伊斯蘭教，並在此後一度使用察合台文（Čağatay），歷時若干世紀。察合台文是由以阿拉伯字母為基礎的古代哈喀尼亞文（喀喇汗文）演變而成的，有32個字母，字母分單寫、詞首、詞中、詞尾四種形式，即在單個使用和組詞中因位置的不同而有不同的拼寫方式。察合台文因為在察合台汗國時期（1220—1402）[③]被普遍使用而得名。它最先在蒙古成吉思汗後裔察合台汗及其後代統治的地區形成，後一直延續至20世紀初。中亞鐵木爾汗國時代（1370—1501）[④]是其使用的鼎盛時期。這種文字既保持了古代突厥文的傳統，又吸收了許多阿拉伯－波斯語源的詞彙，在中亞、西亞乃至印度等地使用突厥語族語言的維吾爾族、柯爾克孜族、哈薩克族等民族中廣為流傳，其變異形式也是現代柯爾克孜文、維吾爾文、哈薩克文的基礎。

現代柯爾克孜族的書面文字，也就是現在所使用的柯爾克孜文產生於20世紀20年代。1911年，柯爾克孜（吉爾吉斯）族語言學家依仙阿勒·阿拉巴耶夫（Isenali Arabaev）[⑤]等將以阿拉伯字母為基礎的察合台文重新制定為符合柯爾克孜族語音特點、書寫方便的現代柯爾克孜文，並開始在中亞柯爾克孜地區加以推廣。1934年在喀什成立的"柯爾克孜協會"也採用這種文字用於學校編寫識字課本和教材。這種文字由27個字母組成。目前使用的文字字母表是在上述字母表的基礎上於1954年由克孜勒蘇柯爾克孜自治州制定。改制後的文字

① 見李德裕著，傅璇琮、周建國校箋《李德裕文集校箋》，河北教育出版社，2000，第20、79、83、87、88、91頁。

② 參見《柯爾克孜族簡史》編寫組《柯爾克孜族簡史》，新疆人民出版社，1986，第31頁；王潔《黠戛斯可汗"求"唐册封考》，余太山、李錦繡主編《歐亞學刊》新9輯，第105—122頁。

③ 關於察合台汗國建立和滅亡的時間，史家有不同的觀點，本文衹採用馬大正、馮錫時主編《中亞五國史綱》主張之年份。

④ 關於鐵木爾汗國建立和滅亡的時間，史家有不同的觀點，本文衹採用馬大正、馮錫時主編《中亞五國史綱》主張之年份。

⑤ 依仙阿勒·阿拉巴耶夫（1882—1934），吉爾吉斯現代語言學家，吉爾吉斯（柯爾克孜）現代語言學奠基人。

由30個字母組成。1957年，曾一度引進和使用蘇聯加盟共和國吉爾吉斯蘇維埃社會主義共和國使用的以西里爾文為基礎的柯爾克孜文，並出版了《克孜勒蘇報》等出版物。但此後不久，1959年又重新推廣使用1954年制定的以阿拉伯字母為基礎的柯爾克孜文。好景不長，1963—1979年，中國的柯爾克孜族文字曾一度停用，使柯爾克孜族語言文字的發展遭到重創。新疆南部的柯爾克孜族衹能使用維吾爾文；北疆的柯爾克孜族則衹能使用哈薩克文。1979年，根據新疆維吾爾自治區新黨發（79）203號文件精神，柯爾克孜文重新得到恢復，再次開始使用1954年制定的柯爾克孜文方案，並於1983年對上述字母表順序進行了適當調整，使其更符合當今柯爾克孜語的書寫規範，與此同時，還出版了《柯爾克孜語正字法詞典》① 等一系列專門工具書。

總之，柯爾克孜族自古就是創造和使用文字符號的民族。從國內外研究情況來看，柯爾克孜族使用文字的歷史可以分為四個階段。第一個階段是古柯爾克孜文階段，即古代柯爾克孜族先民曾經生活過的地區出土物上的文字記載以及岩畫所反映的古岩畫文。他們用這種岩畫文將族群內發生的一些重大事件以及獵手們狩獵的情景等燒録在岩石上，記録自己的歷史，表達自己的思想。第二個階段是葉尼塞文和塔拉斯文階段。這種文字符號在葉尼塞河流域、阿爾泰山脉、塔拉斯谷地都有發現，主要是以碑銘形式出現。第三個階段是在柯爾克孜族遷徙到天山及中亞地區之後，其所使用的是以阿拉伯字母為基礎結合波斯文創製的並從中世紀開始在中亞各民族中廣泛使用的察合台文。用這種文字拼寫的柯爾克孜文文獻資料有一定數量的發現，但不是很豐富，還需要展開深入的挖掘和搜集。第四個階段是20世紀上半葉至今，這一階段所使用的是在察合台文基礎上改制而成並一直延用至今的現代柯爾克孜文。

二

文字是在語言的基礎上誕生的，是社會發展到一定階段的産物。人類語言的起源距今至少有上百萬年，而人類最早的文字從誕生到今天最多不過五六千年。文字的創造要有充分的社會發展條件，即必須在社會發展到迫切需要進行文字交流，並且社會生産力發展到一定程度時，文字纔開始産生。在文字産生之前，人類曾經用口頭、實物或圖畫來記事。實物記事和文字的産生無關。圖畫記事通過其符號化形態、口語通過音韻等對文字的産生有直接作用。前者與象形文字的産生有直接關係，後者則與拼音文字的産生密切相關。周有光先生在其《世界文字發展史》一書中指出："文字起源於圖畫，原始圖畫向兩個方向發展，一方面成為圖畫藝術，另一方面成為文字技術。原始的文字資料可以分為岩畫、刻符、文字畫和圖畫字。" ②

草原以及山地文化是柯爾克孜族的典型文化特徵。一年四季搬遷移動，"逐水草而居"是其在古代的主要生活方式。後來，柯爾克孜族開始從事畜牧業和農業，放牧羊、馬、牛、

① 馬克來克·玉買爾拜主編《柯爾克孜語正字法詞典》，新疆人民出版社，1985年初版，1989年第二版。

② 周有光：《世界文字發展史》，上海教育出版社，1997，第4頁。

駱駝等牲畜，種植小麥、大麥、玉米、糜子等作物。從葉尼塞河遷徙並定居於中亞及新疆之後，遊牧加定居的半牧半農經濟是柯爾克孜族最主要的經濟方式。古老的狩獵、遊牧生活可以通過考古發掘得到明確的展示。根據阿爾泰山區與柯爾克孜族先民相關的考古發掘，在公元前 3 世紀至前 1 世紀或者更早期的墓葬中發現了牛羊骨骼，綿羊皮、山羊皮和牦牛皮。隨葬的馬匹有的達 16 匹之多。從一些裝飾物中可以看出，當地居民對於飛禽走獸比較熟悉，常見的禽獸形象有虎、豹、梟、鹿、麋、野猪、野羊、公鷄等，還發現了一些獅頭人身像、有翼有角獅身人面像、獅身鷹頭像等，這是把流傳的神話中的角色製成了藝術品。最精美的手工藝品氈毯，花紋複雜，有怪獸，有人物，有幾何圖案。此外還有衣服、鞋靴、頭飾及馬銜、馬鞍、形象奇特的馬具等。西亞、中亞的毛織品及中國内地的絲織品已被運銷到這裏。這些織物裝飾有各種各樣的藝術紋飾——植物紋、幾何紋飾、野獸圖和怪獸圖等。① 柯爾克孜族先民即古代黠戛斯人的雕刻藝術還有一種形式就是雕刻在岩石上的圖畫（岩畫）。這些岩畫描繪了狩獵和戰鬥情景以及單獨的獵人、武士和動物。② 按照蘇聯考古學家吉謝列夫的觀點，那些山崖上的特意竪立的石碑上有各種各樣的岩畫，它們存在了 2000 多年。其中許多岩畫表現了重大事件，如會戰、大規模狩獵、建立新村、向新地遷徙等，有些使用各種符號表示宇宙觀等抽象的概念。這與公元前 14 世紀至前 10 世紀的卡拉蘇文化中出現的斜十字、正方字、方塊、圓圈、星紋和弧綫，公元前 10 世紀至前 7 世紀的塔加爾文化以及公元前 3 世紀的塔施提克文化中出現的各種印記符號都從各方面表明，在記事手段愈加繁雜，社會關係愈加複雜，並出現黠戛斯國家組織的情況下，試圖創立自己的文字是很自然的事。③

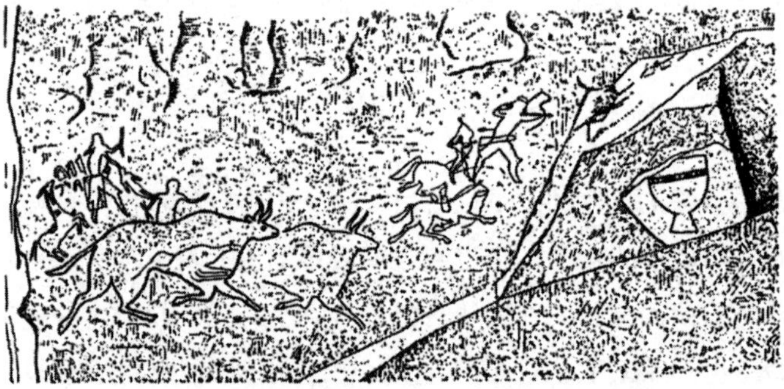

圖 1　葉尼塞河上游阿巴坎地區岩畫一

說明：1897 年發現於葉尼塞河右岸阿巴坎附近。為 1.4 米高、1.15 米寬的長方形柱石，位於一個墓葬西側。

資料來源：孟赫奮（O.Maenchen-Helfen）《西伯利亞岩畫所見黠戛斯摩尼教》，楊富學譯，楊富學編著《回鶻學譯文集新編》，甘肅教育出版社，2015，第 147 頁。

① 參見《柯爾克孜族簡史》，民族出版社，2008，第 35 頁。

② 參見蒙蓋特《蘇聯考古學》第八章，轉引自《柯爾克孜族簡史》，第 48 頁。

③ C.B. 吉謝列夫：《南西伯利亞古代史》，第 663 頁。

圖 2–1

圖 2–2

圖 2　葉尼塞河上游阿巴坎地區岩畫二及局部

說明：1889 年發現於葉尼塞河右岸阿巴坎附近。

資料來源：孟赫奮《西伯利亞岩畫所見黠戛斯摩尼教》，楊富學編著《回鶻學譯文集新編》，第 147 頁。

在吉爾吉斯斯坦發現的最早的碑銘文獻之一是 Саймалуу таш（岩畫）。這個岩畫 – 文字發現於吉爾吉斯斯坦諾卡特 – 新 – 諾卡特地區直轄的“文化”村西北山中的綺麗 – 薩依山崖面（見圖 3）。對此進行深入研究的語言學博士 Л. 朱素普阿庫諾夫（Л.Жусупакматов）指出：“這一岩畫 – 文字至少是公元前一千年前生成的。”①

圖 3–1

圖 3–2

圖 3　吉爾吉斯斯坦境內的岩畫

很明顯，黠戛斯人的文化發展與其高度的經濟水平和複雜的社會國家結構是完全相適應的。他們的文化發展高峰最明顯的表現就是文字。② 有許多崖刻文字可以證明這一點，其中不乏關於黠戛斯內部生活的重大事實的記録。一件由 D.A. 克列門茲在科姆契河卡伊 – 巴什河

① Л. 朱素普阿庫諾夫：《山崖上的文字》（Тоодогу кат），比什凱克，1992，第 4 頁。

② С.В. 吉謝列夫：《南西伯利亞古代史》，第 658 頁。

口拓製的崖刻內容可以證實。[①] 其全文如下：

> 此碑立於吾可汗與吾埃利有之喀拉－森吉爾。碑文係安申所書。汝衆人等所喀拉－森吉爾之領主言、勇士——伊南啜，奇格什訇，以吾之功勳吾乃克施季姆六族中之至高無上者，此吾之優越也。喀拉－森吉爾吾有之，歲次卅八年吾乃足智多謀之將軍。奉可汗之……諭命（吾）係都督訇，疆土及至彼方。[②]

根據碑文內容分析，"汝衆人等所喀拉－森吉爾之領主言"説明此碑銘的內容能被多數人讀懂。也就是説，鄂爾渾－葉尼塞文在當時已經是比較普及的文字了。

除了岩畫之外，蘇聯考古學家吉謝列夫在《南西伯利亞古代史》一書中，通過分析柯爾克孜族先民生活的米努辛斯克地區考古發掘出土的屬於公元初前後的古代柯爾克孜族塔施提克文化的許多羊拐骨（髀石）上燒録的標記和符號（見圖 4）指出，這些標記和符號除了表示計算之外，還表示部落之間的婚姻或其他某種聯繫，它們是後來簡化文字符號的基礎。[③] 刻在羊拐骨上的這些符號和標記有各種形式，比如在羊拐骨上沿刻有不同數量的缺口，在其表面刻有不同數量的小圓窩和圓形花紋。吉謝列夫認為這些符號和標記可以看作計算符號，而另外一些標記和符號，如像希臘字母"W"的標記、不閉合的圓圈和鳥紋，可能是一個家庭或一個氏族的世襲繼承、婚姻關係以及與其他集團建立某種聯繫的符號標記。最有意義的是，有些標記是弧綫、三齒雙弧、不閉合的圓圈、菱紋、十字紋和梯子紋，近似於鄂爾渾－葉尼塞字母表的相應符號。還有一些標記，不能不認為是比較複雜的圖形，它們是後來簡化文字符號的基礎（見圖 5）。

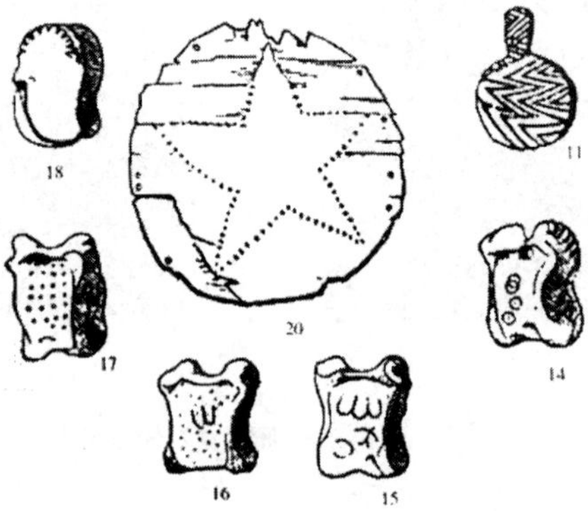

圖 4　米努辛斯克塔施提克文化出土羊拐骨燒録標記符號

資料來源：C.B. 吉謝列夫《南西伯利亞古代史》，第 469 頁。

---

① C.B. 吉謝列夫：《南西伯利亞古代史》，第 664 頁。

② 參見 W.Radlof , Die altturkjschen Lnschriften（《古代突厥碑銘研究》）, Dritt Lieferung, СПб, 1985, pp.326-327。譯文見 C.B. 吉謝列夫《南西伯利亞古代史》，第 664 頁。

③ 參見 C.B. 吉謝列夫《南西伯利亞古代史》，第 492—493 頁。

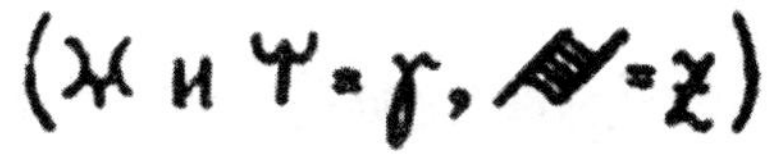

圖 5　羊拐骨及其他物品上的符號

資料來源：C.B. 吉謝列夫《南西伯利亞古代史》，第 493 頁。

葉尼塞河上游岸邊發掘的恰阿塔斯黠戛斯二號墓冢（6—8 世紀黠戛斯有冢墓葬）① 出土的一塊粗陶罐殘片為我們提供了一個例證。陶片下部的波浪紋下方（圖 6 之 11 號），有一排符號——一個內含十字的方格，兩根斜綫，一個簡單的男子圖形，兩個圈的同心圓，一個中間有一條直綫的圓，一個與其相接的弧形，一條直綫，一條橫綫。這無疑是銘文，文中的符號早就存在於葉尼塞河岸。②

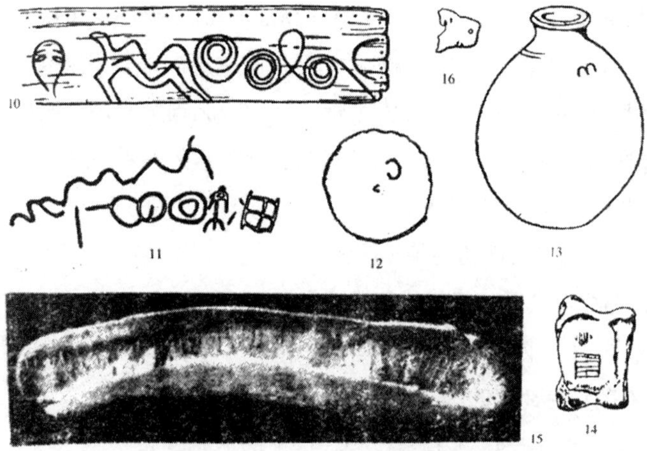

圖 6　葉尼塞河岸恰阿塔斯黠戛斯二號墓冢文物

資料來源：C.B. 吉謝列夫《南西伯利亞古代史》，第 631 頁。

B. 湯姆森等西方學者從西方尋找鄂爾渾 – 葉尼塞字母的原型陷入困境，而 H. 阿里斯托夫則直接了當地指出鄂爾渾文起源於亞洲中部的東方，並且由當地的古代標記組成。吉謝列夫指出上述羊拐骨上面的塔施提克標記與鄂爾渾 – 葉尼塞字母的共同點，有力地説明某些古代突厥字母完全可能是起源於當地。③ 然後他通過分析與比塔施提克更晚的 7—8 世紀黠戛斯出土文物"黠戛斯瓶"上的標記符號的一致性指出，這種標記有數百年的傳統，這種傳統或許是從屬於公元前 2 世紀至前 1 世紀的另一個更早期的塔加爾文化繼承而來，因為塔加爾時期的某些岩畫和墓上石板刻有十字、弧綫、圓圈以及不閉合的圓圈和樹木形狀等符號，同塔

① 此有冢墓葬由蘇聯考古學家吉謝列夫於 1938 年發掘，出土有大量文物。墓葬的石冢下有若干個墓室。室口有木杆拼成的蓋板，貼着坑壁是直入墓底緊密排列的小原木或木樁。隨葬品為粗陶器和黠戛斯瓶、銀盤以及金盤、金罐等金器。

② 參見 C.B. 吉謝列夫《南西伯利亞古代史》，第 663 頁。

③ C.B. 吉謝列夫:《南西伯利亞古代史》，第 493—494 頁。

施提克標記和黠戛斯標記很相似。[①]

從這一觀點出發，可以確定古代柯爾克孜族從公元前 2 世紀至前 1 世紀的塔加爾文化開始，經過公元初的塔施提克文化一直延續到 7—8 世紀，其文字從原始的符號標記向正規的文字即古代黠戛斯文方向發展的脉絡是比較清晰的。

除此之外，自古以來繼承的柯爾克孜族部落用烙鐵印在牲畜身上的部落印記（en tamġa）也提醒我們，這些古老的印記，毫無疑問，與黠戛斯文即古代柯爾克孜文字的産生有一定的關聯。按照柯爾克孜族部落譜系口述資料，形成柯爾克孜族主要的原始部落有阿德格乃（Adigine）、巴爾格（Barġe）、喀拉巴格西（Karabaġish）、索勒托（Solto）、薩雅克（Sayak）、巴格什（Baġish）、阿澤克（Azik）、節迪蓋爾（Jediger）、切熱柯（Cherik）、布古（Buġu）、薩熱巴格什（Saribaġish）、克普恰克（Kipchak）、多略斯（Döölös）、巴斯則（Basiz）、蒙杜兹（Munduz）、蒙奥樂多爾（Moŋoldor）、蒙古什（Muŋgush）、克塔伊（Kitay）、薩如（Saruu）、庫術楚（Kushchu）等。根據部落譜系資料我們可以找到不同部落用來表明本部落財産以及牲畜的標記。下面的圖示是上述柯爾克孜族主要部落的印記圖案。每一個部落的印記都有所不同，但毫無例外地顯示了古老文字的雛形。柯爾克孜族 20 個主要部落的印記如下。

1.  為阿德格乃部落的印記圖案。

2. 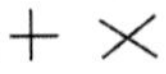 兩種為巴爾格部落的印記圖案。

3.  兩種為喀拉巴格西部落的印記圖案。

4. 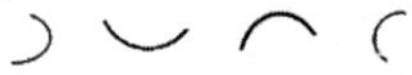 四種為索勒托部落的印記圖案。

5. 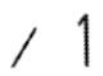 兩種為薩雅克部落的印記圖案。

6. 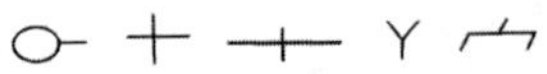 五種為巴格什部落的印記圖案。

7. 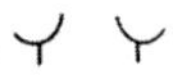 兩種為阿澤克部落的印記圖案。

8.  為節迪蓋爾部落的印記圖案。

9.  五種為切熱柯部落的印記圖案。

10.  五種為布古部落的印記圖案。

11.  三種為薩熱巴格什部落的印記圖案。

12.  三種為克普恰克部落的印記圖案。

13.  三種為多略斯部落的印記圖案。

14. 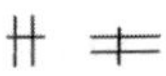 兩種為巴斯則部落的印記圖案。

15.  五種為蒙杜兹部落的印記圖案。

16.  五種為蒙奥樂多爾部落的印記圖案。

17. 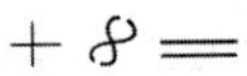 三種為蒙古什部落的印記圖案。

18.  五種為克塔伊部落的印記圖案。

① C.B. 吉謝列夫：《南西伯利亞古代史》，第 494 頁。

19.  五種為薩如部落的印記圖案。

20.  三種為庫術楚部落的印記圖案。

此類部落標記在古代歐亞地區的遊牧部落中普遍存在。《突厥語大詞典》中明確記載了一些突厥語部落的類似標記。[①] 由於篇幅所限，此不贅述。

三

古柯爾克孜族文獻的表現形式主要是碑文和銘文。到目前為止發現的古代柯爾克孜人的碑銘文獻數量超過 120 個。其中大多數發現於葉尼塞河上游及米努辛斯克地區，共計 85 個；蒙古利亞、塔拉斯有 16 個；在費爾干納、伊塞克湖等地區發現的碑銘也有很多。[②] “按知名突厥學家巴特曼諾夫（И.А.Батманов）的觀點，這些碑銘產生和發現的中心正好符合古代柯爾克孜人民生活的區域。”[③] 柯爾克孜族的古突厥文文獻多為保存在葉尼塞河流域的一些碑銘，其中多為短小的墓誌銘，也有出土的器皿、錢幣上帶有古突厥文的。從出土的錢幣看，時間在 841 年前後，即黠戛斯汗國建立後不久。由此看來，居住在葉尼塞河上游一帶的柯爾克孜族使用古突厥文的時間一直延續到 9—10 世紀。

黠戛斯的碑銘文獻資料的內容基本上可以分為三大類：經濟、社會制度、與其他民族的關係。其中關於黠戛斯社會制度的文獻占多數。按照伯恩什達姆的觀點，這當然也不是偶然的，因為這些都是階級關係發展時期的紀念碑，其目的就是鞏固正在增强的階級意識形態，即正在形成的統治階級的意識形態。這些紀念碑毫無例外都是為了紀念黠戛斯社會的貴族階層而立的，碑的內容與碑中所記載的人物有關聯。[④] 碑銘的內容都很刻板，大體上都是按照一個模式撰寫的。通常都分為兩個部分：一是列舉死者離開塵世的狀況，二是列舉死者所失去的東西。其中有時還會出現財產、親屬等。與外族關係方面的記載比較少，這方面的資料主要來自鄂爾渾 – 葉尼塞的其他大型碑文。

根據蘇聯考古學家吉謝列夫的研究，葉尼塞河上游和米努辛斯克盆地的黠戛斯如尼文（即葉尼塞文）碑銘顯然不僅僅是給上層貴族階層看的。在解讀了相關碑銘文獻的內容之後，他指出，“我們在分析這些銘文的內容時，已經談到其中有關六至七世紀黠戛斯社會內部結構的珍貴記載，同時也看到在歌功頌德的言辭中經常提到民衆，這無疑也是寫給普通黠戛斯人看的”。[⑤] 鄂爾渾 – 葉尼塞文的這種普及性從各種日用品上常見的銘文中也能够得到證明。對葉尼塞河上游地區出土的金銀器上的銘文進行分析，也能够得出這樣的結論。如葉尼塞河岸恰阿塔斯黠戛

① 《突厥語大詞典》第 1 卷，校仲彝等譯，民族出版社，2002，第 62—94 頁。

② 參見 B. 奧諾孜巴耶娃等編《現代吉爾吉斯書面語》，Avrasya 出版社，2009，第 12 頁。

③ B. 奧諾孜巴耶娃等編《現代吉爾吉斯書面語》，第 12 頁。

④ A. 伯恩什達姆：《6 至 8 世紀鄂爾渾葉尼塞突厥社會經濟制度：東突厥汗國和黠戛斯》，第 205 頁。

⑤ C.B. 吉謝列夫：《南西伯利亞古代史》，第 664 頁。

斯二號墓冢出土的金銀器（圖 7）中，有一個屬於當地産的小金瓶（見圖 7 之 1 號和 4 號），瓶底上的葉尼塞銘文就十分重要。這段銘文毫無疑問是用當時普遍使用的黠戛斯文撰寫的。

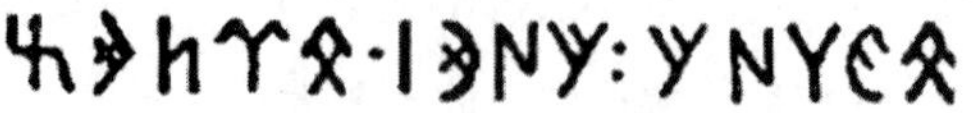

銘文的轉寫如下：bäglük kümüš bärtimiz

意譯為：“匐的銀子我們交了。”吉謝列夫認為此銘文具有非常重要的意義。純金瓶上所刻“ kümüš”（銀子）一詞有兩種含義，一是小金瓶可能裝滿了銀錠或者放在奉送的大量銀器上，二是有可能用來泛指珍品。小瓶上的銘文説明黠戛斯人必須按例向匐即古代氏族的顯貴人物納貢。另外一個小金罐（見圖 7 之 3 號和 6 號）底部也刻有如下銘文。

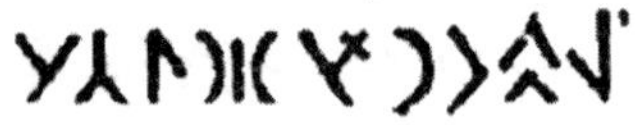

銘文的轉寫如下：altunš(?)račin

意譯為：“金子……阿齊之貢物。”①

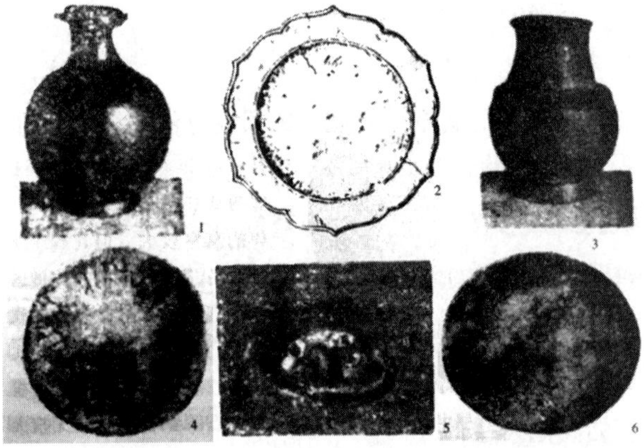

圖 7　葉尼塞河岸恰阿塔斯黠戛斯二號墓冢出土的金銀器

上述銘文中的“阿齊”或“阿齊族”是黠戛斯族的一支。可見這確實是當地所製造的器物，説明這時的貴族納貢形式與先前的形式相同，與此同時還指明了納貢者是誰，是黠戛斯人，是自由的“阿齊族”，而不是被征服的另一個族的人。這些銘文表明，早在 7—8 世紀，納貢和送禮就是黠戛斯民衆與貴族關係的特點。②除了上述這些金銀器上的銘文之外，一些記載有物主名字的銘文，在腰帶飾件、中國式銅鏡、紡輪甚至中國錢幣等物品上也有發現。錢幣上的銘文承載的歷史信息非常重要，因為這枚錢幣是在 842 年鑄造的，這毫無疑問地表明，直到 9—10 世紀，葉尼塞河沿岸的黠戛斯人還在繼續使用他們自己的文字，即鄂爾渾－葉

① C.B. 吉謝列夫：《南西伯利亞古代史》，第 655—656 頁。

② C.B. 吉謝列夫：《南西伯利亞古代史》，第 656 頁。

尼塞文。[①]

除了前面介紹的銘文資料之外，與古代柯爾克孜文相關的重要碑銘還有《蘇吉碑》[②]《塔拉斯碑》等。當然，一些著名的古突厥、回鶻碑銘如《暾欲谷碑》《闕特勤碑》《毗伽可汗碑》《貝格烈碑》等同樣也以各種形式和內容或多或少地涉及黠戛斯的社會歷史和經濟文化。

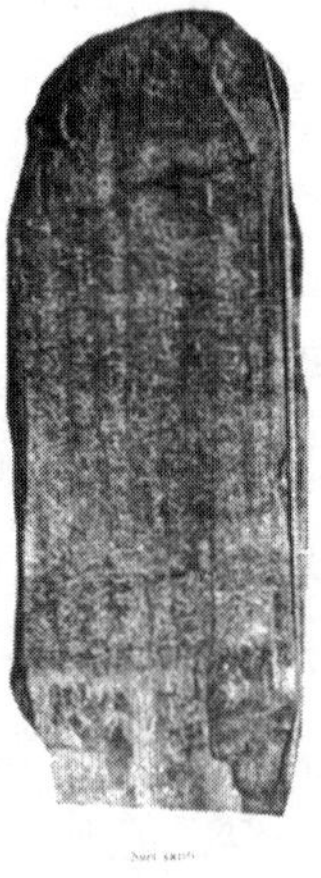

圖 8–1

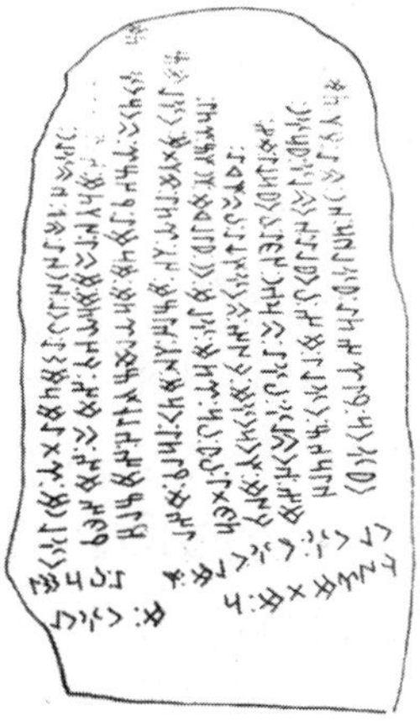

圖 8–2

圖 8 《蘇吉碑》碑文描摹圖

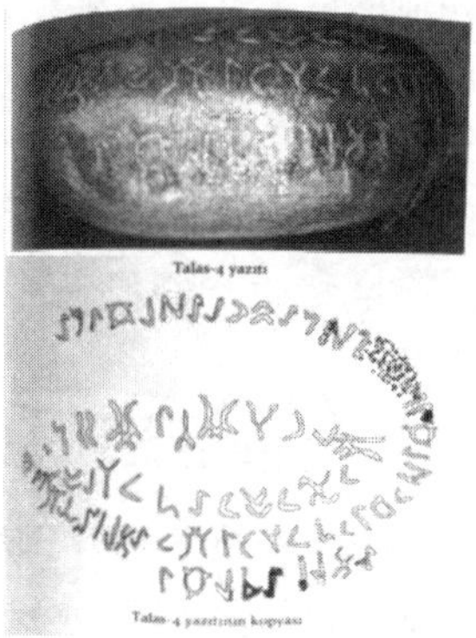

圖 9–1

圖 9–2

圖 9 《塔拉斯碑》文獻 4 及文獻 8

說明：這裏的文獻編號採用土耳其學者熱斯別克·阿利莫夫（Rysbek Alimov）的編目，參見熱斯別克·阿利莫夫編著《天山文獻——古代突厥如尼克文獻回顧》（Tanri Daği Yazitlari：Eski Türk Runik Yazitlari Üzerine Bir Inceleme），土耳其：Kömen Yayinlari 出版社，2014，第 211、214 頁。

5 世紀後，黠戛斯人開始使用葉尼塞－塔拉斯文字。這種文字同突厥、回鶻使用的古突

① C.B. 吉謝列夫：《南西伯利亞古代史》，第 664 頁。

② 參見耿世民《古代突厥文碑銘研究》，中央民族大學出版社，2005，第 225—228 頁；另見林幹《突厥與回紇史》，內蒙古人民出版社，2007，第 393—394 頁。

厥文在字母的變體書寫形式和變體數目上都有所不同。古代柯爾克孜人刻寫的《蘇吉碑》以及《塔拉斯碑》都證實了這一點。其重要文獻（石碑）發現於南西伯利亞、葉尼塞河上游和中亞塔拉斯河谷地區，故被稱為“葉尼塞文”或“塔拉斯文”。我們從蘇聯考古學家的著作中可以找到兩個有力的證據。第一，屬於黠戛斯的葉尼塞碑文要早於鄂爾渾碑文。B.B. 拉德洛夫早就提出了後來得到 P.M. 麥利奧斯基（P.M.Melioranskiy）支持的見解。他認為葉尼塞的如尼文遠比鄂爾渾文更古老，這個意見是站得住脚的。B.B. 拉德洛夫認為它們的年代屬於7—12 世紀，[①] 麥利奧斯基則認為可能“一般地説是屬於七世紀，也可能屬於六世紀”[②]。1926年，C.E. 馬洛夫也支持這個觀點。他在向巴庫突厥學會議提交的報告中説，葉尼塞河的遺存“甚至比鄂爾渾 – 色楞格的遺存早二三百年”，即認為其當屬於 6 世紀。[③] 吉謝列夫指出，没有考古資料可以證明古突厥文（如尼文）從何處傳入當時突厥王牙帳所在的哈喇額爾齊斯河地區。不僅南阿勒泰没有發現如尼文早期遺迹，而且在哈内河與今圖瓦共和國之間以及從克姆契克河到哈喇額爾齊斯河整個地區也根本没有發現如尼文碑銘。[④] 第二，黠戛斯考古資料顯示，他們從很早的時候起就有使用各種符號標記事物的傳統，而這些符號和標記無疑對文字的産生起到了重要作用。“早在卡拉蘇克時期，就曾雕刻斜十字、正十字、方塊、圓圈、星紋和弧綫等圖形。這種符號在塔加爾時代就更多，此外還增添了各種各樣的印記。塔施提克時期又有新的進步——除印記外，出現了計算符號。在記事手段如此古老、如此繁雜的情況下，在社會關係變得更加複雜、出現了黠戛斯國家組織的情況下，試圖創立自己的文字是很自然的。”[⑤] 關於這種原始文字同如尼文字母的關係，可以根據如尼文的符號遠非全都起源於阿拉美文字體系的事實作出推論。

四

從 9、10 世紀開始，柯爾克孜族大量遷到天山一帶，天山與葉尼塞兩支柯爾克孜人會合為一體後，在西域和中亞又進入了一個新的發展階段。他們逐漸信奉了伊斯蘭教、採用了察合台文，並有一部分知識分子採用阿拉伯文、波斯文進行寫作。這對柯爾克孜的經濟、文化諸方面都産生了很大的影響。這一時期的柯爾克孜語，通過維吾爾、烏孜别克等語言吸收了不少的阿拉伯語、波斯語借詞，並豐富了農業生産方面的詞彙。與此同時，因柯爾克孜族内

---

① 拉德洛夫：《蒙古古代突厥碑文研究》（Die Alttürkischen lnschrifen der Mongolei），Drtte Lieferung，СП.，1895，pp.301-302。轉引自 C.B. 吉謝列夫《南西伯利亞古代史》，第 659 頁。

② P.M. 麥利奧斯基：《闕特勤碑研究》（Pamyatnik v cest Kül-tegina），1899，第 47 頁。轉引自 C.B. 吉謝列夫《南西伯利亞古代史》，第 659 頁。

③ 見巴托爾德《中亞歷史》下册，《巴托爾德文集》第 2 卷第 1 册第 1 部分，第 547 頁；另見 C.B. 吉謝列夫《南西伯利亞古代史》，第 659 頁。

④ C.B. 吉謝列夫：《南西伯利亞古代史》，第 659 頁。

⑤ C.B. 吉謝列夫：《南西伯利亞古代史》，第 663 頁。

部部落的劃分，居住地區的不同，柯爾克孜語方言土語的差別已很明顯。這一時期，是柯爾克孜民族共同語的形成發展時期，為現代柯爾克孜語的發展奠定了基礎。民間文學作品如史詩《瑪納斯》等反映了這一時期柯爾克孜語的特點。

最早關於柯爾克孜語的紙質文獻當屬《突厥語大詞典》。它是現存規模最大的一部古代突厥語詞典，由馬赫穆德·喀什噶里於 1072—1075 年在當時十分繁榮的中亞城市巴格達編撰完成。該書現存唯一完整的抄本由波斯薩珊人穆罕默德·本·阿卜巴克爾於 1265—1266 年抄成，現藏土耳其伊斯坦布爾國家圖書館。

圖 10　2002 年民族出版社出版的《突厥語大詞典》漢文版 3 卷

《突厥語大詞典》用阿拉伯文編寫而成，主要是用阿拉伯文解釋突厥語詞彙。全書分三卷，前後可分兩大部分。第一部分為“序論”，主要敘述了編撰該詞典的緣起、詞條的編排體例、文字結構、突厥諸部的地理分佈以及突厥語的特點等，並附有一幅圓形地圖（見圖 11），標明突厥各部的地理位置。第二部分是突厥詞語的注釋，每個詞條後有阿拉伯文的注釋，並引用當時突厥語諸部的民歌、諺語作為範例。全書共收録 7500 個詞語，就像編纂者自己指出的那樣，詞典中包含了突厥、土庫曼、烏古斯、奇吉爾、樣磨、黠戛斯（柯爾克孜）等民族語言的詞語。[①] 在編纂這部詞典之前，作者曾花費若干年時間在上述諸民族生活的地區進行廣泛的田野調查，搜集了大量的資料。不容置疑，詞典中收有大量的古代柯爾克孜語詞語，是我們研究古代柯爾克孜語彌足珍貴的資料。收入詞典的，如 kelin（新娘）、er（男子）、kaliŋ（聘禮）、sep（嫁妝）、ova（是）、jilki（馬）、teke（公山羊）、kiyik（黄羊）、semiz（肥胖）、soy（宰殺）、kachkin（逃亡者）、ok（箭）、tamak（喉嚨）、tun（初次、第一次）、öŋ（容貌、氣色）、uuz（家畜的初乳）、egiz（孿生的）、uludi（嗥、嚎）等，有很多在柯爾克孜語中使用至今。

① 《突厥語大詞典》第 1 卷，第 3 頁。

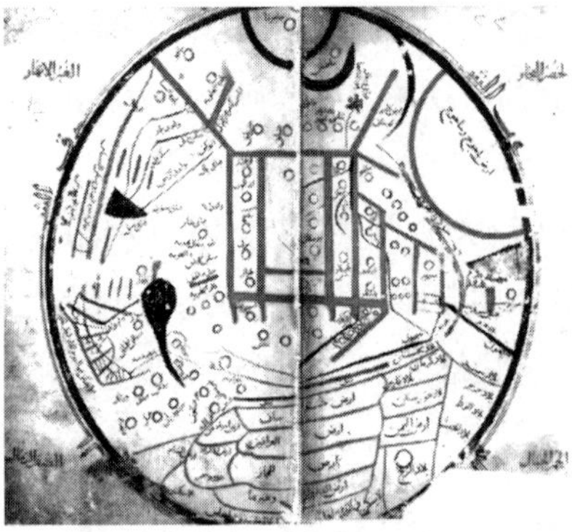

圖 11–1

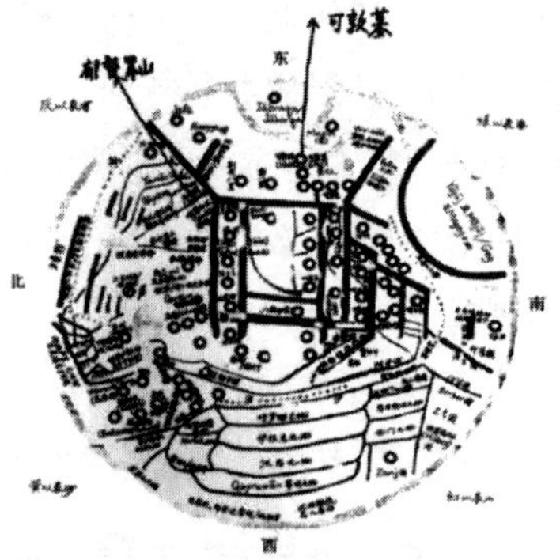

圖 11–2

圖 11 《突厥語大詞典》中的圓形地圖

《突厥語大詞典》中收入的詞語和詮釋根植於古老的民間傳統文化，涵蓋了包括柯爾克孜族在内的古代突厥語族各民族的語言、文學、民俗、歷史、宗教、天文、地理、數學、醫學、政治、經濟、動植物、地質礦藏等方方面面的知識，堪稱一部突厥語族各民族歷史與社會生活的百科全書，為研究古代突厥語族各民族的語言、歷史、文化提供了十分豐富的材料，具有很高的學術價值。[①] 到目前為止，詞典已出版有土耳其文、吉爾吉斯文、烏兹别克文、漢文、維吾爾文、英文、德文等多種譯本，相關學術研究成果更是汗牛充棟，在國際突厥學界已形成“《詞典》學”這樣一個專門研究領域。

詞典寫成之後，柯爾克孜族的書面文學便進入了察合台文時代。由於察合台文與柯爾克孜族口語有較大的差異，除了知識階層外，柯爾克孜族普通百姓衹是在書寫契約、憑證時使用。很明顯，這種文字在柯爾克孜族中的應用並不十分廣泛。直到 19 世紀纔開始使用經過柯爾克孜化改造之後的察合台文記録一些民間文學作品，其中包括史詩《瑪納斯》的片段；少數識字的民間詩人也用這種文字進行創作，有很多手稿存世。柯爾克孜族的察合台文文獻衹在中亞當時的文化中心喀山、烏發、塔什干等地有過少量印刷，存世不多。一些手抄本資料流落在民間，没有進行過系統的搜集和研究。在新疆，還未曾發現用察合台文印刷的柯爾克孜族文獻。

察合台文是由以阿拉伯字母為基礎的哈喀尼亞文（喀喇汗文）演變而形成的。西遷後的柯爾克孜人大多使用察合台文。現代柯爾克孜族使用的便是在察合台文基礎上經過改革後有 30 個字母的現代柯爾克孜文。察合台文因察合台汗國所使用而得名，最初在 13 世紀成吉思汗後裔察合台汗及其後代統治的地區形成，後延續使用到 20 世紀初。中亞鐵木爾時代是其使用的鼎盛時期，為當時中亞以及新疆維吾爾、哈薩克、柯爾克孜、烏孜别克等民族的通用文字。察合台文使用 32 個字母，融會貫通地吸收了阿拉伯 – 波斯文字母拼寫系統，自右至左横寫。

① 參見阿地里 · 居瑪吐爾地《〈突厥語大詞典〉與突厥語民族英雄史詩》,《民族文學研究》2009 年第 3 期。

字母分單寫、詞首、詞中、詞尾四種形式，而且有活字版印刷體和手寫體兩種。書法上，有“納斯塔里克”體、“納斯赫”體、“蘇勒斯”體。這種文字在中亞、西亞乃至印度等地，柯爾克孜、哈薩克、烏茲別克以及維吾爾等民族中廣為流傳。現代柯爾克孜文字是它的延續。[①]

目前為止發現的出自柯爾克孜族本土學者之手在民間以手抄本形式保存和流傳後世的紙質文獻，最重要的有三種。一種是由15世紀末16世紀初生活在中亞的一位柯爾克孜（吉爾吉斯）族有名的社會活動家夏赫·阿帕斯·阿克斯坎特（Xah Abbas Akcikent）之子賽夫丁·依本·大毛拉·夏赫·阿帕斯·阿克斯坎特（Saif ad-din ibn damylla Xah Abbas Akcikent）及其子努爾穆哈買特（Nurmuhammed）用波斯文撰寫，並以手抄本形式在民間流傳若干世紀的《史集》(Majmy atyt-taborih)[②]，另外兩種是19世紀末20世紀初吉爾吉斯宗教學者、部落譜系專家奧斯曼阿勒·斯德克（Osmonale Sidek）所撰寫的於1913年在俄國烏發以察合台文印刷出版的《穆赫塔薩爾柯爾克孜史》(Mutasar tarih Kyrgyziya）和於1915年在烏發出版的其姊妹篇《夏德曼尼亞》(Shadmanya)。

除此之外，19世紀後半期至20世紀初出現了一批用口頭即興創作形式在傳統基礎上進行創作的詩人。他們的作品在民間以口頭形式和手抄本形式廣泛流傳，深受聽衆和讀者的喜愛，產生了巨大影響，在柯爾克孜族文學的發展中具有重大意義。其中比較有代表性的有卡勒古勒（Kalegul,1785–1855）、阿熱斯坦別克（Aristanbek, 1840–1882）、毛勒朵克里奇（Moldo Kilich, 1866–1917）等。他們的創作集中反映了當時中亞社會的動蕩以及這種民不聊生的社會現狀給柯爾克孜族人民帶來的痛苦，同時也表現了柯爾克孜族人民的生活現狀和思想。這幾位詩人流傳後世的代表性作品有卡勒古勒的《末日時代》《勸諭詩》，阿熱斯坦別克的《困苦時代》《詩歌集》，毛勒朵克里奇的《哭泣的時代》《巴勒巴克》《孜力扎拉》等。這些作品的篇幅從數百行到數千行不等，堪稱近代柯爾克孜族重要的書面文化遺産，有待我們開展進一步深入的研究。

《史集》由吉爾吉斯斯坦的兩位學者莫勒多·瑪瑪薩比爾（Moldo Mamasabir）和奧莫爾·索熱諾夫（Omor Sooronov）合作首次直接從察合台文手抄本譯成當代吉爾吉斯文，並於1996年在比什凱克出版。全書共計125頁，包括譯者之一奧莫爾·索熱諾夫撰寫的前言部分（第3—13頁)、正文部分（第14—84頁）以及書後附録部分（第84—126頁)。這個譯本最大的特點是將原手抄本的頁碼清楚地標在了書內。研究人員可以將手抄本的内容和譯文進行對照。

根據《史集》作者在書的開頭部分所寫的内容以及吉爾吉斯文譯者之一奧莫爾·索熱諾夫在前言中的介紹,《史集》的大部分内容由賽夫丁·依本·大毛拉·夏赫·阿帕斯·阿克斯坎特撰寫，後半部分則由其子努爾穆哈買特（也被稱為努肉孜）完成。當時隨着伊斯蘭教

① 參見余太山等主編《新疆各族歷史文化詞典》，中華書局，1996，第466頁。

② 參見阿地里·居瑪吐爾地《16世紀波斯文〈史集〉及其與〈瑪納斯〉史詩的關係》,《民族文學研究》2002年第3期。

在中亞的廣泛傳播，阿拉伯文和波斯文一度成為中亞文人學士們争相學習和使用的主要書面文字。這對學識淵博的父子十分熟悉當時流行的波斯文。賽夫丁·依本·大毛拉出生於阿克斯（Aksi）地區阿克斯坎特（Akcikent）城，並在那裏進行柯爾克孜族傳統文化歷史研究，撰寫了不少書籍。阿克斯坎特城坐落在錫爾河畔，是整個阿克斯地區的經濟文化中心。[1]

圖 12–1

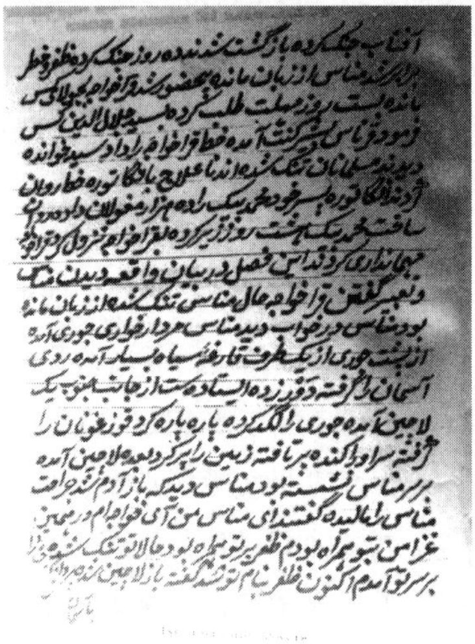

圖 12–2

圖 12　1996 年吉爾吉斯斯坦出版的《史集》封面及手抄本原稿第 85 頁掃描圖

《史集》傳到後世的（到目前為止發現的）有三個手抄本。其中首先引起學者注意的是現存於聖彼得堡國立大學圖書館東方部 963 號文檔中的抄本。這個抄本曾被塔吉克族學者 A.T. 塔依爾江諾夫（A.T.Tagirjianov）研讀，他還出版了一本專著。[2] 第二個抄本現存於俄羅斯科學院亞洲研究所聖彼得堡分部 667 號文檔内。根據塔依爾江諾夫的介紹，此抄本以 Jiami at–tabarih (《史集》) 的名稱保存。這個抄本早就被著名史學家 B.B. 巴爾托里德（B.B.Bartolid）所熟知。他曾於 1899 年 3 月 11 日在俄羅斯考古學會東方部發佈過簡短消息，明確説明這一手抄本是由一位名叫 B.A. 卡拉烏爾（B.A.Kallaur）的人寄給他的，而手抄本的真正保存者是錫爾坎特人（Xirkent）加歌德闊交（Jagdikojo）。手抄本的作者賽夫丁没能完成全書便離開了人世，其子努肉孜（即努爾穆哈買特）繼承父業寫成。寫作時間從 1494—1495 年開始到 1591—1592 年結束。[3] 後來，這一手抄本曾被蘇聯吉爾吉斯斯坦學者 B.A. 拉莫丁（B.A.Ramodin）研讀，他按原文抄録後列印，列印稿被交給吉爾吉斯斯坦科學院下屬的手稿檔案部保存。這份列印稿名為《史集摘録》(Извлечение Из Маджму ат–таварик)，共 109 頁，以 887 號文檔保存。很多吉爾吉斯斯坦學者都参考和引用過這個版本的内容。

---

① 參見賽夫丁·依本·大毛拉·夏赫·阿帕斯·阿克斯坎特《史集》，吉爾吉斯文，比什凱克，1996，第 4 頁。

② 《Собрание историй》Маджуму ат-таварих. Ленинград университет А·Т·Тагиржанов.

③ 參見賽夫丁·依本·大毛拉·夏赫·阿帕斯·阿克斯坎特《史集》，吉爾吉斯文，第 5 頁。

而由莫勒多・瑪瑪薩比爾和奧莫爾・索熱諾夫兩人翻譯的第三個手抄本（即本文所涉及的手抄本）是 1898 年出生在吉爾吉斯斯坦賈拉拉巴德區阿拉布卡縣巴依瑪克村在當地受過舊式宗教教育後又於 1927—1931 年在比什凱克接受過新式教育的加依洛巴耶夫・納扎爾瑪特（Jailuoobayev Nazarmat）於 1968 年交給吉爾吉斯斯坦科學院語言文學所手稿檔案部的。手稿的檔案號為 167—277。這個手抄本是納扎爾瑪特家傳的珍寶。他父親臨死前將珍藏的手抄本拿出來囑咐他說：“你一定要好好保存這本書（即手抄本）。把它藏到一個保險的地方，等你過了 45 歲時再拿出來閱讀。” 納扎爾瑪特按照父親的遺願到 45 歲時纔開始閱讀。[①] 關於這個手抄本的來源，《史集》吉爾吉斯文翻譯者之一奧莫爾・索熱諾夫寫道：“《史集》的這個手抄本是從浩罕地區保存的本子中抄録或是納扎爾瑪特的叔叔闊依侖拜（Koilonbai）從出生在阿克斯坎特（即賽夫丁的故鄉）的人手中抄寫的，也可能是別人抄録後珍藏的手抄本。”[②]

根據上述三個手抄本的研讀者及翻譯者的觀點，塔依爾江諾夫研讀的第一個手抄本，巴爾托里德介紹的第二個手抄本以及被譯成吉爾吉斯文出版的第三個手抄本均為 19 世紀抄録本。根據這一點我們可以推斷，如果這三個手抄本都是在 19 世紀抄録的話，那麽直到 19 世紀，《史集》在民間肯定保存有更為古老的抄本。但是在 19 世紀末至 20 世紀前半葉的戰亂中，這些古老的抄本是否免遭戰亂的劫難就不得而知了。

奧莫爾・索熱諾夫經過對三個抄本的比較後指出，納扎爾瑪特交到吉爾吉斯斯坦科學院語言文學所的手抄本比另兩個手抄本在內容上更為全面。這個手抄本的原始記録稿共留存 123 頁。123 頁以後的頁碼已遺失，可以肯定後面還有一些內容。[③]

從《史集》的內容以及曾經研讀過《史集》不同手抄本的巴爾托里德、塔依爾江諾夫和拉莫丁等人的觀點看，《史集》應寫成於 16 世紀。也就是說，其中記載的內容均為 16 世紀以前的歷史資料和傳説。在手抄本的開頭部分作者就明確説明了自己在寫作此書時曾參考 Tarihi Jahan Kuxai、Kasasul Ambia、Tarihi Mugulia、Tarihi zubdatyl bashar 等許多古代波斯文資料。[④] 從《史集》的描述風格、叙述方式上看，它屬於柯爾克孜典型的傳統口頭部落譜系講述風格，因此這部著作可以說是柯爾克孜族第一部比較全面的書面體部落譜系書。

由於《史集》作者生活在伊斯蘭教盛行於中亞的時期，因此書中有比較明顯的伊斯蘭教色彩。比如作者渲染伊斯蘭教聖人、把伊斯蘭教神話同柯爾克孜古代神話相融合等。但是，即便如此也未能消除柯爾克孜族遠古神話和傳説的痕迹，特别是在有關英雄史詩《瑪納斯》的主人公瑪納斯的內容中，伊斯蘭教衹是起到牽强附會的襯托作用，而英雄瑪納斯形象的原始特質栩栩如生，没有過多的伊斯蘭教色彩。書中把史詩主人公瑪納斯作為歷史人物加以記載發人深省。書中還記載了很多有關柯爾克孜及鄰近各部落分佈、相互交往、征戰以及

---

① 參見賽夫丁・依本・大毛拉・夏赫・阿帕斯・阿克斯坎特《史集》，吉爾吉斯文，第 6 頁。

② 參見賽夫丁・依本・大毛拉・夏赫・阿帕斯・阿克斯坎特《史集》，吉爾吉斯文，第 7 頁。

③ 參見賽夫丁・依本・大毛拉・夏赫・阿帕斯・阿克斯坎特《史集》，吉爾吉斯文，第 8 頁。

④ 參見賽夫丁・依本・大毛拉・夏赫・阿帕斯・阿克斯坎特《史集》，吉爾吉斯文，第 14 頁。

他們的生活等方面的内容，在研究柯爾克孜古代社會、歷史文化方面具有很高的學術價值和資料價值。正像作者在書中所説明的那樣，《史集》描寫了很多人物的傳記（5—12世紀）以及各部落特别是柯爾克孜族部落的歷史傳説。除此之外，還記載了成吉思汗、阿米爾鐵木爾（Amir Temir）等歷史人物生平方面的傳説，記載了中亞各地遭受契丹及卡勒瑪克人入侵的歷史。但是，上述内容寫得都比較粗略。書中描寫最詳細的部分莫過於有關英雄瑪納斯的内容。

柯爾克孜族自古以來就是善於以口頭方式講述自己的歷史，並以口頭方式將其保存於民間史詩以及篇目繁多的口傳部落譜系之中的民族。口頭保存、傳播是柯爾克孜古代歷史與文化最重要的保存與傳播方式。遠古時代，柯爾克孜族先民曾創造古葉尼塞文。但這種文字後來因遷徙與戰亂而失傳了。因此，柯爾克孜族没能留存下自己的文字歷史。而他們發達的口頭表達傳統使部落譜系傳説的講述和史詩作品的演唱得以突飛猛進地發展，達到很高的水準。大部分歷史信息融入被稱為“散吉拉”（Sajira）的部落譜系傳説和規模宏大的口頭史詩之中。所以這些部落譜系傳説和史詩便成為研究柯爾克孜歷史最重要的口頭資料。《史集》的作者在寫作該書時也按照柯爾克孜傳統“散吉拉”的格式記述了柯爾克孜及鄰近各部落的族源，各部落的産生、分支和分佈，各部落及部族中著名英雄人物的事迹。《史集》雖深受柯爾克孜族口傳“散吉拉”傳統的影響，但書中依然明確記載了大量歷史人物及他們的事迹，比如歷史上曾與柯爾克孜發生密切關係的黑契丹首領古爾汗（Kor han，12世紀）、察合台都瓦汗（Du Wa-han，13世紀）、成吉思汗（12—13世紀）及其子拖雷（Tului）、金帳汗國的汗王托合托木西（16世紀）、蒙兀兒斯坦首領克斯爾闊交（14世紀）等。[①] 在這裏需要加以説明的是，無論是部落譜系“散吉拉”還是史詩《瑪納斯》，都是以口頭形式産生、發展、變異和保存的，都屬於民間口頭文學的範疇。因此，它們之中雖然包含很多歷史信息，但這些因素畢竟與真實的歷史還存在一定的距離。《史集》雖然記載了一些歷史人物的事迹，但是這些都是以柯爾克孜傳統“散吉拉”的形式表現的民間傳説。

《史集》的作者用四分之一强的篇幅記載了柯爾克孜族《瑪納斯》史詩第一部主人公瑪納斯的英雄事迹。有關瑪納斯的記載從第55頁開始到第102頁結束。書中没有提及《瑪納斯》史詩，但通過有關瑪納斯的記載給我們提供了《瑪納斯》史詩早期的内容和形態。所有這些因素都對我們探討和研究《瑪納斯》史詩的成型發展具有很大的參考價值和啓發作用。[②] 可以肯定的是，《史集》中的《瑪納斯》史詩文本内容被認為是《瑪納斯》史詩被紙質媒介記録下來的最早的資料，而且是用波斯文記録的。[③]

國内外學者對《史集》這部著作的研究基本上都集中在歷史以及它與英雄史詩《瑪納斯》的關係方面。已經出版和發表的主要論著有塔依爾江諾夫的《史集》（Маджуму ат-

---

① 參見《瑪納斯百科全書》第1卷，吉爾吉斯文，比什凱克，1995，第387頁。

② 參見阿地里·居瑪吐爾地《16世紀波斯文〈史集〉及其與〈瑪納斯〉史詩的關係》，《民族文學研究》2002年第3期。

③ 奧莫爾·索熱諾夫：《1503年記録的〈瑪納斯〉》，吉爾吉斯文，比什凱克，2003，第6頁。

таварих）[①]、奧莫爾・索熱諾夫的《1503 年記録的〈瑪納斯〉》[②]、伊蔑勒・毛勒朵巴耶夫（I.Moldobayef）的《〈瑪納斯〉史詩如何成為吉爾吉斯人民精神文化的源泉》（Епос Манас как источник изучения духовной культуры Киргизского народа）以及阿地里・居瑪吐爾地的《16 世紀波斯文〈史集〉及其與〈瑪納斯〉史詩的關係》[③] 等。

吉爾吉斯斯坦歷史學家伊蔑勒・毛勒朵巴耶夫教授在其著作裏提到《史集》，並在其作品中研究和討論了《史集》中出現的《瑪納斯》史詩中的歷史人物。他説："我們所關注和被吸引的是關係到瑪納斯的事迹，叙事中出现和瑪納斯、交羅伊一様的歷史人物。按生平年代排序：古爾汗・耶律大士（Гурхан Йелуй дашы，12 世紀）、額布拉伊・依本・艾赫邁德（Ыбрахым Ибин Ахмат，1130 年去世）、散賈爾・蘇立湯（Санжар Султан，12 世紀）、成吉思汗・圖盧毅・于鈣待・呼拉谷（Чыңгыс хан,Тулуй,Угедей,Хулагу，13 世紀）、蘇力堂・默罕默德（Султан Мукамбет，1220 年去世）、杜瓦汗（Дува кан，1360 年去世）、額嘎彤略（Ынга төрө，1390 年去世）、蒙兀兒斯坦大人物之一卡瑪律阿丁（Моголыстандын ири төбөлдөрүнүн бири, Камар Аддын，14 世紀）、杜拉特人阿米爾杜拉特也為柯爾克孜人民效勞（Дулаттардын эмиры Дуулат Кыргыздын ичинде да бар）、托克托米什（Токтомуш，1405 年逝世）、金帳汗國有名汗王之一阿克薩克－鐵木爾（Алтын ордонун көрүнүктүү кандарынын бири, Аксак Тэмир，1405 年逝世）等。根據出現的歷史人物名字，著名歷史學家别勒克・索勒托凱里得（белек солтонкелди）認定《瑪納斯》史詩傳統故事人物交羅伊很像契丹人古爾汗耶律本人的原型。"[④]

在《史集》裏有歷史人物托克托米什給瑪納斯建成瑪納斯城堡的故事。瑪納斯位於現在中國新疆，托克托米什來到此地的可能性不大。史詩故事反映的那場柯爾克孜人和契丹人的戰争發生在闊其廓爾、朱木尕勒、恰特卡勒、塔拉斯、喀拉克史塔克等接近吉爾吉斯斯坦境内的地方。通過契丹古爾汗從遥遠的東方來到阿圖什、伊塞克湖等描述，可以確定契丹人是從東方來的。這一點在《瑪納斯》的許多唱本裏都是一樣的。關於交羅伊此人，吉爾吉斯人自然會想到消滅阿莫爾的契丹頭領交羅伊。[⑤]

在《瑪納斯》史詩中，除了契丹，還出現了索倫、錫伯等中亞很多民族的名字，總共有多於 100 個的民族或部族。其中有一部分屬於蒙古的部落［諾伊固特（Нойгут）、廓吾拉特（Коңурат 或 хонкырат）、納伊曼（Найман）、卡塔甘（Катаган 或 хатакан）等］。在《瑪納斯》史詩中出現的有關蒙古人及其祖先的名稱有近 10 個，比如阿拉其（Алач）、多爾布

① A.T. 塔依爾江諾夫：《史集》（Маджуму ат-таварих），列寧格勒大學出版社，1960。

② 奧莫爾・索熱諾夫：《1503 年記録的〈瑪納斯〉》。

③ 阿地里・居瑪吐爾地：《16 世紀波斯文〈史集〉及其與〈瑪納斯〉史詩的關係》，《民族文學研究》2002 年第 3 期。

④ 伊蔑勒・毛勒朵巴耶夫：《〈瑪納斯〉史詩如何成為吉爾吉斯人民精神文化的源泉》（Епос Манас как источник изучения духовной культуры Киргизского народа），伏龍芝：科學（Илим）出版社，1989，第 90—113 頁。

⑤ 伊蔑勒・毛勒朵巴耶夫：《〈瑪納斯〉史詩如何成為吉爾吉斯人民精神文化的源泉》，第 90—113 頁。

特（Дөрбөт）、卡爾米克（Калмак）、康蓋（Каңгай）、蒙古（Мангул）、滿族（Манжу）、衛拉特（Ойрот）、蘇布恩（Субун）、提爾古特（Тыргоот）。還提到蒙古人的首都 Кара корум。史詩中明確指出喀拉市的另一半就是首都 Кара корум。史詩描述的地名有江湖－特額爾諾兒（Меңир ноор）、闊闊諾兒（Көкө ноор）、康蓋（Каңгай）、阿勒泰（Алтай）、偶爾混（Оркон，оркун, ургун）等。[①]

《穆赫塔薩爾柯爾克孜史》和其姊妹篇《夏德曼尼亞》[②] 均出自 19 世紀末 20 世紀初柯爾克孜（吉爾吉斯）詩人、部落譜系專家奥斯曼阿勒·斯德克之手。作者出生於 1877 年，卒年不詳。他幼年時接受宗教私塾教育，後來又在托克馬克、布哈拉、烏發等中亞文化重鎮遊歷求學，不斷學習宗教、歷史、文化知識，極大地開闊了自己的視野。1911 年，他開始動手寫作並很快完成《穆赫塔薩爾柯爾克孜史》，隨後又立即投入撰寫自己的另一部著作《夏德曼尼亞》的工作中。前者首先於 1913 年在俄國烏發以察合台文形式印刷出版，1915 年後者也在烏發出版。

根據柯爾克孜族歷史學家安尼瓦爾·巴依吐爾[③] 的研究，這兩部著作，毫無疑問，都是用察合台文寫成的。

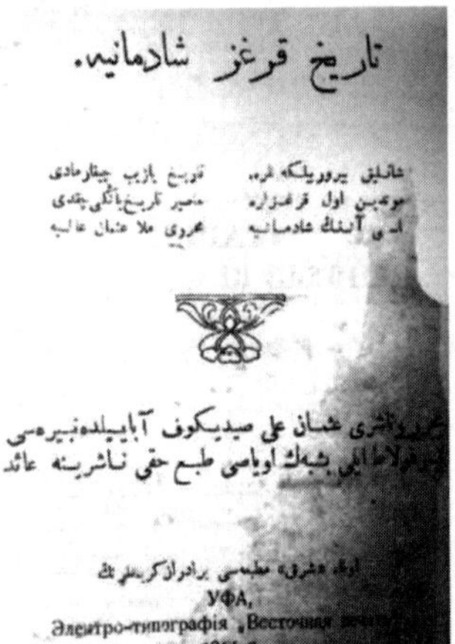

圖 13 《夏德曼尼亞》第一版扉頁掃描圖

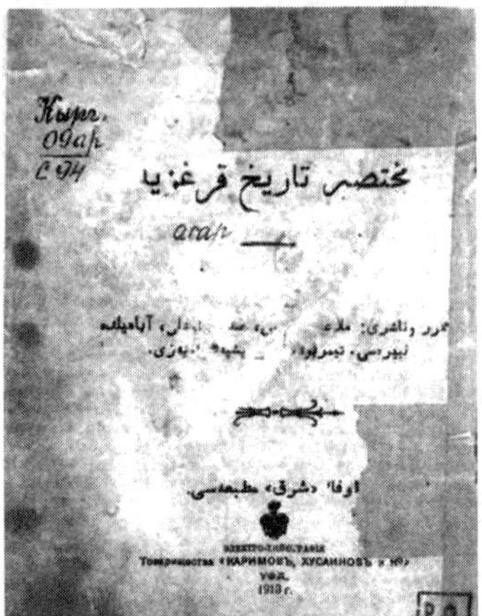

圖 14 《穆赫塔薩爾柯爾克孜史》第一版扉頁掃描圖

---

① 伊蔑勒·毛勒朵巴耶夫:《〈瑪納斯〉史詩如何成為吉爾吉斯人民精神文化的源泉》，第 90—113 頁。

② 1986 年由新疆青少年出版社出版的兩本著作的合集以“Mutasar tarih Kyrgyziya”為書名，漢文書名被翻成《柯爾克孜部落史》（此譯名明顯與原書名有差異，特予說明）。

③ 安尼瓦爾·巴依吐爾（1939—1991），柯爾克孜族歷史學家。1953 年畢業於新疆學院（現為新疆大學）歷史地理系。同年參加新疆社會科學院新疆社會歷史調查組，赴柯爾克孜地區做社會調查工作。1961 年，在中央民族學院（現為中央民族大學）學習。1962 年，進入中國社會科學院民族研究所工作，主攻新疆各民族歷史，曾為中國社會科學院民族研究所副研究員。著有《柯爾克孜族史稿》（柯爾克孜文，1996）、《新疆民族史》（維吾爾文，1998）等，合著有《柯爾克孜簡史》《新疆地區與祖國内地》，譯有《樂師傳》、《伊米德史》（由察合台文譯成現代維吾爾文）等。

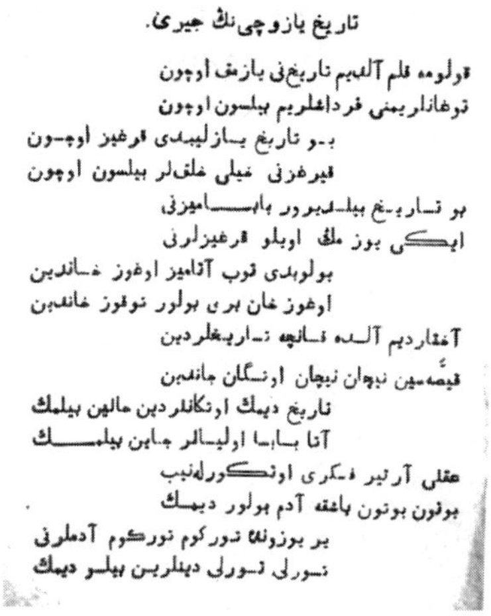

تاریخ یازوچی نڭ جیری.

قولومە قلم آلدیم تاریخنی یازمق اوچون
توغانلاریمنی قرداشلاریم بیلسون اوچون
بو تاریخ یازلیبدی قرغیز اوچون
قیرغزنی خیلی خلقلر بیلسون اوچون
بو تاریخ بیلدیرور بابامیزنی
ایکی یوز ملڭ اویلو قرغیزلرنی
بولوبدی توپ آتامیز اوغوز خاندین
اوغوز خان بری بولور توقوز خاندین
آختاردیم آلدە قانچە تاریخلردین
قیمەیین نیچان نیچان اوتگان جاندین
تاریخ دیمك اوتكانلردین حالین بیلمك
آتا بابا اولیالر جایین بیلمك
عقلی آرتیر فکری اوتکورلەنیب
بوتون بوتون باشقە آدم بولور دیمك
بر بوزونڭ تورکوم تورکوم آدملرنی
تورلی تورلی دیلربن بیلو دیمك

圖 15 《穆赫塔薩爾柯爾克孜史》原著第一頁掃描圖[①]

圖 16 1986 年由新疆青少年出版社出版的《穆赫塔薩爾柯爾克孜史》封面

這兩部著作不僅是歷史著作，而且是現代柯爾克孜族書面文學的開拓性作品。從寫作形式上看，兩書均用韻文體詩歌開頭，詩歌以波斯及突厥語民族傳統的兩行成段的格則里形式創作。在第一部書中，作者緊接着交代寫作這部書的目的，即用花言巧語騙取羊皮的商販們有損柯爾克孜族的話語刺骨寒心，於是下定決心寫成一部屬於本民族自己的歷史書籍。[②] 隨後，作者在“開篇”“學歷史的益處”“人類的始祖”“喀姆的時代”“突厥語部落”等部分交代了大致背景之後，便系統地敘述了近 50 個柯爾克孜族部落的產生、發展、分佈等具體情況。其中，還穿插介紹了柯爾克孜族歷史上著名的智者、汗王、英雄的事迹以及一些重大歷史事件。作者在論述柯爾克孜族部落和歷史事件時具有很强的反思歷史、總結歷史的勇氣，

---

① 漢文譯文：

歷史撰寫者的歌	tarih yazuchiniŋ jiri
為了撰寫歷史我拿起了筆杆，	kolume kalim aldim tarihni yazmk auchun,
要讓我的親人被同時的人們所瞭解；	toganlrymni krdashlryim bilsun auchun;
寫出一部柯爾克孜歷史，	bir tarih yazlibidi Kirgiz auchun,
要讓其他人知道柯爾克孜；	Kirgizni hyli halklir bilsun auchun;
這部史書會讓人們瞭解我們的父輩，	bul tarih byldyror babamyzni,
這裏有 20 萬户柯爾克孜人；	ayki yüzmŋ aüylü Krgizlrni;
我們的祖先來自烏古思汗，	bolobdi tüp atamyz aogoz handin,
烏古思汗是由九位汗王組成；	aogoz han bri bolor tokoz handin;
我尋遍世間多少史書，	ahtardym alde kanche tarihlirdyn,
無數英雄怎能忘記；	kymeyin nychan nychan aotgen jandyn;
所謂歷史就是要瞭解先輩，	tarih dymk aotkanlrdyn halyn bylmk,
知曉祖輩們的輝煌業績；	ata baba aolyalr jayin bylmk;
增長智慧觀點明鋭，	ekli artyr fikry aotkürlenip,
最終成為完全不同之人。	boton boton bashke adem bolor dymik.

② 參見《穆赫塔薩爾柯爾克孜史》，柯爾克孜文，新疆青少年出版社，1986，第 11 頁。

毫不客氣地揭示和總結了柯爾克孜族各部落之間唯我獨尊、彼此交惡、四分五裂甚至相互殘殺的情況，以及人們愚昧無知、故步自封的劣根性，並提出了開辦學校、普及教育、學習科學與文化的重要性，號召人們要解放思想、面向未來，學習科學文化知識，追求新的文明，擺脱封建主義的愚昧和落後。

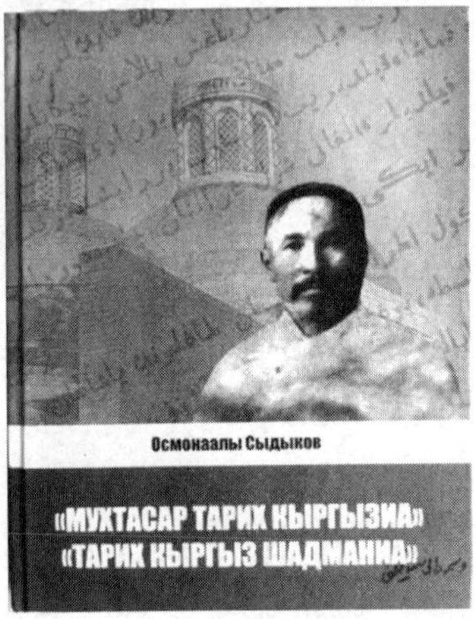

圖 17　2014 年由吉爾吉斯斯坦 Turar 出版社出版的《穆赫塔薩爾柯爾克孜史》封面

總而言之，奥斯曼阿勒·斯德克的這兩部著作，不僅是近代柯爾克孜族歷史書寫的代表性經典著作，而且是近代柯爾克孜族文學的典範之作，對於研究近代柯爾克孜族語言、文化、歷史、文學等都具有非常重要的開拓性意義。

The Scripts and Documents Created by Kirghiz in the History

Adil Jumaturdu　Tokon Isak

Kirghiz is one of the ancient ethnic groups of China. They used to have created their own scripts characters and various documents related to their history. We can find some works written by scholars from China and all over the world connected to their history, culture language and folklore etc. , but the study on the language, specially on the creating of their early scripts and the historical documents are far more less and weak. In this paper, we have only done some arrangement work and first step argumentation for the Kirghiz scripts and documents in the the history according to the historical material we have found. We hope that this topic can be move forward by the scholars at home and from abroad.

唐蕃首次會盟考*

劉鳳强

在唐蕃關係史上，會盟是維繫雙方和好的重要方式。一般認為雙方首次會盟發生在唐中宗神龍二年（706），稱為“神龍會盟”。[①] 關於這次會盟，史書並沒有明確記載，《册府元龜》稱“神龍二年盟誓事，史缺”[②]。因此，對於唐蕃首次會盟的情況我們知之甚少，甚至有失誤之處。目前關於唐蕃首次會盟的研究非常薄弱，張積誠在《“唐番八次和盟”概述》中將唐蕃首次會盟定在神龍元年，[③] 但這一結論被後來學者否認。譚立人利用《册府元龜》《新唐書》的兩則史料，推斷唐蕃首次會盟時間在神龍二年，地點在長安，[④] 這一推斷被收入譚立人、周原孫的《唐蕃交聘表》中，[⑤] 被廣泛引用，尚未見有異議。中國臺灣學者林冠群認為，墀瑪蕾輔政期間，促成了唐蕃首次會盟，時間當在唐中宗神龍年間（705—707），因此名之曰“唐蕃神龍會盟”。[⑥] 其主要論述墀瑪蕾，會盟祇是附帶提及，没有作深入考究。索朗平措從吐蕃、唐朝兩方面分析了此次會盟能够成功的歷史背景，認為吐蕃和唐朝内部都存在嚴重的權力之争，雙方都有求和願望。[⑦] 其文描述了會盟的總體歷史背景，但祇是從唐蕃雙方内部權力争奪的角度來論述，未能考察當時吐蕃和唐朝與周邊民族關係之形勢。唐蕃首次會盟事關唐朝和吐蕃關係的性質，對後來唐蕃會盟也深有影響，因此，我們有必要進一步深入探究這一問題。

一　會盟時間

目前學術界將唐蕃首次會盟稱為“神龍會盟”，也就是認定會盟發生在唐中宗神龍年間，而且傾向於神龍二年。這一認識源於《册府元龜》和《新唐書》。《册府元龜》記載，唐玄宗

* 本文係國家社會科學基金一般項目“禮儀在西藏地方與中央政府交往中的作用及影響研究（唐至清）”（20BMZ032）階段性成果。

① 可參考譚立人《有關唐蕃會盟史實的幾個問題》，《中國史研究》1988 年第 2 期；張雲、林冠群主編《西藏通史·吐蕃卷》，中國藏學出版社，2016，第 232 頁。

② 王欽若等：《册府元龜》卷 981《外臣部·盟誓》，中華書局，1960，第 11526 頁。

③ 張積誠：《“唐番八次和盟”概述》，《西藏民族學院學報》1980 年第 3 期。

④ 譚立人：《有關唐蕃會盟史實的幾個問題》，《中國史研究》1988 年第 2 期。

⑤ 譚立人、周原孫：《唐蕃交聘表》，《中國藏學》1990 年第 2 期。

⑥ 林冠群：《唐代吐蕃歷史與文化論集》，中國藏學出版社，2007，第 274 頁。

⑦ 索朗平措：《略考唐蕃神龍會盟之歷史背景》，《西藏研究》2009 年第 6 期。

開元二年（714）五月，吐蕃大臣坌達延獻書於唐宰相，要求派解琬前去定邊界，"琬既行，敕琬賫神龍二年吐蕃誓文，與達延定界"。開元六年，吐蕃又遣使奉表曰："孝和帝在日，其國界並是逐便斷當，訖，彼此亦已盟誓。漢宰相等官入誓者，僕射豆盧欽望、魏元忠、中書令李嶠、侍中紀處訥、蕭至忠、侍郎李迥秀、尚書宗楚客、韋安石、楊矩等一十人，吐蕃宰相等亦同盟誓，訖，遂迎公主入蕃。"①《新唐書·吐蕃傳》記載開元二年解琬前去定邊界一事，"命琬持神龍誓往"。②這兩則史料似乎可以證明唐蕃首次會盟發生在神龍二年，故前人一致稱之為"神龍會盟"。但細究史書內容，疑點叢生。

其一，《册府元龜》載吐蕃表文稱"訖，遂迎公主入蕃"，按文意理解，此次盟誓完畢，隨後便是金城公主入藏，兩件事相隔不遠，但金城公主入藏是景龍四年（710）正月事，與所謂"神龍盟誓"相隔將近四年，與表文所云明顯矛盾。

其二，《册府元龜》載吐蕃表文又稱"吐蕃宰相等亦同盟誓"，但從長安三年（703）武則天應允吐蕃求婚至神龍二年，三年中雖不斷有使者入唐，却未見有可以承擔盟誓之任的重要大臣，三年中吐蕃入唐使者情況如下：

長安三年正月，吐蕃遣使入唐朝貢。③

長安三年四月，吐蕃遣使獻馬千匹、金二千兩以求婚。④

神龍元年，吐蕃遣使告喪。⑤

神龍二年未見有入唐使者記載。譚立人、周原孫在《唐蕃交聘表》中說："神龍二年，蕃使來長安會盟。"⑥衹是根據《册府元龜》所謂"神龍二年誓文"的推測，並不可信。

以上三次使者入唐，一是朝貢，一是求婚，一是告喪，似與會盟無關，且亦未出現使者的名字。據漢文史料來看，一般吐蕃入唐使者若地位較高，或出使中有特殊的表現，史書都會記載其名，若衹是承擔一般事務且地位不顯赫，則不書名。如果吐蕃有重要大臣前來會盟，漢文史書不可能不記。從上面材料來看，神龍二年並不存在唐蕃會盟之事。

其三，《册府元龜》《新唐書》關於開元二年解琬前往河源定界，携帶神龍二年誓文一事，很可能來自同一處史料，《舊唐書》《資治通鑑》在記載解琬前往河源定邊界事時，均未提及神龍誓文，如果前二者的史源有誤，就會影響我們對首次會盟時間的認定。

對於唐蕃首次會盟時間，我們還要進一步從參與者身份來判斷。《册府元龜》所載吐蕃表文列出了唐朝參與盟誓的官員名單，有姓名者共九人，這些人都是唐中宗時的重要大臣，下面我們結合唐朝參與盟誓者的官職，對他們在中宗朝的任職加以梳理。

---

① 王欽若等:《册府元龜》卷981《外臣部·盟誓》，第11526頁。

② 《新唐書》卷216上《吐蕃傳》，中華書局，1975，第6081頁。

③ 王欽若等:《册府元龜》卷970《外臣部·朝貢》，第11403頁。

④ 《資治通鑑》卷207，中華書局，1956，第6678頁。

⑤ 《舊唐書》卷196上《吐蕃傳》，中華書局，1975，第5226頁。

⑥ 譚立人、周原孫:《唐蕃交聘表》，《中國藏學》1990年第2期。

豆盧欽望，盟誓時任僕射。《舊唐書》載，神龍元年五月，豆盧欽望為尚書左僕射，直到景龍三年二月因年事已高，由韋巨源出任尚書左僕射。[①]《新唐書·中宗本紀》記為"右僕射"，[②]《資治通鑑》亦稱"右僕射"。[③]《新唐書》載，景龍三年二月壬寅"韋巨源為尚書左僕射，楊再思為右僕射"。[④] 無論豆盧欽望是任左僕射還是右僕射，可以確定其於景龍三年二月不再任職，因此，盟誓時間應在神龍元年五月至景龍三年二月間。

魏元忠，在表文中没有官職，或以為魏元忠同豆盧欽望一樣為僕射，為行文簡便纔如此書寫，然觀後面人名和官職，並非如此，如楊矩列於尚書宗楚客後，但他並没有擔任過尚書。因此，魏元忠在盟誓時不一定任僕射。《舊唐書》記載，神龍二年七月，魏元忠為尚書右僕射兼中書令；十二月，為尚書左僕射兼中書令；景龍元年九月，因牽連太子李重俊案，"左授務川尉"。[⑤] 魏元忠應在景龍元年或二年離開長安，盟誓應在神龍二年七月之後，不晚於景龍三年。

李嶠，盟誓時為中書令。《舊唐書》載，神龍二年七月"吏部尚書李嶠為中書令"。[⑥] 據此，盟誓應是在神龍二年七月及以後。

紀處訥，盟誓時任侍中。《舊唐書》載，景龍元年九月太府卿紀處訥為侍中，[⑦]《新唐書·中宗本紀》《資治通鑑》亦有此記載，據此，盟誓時間應在景龍元年九月以後，神龍二年盟誓有誤。

李迥秀，盟誓時為侍郎。《舊唐書》載，李迥秀長安初年歷天官、夏官二侍郎，後被貶為廬州刺史，"景龍中纍轉鴻臚卿、修文館學士，又持節為朔方道行軍大總管"。[⑧]《新唐書》載："中宗即位，召授將作少監，纍遷鴻臚卿、修文館學士，出朔方道行軍大總管。"[⑨] 中宗朝李迥秀並没有擔任過侍郎，唐蕃盟誓時，李迥秀很可能是因擔任鴻臚卿而參與盟誓。唐中宗於景龍四年六月被毒殺，若按《舊唐書》記載，景龍中李迥秀為鴻臚卿，應為景龍二年，唐代鴻臚卿為從三品，級別相對其他人較低，很可能是唐朝有意稱其前職，向吐蕃表示參加盟誓者均為朝廷重臣，故吐蕃在表文中稱其為侍郎。由此推斷，神龍二年很可能是景龍二年之誤。

宗楚客，盟誓時為尚書。《舊唐書》載，景龍三年二月戊午，"兵部尚書、郢國公宗楚客中書令"，[⑩]《新唐書·中宗本紀》《資治通鑑》記在三月，[⑪] 則盟誓時間應在景龍三年三月前。

---

① 《舊唐書》卷 7《中宗本紀》，第 140、147 頁。

② 《新唐書》卷 4《中宗本紀》，第 107 頁。

③ 《資治通鑑》卷 208，第 6711 頁。

④ 《新唐書》卷 4《中宗本紀》，第 111 頁。

⑤ 《舊唐書》卷 7《中宗本紀》，第 142、143、145 頁。

⑥ 《舊唐書》卷 7《中宗本紀》，第 142 頁。

⑦ 《舊唐書》卷 7《中宗本紀》，第 145 頁。

⑧ 《舊唐書》卷 62《李大亮傳》，第 2391 頁。

⑨ 《新唐書》卷 99《李大亮傳》，第 3914 頁。

⑩ 《舊唐書》卷 7《中宗本紀》，第 147 頁。

⑪ 《新唐書》卷 4《中宗本紀》，第 111 頁;《資治通鑑》卷 208，第 6751 頁。

蕭至忠、韋安石、楊矩在表文中没有官職，我們不再討論。從上面參與盟誓大臣的官職情况判斷，唐蕃首次盟誓，應在景龍元年九月至景龍三年二月間。

下面再看一下吐蕃方面可能參與盟誓者的情况。有研究者認為首次會盟吐蕃盟誓代表是悉薰熱等人，[①]但未能提供任何史料依據。《舊唐書》載，神龍三年三月丙子，"吐蕃贊普遣大臣悉董熱獻方物"，[②]又載"贊普之祖母遣其大臣悉薰熱來獻方物，為其孫請婚"。[③]《資治通鑑》載，"三月，庚子，吐蕃遣其大臣悉薰熱入貢"。[④]悉薰熱在吐蕃任何職並不清楚，漢文史書中能記其名，地位應較高，從他曾經求婚並在内地學漢語推斷，其有可能是後來史書中提到的名悉獵。悉薰熱於神龍三年三月入唐貢獻並求婚，當年四月，中宗詔以所養雍王守禮女金城公主許嫁吐蕃贊普，悉薰熱成功地完成了使命。景龍二年四月，楊矩上奏："吐蕃先遣使來此迎公主，兼學漢語。今欲放還吐蕃，於事不便，伏望報之云其使已死。帝曰：'凡事須示人以信，宜應實詞報之，使無猜貳。'遂放其使還。"[⑤]《新唐書·吐蕃傳》記載"中宗景龍二年，還其昏使"。[⑥]神龍三年三月至景龍二年四月，未見有其他使者至唐，故楊矩所奏迎公主使者即悉薰熱。張雲、林冠群主編《西藏通史·吐蕃卷》附《大事記》景龍二年條"吐蕃遣使來唐，中宗賜書於蕃使，並設宴款待"，[⑦]在兩《唐書》及《資治通鑑》中未查得此次通使。《册府元龜·外臣部·褒異》在景龍二年十二月條後，未標注何年號，記載"六月丙寅，吐蕃使宰相尚欽藏及御史名悉獵來獻，賜一書，帝御承天門樓，命有司引見，置酒於殿内享之"。[⑧]《西藏通史》很可能將此條認為是景龍二年之事。查《册府元龜》每類均按時間排列，十二月之後不當出現六月之事。另外，《册府元龜·外臣部·盟誓》開元二年載"六月，吐蕃使其宰相尚欽藏及御史名悉獵來獻盟書，帝御承天門樓，命有司引見，置酒於内殿享之"。[⑨]兩條内容重復，開元二年事又見《舊唐書》《資治通鑑》，因此，《册府元龜·外臣部·褒異》所載六月宴吐蕃使者事，乃是開元二年之事，《册府元龜》未標年號，《西藏通史》誤將此條歸入景龍二年，故出現錯誤。此後，景龍三年二月、八月，吐蕃兩次遣使貢方物；[⑩]十一月，吐蕃大臣尚贊吐來迎金城公主。[⑪]宗楚客在二月改任中書令，豆盧欽望不再任僕射，且其年事已高，於景龍三年"五月表請乞骸，不許，十一月卒，年八十餘"。[⑫]據此推斷，會盟之事不應在景

① 范香立：《唐代和親研究》，博士學位論文，安徽大學，2015，第 98 頁。

② 《舊唐書》卷 7《中宗本紀》，第 144 頁。

③ 《舊唐書》卷 196 上《吐蕃傳》，第 5226 頁。

④ 《資治通鑑》卷 208，第 6727 頁。

⑤ 王欽若等：《册府元龜》卷 979《外臣部·和親》，第 11498 頁。

⑥ 《新唐書》卷 216 上《吐蕃傳》，第 6081 頁。

⑦ 張雲、林冠群主編《西藏通史·吐蕃卷》，第 790 頁。

⑧ 王欽若等：《册府元龜》卷 974《外臣部·褒異》，第 11443 頁。

⑨ 王欽若等：《册府元龜》卷 981《外臣部·盟誓》，第 11526 頁。

⑩ 王欽若等：《册府元龜》卷 970《外臣部·朝貢》，頁 11404 頁。

⑪ 《舊唐書》卷 7《中宗本紀》，第 148 頁。

⑫ 《舊唐書》卷 90《豆盧欽望傳》，第 2922 頁。

龍三年，而是在景龍二年四月之前，吐蕃大臣悉薰熱參加盟誓。再結合我們前面對唐朝官員任職的分析可以推斷，盟誓時間應在景龍元年九月至景龍二年四月間。

唐德宗建中二年（781），入蕃使判官監察御史常魯等人入吐蕃修好，赤松德贊對盟約禮儀提出要求，稱："盟約請依景龍二年敕書……"[①] 七十餘年後，吐蕃對唐蕃首次會盟事依然重視，所云景龍二年敕書正是首次會盟之事。結合我們前面的討論，則唐蕃首次會盟發生在景龍二年正月至四月間。開元二十一年，因金城公主之請，唐蕃在赤嶺樹碑分界，碑文稱"景龍二年重為婚媾"，[②] 唐蕃分界，刻石立碑，事關重大，不應有筆誤，然唐中宗許金城公主嫁吐蕃是在神龍三年，金城公主出嫁是在景龍四年，為何碑文却稱景龍二年重為婚媾呢？而且《册府元龜》《全唐文》都是如此書寫。筆者推測，這裏實是指景龍二年會盟之事，當時唐蕃雙方大致劃分了邊界，至開元二十一年，雙方雖屢經戰争，但邊界變化不大，仍然遵循景龍二年劃分的邊界，但唐朝不願再提景龍二年盟約[③]，故而稱景龍二年重為婚媾，其實是指雙方會盟。

因此，筆者認為，"神龍二年會盟"實應為"景龍二年會盟"。《册府元龜》《新唐書》中"神龍"是"景龍"的誤寫，一字之差造成後人對首次會盟時間的誤解。

二　會盟原因

和親、會盟，是唐朝安撫周邊少數民族常用的策略。一般來説，和親的對象既有强勢的民族，也有實力較為弱小的民族。對於實力較强的，通過和親可以減少戰事，緩解邊疆局勢；對於實力較弱的，通過和親可以使之更加臣服，增强該民族在周邊的威望和地位，並牽制其他强勢民族。因此，和親非常頻繁，涉及民族亦多。會盟與和親不同，多是形勢較為緊急或處在被動情況下採取的措施。唐朝與周邊勢力會盟集中在吐蕃、突厥和南詔，其中吐蕃次數最多，突厥次之，南詔僅有一次。一般來説，唐朝與周邊民族會盟的動機有兩種。一是自身實力較弱，需要通過盟誓的方式穩定周邊環境，如唐初與突厥的兩次會盟，因唐朝無力與之争鋒，故採取一種妥協的方式。唐代宗永泰元年（765）郭子儀與回紇結盟亦屬這種情況。當時安史之亂剛剛被平定，唐朝氣勢不振，故而盟誓，而且會盟更多地表現出雙方平等的關係，會盟時，郭子儀咒曰："大唐天子萬萬歲，回紇可汗亦萬萬歲。"[④] 二是唐德宗貞元十年（794）唐朝與南詔會盟，此次會盟是在南詔重歸唐朝，唐朝廷派使節持詔書至雲南册封之際進行的，唐朝會盟的目的在於欲通過盟誓聯繫南詔以抗吐蕃。唐中宗朝唐蕃首次會盟時，從吐蕃方面來看，其當時處在氣勢低沉時期。我們知道，都松芒波杰在剷除了專權的噶

---

① 王欽若等：《册府元龜》卷 981《外臣部 · 盟誓》，第 11528 頁。

② 王欽若等：《册府元龜》卷 979《外臣部 · 和親》，第 11503 頁；又見《全唐文》，《全唐文全唐詩吐蕃史料》，西藏人民出版社，1988，第 254 頁。

③ 其原因與唐玄宗對盟約内容不滿有關，詳見後文。

④ 王欽若等：《册府元龜》卷 981《外臣部 · 盟誓》，第 11528 頁。

爾家族後，不斷向唐朝發動進攻。久視元年（700）“寇涼州”，長安二年“寇悉州”，[①] 皆敗績。此時，吐蕃南部已出現動亂，《資治通鑑》載，“吐蕃南境諸部皆叛”，[②]《敦煌吐蕃歷史文書》載，兔年（703）“冬，贊普赴南詔，攻克之”，龍年（704）“冬，贊普牙帳赴蠻地”。[③] 據此推斷，動亂很可能在702年已發生。都松芒波杰為了穩定北方局勢，解除後顧之憂，於長安二年派論彌薩前來求和，史書僅記載則天宴於麟德殿，却不見談判的結果。都松芒波杰一方面派使者求和，同時又攻打悉州，很可能是為了以戰促和，急於與唐朝和解。都松芒波杰迫於南方局勢，在與唐朝和好尚無結果的情況下，率軍南征，其母赤瑪類於長安三年“又遣使獻馬千匹、金二千兩以求婚”。[④] 都松芒波杰於長安四年在平定南方叛亂時，死於軍中，引發大臣反叛、諸子争位、屬邦叛亂等，一時政局動蕩不安。雖然在赤瑪類的主持下，最終穩定了局面，但吐蕃氣勢衰敗，“國内多難，人畜疫厲”。[⑤] 此時，吐蕃對唐朝暫不構成威脅，單就此而論，唐此時更應該是安撫之，而不是與之會盟。

再從唐朝方面看。顯慶二年（657）滅掉西突厥汗國後，唐朝很長時間内邊疆戰事主要來自吐蕃。唐蕃雙方在争奪西域過程中，都盡可能地争取西域勢力的支持。聯合其他勢力以禦吐蕃是唐高宗和武則天時期的主要策略，因此，吐蕃於顯慶五年求婚、麟德元年（664）請復與吐谷渾和親、麟德二年請與吐谷渾修好、咸亨二年（671）請和、上元二年（675）請和並請與吐谷渾修好、儀鳳四年（679）請和親，均遭到唐朝拒絶。萬歲登封元年（696）唐蕃在素羅汗山大戰，唐軍大敗。當年，吐蕃求和親，武則天派郭元振往察其宜，郭元振回來後，提出發和親使“使其上下猜阻，禍亂内興”之計，[⑥] 雖然仍有抵制吐蕃之意，但已暗含修正與吐蕃關係的意圖。之所有此變化，源於後突厥的崛起，武則天被迫改變處理邊疆的策略。唐太宗滅東突厥政權後，突厥在唐朝的統治下，在半個世紀中相對較為穩定。但唐朝對突厥的一些不當措施，逐漸引起突厥貴族的不滿，骨咄禄招集衆部，又建立起强大的政權，史稱後突厥或後東突厥。武則天統治時期，後突厥頻頻發動進攻，除黑齒常之擊敗後突厥兩次外，唐朝在軍事上均慘敗，“則天大怒，因改骨咄禄為不卒禄”。[⑦] 骨咄禄約在天授二年（691）去世，其弟默啜繼可汗位，一度向唐示好，被封為遷善可汗。萬歲通天元年（696），默啜為唐出兵平契丹，不但盡獲其家口，且向唐索得“六州降户數千帳，並種子四萬餘碩，農器三千事”，[⑧] 氣勢更盛。聖曆元年（698），默啜率軍十萬進犯唐境，燒殺虜掠，不可勝紀。武則天購斬默啜者封王，改默啜號為斬啜。此後，默啜連歲寇邊。武則天時期邊疆問題非常嚴重，

① 《舊唐書》卷196上《吐蕃傳》，第5226頁。

② 《資治通鑑》卷208，第6685頁。

③ 《敦煌吐蕃歷史文書》，《王堯藏學文集》（1），中國藏學出版社，2012，第200頁。

④ 《舊唐書》卷196上《吐蕃傳》，第5226頁。

⑤ 《資治通鑑》卷209，第6743—6744頁。

⑥ 《資治通鑑》卷205，第6625頁。

⑦ 《舊唐書》卷194上《突厥傳》，第5168頁。

⑧ 《舊唐書》卷194上《突厥傳》，第5169頁。

在西域要防止西突厥叛亂以及與吐蕃聯合進攻，在青海一帶與吐蕃持續作戰，在北方要應對後突厥犯邊。尤其後突厥强盛一時，“大抵兵與頡利時略等，地縱廣萬里”，①一些邊將對於後突厥似乎存在畏懼心理。聖曆元年，突厥盡殺所掠趙、定等州男女萬餘人，沙吒忠義及後軍總管李多祚等皆持重兵，“與賊相望，不敢戰”。②再加上突厥與吐蕃有時聯合進犯，使形勢更為嚴峻。為了改變這種疲於應付的被動局面，武則天晚年開始改變思路。長安三年，在長達半個世紀的鬥争後，武則天在吐蕃處於不利的局面下答應和親，改變了以往强硬的態度。唐中宗繼位後，吐蕃暫時没有進攻唐朝的能力，但默啜的進犯使其不得安寧。神龍元年默啜進犯鳴沙、原州、會州等地，唐軍敗績，掠隴右牧馬萬餘匹，中宗募能斬獲默啜者封國王，授諸衛大將軍，賞物二千段。《資治通鑑》云:“突厥默啜自則天世為中國患，朝廷旰食，傾天下之力不能克。”③再加上唐朝内部政治混亂，唐蕃和好以備突厥，已成為唐朝唯一的出路。

面對後突厥進犯，武則天時一直試圖利用和親予以和解。聖曆元年，派武延秀前往後突厥與默啜女和親，却被默啜扣押，演出了歷史上少見的鬧劇。即便如此，唐朝仍没有放棄和親的希望。長安三年，又答應與後突厥和親，結果中宗剛繼位後突厥又來犯邊，中宗下詔絶其請婚，和親之路已行不通。神龍三年正月，中宗令内外官員進破突厥之策，盧俌上書，所提對策約有六點：一是否定和親，强調武力的重要性，“遠荒之地，凶悍之俗，難以德綏，可以威制，而降自三代無聞上策”；二是善於擇將，賞罰分明；三是聯合其他勢力以破突厥，“臣聞以蠻夷攻蠻夷，中國之長算，故陳湯統西域而郅支滅，常惠用烏孫而匈奴敗。請購辯勇之士，班、傅之儔，旁結諸蕃，與圖攻取，此掎角之勢也”；四是徙民實邊；五是選賢能，屯田積粟；六是内地輕徭薄賦，休養生息。“帝覽而善之”。④其中第三點提到聯合諸蕃以攻突厥的想法，應是促成唐蕃會盟的重要原因。當時對唐朝威脅最大的就是突厥和吐蕃，吐蕃急於求和，正好與唐朝旁結諸蕃以成掎角之勢的設想相吻合。此次會盟，唐朝將吐蕃與突厥斷交作為一項重要内容提出，就是這一背景下的産物，為此唐朝付出了很大的代價，下文我們將進一步論述盟誓内容。盧俌上書後兩個月，即神龍三年三月，吐蕃使悉薰熱朝貢並求婚；四月，中宗便許以金城公主妻吐蕃贊普，是時，贊普年方三歲，⑤盧俌的對策很可能對唐蕃會盟、和親起了推動作用，而且會盟很可能是唐朝提出來的。

三　盟誓内容

關於唐蕃首次盟誓的内容，史書未見記載，我們衹能從事後雙方的争論中來瞭解。

---

① 《新唐書》卷 215 上《突厥傳》，第 6046 頁。

② 《舊唐書》卷 194 上《突厥傳》，第 5168 頁。

③ 《資治通鑑》卷 211，第 6843 頁。

④ 王欽若等:《册府元龜》卷 992《外臣部 · 備禦》，第 11648—11649 頁。

⑤ 赤德祖贊出生於長安四年（704），見《敦煌吐蕃歷史文書》,《王堯藏學文集》(1)，第 200 頁。

（1）唐蕃和好，互不侵犯。約好是盟誓的初衷，也是唐蕃歷次盟誓的重要內容，首次會盟，雙方約定和好，互不侵犯，是應有之義。開元二年，唐宰相覆書吐蕃坌達延“日承屯聚兵馬，初不知者頗亦為疑，但以彼國君臣素敦信義，况立盟誓，又結婚姻，悠悠之談，復何足信。若見利忘義，破親負約，神道不遠，何以逃殃”，[①] 就是以盟誓來約束對方，達到和睦相處的目的。

（2）初步劃定唐蕃邊界。開元二年，吐蕃坌達延要求解琬前往河源定界，唐宰臣回覆：“所論分界，先有盟書……琬既行，敕琬賫神（景）龍二年吐蕃誓文，與達延定界。”[②] 所謂先有盟書，就是指景龍二年的會盟。開元二年距首次會盟僅六年時間，其間雙方雖小有爭端，但未大動干戈，不存在邊界變遷問題。據此看來，雙方首次會盟時，衹是大致劃定了邊界，未經過實地勘測，因此，開元二年五月，吐蕃要求定邊界，再立盟書。結果盟約未定，開元二年八月，吐蕃坌達延率兵十萬進犯臨洮、蘭州、渭州等地，宰相建言：“吐蕃本以河為境，以公主故，乃橋河築城，置獨山、九曲二軍，距積石二百里，今既負約，請毀橋，復守河如約。”[③] “守河如約”應是指景龍二年盟約，據此，首次會盟雙方約定以黃河為界。

（3）與突厥斷絶聯繫。開元六年十一月，吐蕃表文稱：“又以北突厥骨吐禄共吐蕃交通者，舊時使命實亦交通，中間舅甥和睦已來，准舊平章，其骨吐禄，阿舅亦莫與交通，外甥亦不與交。今聞阿舅使人頻與骨禄交通……”[④] 據語氣推斷，表文應是對唐朝責問的答覆。所謂舊平章，即指景龍二年的盟約，因為開元二年六月吐蕃派使者獻盟書，八月吐蕃十萬大軍進犯唐朝，並没有形成雙方認可的盟約。因表文是唐人從藏文譯為漢文的，故“骨吐禄”亦可寫為“骨咄禄”，《新唐書》記為“又疑與突厥骨咄禄善者”。[⑤] 骨咄禄為後突厥汗國的創立者，在永淳、嗣聖、垂拱年間不斷進犯唐朝，但至景龍二年時，骨咄禄已去世十多年，表文不可能指骨咄禄本人。王忠認為，此處“骨咄禄”當指突騎施而言，如册命突騎施可汗皆有“骨咄禄毗伽”等字樣。[⑥] 這一看法得到學術界認可已久，至今未見異議。筆者認為，此處“北突厥骨吐禄”不可能是指突騎施部，而是指後突厥默啜，原因有三。

其一，在史書中凡提到“北突厥”者均是指東突厥或後突厥，未見有指西突厥或突騎施者。《舊唐書》載“西突厥，本與北突厥同祖”。[⑦]《舊唐書》中均以北突厥指東突厥，《新唐書》中則多用東突厥以區分西突厥。東突厥、後突厥是後人對突厥不同時期的區分，唐人統一稱為北突厥，《通典》稱“大業末，西突厥被北突厥所滅，北突厥，武太后嗣聖初，其主

① 王欽若等：《册府元龜》卷 981《外臣部 · 盟誓》，第 11526 頁。
② 王欽若等：《册府元龜》卷 981《外臣部 · 盟誓》，第 11526 頁。
③ 《新唐書》卷 216 上《吐蕃傳》，第 6082 頁。
④ 王欽若等：《册府元龜》卷 981《外臣部 · 盟誓》，第 11527 頁。
⑤ 《新唐書》卷 216 上《吐蕃傳》，第 6082 頁。
⑥ 王忠：《新唐書吐蕃傳箋證》，科學出版社，1958，第 66 頁。
⑦ 《舊唐書》卷 194 下《突厥傳》，第 5179 頁。

默啜……”[①] 可見唐人稱北突厥是指東突厥或後突厥，景龍二年誓文中當然應是指後突厥。

其二，突騎施部最初服從西突厥，在蘇祿之前與唐未發生大的衝突，尚不至於使唐朝與吐蕃結盟以應對。景龍三年默啜攻殺娑葛後，蘇祿糾集餘衆立為可汗。在景龍二年唐蕃會盟時，突騎施部蘇祿尚未稱可汗。開元三年，蘇祿遣使入唐，接受唐朝册封。因此，景龍二年唐蕃會盟時唐朝没有必要專門提到與突騎施部斷交的問題。之所以前人會誤認為表文中突厥指突騎施部蘇祿，可能是因為開元五年突騎施蘇祿“引大食、吐蕃，謀取四鎮，圍鉢换及大石城”[②]，唐朝責問吐蕃，開元六年吐蕃給予答覆，使人誤以為指突騎施。其實，表文有意避蘇祿不提，引出景龍二年誓文聲明吐蕃未與突厥交往，反責唐朝與突厥聯繫。

其三，“骨咄祿毗伽”並不僅用於突騎施部。“骨咄祿”，突厥語為“頡跌利施”，本意為“把人民集合起來”，漢文史書稱作骨咄祿。[③] 武則天執政時，曾册封默啜為“頡跌利施大單于”[④]，其意與骨咄祿同。開元二年，默啜遣使求婚，自稱“乾和永清太駙馬、天上得果報天男、突厥聖天骨咄祿可汗”。[⑤] 玄宗時，默啜之孫立，稱為“苾伽骨咄祿可汗”，唐朝册封為“登利可汗”。回紇骨力裴羅破突厥，立為“骨咄祿毗伽闕可汗”。[⑥] 可見，“骨咄祿”衹是突厥語中的一種稱謂，突厥很多首領都有此稱呼，唐人將默啜稱為“北突厥骨咄祿”是很正常的。

據此，吐蕃表文中“北突厥骨吐祿”，既不是“骨吐祿”其人，亦非突騎施部，而是指默啜時期的後突厥。“其骨吐祿，阿舅亦莫與交通，外甥亦不與交”，是唐蕃首次會盟的重要內容，這一條顯然是唐朝提出來的，而且也是唐朝答應和親、會盟的重要條件，其目的就是聯合吐蕃以抵突厥，即便吐蕃不能出兵相助，但至少保持中立，不與突厥聯盟對唐形成夾攻之勢。

（4）君臣同誓。《新唐書》載，開元六年，吐蕃遣使奉表稱：“孝和皇帝嘗賜盟，是時唐宰相豆盧欽望、魏元忠、李嶠、紀處訥等凡二十二人及吐蕃君臣同誓。”[⑦] 君臣同誓，事關吐蕃的地位以及唐蕃雙方關係性質，因此，會盟是否有此規定是一個很重要的問題。譚立人認為，唐蕃首次會盟，贊普年幼不可能遠涉莅盟，因此，《新唐書》“君臣同誓”之説，乃屬記載失實。[⑧]《新唐書》是否記載失實，要看如何理解“君臣同誓”的內容，如果認定為唐朝皇帝與吐蕃贊普親自參加會盟，則“君臣同誓”確實不存在，不僅唐蕃首次會盟皇帝與贊普不曾親自參加，其後歷次會盟也不存在這一現象。我們再看一下其他史料的記載。《册府元龜》

---

① 杜佑：《通典》卷 194《邊防》，中華書局，1988，第 5302 頁。

② 《資治通鑑》卷 211，第 6846 頁。

③ 參見耿世民《古代突厥文碑銘研究》，中央民族大學出版社，2005，第 105、109 頁；路易·巴贊《古突厥社會的歷史紀年》，耿昇譯，中國藏學出版社，2014，第 181 頁。

④ 杜佑：《通典》卷 198《邊防》，第 5435 頁。

⑤ 《資治通鑑》卷 211，第 6817 頁。

⑥ 《新唐書》卷 215 下《突厥傳》，第 6054、6055 頁。

⑦ 《新唐書》卷 216 上《吐蕃傳》，第 6082 頁。

⑧ 譚立人：《有關唐蕃會盟史實的幾個問題》，《中國史研究》1988 年第 2 期。

載，開元六年十一月，吐蕃遣使奉表稱："其漢宰相入誓者，並已歿，於後宰相不知已前要契，當令望重立盟誓，舅甥各親署盟書，宰相依舊作誓，彼此相信，亦長安穩。"[①]《資治通鑑》載，開元六年十一月，"吐蕃奉表請和，乞舅甥親署誓文，又令彼此宰相皆著名於其上"。[②]吐蕃於開元六年提出的要求不是皇帝與贊普親自盟誓，而是雙方親署誓文，這應是按照景龍二年會盟的約定提出來的，若以此理解，《新唐書》記載唐蕃首次會盟"君臣同誓"並没有錯，反而反映了真實的歷史。唐德宗建中二年，赤松德贊在會盟禮儀上提出要求，稱："盟約請依景龍二年敕書云，唐使到彼，外甥先與盟誓，蕃使到此，阿舅亦親與盟。"[③]證實了唐蕃首次會盟確實有"君臣同誓"的内容。可以看出，唐中宗為聯絡吐蕃防禦突厥，以形成掎角之勢，在吐蕃氣勢低沉的時候，將吐蕃的地位大大提高，給予極高的禮遇，幾乎是以敵國之禮平等相待。首次會盟之所以有此項内容，一方面是唐朝為形勢所逼，另一方面與唐中宗在處理邊疆問題上毫無主見、性格軟弱不無關係。

四　會盟的結果及影響

唐蕃首次會盟，雙方都是迫於形勢達成的妥協，一旦形勢有變，盟誓内容必不為雙方所遵守，尤其對於唐朝來説，唐玄宗即位，其個性不同於中宗、睿宗，他一方面在内部勵精圖治，另一方面在周邊民族中要確立天子的權威，導致唐蕃雙方圍繞着盟誓内容展開新的較量。

首先，關於雙方和好，互不侵犯。會盟後時間不長，唐蕃之間便又起戰事。先是，睿宗即位後，李知古攻姚州附屬於吐蕃的少數民族，並奴役之，其首領傍名聯合吐蕃殺李知古，在北方安西都護府張玄表與吐蕃互相攻掠，吐蕃於開元六年上表文指責唐不守約，稱："西頭張玄表將兵打外甥百姓，又李知古亦將兵打外甥百姓。即緣如此，違誓失信，所以吐蕃遂發兵馬。"[④]不過，局部争端並没有引發雙方關係全面破裂，吐蕃通過賄賂楊矩取得河西九曲之地，又頻繁通使。景雲二年（711），吐蕃兩次派使者入唐；先天元年（712）、開元元年每年都三次遣使入唐，其間唐朝也三次遣使吐蕃。[⑤]景龍二年十一月，在宗楚客等人建議下，唐朝"發甘、凉以西兵，兼征吐蕃，以討娑葛"，[⑥]此舉雖不妥，但從吐蕃徵兵來看，至少説明在一些唐人眼中唐蕃關係步入友好的階段。甚至在開元二年八月，吐蕃大舉興兵前夕，唐命李延昌等率十餘萬人準備北伐突厥，"仍書報贊普，共為聲援"，[⑦]唐朝對雙方結盟的結果抱有很高

---

① 王欽若等:《册府元龜》卷981《外臣部·盟誓》，第11526頁。

② 《資治通鑑》卷212，第6853頁。

③ 王欽若等:《册府元龜》卷981《外臣部·盟誓》，第11528頁。

④ 王欽若等:《册府元龜》卷981《外臣部·盟誓》，第11527頁。

⑤ 參見譚立人、周原孫《唐蕃交聘表》,《中國藏學》1990年第2期；吴逢箴《唐蕃使者交往編年》,《唐宋有關吐蕃邊塞詩文研究》，西藏人民出版社，2018，第217—218頁。

⑥ 《資治通鑑》卷203，第6745頁。

⑦ 王欽若等:《册府元龜》卷992《外臣部·備禦》，第11650頁。

的期望。盟約在一定時期確實起到了一定作用。

其次，關於唐蕃均不與突厥聯繫之約。唐朝的初衷是防止突厥與吐蕃結盟，聯絡吐蕃以禦突厥，並不願放棄與突厥和解的可能。在唐蕃會盟聯姻後，突厥似乎感到形勢不妙，與唐朝關係趨於緩合，此後幾年史書中未見默啜擾邊之記載。景雲二年，默啜遣使求和，唐答應以金山公主嫁默啜，後因睿宗遜位，婚未成。同年，御史中丞和逢堯說服默啜稱臣。先天元年，默啜之子楊我支入唐；開元元年，默啜之子楊我支求婚，許以蜀王南和縣主；開元二年，默啜復請婚，玄宗許之。唐與後突厥關係的變化，很可能與唐蕃會盟和親有關，唐朝的策略或許對突厥確實起到了牽制作用。

唐與突厥的交往，吐蕃也略有知悉，故吐蕃上表文稱："今聞阿舅使人頻與骨祿交通，在此亦知為不和，中間有突厥使到外甥處，既為國王，不可久留外國使人，遂却送歸，即日兩國和好，依舊斷當，吐蕃不共突厥交通，如舅不和，自外諸使命，何入蕃，任伊去來。"① 從吐蕃表文看，吐蕃對唐與突厥密切交往、違背盟約一事極為不滿，甚至有要挾的語氣。當唐蕃關係決裂後，吐蕃與突騎施蘇祿密切聯繫，開元五年聯合攻四鎮；開元十五年，吐蕃約突厥同時入寇，毗伽可汗將其書獻於唐朝。② 由於形勢的變化，盟誓關於與突厥斷交的內容，對於唐蕃雙方並沒有起到約束作用，尤其對於唐朝來說，並不想放棄與後突厥和好的機會，以穩定邊疆局勢。

再次，"君臣同誓" 本身是唐朝的妥協，後來引發了更多的矛盾爭端。開元二年五月，吐蕃坌達延要求雙方劃定邊界，這是對首次會盟有關邊界問題的落實，唐朝君臣對此非常贊成，唐玄宗當即派出解琬持會盟誓文與吐蕃劃界。六月，吐蕃遣尚欽藏、名悉獵來獻盟書，看來解琬與吐蕃劃界之事較為順利，没有發生太多爭執，僅一個月便有吐蕃獻盟書之事。史書未載盟書內容，估計應與劃界有關，吐蕃可能欲將此次劃界以盟誓的形式確立。唐玄宗給予尚欽藏等很高禮遇，"置酒於內殿享之"。③ 有學者認為開元二年唐蕃雙方舉行第二次會盟，④ 然從史書記載來看，此次衹是吐蕃單方面要求會盟，並獻上盟書，唐朝並没有回應，故所謂開元二年會盟其實並不存在。⑤ 開元二年八月，吐蕃坌達延、乞力徐率兵十萬大舉進攻唐朝，

---

① 王欽若等:《册府元龜》卷 981《外臣部·盟誓》，第 11527 頁。

② 《資治通鑑》卷 213，第 6898 頁。

③ 王欽若等:《册府元龜》卷 974《外臣部·褒異》，第 11443 頁。

④ 張雲、林冠群主編《西藏通史·吐蕃卷》，第 232 頁。

⑤ 有學者認為開元二年唐蕃會盟未能實行的原因之一為邊界爭端，唐廷衹承認神龍二年的界約，並不承認吐蕃對河西九曲地的占領（馮智:《吐蕃東向發展與融合——赤祖德贊研究》，博士學位論文，中央民族大學，2010，第 74 頁）。這一觀點衹是個人猜測，並無史料依據。河西九曲乃唐廷給予金城公主的湯沐之地，地域本不大，主要是地理位置較為重要，此地劃撥吐蕃，已得唐廷批准，對於唐朝來說，不可能在短時間內出爾反爾，在河西九曲之地上產生爭端。譚立人認為，"盟會亦因唐蕃各持己見而未得行成。是後，坌達延之攻臨洮、蘭、渭，或即對此事所表示的報復與示威"（《有關唐蕃會盟史實的幾個問題》，《中國史研究》1988 年第 2 期）。所見甚是，衹是認為雙方對盟書內容意見不同，缺乏證據，對親署誓文之事亦論述不足。

在此之前，解琬已經預見“吐蕃必陰懷叛計”。[①]解琬雖没有參加景龍二年盟誓，但對其中的内容非常清楚，開元二年親自前往邊境定界，很可能與尚欽藏一起回長安。當時，一方面吐蕃乞力徐率大軍屯聚邊境，另一方面唐玄宗個性强硬，親署誓文事難以執行，解琬在與尚欽藏等人的交往中瞭解吐蕃的要求，對雙方的矛盾相較他人更為清楚，故判斷準確。根據當時唐蕃雙方關係看，開元二年唐蕃戰争是在劃界獻書兩個月後發生的事情，不應是雙方争奪邊界，而是與“君臣同誓”有關。在吐蕃發動大舉進攻後，唐玄宗態度極為强硬，下詔親征，吐蕃大敗後遣使求和遭拒，至開元四年，唐玄宗纔答應吐蕃求和。開元五年三月，金城公主上書稱：“此間宰相向奴奴道贊普甚欲得和好，亦疑親署誓文，往者皇帝兄不許親署誓文，奴奴降蕃，事緣和好，今乃騷動，實將不安和，矜憐奴奴遠在他國，皇帝兄親署誓文，亦非嘗事，即得兩國久長安穩。”[②]金城公主所稱“往者皇帝兄不許親署誓文”，應是指開元二年尚欽藏獻盟書一事。從金城公主的上書看，衹要唐玄宗答應親署誓文，唐蕃即可和好。由此可以證實，開元二年六月，尚欽藏等將有關邊界問題的盟書獻於玄宗，要求按照景龍二年的規定皇帝親署誓文，但唐玄宗認為不合禮數，禮其使者而不親署誓文，吐蕃怨怒而起戰争。雖有金城公主的請求，玄宗並不妥協。開元六年十一月，吐蕃又上表文稱：“令望重立盟誓，舅甥各親署盟書，宰相依舊作誓，彼此相信，亦長安穩，此處使人論乞力徐、尚奔時宋俄等，前後七回入漢，比論皇帝舅親署誓事……至今日阿舅手署不見，宰相作咒亦無文。”[③]可見，在親署誓文上，吐蕃前後七次派使者入唐不斷交涉，唐蕃雙方一直未能達成協議。最後，唐玄宗決定不再採用盟誓的方式，“謂昔已和親，有成言，尋前盟可矣，不許復誓。禮其使而還，且厚賜贊普”。[④]吐蕃方面因在戰場上接連敗北，欲與唐和好，也同意尋前盟的結局。這樣，雙方以放棄再次盟誓的方式結束。

唐蕃雙方就皇帝親署誓文一事，長期周折，表面上看是是否踐行盟約的問題，實質是關於雙方關係性質認定的較量。自文成公主入蕃，唐蕃以舅甥關係稱，但在不同階段舅甥關係的内涵並不一致，隨着雙方力量對比的變化，在舅甥關係這一友好框架下，禮儀在平等與臣屬之間不停地變化。文成公主入蕃後，吐蕃臣屬唐朝，松贊干布向唐太宗奉賀表稱“聖天子平定四方，日月所照之國，並為臣妾”，“奴忝預子婿”，[⑤]與其他臣屬民族無異。松贊干布去世後，噶爾家族專權，唐蕃關係失和，欽陵欲改變唐蕃交往禮儀，陳行焉出使吐蕃，“論欽陵欲拜己，臨以兵，不為屈，留之十年”，[⑥]王忠認為可能是逼陳行焉拜贊普，[⑦]無論是拜誰，都是争敵國禮。這種逼使者拜伏以争敵國禮，在其他民族中也很常見，都是單方面的意願，未得

① 《資治通鑑》卷211，第6818頁。

② 王欽若等：《册府元龜》卷979《外臣部·和親》，第11500頁。

③ 王欽若等：《册府元龜》卷981《外臣部·盟誓》，第11526—11527頁。

④ 《新唐書》卷216上《吐蕃傳》，第6083頁。

⑤ 《舊唐書》卷196上《吐蕃傳》，第5222頁。

⑥ 《新唐書》卷216上《吐蕃傳》，第6078頁。

⑦ 王忠：《新唐書吐蕃傳箋證》，第50頁。

到唐朝的認可，甚至經常為此引起戰争。景龍二年，唐蕃首次會盟，涉及“皇帝、贊普同署誓文”“唐蕃不共突厥交通”，似乎是唐朝承認唐蕃之間的平等關係，後來吐蕃先後七次派使者要求唐玄宗親署誓文，還以金城公主的名義提出要求，旨在落實景龍二年所定的敵國禮，却遭到唐玄宗拒絶，戰争再起與之有直接關係。開元十八年，吐蕃在戰場上連續失敗，故求和心切，贊普上書稱“外甥以先代文成公主，今金城公主之故，深識尊卑，豈敢失禮”[①]，放棄了争敵國禮，重新回到甥舅名義下的臣屬關係。故而開元二十年，在首次會盟二十四年後，唐蕃雙方再次會盟，但此次會盟及以後唐肅宗至德元載（756）、代宗永泰元年（765）、代宗大曆二年（767）幾次會盟均未見提及皇帝親署誓文之事，至德宗建中二年，崔漢衡出使吐蕃商議會盟之事，此時唐朝困於藩鎮勢力，而吐蕃興盛一時，赤松德贊不僅在稱謂用語上提出意見，要求“其禮本均”，又重新提出景龍二年之事，“請依景龍二年敕書云：‘唐使到彼，外甥先與盟誓，蕃使到此，阿舅亦親與盟。’”[②]唐朝亟須與吐蕃和解，以求穩定周邊形勢，集中精力解決内部問題，於是爽快答應了吐蕃的要求。毫無疑問，建中四年的清水會盟，唐德宗親署誓文，實現了吐蕃所希望的“君臣同誓”目的，在甥舅友好的框架下，吐蕃的禮儀之争取得了成功。

結　語

唐蕃首次會盟是唐朝在長期受突厥的侵擾，幾經與突厥和解無果的情況下，與吐蕃達成的一次妥協。會盟前吐蕃内部一時動蕩不安，並不具備進攻唐朝的能力，但唐中宗為了聯合吐蕃以抗突厥，在禮儀上給予吐蕃很高的地位，由此引發了唐蕃之間的一場禮儀之争，甚至成為開元初年唐蕃戰争的主要原因。唐蕃首次會盟之所以不見於史書記載，很可能是唐玄宗對盟誓所規定“皇帝親署誓文”不滿，史官不便於書寫，故而有意遺忘，有些地方則出現誤記現象，《册府元龜》《新唐書》編纂時隨之亦誤，將景龍誓文寫為神龍誓文，導致後人對唐蕃首次會盟時間出現誤解。而且閲讀史書對這一段歷史的記載，給我們的印象是開元二年因吐蕃犯邊致使第二次會盟流産，這是唐朝史官曲筆的結果，後代史書亦因之而誤。因為會盟提高了吐蕃的地位，所以吐蕃非常重視此次盟誓，在與唐朝交涉時，引以為據，表文中不時透露出相關内容，使我們得以約略管窺其實。由於唐朝的堅持，玄宗朝吐蕃暫時没有實現“君臣同誓”的訴求，一直到唐德宗時，景龍二年盟約的内容再次被提出，並得以實踐。

① 《舊唐書》卷196上《吐蕃傳》，第5231頁。

② 王欽若等:《册府元龜》卷981《外臣部·盟誓》，第11528頁。

Study on the First Alliance of Tang and Tubo

Liu Fengqiang

In the past, Most scholars thought that the first alliance of Tang and Tubo took place the second Shen Long year of emperor Zhongzong of Tang Dynasty. In fact, it was the fault of the record in the *Ce Fu Yuan Gui* and *New Tang Book*, which should be the second Jing long year. The lack of records in historical books is mainly due to the deliberate forgetting of historians. The main reason for the alliance is that the Tang want to contact the Tubo to contain the Turkic, which involved the reconciliation of the two sides, the demarcation of the border, the severance of diplomatic relations with the Turkic, and the emperor and Zanpu need sign the affidavit. With the change of the situation, the two sides launched a round of competition on the implementation of the covenant, mainly focusing on break off diplomatic relations with Turkic and the emperor signing affidavit, the former reflects the change of the relationship among Tang, Tubo and Turk, while the latter reflects the dispute of etiquette between Tang and Tubo. For the sake of their own interests, the agreement of breaking off diplomatic relations with Turkic that neither side has implemented it, and the agreement of emperor and Zanpu sign affidavit directly led to a new war between Tang and Tibet. Until Tang Dezong Qingshui alliance, Tubo proposed the emperor's sign affidavit again , which was finally recognized by both sides.

明洪武刻本《元朝秘史》流傳始末 *

薩仁高娃　肖　剛

13 世紀用蒙古文撰寫的《蒙古秘史》在流傳過程中其完本未能保存至今，蒙古學界能够見其全貌，全賴明代用漢字拼寫蒙古語並附旁譯與總譯而成的《元朝秘史》。《元朝秘史》初為十二卷本，明洪武年間形成，並得到刊刻，既為目前所見《元朝秘史》最早版本，也是《元朝秘史》十二卷本 ① 的祖本，故向來受到學界珍視。

一　明洪武刻本《元朝秘史》流傳脉絡

明洪武刻本《元朝秘史》作為十二卷本的祖本，經明、清兩代流傳，到我輩手裏，僅剩 46 葉。此部著作如何流傳至今？我們先梳理一下《元朝秘史》在明清典籍中的記載。②

（一）明代典籍所載《元朝秘史》

1.《明太祖實録》中記載《元朝秘史》。洪武十五年（1382）春正月丙戌命翰林院侍講火原潔等編類華夷譯語。"洪武中，以元人素無文字，但藉高昌書制蒙古字行天下，乃會翰林侍講火原潔與編修馬懿赤黑等以華言譯其語。復取《元秘史》參考，以切其字，諧其聲音。名《華夷譯語》，詔刊行之，自是使臣往來朔漠皆能得其情。" ③ 洪武年間明臣編纂《譯語》時，曾參考《元秘史》，説明斯時漢文本《元朝秘史》已經形成。

2. 文淵閣藏《元朝秘史》。明代初期，《元朝秘史》作為珍貴史籍入藏秘府。楊士奇（1366—1444）等於正統六年（1441）編纂《文淵閣書目》，卷 5 中明確記載："《元朝秘史》一部，五册，缺；《元朝秘史》一部，五册，缺；《元朝秘史續集》一部，一册，缺；《元朝秘史續集》一部，一册，缺。" ④ 該條目説明楊士奇等編纂《文淵閣書目》時，文淵閣曾藏有兩部《元朝秘史》。書目未記卷數，但以現存《元朝秘史》分卷分册來看，這兩部應均為十二卷本。

---

* 本文係國家社科基金冷門"絶學"和國別史等研究專項"國家圖書館藏《元朝秘史》整理與研究"（19VJX012）成果。

① 明永樂時期編纂《永樂大典》，將《元朝秘史》全文收入，由原十二卷分編為十五卷，題名亦由《元秘史》改為《元朝秘史》。《永樂大典》收《元朝秘史》為十五卷本《元朝秘史》的祖本。

② 參考了白·特木爾巴根《〈蒙古秘史〉文獻版本考》，北京大學出版社，2014，第 77—95 頁。

③ 孫承澤：《古香齋鑒賞袖珍春明夢餘録》卷 52，第 2 葉，清乾隆刻本，國家圖書館藏，索書號：A02809。

④ 王雲五主編《文淵閣書目及其他一種》，民國 24 年（1935），第 1 册，第 67—68 頁。

據孫承澤著《春明夢餘録》，“永樂辛丑（1421），命修撰陳循將南内文淵閣書各取一部至京，計取書一百櫃，載以十艘”。[①] 儘管為“各取一部”，《元朝秘史》却為兩部，有兩種可能，一是從南京文淵閣取的兩部，一部為抄本，一部為刻本，故各取一部；二是從南京文淵閣取一部至京，“又遣官四處購買”[②]，故變為兩部。無論如何，明代北京文淵閣存兩部《元朝秘史》，但均不完整。若南京文淵閣仍留至少一部《元朝秘史》，則當時秘府所存《元朝秘史》至少為三部。

3. 錢溥撰《内閣書目》載《元朝秘史》。錢溥（1408—1488），明正統四年進士，次年奉詔入東閣為史官，得閲内廷庋藏之秘笈五十餘大橱，作有《内閣書目》一卷、《秘閣書目》二卷。國内所見《内閣書目》史部中載有“《元朝秘史》五册，《元朝秘史續集》一册”。[③] 依分册情況，亦為一部十二卷本《元朝秘史》。

4. 葉盛《菉竹堂書目》載《元朝秘史》。《菉竹堂書目》是明代藏書家葉盛（1420—1474）的藏書目録，大約編成於成化七年（1471），凡六卷，卷 2 為經籍，著録有“《元朝秘史》五册，《元朝秘史續集》一册”。[④] 此目非葉盛手定，而是其孫葉恭煥所録。葉氏身為明初大臣，去元不遠，與楊士奇同朝為官，雅好奇書秘册，原書目曾並列載有《元一統志》和《經世大典》，其藏《元朝秘史》的可能性極大。書目中未著録卷數，亦未注明刻本或抄本，據現存《元朝秘史》分卷分册情況，此藏本應為十二卷本。

5. 焦竑撰《國史經籍志》載《元朝秘史》。明焦竑（1540—1620）撰《國史經籍志》六卷，史類正史中載有“《元朝秘史》十二卷”[⑤]。這裏直接著録為“十二卷”。

6. 黄虞稷《千頃堂書目》載《元朝秘史》。黄虞稷（1626—1692）撰《千頃堂書目》三十二卷，是在其父黄居中所作《千頃堂書目》六卷基礎上稍增而成，著録明代著作 15408 種、宋遼金元著作 2420 種，共 17828 種。該書目卷 4 史部著録有“《元朝秘史》十二卷：秘史十卷，續二卷，共十二卷。前卷載沙漠之事，續卷紀滅金之事，蓋其國人所紀録也。其紀年稱鼠兒、羊兒，不以干支”。[⑥] 值得一提的是，清代許多藏書家都將《元朝秘史》歸類於雜史，而黄氏則將《元朝秘史》列於史部之首的國史類之中。

明初，《元朝秘史》藏於中秘，被用作蒙漢翻譯參考資料。永樂元年（1403）至五年間編《永樂大典》時，“永樂大典館”將《元朝秘史》作為歷史典籍以十五卷形式整部收入，此本子成為十五卷本《元朝秘史》的祖本。

---

① 孫承澤：《古香齋鑒賞袖珍春明夢餘録》卷 12，第 1 葉。

② 孫承澤：《古香齋鑒賞袖珍春明夢餘録》卷 52，第 2 葉。

③ 中國國家圖書館編《原國立北平圖書館甲庫善本叢書》第 457 册，國家圖書館出版社，2013，第 466 頁。

④ 《菉竹堂書目》，清道光六年（1826）抄本，國家圖書館藏，索書號：2783。

⑤ 中國國家圖書館編《原國立北平圖書館甲庫善本叢書》第 457 册，第 39、272 頁。

⑥ 黄虞稷撰，瞿鳳起、潘景鄭整理《千頃堂書目（附索引）》，上海古籍出版社，2001，第 113 頁。

（二）清代史乘著録《元朝秘史》

至清代，乾隆年間編修《四庫全書》時，浙江巡撫阮元（1764—1849）擬進呈一部十五卷《元朝秘史》抄本，並為之作序，遺憾的是，“然以其言不雅馴，故未著於録”。[①] 儘管如此，《元朝秘史》於有清一代得到了廣泛流傳和深度研究。

1. 孫承澤《元朝典故編年考》載：“元人有《秘史》十卷，《續秘史》二卷。前卷載沙漠始起之事，續卷載下燕京滅金之事，蓋其國人所編記者。書藏禁中不傳，偶從故家見之，録續卷以補正史之所不載。”[②] 後録《元朝秘史》續集一、二卷總譯部分。[③]

2. 張穆《月齋詩文集》卷 3 中《元朝秘史譯文鈔本題詞》載：“《永樂大典》十二‘先’‘元’字韻中載《元朝秘史》一部八册十五卷，不詳撰人名氏。其卷次亦大典約為區分，本書該都為一帙也。每段前列蒙古語，附以譯文。此所鈔者，其譯文也。外間更無傳本。錢竹汀詹事《元史氏族表》首列蒙古諸姓全據此書，而不著書名。聞徐丈星伯云，程春廬京丞曾手録一通，於所著《元史西北地理考》中屢引之，今《地理考》為人竊去，所鈔《秘史》亦遂不可踪迹。穆於辛丑（1661）之秋幸緣守藏吏，獲觀寶笈。爰假寓功臣館，移寫數種，以出《秘史》，亦其一云。”[④] 透露《永樂大典》收《元朝秘史》為十五卷八册，作者從中抄録總譯部分。

3. 倪燦《補遼金元藝文志》載：“無名氏《元朝秘史》十二卷。其紀年稱鼠兒羊兒等，不以干支，蓋其國人所録。”[⑤] 並將其列入國史類。

4. 錢大昕《補元史藝文志》曰：“《元秘史》十卷，《續秘史》二卷。不著撰人。記太祖初起，及太宗滅金事，皆國語旁譯，疑即脱必赤颜也。”[⑥] 將其歸入雜史類。

5. 盧址《抱經樓藏書目録》卷 4 史部雜史類條目作“《元朝秘史》，四本”。[⑦] 其另一藏書目録《四明盧氏藏書目録》不分卷，以經史子集四部排列書目，史類書目《錢塘遺事》之後著録曰：“《元朝秘史》十五卷，抄本，缺首數頁，不著撰人名氏。”[⑧] 此為十五卷《元朝秘史》單行本的最早記録。

6. 王宗炎《十萬卷樓書目》載：“《元秘史》，抄本，二本。”[⑨]

---

① 冀淑英、張志清、劉波主編《趙萬里文集》第 1 卷，上海科學技術文獻出版社、國家圖書館出版社，2011，第 104 頁。

② 《元代史料叢刊初編 · 元代史書》收《元朝典故編年考》卷 9，黄山書社，2012，第 612 頁。

③ 孫承澤《元朝典故編年考》收入不同叢書時，有些名稱用字有所不同，比如“成吉思”，《四庫全書》收本中稱為“青吉斯”，為何出現如此怪象，可深入研究。

④ 張穆：《月齋詩文集》卷 3，第 32—33 葉，民國 5 年（1916）刻本，國家圖書館藏，索書號：XD3489。

⑤ 《補遼金元藝文志》，《叢書集成初編》本，中華書局，1985，第 36 頁。

⑥ 《補元史藝文志》卷 2，《叢書集成初編》本，中華書局，1985，第 19 頁。

⑦ 《抱經樓目録》，清抄本，國家圖書館藏，索書號：15558。

⑧ 《抄本抱經樓盧氏書目》，清抄本，國家圖書館藏，索書號：15573。

⑨ 《十萬卷樓書目》，清宣統元年（1909）抄本，國家圖書館藏，索書號：目 440/864。見補遺中最後一葉。

7. 張金吾《愛日精廬藏書志》載："《元秘史》，十五卷，抄本。不著撰人名氏。《文淵閣書目》著録。文詞鄙俚，未經譯潤，故傳本絶稀。然《元史》叙次太祖太宗兩朝事迹，顛倒複遝，誠有如錢氏所云者。此書論次頗詳，且得其實，實可羽翼正史，是亦讀元史者所不廢也。"後録錢大昕跋。[①]

8. 瞿鏞《鐵琴銅劍樓藏書目録》載："《元秘史》十五卷，抄本，不著撰人名氏。是編用蒙古語紀録所聞，旁加翻譯。每段下又為分解，其詞甚俚。而叙太祖太宗事最得其實，可補《元史》之闕。諸家書目皆不載，惟見《文淵閣書目》。此出嘉定錢氏藏本，自《永樂大典》録出。聞又有元刻本，作十卷，續集二卷。"[②]

9. 陳樹杓《帶經堂書目》載："《元秘史》十五卷。張蓉鏡愛日精廬抄本。不著撰人名氏。"[③]

10. 陸心源《皕宋樓藏書志》載："《元秘史》十五卷。影寫元刻本，勞季言舊藏。不著撰人名氏。《揅經室外集》：元秘史十五卷，不著撰人名氏。其紀年以鼠兒兔兒羊兒等，不以支干，蓋即國人所録。明黃虞稷《千頃堂書目》著録十二卷，明《文淵閣書目》'字'（宇）字號云：《元秘史》一部五册，又一部同。又云：《秘史續稿》一部一册，又一部同。並闕佚之本。此依舊鈔影寫，國語旁譯，記太祖太宗兩朝事迹最為詳備。案明初宋濂等修撰《元史》，急於蕆事，載籍雖存，無暇稽求。如是編所載：元初世系孛端乂兒之前，尚有一十一世。《太祖本紀》述其先世，僅從孛端乂兒始。諸如此類，並足補正史之紕漏。雖詞語俚鄙，未經修飾，然有資考證，亦讀史者所不廢也。"後録錢大昕跋。[④]此著録中"《元秘史》十五卷。影寫元刻本，勞季言舊藏"，是否表明十五卷本也有過早期刻本，此本是否影抄自原刻本？均值得深究。

11. 丁丙《善本書室藏書志》載："《元秘史》十五卷。舊抄本，蕭山王晚聞藏書。右記元太祖太宗兩朝事迹最為詳備，其紀年以鼠兒兔兒羊兒等，不以支干，蓋即國人所録。明《文淵閣書目》'宇'字號内載《元秘史》一部五册。黃氏《千頃堂書目》亦有著録，為十二卷，要皆殘缺之帙。此依舊鈔影寫，國語旁譯者，明初宋濂等修撰《元史》，急於蕆事，未暇稽求載籍。如是史所載：元初世系孛端叉兒之前，尚有一十一世。《太祖本紀》述其先世，僅從孛端叉兒始。諸如此類，並足補正史之紕漏，不得以詞語俚鄙棄之也。阮文達録以進呈，見《揅經室外集》。有晚聞居士印，錢大昕有跋，見於集中，不備録。"[⑤]可見丁丙所藏本為上述王宗炎（晚號晚聞居士）十萬卷樓藏二册本，為十五卷。

---

① 《愛日精廬藏書志》卷 11，第 4—5 葉，清光緒十三年（1887）活字本，國家圖書館藏，索書號：目 440 / 8676.1。

② 《鐵琴銅劍樓藏書目録》卷 9 史部别史類，第 20 葉，清光緒二十三年（1897）武進董康誦芬室校刻本，國家圖書館藏，索書號：目 440/8655。此目録尚有清光緒二十四年（1898）常熟瞿啓甲校刻本（國家圖書館藏，索書號：目 440/8655.1），其中所載《元朝秘史》與清光緒二十三年董康誦芬室校刻本完全一致。

③ 《帶經堂書目》，清抄本，國家圖書館藏，索書號：17982。

④ 《皕宋樓藏書志》卷 23 史部别史類，第 14—17 葉，清光緒八年（1882）歸安陸心源十萬卷樓刻本，國家圖書館藏，索書號：目 440/894。

⑤ 《善本書室藏書志》卷 7，第 22 葉，清光緒二十七年（1901）錢塘丁丙刻本，國家圖書館藏，索書號：目 440/895。

12. 葉德輝《郎園讀書志》載:"《元朝秘史》十卷,《續》十卷。舊抄本。《元朝秘史》十卷續十卷，大題下雙行注，忙豁侖紐察脱察安字，蓋撰者姓名也。原書每半葉大字五行，旁注譯音小字五行。大字每行約二十八字，小字隨大字高下，字數無定。道光中，靈石楊氏刻入《連筠簃叢書》，為卷十五，無分正續，又删去其旁譯小字。亦無譯文、撰者姓名。真有刻不如刻之歎！然楊本出自《永樂大典》十二'先、元'字韻，删去旁文，則又非楊氏之過矣。此本出自嘉慶間張太守敦仁影元刻舊鈔本。顧廣圻《思適齋文集》有跋言其原委甚詳，此已鈔附本書末。近順德李約農侍郎文田為作注，以十五卷為主，而以此本參校。由於旁譯之文夾雜，難於分辨，故從其簡略者耳。侍郎注文博雅，袁爽秋部郎已刊入《漸西村社叢書》。邇者，友人中究心金元兩朝掌故者，膠州柯鳳蓀編修邵忞、萍鄉文芸閣編修廷式、武進屠静山太令寄皆有撰述。柯君《新元史》已成書，葵園屢索其稿，請以局錢刊行。柯君以繕稿未定，不欲草率成書，未允也。此書柯君亦見之，少所採擷。因李注本已刊成，可以取證。余則以為此原本終與楊本、李注不同。冀日，有好事者付之手民，庶與《蒙古源流》一書合之，兩美矣。丙午嘉平四日，德輝記。"①

13. 葉德輝《觀古堂藏書目》載:"《元朝秘史》十五卷。缺名。道光二十七年（1847）楊墨林刻連筠簃叢書本。"②

以上是清代學者對《元朝秘史》較為代表性的記録。隨着《元朝秘史》的廣泛流傳，清代撰寫題跋者亦頗多，不一一列舉。

現將以上明清典籍中關於《元朝秘史》的記載用表格形式排列如下（見表 1）。

表 1　明清典籍中關於《元朝秘史》的記載

書名	作者	載《元朝秘史》情況
文淵閣書目	楊士奇（1366—1444）	《元朝秘史》一部，五册，缺;《元朝秘史》一部，五册，缺
内閣書目	錢溥（1408—1488）	《元朝秘史》五册,《元朝秘史續集》一册
菉竹堂書目	葉盛（1420—1474）	《元朝秘史》五册,《元朝秘史續集》一册
國史經籍志	焦竑（1540—1620）	《元朝秘史》十二卷
千頃堂書目	黄虞稷（1626—1692）	《元朝秘史》十二卷：秘史十卷，續二卷，共十二卷
元朝典故編年考	孫承澤（1593—1676）	《秘史》十卷,《續秘史》二卷
《月齋詩文集》卷 3 中《元朝秘史譯文鈔本題詞》	張穆（1607—1688）	《永樂大典》十二"先""元"字韻中載《元朝秘史》一部八册十五卷
補遼金元藝文志	倪燦（1627—1688）	無名氏《元朝秘史》十二卷
補元史藝文志	錢大昕（1728—1804）	《元秘史》十卷,《續秘史》二卷

① 《郎園讀書志》，民國 17 年（1928）上澹園上海鉛印本，國家圖書館藏，索書號：目 450/92807。

② 《觀古堂藏書目》卷 2 史部，第 17 葉，長沙葉德輝觀古堂，民國 5 年（1916）鉛印本，國家圖書館藏，索書號：目 450/928。

續表

書名	作者	載《元朝秘史》情況
抱經樓藏書目録	盧址（1725—1794）	《元朝秘史》，四本
四明盧氏藏書目録	盧址（1725—1794）	《元朝秘史》十五卷，抄本，缺首數頁
十萬卷樓書目	王宗炎（1755—1826）	《元秘史》，抄本，二本
愛日精廬藏書志	張金吾（1787—1829）	《元秘史》十五卷，抄本
鐵琴銅劍樓藏書目録	瞿鏞（1794—1846）	《元秘史》十五卷，抄本
帶經堂書目	陳樹杓（1842—？）	《元秘史》十五卷，張蓉鏡愛日精廬抄本
皕宋樓藏書志	陸心源（1834—1894）	《元秘史》十五卷。影寫元刻本，勞季言舊藏
善本書室藏書志	丁丙（1832—1899）	《元秘史》十五卷。舊抄本，蕭山王晚聞藏書
郎園讀書志	葉德輝（1864—1927）	《元朝秘史》十卷，《續》十卷。舊抄本
觀古堂藏書目	葉德輝（1864—1927）	《元朝秘史》十五卷。缺名。道光二十七年（1847）楊墨林刻連筠簃叢書本

表1中，《抱經樓藏書目録》僅提四本，無法判斷為幾卷本。據現存《元朝秘史》，四本有鐵琴銅劍樓舊藏，為十五卷本。王宗炎《十萬卷樓書目》載《元朝秘史》，儘管僅記二本，但由丁丙《善本書室藏書志》跋語得知，十萬卷樓藏本為十五卷本，後歸丁丙所有。因此，錢大昕之前的目録中，除張穆《元朝秘史譯文鈔本題詞》中透露《永樂大典》收本八册十五卷之外，其餘均為十二卷本；入清後除葉德輝《郎園讀書志》外，其餘均為十五卷本。這説明明代史乘中記載《元朝秘史》，均為十二卷本，無一部十五卷本，側面反映出《元朝秘史》被收入《永樂大典》變成十五卷本後，明代未被單行抄出，至清代纔出現十五卷單行本，十二卷本則漸不被記載。

那麽，明代及明末清初各目録所記十二卷本《元朝秘史》，又均為何本？據目前所見十二卷本，一為明洪武年間刻殘本，一為據影元槧本舊抄本影抄的顧廣圻校本以及由此本轉抄的文廷式、李文田抄本以及日本内藤湖南舊藏、那珂通世舊藏、葉德輝根據文廷式抄本刻版發行的印本等諸本，一為貼有“一部二本　永樂二年八月内抄到”簽的十二卷本總譯部分的抄本。而顧廣圻校本及由其産生的十二卷本，與明代書目無關。故，明代典籍所載十二卷本《元朝秘史》，目前所知者，僅剩明洪武年間刻殘本。同時，由清代各家目録中不載十二卷本可判斷，明洪武刻本不曾離開内閣大庫，直至其殘葉被後人發現。

（三）明洪武年間刻《元朝秘史》的發現

明代史乘中記載《元朝秘史》，雖均為十二卷本，且確定所載十二卷本，皆由五册十卷、續集一册二卷，凡六册組成，但記録過於簡單，均不提版本，故均不知其為何本，更無明確提明洪武刻本者。官方目録中，明楊士奇《文淵閣書目》、錢溥《内閣書目》分别載有《元朝秘史》兩部和一部。然而，明張萱（1553—1636）《内閣書目》、孫能傳等於萬曆三十三年（1605）編撰的《内閣書目》[①]，清代《内閣書目》[②]和《内閣大庫書檔舊目》[③]，均已不見《元朝秘史》的記載，或因斷編殘簡，未引起目録編者注意，或散落某處，根本不在橱架上，已在“故紙堆中”。而文淵閣原本存兩部《元朝秘史》，至錢溥編製《内閣書目》時僅為一部，另一部流落何處？是否已流入民間，至葉盛、黄虞稷等手中？孫承澤跋語中透露“從故家見之”，證實民間確傳有十二卷本《元朝秘史》，但不知為抄本還是刻本。目前所知記録版本者僅為“桐鄉金主事德輿有殘元槧本”[④]，此本是否為從宫中流出本，因無任何綫索，暫無從考證。然而，清内閣大庫中存有《元朝秘史》是事實。徐松（1781—1848）於道光元年（1821）任内閣中書職。其間曾上書請閱《元朝秘史》：“昨伯昂來晤，談及中堂言元秘史原本在軍機處，驚喜以為得未曾有。可否飭賜借閲，以二十日為率，必然歸架。抑或諭知領班吴補之，松從補之處轉借，作病中消遣也。”[⑤]徐松勞心費神擬借用“元秘史原本”，是否為明洪武刻本，無證可查，但説明清朝内府除庋藏有《永樂大典》收十五卷本《元朝秘史》外，軍機處亦藏有《元朝秘史》。而所談明洪武刻本《元朝秘史》，的確發現自内閣大庫。

陳垣《〈元秘史〉譯音用字考》中介紹顧廣圻校《元朝秘史》時，試着解釋“影元”之“元”為“原”之意，並清楚地指出：“今年（1933）夏，北平圖書館趙萬里先生從内閣大庫故紙堆中發見《華夷譯語》與《元朝秘史》殘頁，計《譯語》二十六頁，《秘史》四十五頁，此洪武槧本也。何以知為洪武槧本，則以與《華夷譯語》板式紙色相同故。”[⑥]陳垣從趙萬里處得知明洪武刻本《元朝秘史》後，與所曰《華夷譯語》一同借閲，進行對勘與研究工作，故言“新發現之《元朝秘史》，板式與《華夷譯語》無異，其刻匠二十七人中，尚有姓名與《華夷譯語》相同者周文名、趙丙二人，其版刻之先後，相距不能過遠。其殘存者為三、四、七、八卷，則第二第四册之殘頁也”。[⑦]1935年5月1日，袁同禮致函陳垣催還所借書籍，“前尊處借用《元秘史》、《華夷譯語》、越縵堂手稿本及《新會縣志》等書，如已用畢，擬請費神檢出，交去人携下為感。内中有數種擬交伯希和一看，渠日内來平也”。[⑧]

我們翻閲趙萬里先生於1933年所編《國立北平圖書館善本書目》，其史部别史類中收有《元朝秘史》十二卷，明洪武刻本，存四卷：三至四，七至八。可見趙先生於1933年從内閣

① 孫能傳等編《内閣書目》八卷，文物出版社，1992，國家圖書館藏，索書號：Link/141768。

② 《内閣書目》，清抄本，國家圖書館藏，索書號：13633。鈐有“筆沾恩雨”“自製”印，或為乾隆時期名臣蔣溥（1708—1761）編製。

③ 中研院歷史語言研究所編《内閣大庫書檔舊目》，民國22年（1933）國立中央研究院歷史語言研究所鉛印本，國家圖書館藏，索書號：目326/45。

④ 詳見顧廣圻校十二卷本《元朝秘史》跋。

⑤ 徐松撰，繆荃孫輯《星伯先生小集》，民國9年（1920）刻《煙畫東堂小品》二十三種刻本，國家圖書館藏，索書號：9029:7。

⑥ 吴澤主編《中國當代史學家叢書·陳垣史學論著選》，上海人民出版社，1981，第359頁。

⑦ 吴澤主編《中國當代史學家叢書·陳垣史學論著選》，第359頁。

⑧ 陳智超編注《陳垣來往書信集（增訂本）》，生活·讀書·新知三聯書店，2010，第619頁。

大庫發現明洪武年間刻本《元朝秘史》後，即入藏至北平圖書館。

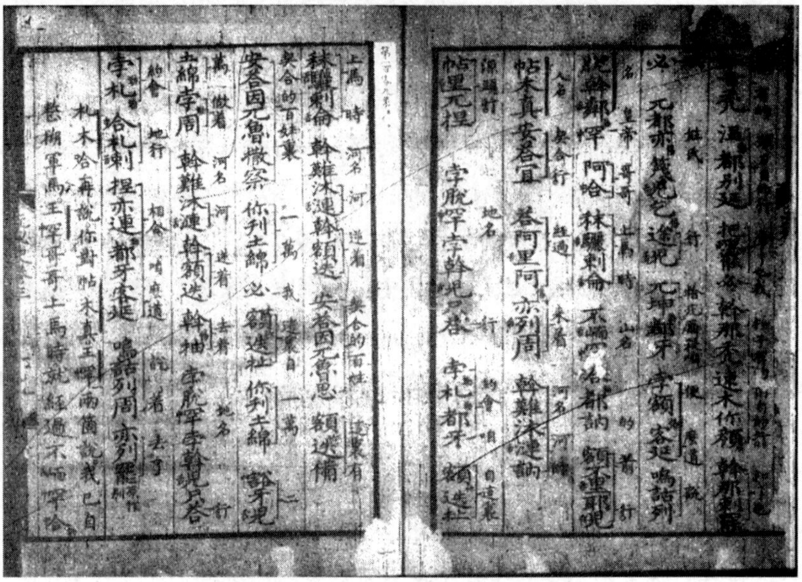

圖 1　明洪武刻本《元秘史》（據國家圖書館藏縮微膠捲還原）

二　明洪武刻本《元朝秘史》殘葉現狀

明洪武刻本《元朝秘史》殘葉歷經明、清兩朝，從内閣大庫被發現，入藏北平圖書館，但其實物已不在故地。

（一）寄存臺北“故宫博物院”

1937 年抗日戰爭全面爆發，國内局勢日益嚴峻，為保證館藏珍貴文物的安全，北平圖書館將館藏珍貴文獻分批裝入 102 個箱子，於 1941 年從上海運抵美國。所述明洪武刻本《元朝秘史》被裝入第 21 箱，清單記録為“《元朝秘史》十二卷　明洪武刻本　存四卷　一册”①。運抵美國的書籍由美國國會圖書館管理，其利用五年時間將這批善本攝成縮微膠捲 1070 捲，贈送中國圖書館 3 套，剩餘售出多套，由世界各地圖書館收藏。②

抗戰勝利後，1947 年，錢存訓先生奉當時教育部委派赴美接運這批善本回國，一切手續都已辦妥，但因國内政局變化，交通斷絶而未果。1965 年，由臺北“中央圖書館”呈請臺北“教育部”，通過臺北“駐美國大使館”向美國國務院轉商國會圖書館准予運回臺灣，國會圖書館立即應允。遂由該館國際交换部將這批善本 102 箱逐一點交，先陸運美國西岸奥克蘭，

① 國家圖書館檔案記録。

② 錢存訓：《我和國家圖書館——在北圖工作十年的回憶和以後的聯繫》，《國家圖書館學刊》2009 年第 3 期。

於 1965 年 11 月 17 日抵達臺灣基隆，再轉運臺北"中央圖書館"收藏，[1]1968 年 3 月 4 日又移運至臺北"故宮博物院"暫存。[2]

1969 年，由"中央圖書館"編印《國立中央圖書館典藏國立北平圖書館善本書目》，"別史類"中著録"《元朝秘史》 存四卷 元不著撰人 明洪武間刊本 存卷三、卷四、卷七、卷八 一册"，膠捲號為"149 65（986–1033）"。

2013 年，國家圖書館出版社利用縮微膠捲出版《原國立北平圖書館甲庫善本叢書》，明洪武刻本《元朝秘史》被收入第 121 册中。

2015 年，余珮瑾等文字撰述的《國立故宮博物院藏蒙古文物彙編》中著録為"不著編譯人姓氏，明洪武間刊本。平圖 003617[3]。書册尺寸 34.6 × 22.3 厘米，版框高廣 24.5 × 17.6 厘米"，並附蒙古文提要和高清圖片。[4]

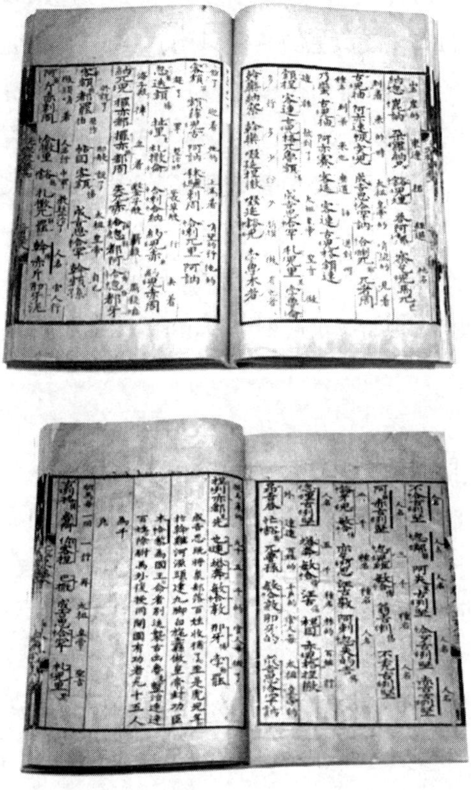

圖 2　明洪武刻本《元朝秘史》書影（採自《國立故宮博物院藏蒙古文物彙編》）

① 錢存訓：《我和國家圖書館——在北圖工作十年的回憶和以後的聯繫》，《國家圖書館學刊》2009 年第 3 期。

② 李致忠主編《中國國家圖書館百年紀事（1909—2009）》，國家圖書館出版社，2009，第 36 頁。

③ 館藏號為"平圖 003617"，"平圖"為"北平圖書館"的簡稱，該書蒙古文介紹中將"平圖"錯譯成"[illegible]"。

④ 余珮瑾等文字撰述，劉芳如、鄭淑方主編《國立故宮博物院藏蒙古文物彙編》，臺北"故宮博物院"，2015，第 154—165 頁。

2016年，朝格都那仁編《世界名著〈蒙古秘史〉奇觀》中亦收入此書全部高清圖。①

（二）明洪武刻本《元朝秘史》内外特徵

1. 外觀特徵

最早描述明洪武刻本《元朝秘史》外觀特徵者為王重民先生。他在《中國善本書提要補編》中記"《元秘史》殘　存四卷　一册（《四庫未收書目》卷三）（北圖）明洪武間刻本（34.1×17.3）不著編纂人姓氏，此為從内閣大庫故紙堆中發現零葉，凡卷三，十二葉（内兩葉缺上面）；卷四，五葉；卷七，八葉②；卷八，二十葉（内兩葉缺上面）。都四十五葉"。③

由臺北"故宫博物院"出版《國立故宫博物院藏蒙古文物彙編》所收《元朝秘史》著録中得知，此書開本尺寸34.6厘米×22.3厘米，版框24.5厘米×17.6厘米。每半葉5行，正文及旁譯集於一行中；四周單邊，黑口，雙魚尾，版心刻書名、卷次和本卷葉碼、總葉碼，部分版心下端記刻工。紙張發黄，有修復痕迹，每葉版框外右上角貼有白色紙簽，上書總葉碼、卷次及該卷葉碼，應為後人所為。所存46葉中，空白葉有：卷3有1葉半、卷7有1個半葉、卷8有2個半葉。卷3第1空白葉（實為卷3第8葉）内鈐有"國立北平圖書館收藏"印。

2. 所餘内容

據顧廣圻校《元朝秘史》，現將明洪武刻本《元朝秘史》所存内容整理如下。

第二册

卷3，存12葉：

第106節第11—19（末）行

第107節第1—12行（完整）

第108節第1—5、11—15（末）行

第109節第1—11行（完整）

第110節第1—17行（完整）

第124節第12—30（末）行

第125節第1—5行

卷4，存5葉：

第146節第1—34行（完整）

第147節第1—9行

① 朝格都那仁編《世界名著〈蒙古秘史〉奇觀》，内蒙古文化出版社，2016，第24—46頁。

② 含無文字的半葉，共為9葉。

③ 王重民：《中國善本書提要補編》，書目文獻出版社，1991，第5頁。

第四册

卷 7，存 9 葉：

第 194 節第 29—39（末）行

第 195 節第 1—59 行

卷 8，存 20 葉：

第 201 節第 38—62（末）行

第 202 節第 1—30 行（完整）

第 203 節第 1—26、42—50（末）行

第 204 節第 1—14 行（完整）

第 205 節第 1—37 行（完整）

第 206 節第 1—10 行（完整）

第 207 節第 1—3 行

以上留存内容，雖殘缺不全，但通過與顧廣圻校本等十二卷本比對，可得知後者在傳抄過程中産生的遺漏與錯誤，並且該本作為《元朝秘史》現存最早版本，其價值無可估量。

三　明洪武刻本《元朝秘史》的衍生本

1. 晉江張太守藏影元槧舊抄本

據清顧廣圻校《元朝秘史》跋，“《元朝秘史》載《永樂大典》中，錢竹汀少詹家所有即從之出，凡首尾十五卷。後少詹聞桐鄉金主事德輿有殘元槧本，分卷不同，屬彼記出，據以著録於其元史藝文志是也。殘本主事嘗携在吴門，予首先見之，卒未得寫録，近不知歸何處，頗用為憾。去年授徒廬州府，晉江張太守許見所收影元槧舊抄本，通體完善”，[①] 透露桐鄉金主事 [②] 藏一部原刻殘本，後不知其下落。晉江張太守 [③] 則藏一部影抄元刻本而成的完本。“影元槧舊抄本”，從字意理解似為影抄元刻的抄本。而如上所述，陳垣先生將此“元”解釋為“原”，而非元代刻本之“元”。此處原刻，應指明洪武刻本，而此本下落不明。

2. 清顧廣圻校本

再據清顧廣圻校《元朝秘史》跋，“今年至揚州，遂慫恿古余先生借來覆影此部，仍見

① 清顧廣圻校《元朝秘史》十卷、《續集》二卷，清抄本，國家圖書館藏，索書號：戰 07394。

② 金德輿（1750—1800），字鶴年，一字少叔，號雲莊，一號鄂嚴、少權、仲權，浙江桐鄉人，監生。嗜讀書，考求金石圖史，收藏名人翰墨，兼工書畫。乾隆庚子年（1780），清高宗南巡，曾獻呈《太平歡樂圖册》和宋刻《禮記》等善本書多種，因而獲賜“文綺”，賜補刑部奉天司主事，官至刑部主事。於桐鄉城内祖居，築“桐華館”“華及堂”藏書樓，後彙世所藏書法名畫和宋元刻本皆收貯其中。晚年家道中落，不得已常典質書、畫聊以度日。著有《桐華館詩抄》《桐華館吟稿》等。

③ 張太守，即張祥雲，生卒年未詳，號鞠園，晉江人。乾隆五十二年（1787）進士，嘉慶年間任廬州知府，編《廬州府志》五十四卷。藏書頗豐，目録有《鞠園藏書目》。是目未收《元朝秘史》。

命校勘，乃知異於錢少詹本者不特分《元朝秘史》十卷，《續》二卷一事也”，講述顧廣圻[①]慫恿張敦仁由晉江張太守藏影元槧舊抄本再影抄一部，並親自進行校勘，即現通稱的“顧校本”，仍保持《元朝秘史》十二卷本為六册的傳統。顧校本後來輾轉為清宗室盛昱所得，後經涵芬樓，入藏國家圖書館。

3. 文廷式抄本

清光緒十一年（1885），文廷式據盛昱藏顧校本轉抄一部《元朝秘史》。文廷式於20世紀初再請人復抄一部送給日本友人内藤湖南。日本學者那珂通世從内藤湖南處得到文廷式募人所抄之本的影抄本，不久即開始著手翻譯、注釋，於1907年出版了影響學界的《成吉思汗實録》。文廷式原抄本後輾轉流傳到湖南著名藏書家葉德輝手中。[②]

4. 李文田抄本

清光緒十二年，李文田自顧校本抄得一部《元朝秘史》。此本完全保持顧校本所有特徵，包括書前顧廣圻跋以及書上鈐印，均按原樣臨摹。李氏去世後為其子李生棪珍藏，後贈送給陳垣先生，最終入藏國家圖書館。

5. 葉德輝觀古堂刻本

清光緒三十四年，葉德輝據文廷式轉抄本刻版發行，稱作“觀古堂本”或“葉德輝本”。十二卷本《元朝秘史》繼明洪武刻本五百餘年之後再次出現刻本。

6.《四部叢刊》三編收本

1912年7月，張元濟經傅增湘先生的不懈努力，購得顧校本後，將顧校本列入《四部叢刊》印行計劃之中。商務印書館於1936年將顧校本影印收入《四部叢刊》三編。當時以内閣大庫所發現的明洪武刻本能够拼為完整葉四十一枚殘葉替换了抄本中的相應部分。因此，《四部叢刊》三編收本成為學界通用本。

以上，根據現有綫索，對明洪武時期刊印而成的《元朝秘史》流傳脉絡進行了梳理。因資料欠缺，很多環節無從考證，尚有多處無法解釋。歷經600餘年流傳至我輩的此十二卷本《元朝秘史》，儘管僅剩46葉，但作為《元朝秘史》最早版本，成就了《永樂大典》收十五卷本《元朝秘史》的産生以及清代十二卷本的影抄、流傳，影響甚大，意義深遠，值得珍視。

---

① 顧廣圻（1770—1839），字千里，號澗薲、無悶子，别號思適居士、一雲散人。元和（今屬江蘇）人。清著名校勘學家、藏書家、目録學家。博覽四部圖書，通經學、小學，尤精校讎學，與孫星衍、黄丕烈等人稱清一代校勘學巨匠。一生於經史、訓詁、曆算、輿地、諸子無不貫通，又精目録學，有人把他比作王儉、阮孝緒。晚年被孫星衍、張敦仁、黄丕烈、胡克家、秦恩復等人繼續延聘為校書，先後校有《説文》《禮記》《儀禮》《國語》《戰國策》《文選》《元朝秘史》諸書。藏書處為“思適齋”，著有《思適齋集》，録其校書、刻書的序跋，含為校勘《元朝秘史》所撰跋。

② 白·特木爾巴根:《〈蒙古秘史〉文獻版本考》，第127頁。

The Spread of the Block–printed Edition of *The Secret History of the Yuan Dynasty* in the Hongwu Period of the Ming Dynasty

Saren Gaowa　Xiao Gang

The Secret History of Mongolia, written in Mongolian in the 13th century, has not been preserved completely. The Mongolian researchers can only see its original text based on *The Secret History of the Yuan Dynasty*, which was written in the Ming Dynasty in Mongolian spelled in Chinese characters with translations. There are two versions of *The Secret History of the Yuan Dynasty*, one in 12 volumes and the other in 15 volumes. The 12 volumes version which was printed during the Hongwu period of the Ming Dynasty were the origin of all other versions and have always been valued by scholars. Based on the book catalogs and archives of the Ming and Qing Dynasties, this article describes the tortuous spread of the book by examining the various versions of *The Secret History of the Yuan Dynasty*.

準噶爾汗國的軍事裝備及其作戰方式

納森巴雅爾

準噶爾汗國由衛拉特蒙古中的準噶爾部建立，衛拉特蒙古即成吉思汗時代的斡亦剌惕部落，明代史籍稱“瓦剌”，清朝則稱其為“衛拉特”、“厄魯特”和“額魯特”。衛拉特蒙古又被稱為“漠西蒙古”（亦稱“西蒙古”），分為準噶爾、杜爾伯特、和碩特、土爾扈特（17世紀初土爾扈特西遷伏爾加河後，以輝特部為四衛拉特之一）四部。四部族系不一，各有淵源，準噶爾、杜爾伯特統治家族為元臣孛罕裔，綽羅斯氏；和碩特首領為元太祖弟哈布圖哈薩爾裔，孛爾只斤氏；土爾扈特為克烈部首領王罕後裔。四衛拉特中準噶爾以伊犁河流域為活動中心，杜爾伯特遊牧於額爾齊斯河上游兩岸，和碩特的活動中心在烏魯木齊，土爾扈特則在塔爾巴哈臺及其以北地帶。準噶爾汗國勢力最强盛時統有天山以南及中亞地區。自康熙二十九年（1690）準噶爾汗國在烏蘭布通首次與清朝爆發武裝衝突到雍正十年（1732）額爾德尼昭大戰的40餘年間，清準雙方的軍事衝突時有斷續，互有勝負。乾隆十年（1745）準噶爾汗國琿台吉噶爾丹策零病逝後，清政府趁準噶爾汗國内亂出兵將其攻滅，將準噶爾汗國轄區納入中央版圖，對現在中國西部邊界的奠定有不可估量的歷史意義。準噶爾汗國歷經康、雍、乾三朝，在東方與清朝角逐將近70年，在北方又與俄羅斯帝國為敵，西則不時侵擾哈薩克、布魯特等中亞遊牧部族，處於四戰之地，並屢獲勝仗，數敗清朝八旗勁旅和俄羅斯帝國裝備火器的哥薩克騎兵。準噶爾汗國所憑藉的數萬遊牧騎兵，其軍事裝備與作戰方式，長期是一個被忽視的問題，雖有論述清朝與準噶爾汗國之間火器較量的文章，但就其種類、形制未做詳解。筆者以2012年出版的《清代新疆滿文檔案彙編》内的清代滿文檔案為主，輔以其他史料，重點論述噶爾丹策零時期準噶爾汗國的軍事裝備及其獨特的裝備火器的遊牧民族作戰方式。

一 準噶爾汗國的冷兵器

準噶爾汗國作為遊牧部族，初期軍隊裝備以冷兵器為主，檔案史料記載，有弓箭、刀、矛及配屬的甲冑、撒袋。茅元儀説：“弓者，器之首也，故言武事者，首曰弓矢。”① 作為天之驕子的蒙古人專精弓馬。在管形火器出現後，弓箭的地位還保持了相當長的時間，因為它

① 茅元儀輯《武備志》卷102《軍資乘 · 戰七 · 器械一》，明天啓辛酉（元）年清刊本。

輕便，發射速度比火繩槍快，訓練有素的射手使用弓箭的命中精度比火器要高，在擁有火器後，準噶爾仍保留有弓箭手建制。弓箭作為攻戰守城的武器，在遠射兵器中具有不可替代的地位。古人把它列入“五兵”之內，[①]可見其重要性。最初，弓箭衹用於狩獵或保護自己免受猛獸的襲擊，後來演化成作戰的工具。製作弓箭需用幹、角、筋、膠、絲、漆等材料，統稱“六材”。《考工記述注》卷2“弓人”曰：“幹也者，以為遠也；角也者，以為疾也；筋也者，以為深也；膠也者，以為和也；絲也者，以為固也；漆也者，以為受霜露也。”[②]至於準噶爾軍隊裝備的弓矢樣式及其使用的原材料，因缺乏存世實物，目前無法知悉具體情況。《西域圖志》對準噶爾弓矢有一些簡要介紹：

努穆，即弓也，形同内地而稍小，以山羊皮代樺皮為飾，以馬尾鬃為之弦；蘇穆，即箭也，形同内地而稍短，箭杆之木，亦名蘇穆，質堅細而勁實。[③]

雍正十年八月，準噶爾軍在額爾德尼昭之戰中大敗。次年十月，厄魯特人哈爾查海來投，定邊大將軍福彭詢問準噶爾地方情形，哈爾查海供詞内有關於準噶爾弓矢的記載：

meni jun gari bade beri niru daci bisirengge beri weilere niyalma decin tome juwe ilan bi,niru weileme bahanarangge juwan niyalmai dorgide juwe ilan bi,amdun fuifume gaire bukū i weihe beri weilere teke i weihe ulha i sube gemu bahambi.

（譯文）我準噶爾地方昔有弓箭者，其製弓之人，每德欽（蒙古語四十之意，準噶爾制即四十户，由德木齊管領。——引者注）有兩三名，會造箭矢者十人内有兩三名，其熬取粘膠之鹿角，製弓之野羊角畜筋俱行可得。[④]

由上可知，準噶爾的弓為筋角弓，是以鹿角熬膠粘合，野羊角為梢，山羊皮為外飾，牲畜筋馬尾鬃為弦。材料中衹説其形同内地而稍小，至於是形同清軍八旗使用的長梢弓還是綠營使用的明式短梢弓，就不得而知了。其弓配用箭枝，亦衹説形同内地而稍短，箭杆之木，名蘇穆，質堅細而勁實，至於形同内地何種箭枝，亦未可知。但清修《皇朝禮器圖式》中記有一款厄魯特梅針箭：

---

① 《周禮・夏官・司兵》“五兵”鄭玄注引鄭司農：“五兵者，戈、殳、戟、酋矛、夷矛。”“車之五兵”鄭玄注：“步卒之五兵，則無夷矛，而有弓矢。”

② 林兆珂：《考工記述注》卷2，福建巡撫採進本。

③ 傅恒等：《欽定皇輿西域圖志》卷41《服物一・準噶爾部攻占之具》，光緒十九年（1893）石印本。

④ 《定邊大將軍福彭奏將投誠之厄魯特哈爾查海審明解往京師摺》（雍正十一年十月二十日），《清代新疆滿文檔案彙編》第2册，廣西師範大學出版社，2012，第257頁。

厄魯特梅針箭，謹按，本朝定制厄魯特梅針箭，楊木為杆，長二尺九寸，鐵鏃長一寸九分，闊四分，後微短，杆首飾黑桃皮皂雕羽，括漆朱，射能及遠。①

準噶爾軍裝備的戰箭是否即此厄魯特梅針箭，或為仿製品，兩者有無關聯，因何被冠以厄魯特梅針箭之名，均查無憑據。但在額爾德尼昭戰敗後，準噶爾曾大規模教習射箭，並下令仿造清軍八旗裝備的戰箭，此或為形同內地的肇始：

jai cara aniya erdeni joo de genehe jun gar i urse musei cooha de ambarame gidabufi gejine gaibuha morin ulha coohai agūra mujakū duribuhe musei niru sirdan de koro baha urse umesi labdu.uttu ofi galdan cering ni baci otok otok de selgiyefi selei faksi sede afabufi musei sirdan i selei durum i adali dufi susai ninju okson i dubede jafu ocibe honin i sukū ocibe ilibufi gemu goibure be tacibumbi,goirekū niyalma be uthai tantambi,geli emu tanggū orin okson i dubede kalbibume tacibumbi,isinarakū urse be inu tantambi.ai hacin i tacibucibe beri niru acabume muterakū ofi goire goro isinarangge umesi komso uttu ofi fejergi urse umesi akame gasandurekūngge akū sembi.

（譯文）再，前年赴額爾德尼昭之準噶爾人，為我兵大敗，損失慘重，馬畜器械多被掠奪，中我箭矢受傷人員亦是頗多。是以，噶爾丹策零傳檄各鄂托克，交付鐵匠仿造我箭頭式樣，以氈片或羊皮立於五、六十步，悉數教習射箭，其不中之人即行鞭打，又教習一百二十步遠射，不及之人亦行鞭打。雖經教習，然終不能弓箭合式，能中及遠者甚少，故屬下無不哀怨。等語。②

新疆伊犁哈薩克自治州博物館藏有一件清代尖頭雙刃長梃帶楔鐵鏃（藏品編號 XY0092-Fe21，見圖 1）。該箭鏃縱 13.5 厘米、橫 1.5 厘米，重 35 克，尖頭雙刃長梃帶楔，伊犁鞏留縣莫合鄉徵集。

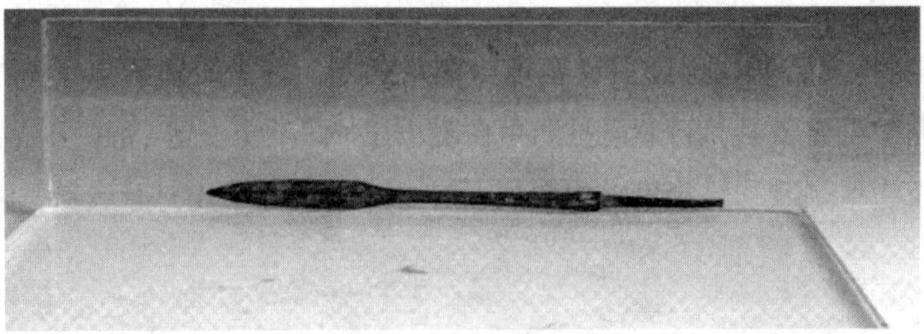

圖 1　新疆伊犁哈薩克自治州博物館藏清代尖頭雙刃長梃帶楔鐵鏃

---

① 允祿等:《皇朝禮器圖式》卷 14《武備二•武具一》，乾隆三十一年（1766）武英殿刻本。

② 《署寧遠將軍查郎阿奏出征準噶爾被俘脱回厄魯特兵達爾扎供詞並解京摺（附議覆片一件）》（雍正十二年五月初二日），《清代新疆滿文檔案彙編》第 3 册，第 269 頁。

該館藏清代鐵鏃經筆者與《皇朝禮器圖式》所列清代用箭比對，其樣式、重量均差異較大，該箭形制為清代梅針箭樣式。清代箭分兩種，尖形的為梅針箭，菱形的為鈚箭，梅針箭是專射鎖子甲用的。準噶爾軍在額爾德尼昭受挫，噶爾丹策零認為己方的火繩槍不如清軍的弓箭犀利，遂令其屬人練習弓箭，並仿造清軍的戰箭，從徵集地點分析，圖 1 中的箭或為準噶爾軍用箭。

準噶爾軍除裝備遊牧部族傳統兵器弓箭外，還裝備有長槍、腰刀等騎兵衝陣近戰的武器。《西域圖志》載："伊勒都，即刀也，形如內地，惟於刀把之間，以鐵兩方，橫抵之代護手；濟達，即槍也，長者約一丈二三尺，短者亦不下一丈，頭用純鋼鐵為之，長六七寸許，刃柄以馬鬃繞之，又以駝毛為球，繫於柄之中間，柄稍近末穿一孔，繫以革條，以便負之而趨；碩羅，即劍也，長者三尺餘，短者二尺餘，劍鞘以皮為之，鐔端有銅環。"[①] 準噶爾軍配有長槍、腰刀及劍。伊犁哈薩克自治州博物館藏有一把清代鏨刻文字鐵馬刀（藏品編號 XY0088-Fe20，見圖 2），縱 82 厘米，橫 3.2 厘米，重 560 克，柄部有一孔，直背內刃帶面槽，伊犁地區新源縣前進牧場徵集，入藏時間為 1989 年。該刀條刀脊處鋄金鏨刻四個梵文或是八思巴文字（筆者詢問許多學者終無結果）。該刀條刀身平直，前後寬度接近，前端有弧度，刀尖鋭利，刀莖尾端有孔，用以安插鉚釘。該刀條形制為中原雁翎刀式，與現存館藏清宮腰刀和清代職官佩刀形制大同小異，不排除為準噶爾軍在和通泊之戰中繳獲自清軍的物品。

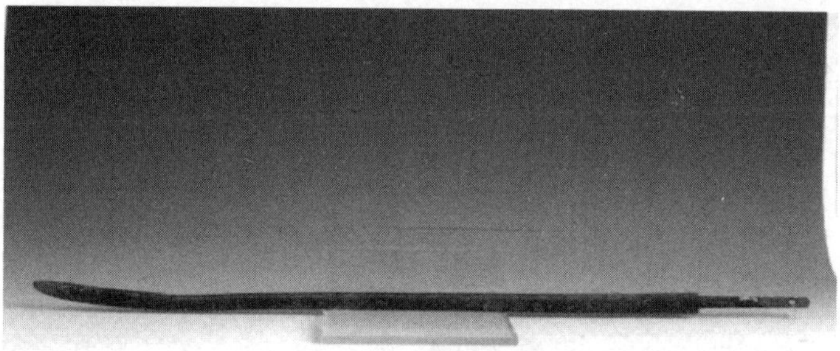

圖 2　伊犁哈薩克自治州博物館藏清代鏨刻文字鐵馬刀

至於準噶爾軍自造裝備腰刀，可參考清宮舊藏乾隆二十年達什達瓦之妻遣人來獻小策凌敦多布佩刀。該刀長 100 厘米，護手呈十字形，帶有濃郁的中亞風格。由此可知，準噶爾軍裝備的腰刀制式混雜，既有繳獲自清軍的中原式樣腰刀，也有得自中亞地區帶有伊斯蘭風格的腰刀。

準噶爾軍的近戰兵器除了腰刀外，還有長槍（濟達）。作為準噶爾軍騎兵衝陣的利器，長槍長者約一丈二三尺，短者亦不下一丈，頭用純鋼鐵為之，長六七寸許，刃柄以馬鬃繞之，又以駝毛為球，繫於柄之中間，柄稍近末穿一孔，繫以革條，以便負之而趨，其式樣可

① 傅恒等:《欽定皇輿西域圖志》卷 41《服物一 · 準噶爾部攻占之具》。

參考圖 3 阿玉錫持矛蕩寇圖[①]中的長槍。準噶爾軍中不乏善使長槍之人，達什達瓦屬下“副都統博羅胡爾干……準噶爾兵一千數百騎追至吐魯番交戰，博羅胡爾干倡先陷陣，以長槍刺殺二十六人（meiren i janggin boro hūrgan……jun gar i emu minggan udu tanggū cooha turfan de amcanjifi afandure de bi turulafi bireme ašašabufi orin ninggun niyalma be gidalame waha）”。“參領策凌……彼時策凌管帶包沁（蒙古語火槍手之意，為彼時準噶爾一鄂托克。——引者注）和紹齊（蒙古語先鋒、前衛之意。——引者注），於賊前單騎身先陷陣，以長槍刺殺十一人（jalan i janggin cerin……tere fonde cerin bi boocin hošocin be dalafi yabume hūlhai julergi ci emhun turulafi bireme ašašabufi juwan emu niyalma be gidalame waha）”。[②]

圖 3 阿玉錫持矛蕩寇圖

盔甲是一種衛體裝備。盔，古代叫作冑，其形如帽，用以防護人的頭部；甲又叫作介或函，其形類衣服，用以防護人的身體。《西域圖志》記載，準噶爾裝備有“都呼拉哈，即冑也，形同內地，或施鐵皮於冑前以障面，僅露兩目。呼雅克，即鎖子甲，間有用綿為甲者，其名曰鄂勒博克”。[③]知其冑形同內地，並受中亞影響，前有障面，僅露兩目。甲有兩種，一為鎖子甲，一為綿甲。在準噶爾相關的史料裏出現頻次最高的是鎖子甲，想必也是受中亞的影響，準噶爾軍大量裝備了鎖子甲。鎖子甲在中國古代又有“鎖甲”“連環甲”“環鎖鎧”等名。《正字通・金部》言其基本結構為“五環相互”，明代茅元儀之《武備志》卷 105 則詳述“其制度，即今大鐵絲圈，如錢眼大，環煉如貫串”。可見其形制異於中國傳統鎧甲“似物有孚甲以自禦”的特點。[④]其實，鎖子甲乃是一種由金屬小環密密套扣互聯並依人體形狀連綴如衣形的鎧甲形制。通過改變其結構單元的金屬環數目和套扣方法，可形成不同的外觀肌理。而且，製甲的金屬環越小，成甲越厚密，防護效果越佳。一副造製精良的鎖子甲能使“槍箭極

① 阿玉錫本為準噶爾管理牧放事務的官員，因罪避禍於雍正十一年投奔清朝，乾隆年間補放侍衛。其在蕩寇圖中所持長槍刃柄以馬鬃纏繞，槍尖也與清軍裝備長槍形制不同，且槍柄墜有駝毛球，柄稍近末穿一孔有革條，此長槍應屬準噶爾軍所用之物。

② 《軍機處奏報達什達瓦部效力人員摺（附履歷單一件）》（乾隆二十四年七月），《清代新疆滿文檔案彙編》第 40 冊，第 335 頁。

③ 傅恒等:《欽定皇輿西域圖志》卷 41《服物一・準噶爾部攻占之具》。

④ 《魏書》卷 102《西域傳》，中華書局，1974，第 2263 頁;《北史》卷 96《吐谷渾傳》，中華書局，1974，第 3183 頁。

難透傷”,[1] 但編織鎖子甲需用金屬環頗多，製作難度很大，古人贊歎“甲之精細者為鎖子甲”。[2] 特別的製作方法使鎖子甲具有近似布帛的柔軟效果，且整體重量要小於擁有相同防護效果的其他金屬鎧甲，從而使穿用者肢體活動受限較小，這些特點在冷兵器時代具有重要意義。因此，鎖子甲堪稱古代戰爭中真正意義上的“鐵布衫”。

在清準戰爭期間，清軍繳獲了相當數量的鎖子甲。乾隆二十二年十一月，參贊大臣富德一次就繳獲進獻鎖子甲二十七副。[3] 清宮舊藏即有繳獲自西域的鎖子甲。乾隆皇帝也非常鍾愛繳獲的精良鎖子甲，曾降諭將會製作鎖子甲的厄魯特俘虜送來京城：

> juwe jukūn i jiyanggiyūn ambasa de jasi,ceni juwe jukūn i siran siran i baha asu ukin i dorgici niyalma de šangname buhengge ci tulgiyen kemuni baitalaci ojorongge bici ildun de benjibukini.jai ūlet sei dorgi asu uksin weileme bahanara urse bici cende fonjifi adarame weilere babe niyalma be suwaliyame inu gemun hecen de benjikini isinjiha manggi cembe asu uksin weilebufi šangnara de belhebumbi sehebe gingguleme dahafi.
>
> （譯文）著寄諭兩路將軍大臣等，伊等兩路陸續得獲鎖子甲内，除已賞人者之外，如尚有可用者，乘便送來。再，厄魯特等内若有會製鎖子甲之人，詢問伊等後，將如何造製之處，連同其人一併亦送往京城。一俟到後，令之造製鎖子甲以備賞賜。欽此。欽遵。[4]

定邊將軍成衮扎布奉旨後，查核軍營所有會製作鎖子甲的厄魯特人情形，並將詢獲的製作鎖子甲的方法具摺奏稱：

> baicaci aha meni meyen i cooha hūlha be gisabume wara de baha asu uksin kejine bi,damu efujehe hūwajahangge labdu,ne baitalaci ojorongge Juwan nadan yohi sonjome bahabi.ede wesimbure baitai sasa neneme emu yohi be tuwabume benebuheci tulgiyen.funcehengge be hese be dahame ildun de gemun hecen de benebuki.ne coohai kūwaran de bisire ūlet sei dorgi asu uksin weileme bahanara temurcin i ūlet idam yonggurung orosihū tegulder i jergi duin niyalma de fonjici,asu uksin weilere de ūlet ba i sele g’an be acabufi dūme dabtame neneme muheren weilefi emke emken i holbobume hadame olbu durum i weilembi,geli uriyanghai baci tucire emu hacin burus sere sele be inu g’an de acabufi dūme dabtame weilembi.aika narhūn

---

① B.A. 李特文斯基主編《中亞文明史》第 3 卷，馬小鶴譯，中國對外翻譯出版公司，2003，第 211、248 頁。

② 茅元儀輯《武備志》卷 105《軍資乘 · 戰七 · 器械一》。

③ 《參贊大臣富德奏剿辦尼瑪所屬並獎賞出力官兵及進獻鎖子甲摺》（乾隆二十二年十一月十六日），《清代新疆滿文檔案彙編》第 26 冊，第 410 頁。

④ 《定邊將軍成衮扎布等奏遵旨查送鎖子甲並送會製作之厄魯特伊達木等赴京摺》（乾隆二十二年九月二十一日），《清代新疆滿文檔案彙編》第 26 冊，第 1 頁。

sain i weileci labdu inenggi baibumbi,an i jergingge weileci orin faksi biya funceme weileci teni emu yohi šanggambi seme alambi.uttu ofi idam i jergi duin niyalma be inu ildun de gemun hecen de benebuki.erei jalin gingguleme donjibume wesimbuhe.

（譯文）查奴才等本隊兵剿賊時，獲鎖子甲頗多，惟破損者多，現選得可用者十七副，與奏事先行送往一副呈覽外，餘剩者遵旨乘便送往京城。現在軍營厄魯特等内，有會製鎖子甲之特木爾沁厄魯特伊達木、雍固隆、鄂羅什呼、特古勒德爾等四人，詢據稱，造製鎖子甲，以厄魯特地方鐵、鋼配合錘煉，先造製圓環，並逐一串釘，製為馬褂形狀，再將烏梁海地方出產一種名曰布魯斯之鐵，亦配合鋼錘煉製作。若欲製作精細則需多日，其製作平常者，二十名工匠月餘甫行製成一副。等語。是故，將伊達木等四人亦乘便送往京城。為此謹具奏聞。①

從該段文字可知，準噶爾厄魯特工匠會造製鎖子甲，其造甲之法是以厄魯特地方所產鐵、鋼配合錘煉，先造製成圓環，並逐一串釘，製為開襟馬褂形狀，再將烏梁海地方出產一種名曰布魯斯之鐵，亦配合鋼錘煉製作。如果要製作精細，則需多日，而製作一般尋常的鎖子甲，也要二十名工匠一個多月纔能製成一副。由此可知，準噶爾人製作鎖子甲的工藝非常高超，已能製造高質量的鎖子甲，精湛的技術加上優質的鋼材，為準噶爾鐵騎提供了裝備上的加持。

圖 4 伊犁哈薩克自治州博物館藏明鐵鎖子甲

説明：藏品編號 XY0100–Fe17，年代：13—17 世紀。縱 88 厘米，橫 51 厘米，重 15 千克，半袖無領，圓環焊接扣製，新源縣徵集，2005 年 7 月鑒定為三級文物。

關於準噶爾軍的頭盔，1722 年，沙俄炮兵大尉伊萬・温科夫斯基在其出使準噶爾的日記内也有記録："參加這次法事活動的喇嘛和其他人員從西面向這座帳篷走來……在這些喇嘛人

① 《定邊將軍成衮扎布等奏遵旨查送鎖子甲並送會製作之厄魯特伊達木等赴京摺》（乾隆二十二年九月二十一日），《清代新疆滿文檔案彙編》第 26 册，第 1 頁。

等兩旁走着手持武器的卡爾梅克人，每邊一人一行，魚貫而行。身披鎧甲、頭戴尖頂盔、手持梭鏢和馬刀者每邊 20 人，身披鎧甲、頭戴護頸頭盔、手持火繩槍和馬刀者每邊 15 人。"[①] 可知準噶爾軍有兩種形制的頭盔，一種是圖 5 所示樣式的尖頂盔，一種是類似於清軍裝備的頭盔和護頸連為一體的護頸盔。準噶爾軍披服異域風情的頭盔、鎖子甲，手持贊巴拉特鳥槍肆虐中亞地區，數挫東方的清朝八旗勁旅，準軍士卒為更好地提高防護效果，又在其鎖子甲外套加綿袍：

erdeni joo i bade gidabuha ci manju monggo cooha i gabtarangge umesi nimecuke asu uksin yohan i sijigiyan jibsime etuhe niyalma be fondo fondo gabtambi,afara faidara yabure feliyerengge neneheci labdu encu.

（譯文）自額爾德尼昭戰敗以來，言滿洲蒙古兵弓箭甚為利害，連穿鎖子甲套綿袍之人都能射透，接仗列隊行軍步伐較前大不同。[②]

準噶爾軍除鎖子甲外，還裝備有綿甲和護胸甲。綿甲屬於布質甲。護胸甲又稱鏡甲，是以鐵製或革製板甲，外掛在鎖子甲前部，增强防護效果，為非主流裝備，數量不多，在史料內出現頻次極低。從史料記載分析，準噶爾軍亦非全員裝備甲具，民兵制下的普通牧民並無能力置辦，祇有精鋭的常備軍士卒有盔甲防護。

圖 5　伊犁哈薩克自治州博物館藏清鐵頭盔

説明：藏品編號 XY0539–Fe32，年代：清代。長 28.5 厘米，口徑 19 厘米，重 950 克，八片用鉚釘鉚合成一個圓形帽子，帽頂有一圓錐形尖。伊寧縣曲魯海鄉徵集，入藏時間 2001 年。與該頭盔一起出土的還有一截長 36 厘米、寬 18.5 厘米、重 1.65 千克的鎖子甲殘片，疑似該頭盔下墜的護項部分，頭盔帶有濃郁的中亞伊斯蘭風格。

① 伊·温科夫斯基著，尼·維謝洛夫斯基編《十八世紀俄國炮兵大尉新疆見聞録》，宋嗣喜譯，黑龍江教育出版社，1995，第 73 頁。

② 《定邊大將軍福彭奏報出征準噶爾被俘脱回兵丁車伯爾之供詞並安插原部落摺》（雍正十二年四月十三日），《清代新疆滿文檔案彙編》第 3 册，第 205 頁。

二 準噶爾汗國的火器

準噶爾汗國在康熙時即擁有火器。康熙十八年，理藩院奏曰："噶爾丹稱為博碩克圖汗，遣使貢獻鎖子甲、鳥槍、馬、駝、貂皮等物。"① 二十一年，清廷派祁塔特出使準噶爾，次年回京，携帶噶爾丹貢物中包括"厄魯特鳥槍四杆"。官書將"厄魯特鳥槍"單獨開列，以區別於本國鳥槍和"俄羅斯鳥槍"，② 可見其形制獨特。準噶爾通過不斷搜羅及發動戰争，獲得了大量火器。雍正八年，準噶爾軍進犯巴里坤，清軍的"威遠炮、子母炮共被奪去二十餘門（wei yuwan poo dzi mu poo uheri orin funceme duribuhe sembi）"。③ 而且準噶爾有些屬部可以説是全員火器化了，四衛拉特之一的"輝特四台吉屬下共有三千餘人，皆為鳥槍兵可得力（ceni hoit i duin i taiji i fejergi uheri bisire ilan minggan funcere niyalma gemu miyoocan i cooha hvsun bahambi seme）"。④

從康熙二十九年開始，準噶爾將其擁有的多種中亞火器投入與清朝的戰争中，一種名為"贊巴拉特"的火器屢見於滿、漢文史料中，漢文亦作"藏木喇""贊不喇""藏巴喇特""糌粑拉""贊巴拉""鑽布喇""贊布拉"等，專指17—18世紀準噶爾使用的鳥槍。⑤ 贊巴拉特鳥槍性能優異，適合騎衝，給前綫的清軍將領留下了深刻印象，寧遠大將軍岳鍾琪奏稱：

> 惟賊人器械有名贊不喇大鳥槍者，重不過十四五斤，頗能擊遠，較之子母炮輕便而穩。對敵之際，我軍若用子母炮擊賊，而賊用此大鳥槍，則擊遠更過於子母炮。况賊中之大鳥槍甚多，且行走便捷，是我子母炮擊遠輕便不及賊之大鳥槍。⑥

準噶爾軍使用的贊巴拉特鳥槍有大小之分，此種鳥槍天山南路的回部也多有使用。清軍在乾隆三十年平定烏什城亂時，即繳獲有"大贊布拉槍六杆内，無鞘二杆、有鞘四杆，小贊

---

① 新疆社會科學院歷史研究所編《〈清實録〉新疆資料輯録》第1册《順治朝卷·康熙朝卷》，周軒、修仲一整理訂補，新疆大學出版社，2009，第37頁。

② 新疆社會科學院歷史研究所編《〈清實録〉新疆資料輯録》第1册《順治朝卷·康熙朝卷》，第47頁。

③《禮部左侍郎杭奕禄等奏與準噶爾交戰槍炮官兵被掠甚多提督紀成斌實不稱職等事摺》（雍正八年十二月二十九日），《清代新疆滿文檔案彙編》第1册，第15頁。

④《定邊大將軍福彭密奏投誠厄魯特哈爾查海口供並將拿獲之特古斯等一併解京備審摺》（雍正十一年十月二十日），《清代新疆滿文檔案彙編》第2册，第277頁。

⑤ 贊巴拉特鳥槍淵源及流入中亞準噶爾的情況，南開大學張建的博士學位論文《火器與清朝内陸亞洲邊疆之形成》有詳解，本文兹不贅述。

⑥《寧遠大將軍岳鍾琪等覆酌議西路大軍防守及進剿策略十二條奏》（雍正九年十月初二日），中國第一歷史檔案館編《雍正朝漢文朱批奏摺彙編》第21册，江蘇古籍出版社，1991，第285—296頁。

布拉槍三十五杆內，無鞘三杆、有鞘三十二杆”。[1] 而且準噶爾厄魯特降人內也不乏善使該鳥槍者，“厄魯特賽音訥默庫佐領下委領催拜斯呼朗，打仗二十八次，殺賊七名。左股受鳥槍傷一處，每戰令持大贊巴拉特鳥槍，攻奪前沿效力，編為卓異五次（ūlet sainemeku nirui araha bošokū baishūlang orin jakūn mudan afaha hūlha be nadan waha hashū ergi suksaha de miyocan i nuhulebuhe feye emu ba baha afaha dari amba dzambarat miyoocan jafabufi juleri babe durime yabuha colgoroko de sunja mudan banjibuha)”。[2]

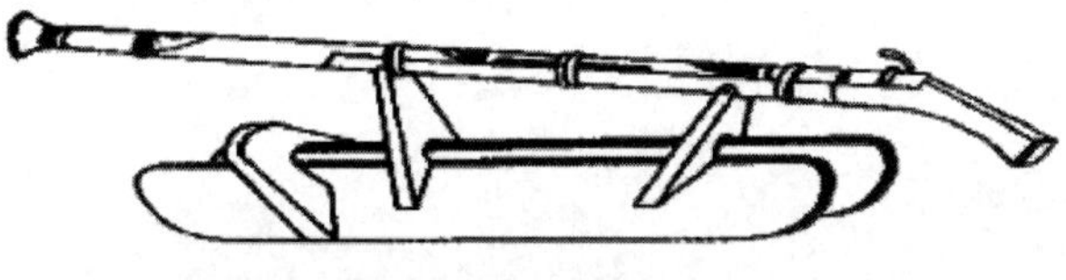

圖 6　回炮（大贊巴拉特鳥槍）

説明：劉秋霖等編《中國古代兵器圖説》（天津古籍出版社，2003，第 542 頁）繪製回炮圖 2，注解為乾隆二十四年平定西域時繳獲的一種火炮，從形制、樣式判斷應為重型鳥槍，槍托類似西藏使用的印度火繩槍木棍式槍托，該回炮應即大贊巴拉特鳥槍，迄今維吾爾語裏仍稱火炮為贊巴拉克。

關於準噶爾鳥槍形制、樣式，《西域圖志》載：“包，即炮也。以鐵為腔，中施硝黃鉛彈之屬，或高二三尺，圓徑三寸，駕於駝背施放。或高二三尺，圓徑五六寸，木架上施放。或長四尺餘，制如內地鳥槍，手中施放。管包之人名曰包沁。”[3] 前兩者即岳鍾琪所説贊不喇大鳥槍，後者便是準噶爾軍單兵裝備的所謂小贊巴拉特鳥槍。從清朝仿製的贊巴拉特鳥槍亦可管窺一斑。雍正十年，大學士・伯鄂爾泰奏為解送新造贊巴拉特鳥槍事：

aliha bithei da be amban ortai sei gingguleme wesimburengge. ice weilehe dzambarat miyoocan be benebure jalin. jecen be bolgo obure amba jiyanggiyūn. hošoi dahashūn cin wang ni wesimbuhe bade. benjibure ninggun minggan miyoocan i dorgide.juwe minggan miyoocan be. dzambarat i miyoocani durun i songkoi golmin ici juwe chi duin tsun. ujen ici nadan gin. tebure okto sunja jiha. muhaliyan nadan jiha obume weilefi benjibubuci.morin i deleri baitalara de umesi gabsihiyan bime. coohai baitala de ambula tusa sehebe.

（譯文）大學士・伯鄂爾泰等謹奏：為解送新造贊巴拉特鳥槍事。據靖邊大將軍・順承親王奏稱，其解送鳥槍六千杆，若將其中二千杆，照贊巴拉特鳥槍式樣，擬為長二尺四寸，重七斤，裝藥五錢，鉛彈七錢，令其造製解送，則馬上甚為輕便，且於兵

---

① 《伊犁將軍明瑞等奏報搜獲烏什回子槍支彈藥牲畜錢文糧石等物件數目摺（附清單一件）》（乾隆三十年九月初七日），《清代新疆滿文檔案彙編》第 76 册，第 53 頁。

② 《伊犁將軍明瑞等奏請賞伊犁出征烏什厄魯特回子翎子摺（附名單一件）》（乾隆三十年九月初七日），《清代新疆滿文檔案彙編》第 78 册，第 369 頁。

③ 傅恒等:《欽定皇輿西域圖志》卷 41《服物一・準噶爾部攻占之具》。

丁使用大有裨益。等語。①

可知清朝仿製的為大贊巴拉特鳥槍。該槍長2尺4寸（約80厘米），重7斤（3千克），每發用藥5錢（約15.6克），彈重7錢（21.8—22克），較之清軍裝備的兵丁鳥槍，全槍身管短小，裝藥量多，彈重亦輕，射程遠，屬騎兵隨身鳥槍。

圖7 郎世寧繪《平定準部回部得勝圖》平定伊犁受降局部

說明：圖中厄魯特人所持鳥槍，目測長度在1.7—1.8米，槍托下傾角約在45度，與圖6回炮槍托式樣相同，為類似西藏使用的印度火繩槍木棍式槍托，筆者認為此鳥槍即準噶爾軍裝備的小贊巴拉特鳥槍。

準噶爾軍除裝備大贊巴拉特鳥槍和小贊巴拉特鳥槍外，還有少量火炮。前述雍正八年，準噶爾軍進犯巴里坤，清軍的"威遠炮、子母炮共被奪去二十餘門"，再加上自造火炮，準噶爾軍火炮數量雖不能與清朝火炮一較高下，但足以碾壓中亞其他遊牧部族。準噶爾汗國覆滅後，清軍在伊犁等地尋獲不少準噶爾埋藏的火炮。乾隆二十五年，駐扎伊犁海努克地方副都統豐訥亨奏稱：

ere aniya sunja biyai orin jakūn de aha i baci hojiger de jaka hacin baihanabume takūraha niyalma amasi jifi alaha bade hojiger de isinafi gūnin werešeme kimcime feteme baiha umai gūwa jaka bahakū damu emu poo bahafi gajihabi sembi.aha tuwaci musei dorgi ba i nikan hergen foloho goroki be horoloro ajige poo inu.te ili de anafulara cooha tebufi seremšeme tuwakiyara de inu poo baibure be dahame baha ere emu poo be uthai ili de bibufi

① 南開大學張建博士學位論文《火器與清朝內陸亞洲邊疆之形成》（第93頁），引軍機處滿文月摺檔《大學士鄂爾泰奏解送新造贊巴拉特鳥槍事》（雍正十年四月十六日），譯文有所改動。

seremšeme tuwakiyara de belhebure ci tulgiyen. erei jalin gingguleme donjibume wesimbuhe.

（譯文）本年五月二十八日，奴才差往霍吉格爾尋物人員返回告稱，到達霍吉格爾留意詳行掘尋，未獲他物，僅獲炮一門帶來。等語。奴才視之，乃刻有我内地漢字之小威遠炮。今於伊犁駐扎戍守兵防守，亦需用炮，將此炮即留伊犁以備防守之用外。為此謹具奏聞。[①]

乾隆二十七年，參贊大臣阿桂勘察安設卡倫地方時，聽聞自哈薩克來投厄魯特降人碩恩喀拜告稱，特穆爾里克有準噶爾所埋大銅炮、衝天炮炮筒及炮子。便派護軍統領伊爾圖帶領白身效力貝保及藍翎侍衛巴朗阿、都布珠爾，酌撥兵丁遣往辦理。於厄魯特碩恩喀拜言告特穆爾里克放炮處"尋獲大銅炮一門、衝天炮筒七個，又於旁側掘獲大銅炮三門、鐵炮一門、衝天炮筒一個。視之，有鐵子大小萬餘顆。對應現在帶往畜力，將所獲炮及鐵彈，先行馱來四百顆，餘剩萬餘鐵彈"。[②]準噶爾火炮除使用實心鐵子外，清朝記録準噶爾軍火炮曾用開花彈。雍正十年正月，準噶爾軍經黄蘆崗等地進犯哈密，清朝駐哈密辦事員外郎永恒、扎斯海、加副將銜參將焦景宏、扎薩克固山貝子達爾罕伯克額敏率兵列陣城外五里，與準噶爾軍放炮對轟，擊退準軍，"並將賊所放炮子，拾回全者兩枚，視之，渾圓似碗以鐵澆鑄，内空裝有火藥（hūlhai sindaha poo i ciyanliyang be juwe gulhun ningge be tunggime gajiha,tuwaci muhaliyan ici moro i gese selei hongkerehengge dolo kumdu tuwai okto tebuhebi）"。[③]該彈構造形同圖 8 所繪爆炸彈，也就是平常所説的開花彈，以此可知準噶爾汗國的武器製造能力。

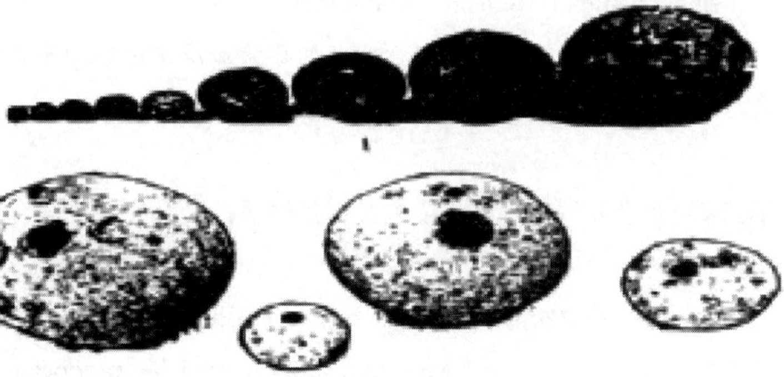

圖 8　球形爆炸彈

---

① 《副都統豐訥亨奏報伊犁防務所用炮位片》（乾隆二十五年六月二十四日），《清代新疆滿文檔案彙編》第 46 册，第 133 頁。

② 《參贊大臣阿桂奏勘察都圖嶺等應設卡倫地方將挖出準噶爾銅炮等存貯備用摺》（乾隆二十七年五月十七日），《清代新疆滿文檔案彙編》第 56 册，第 253 頁。

③ 《駐哈密辦事員外郎永恒等奏聞正月二十二日二十四日所遞摺子因長流水等處有準噶爾兵未能通過等事片》（雍正十年正月二十六日），《清代新疆滿文檔案彙編》第 1 册，第 203 頁。

瑞典炮兵士官鋭納特（J.G.Renat）等人在被準噶爾俘虜期間幫助其生産火器。除此之外，準噶爾境内礦産資源豐富，多銅、鐵、錫、鉛，在策妄阿拉布坦和噶爾丹策零時期，由於農業生産的發展，加上頻繁的戰争，對鐵製農具及鐵製兵器的需求日益增長，這促進了採礦、冶煉和兵器製造等手工業的發展。準噶爾設有烏魯特，專管鐵匠及鑄造器械者，有衆多冶煉製造武器的匠人，清朝被俘人員脱回供詞内稱：

meni jergi juwan niyalma be ili i wargi amargi tuskul noor i julergi ergi jirgalang gebunege bade gamafi membe juwe minggan boigun i sele weilere faksi de bufi inenggidari fajan tunggiyeme moo unubume jobobume adunggiyame ilan aniya funceme takūršabumbihe joboro de yargiyan i hamirakū ofi.

（譯文）將我等十人帶至伊犁西北特斯庫勒淖爾迤北吉爾噶朗，送與二千户鐵匠，每日拾糞揹柴折磨役使三年有餘，實是不堪勞累。①

到過準噶爾的俄國士兵Д·伊里音也證實，準噶爾人“自己製造槍支、火藥和子彈，提煉硝磺和銅鐵”。② 在投奔清朝的準噶爾降人内也有會製造火器的人員。乾隆七年七月，厄魯特散都布來歸，其告稱：

bi jun gar i ajige ceringdondob i harangga albatu ūlet i giranggi ere aniya dehi juwe se mini nukten tarim haidu sere bade tehebi,neneme ajige ceringdondob be hanci dahalame miyoocan weileme tuwai okto weileme yabumbihe.

（譯文）我乃準噶爾小策凌敦多布屬民，厄魯特血統，現年四十二歲，我遊牧地住在塔里木海都地方，先是隨侍小策凌敦多布，造製鳥槍火藥。③

乾隆十二年，又有厄魯特降人鄂勒哲依來投，其供稱：

bi ere aniya orin sunja se ūlet giranggi durbet i taiji dasi i albatu ama eme akū ercis i bade tehebi,duleke aniya meni taiji dasi mini ahūn barang be miyoocan weilehengge ehe seme waha.

（譯文）我現年二十五歲，厄魯特血統，係杜爾伯特台吉達什屬民，無父母，在額

① 《署寧遠將軍查郎阿奏出征準噶爾被俘脱回厄魯特兵達爾扎供詞並解京摺（附議覆片一件）》（雍正十二年五月初二日），《清代新疆滿文檔案彙編》第3册，第269頁。

② 《準噶爾史略》編寫組編著《準噶爾史略》，廣西師範大學出版社，2007，第117頁。

③ 《定邊左副將軍策凌奏厄魯特散都布等自準噶爾來歸請示安置何處摺》（乾隆七年七月十九日），《清代新疆滿文檔案彙編》第6册，第69頁。

爾齊斯地方居住。去歲，我等台吉達什以造製鳥槍差劣，將我兄巴朗殺死。①

準噶爾屬民中製造武器的匠人，不僅會製造鳥槍，也會配製火藥。火藥是大規模應用火器的關鍵，準噶爾本土與天山南路的回部，有許多出産硝石、硫黄的處所，準噶爾人通過開採與貿易，獲得了配製火藥的原料。關於準噶爾火器使用的火藥，乾隆皇帝在其諭旨内曾説：

yang ing gioi i baci ne namun de asaraha šu hurku geren kūwaran i baitalara de isirakū bime jasi tule šu hueku akū bade geli gaime bithe benjihebi seme wesimbuhebi.neneme cooha baitara de kuce i jergi baci tucire šu hurku be baifi tuwai okto acabufi baitalambihe umai dorgi ba i šu hurku terle akdaha ba akū,uthai neneme jun gar i urse okini ce gemu poo miyoocan baitalambime hono gurgušeme banjimbikai ceni baitalara tuwai okto inu tesu ba ci tucikengge dabala.aika dorgi baingge biheo.te yang ing gioi i baci jasei tule šu hurku akū bade gaime bithe yabubuha secibe jiduji ya baci bithe yabubuha babe umai getukeleme tucibuhekū erebe hoise ūlet i bade tehe ambasa de jasifi y abaci šu hurku gaime bithe yabubuha be baicafi wesimbureci tulgiyen.ereci julesi baitalara tuwai okto be meni meni tehe hoise ūlet ba i daci šu hurku tucire ba be fujurulame baifi acabufi baitalakini dorgi baci gaire be baiburakū,uthai talude emu juwe ba šu hurku tucirakū okini hanci šurdeme bade tucirengge be gaifi baitalaci inu dorgi baci juweme isibure husun be malhūšaci ombi ubabe geren bade bireme jasifi dahame yabukini sehebe gingguleme dahafi isinjihabi.

（譯文）據楊應琚奏稱，現庫貯硝磺不足各營需用，且口外不產硝磺處所，又來文索取。等語。從前用兵之際，俱取自庫車等地所產硝磺配製火藥，並不專籍内地。即如從前準噶爾人等，俱用槍炮，尚且以打獵為生，其所用火藥亦乃本地所產，何曾取之内地耶。今據楊應琚奏稱，口外不產硝磺，咨文索取，然究係何處索取，却未聲明。著將此寄信回部厄魯特地方駐扎辦事大臣等，令將何處咨文索取硝磺一事，查明具奏。嗣後，凡所需火藥，俱令查訪各自駐扎回部厄魯特地方出產硝磺之區，開採使用，不必取之内地。即間有一二不產硝磺之處，亦宜由左近地方採用，庶可省内地脚力，著將此通諭各處遵行。欽此。欽遵前來。②

乾隆皇帝知道從前準噶爾人俱用槍炮，並以打獵為生，其所用火藥為本地所産，而且庫車等地出産配製火藥所需的硝石、硫黄等情況，諭令新疆各地駐扎辦事大臣，查訪本地出産

① 《軍機大臣訥親奏自準噶爾處來投厄魯特鄂勒哲依送往杭州安置摺》（乾隆十二年），《清代新疆滿文檔案彙編》第 7 册，第 352 頁。

② 《阿克蘇辦事大臣海明等奏阿克蘇烏什回子所交硝磺足用未咨文楊應琚調取摺》（乾隆二十六年七月初七日），《清代新疆滿文檔案彙編》第 52 册，第 63 頁。

硝石、硫黄處所，開採使用，不准由内地調取。乾隆三十一年，伊犁將軍明瑞為此奏道：

> daci ertele šuwe fe ūlet sede kimcime fonjiha,gemu onggolo ceni gurgušere niyalma teisu teisu ba baci teisulehe be tuwame majige majige šu butame bahacibe,bahara de umesi manga ofi hairame baitalambi,oyombume gaire de (fulgiyan fi:suwe ainu hairara be sarkū ni te bici ureburengge uthai fayaburengge kai ūlet atanggi uttu urebumbiheni)gemu jingkini šu tucire bade nuktehe urse ci hūlašame gaime geli hūdašame jihe hoise sede naiji jafafi cenci labdu gaimbi,šu tucire nukten oci hobok sari jai urumci i hanci bisire yang balgasun sere baci tucirengge umesi elgiyen butara fuifure de de gemu umesi ja sembi.
>
> （譯文）前經詳詢其舊厄魯特等，俱稱，從前伊等打牲人，視其四處行走，雖稍有收獲硝石，但因頗為難得，是以節省使用。其重要取用（朱批：爾等因何不知愛惜耶，譬如，操練即為消耗者也，厄魯特何時如此操練耶），俱從産硝地方遊牧人换取，又與前來貿易回子結交换取。至於産硝遊牧，則為霍博克薩里及烏魯木齊左近陽巴爾噶遜地方，其出産者甚為豐裕，開採熬製皆屬甚易。等語。[①]

準噶爾配製火藥的材料來源，一為獵人四處打獵時在野外遇見硝石採收，不能量産，衹能滿足平日的狩獵活動；二為從出産硝石的其他部落换取，霍博克薩里（今和布克賽爾）及烏魯木齊附近的陽巴爾噶遜地方出産硝石，非常豐裕，開採、熬製都很簡便；三為結交前來貿易經商的回子（清代泛指天山南路的維吾爾族與中亞各信仰伊斯蘭教的其他民族。——筆者注），通過貿易方式换取。但以上三種來源，難以供應準噶爾軍數量衆多的火器，準噶爾本身經濟實力薄弱，無法量産儲備長期作戰使用的火藥，以致出現上述埋藏火炮的情形。且其單兵出征的携彈量亦受限制，額爾德尼昭大戰前，噶爾丹策零給大小策凌敦多布“送來駝二千峰及彈藥，分給兵丁每人火藥各二十出、鉛彈各二十粒（juwe minggan temen geli okto muhalin be benjibufi coohai urse de niyalma tome orita cu okto orita muhaliyan dendeme buhe）”。[②] 彈藥不足限制了準噶爾軍持續作戰的能力，一旦後勤供應不濟，便是其走向覆滅之時。

三　準噶爾汗國的作戰方式

準噶爾汗國從其建立之日，便不斷征戰四方，東與新興的清朝八旗鐵騎頻繁交手，西北與對擴張領土無比癡迷的俄羅斯帝國過招，向西又屢屢碾壓中亞各遊牧部族。準噶爾軍將騎

---

① 《伊犁將軍明瑞奏伊犁地方産硝甚少請從烏什烏魯木齊等處調運摺》（乾隆三十一年七月初十日），《清代新疆滿文檔案彙編》第 80 册，第 220 頁。

② 《振武將軍錫保奏報公巴濟喇嘛墨爾根綽爾濟等叛附策凌敦多布等事摺》（雍正九年十月初九日），《清代新疆滿文檔案彙編》第 1 册，第 124 頁。

兵與火器威力完美結合，又配備中亞風格的鎖子甲等護具，在雍正九年的和通泊之戰，造成了清軍八旗在統一蒙古戰爭中最大的敗績，這也是17世紀至18世紀中葉蒙古騎兵的絕唱。

準噶爾軍引進火藥火器後，戰鬥力比冷兵器時代大為加强，戰鬥方式亦由密集趨向疏散。準噶爾軍臨陣交戰情形，曾給清軍前綫將領留下了深刻的印象，喀爾喀副將軍丹津多爾濟奏稱：

jun gar i hūlha i afara muru be donjici umai dorgi coohai songkoi amba feniyen i faidame afarakū ainame jabšan baime emke emken i goro faidame afame ofi ceni moyoocalaha dari musei cooha faidahangge fisin ojoro jakade koro baharangge bi hūlha be miyoocalara gabtara de hūlhai faidahangge seri damu emu niyalma be teile jorime ofi goibuha de teni tuhembi hūlhai koro baharangge majige yebe tuttu bime hūlha geli dobori dari ceni kūwaran be goro tatabufi komso hūlha be musei coohai kūwaran i duin dere de unggifi adun be dalire kūwaran be hūlhara arame burgišabume ofi hūlha ya ergici jidere be sarkū de musei cooha belherakū oci ojorakū ede musei hafa cooha morin ulha labdu suilambi sembi

（譯文）據聞，準賊交仗情形，並不照内地兵排列大隊交戰，而苟且希圖僥幸，一一遠列接仗，故其放槍，因我兵排列密實，每有得傷者。至我兵放箭施銃，則賊排列鬆散，僅瞄準一人，甫能擊斃賊兵，是以賊得傷者較少。且賊每夜又遠扎其營，派小股賊兵至我營四周，佯裝驅趕牧群盜擾軍營。因不知賊由何處來，以致我兵不得不備，對此，我官兵馬畜甚為勞苦。[①]

對此，丹津多爾濟有針對性地提出：

hūlha be dailara de jasak sai cooha meni kalkai emu tumen cooha be ilan jukūn i dendefi dorgi coohai juleri emte meyen i yabuki meni ilan jukūn i monggo cooha gemu maikan lete lata jaka be amba kūwaran de komsokon cooha suwaliyame kamcibufi umesi gabsihiyalafi dobori dari songko faliyame dedume inenggi de inu monggorome yabume hūlha komso oci wame afame helen jafame karun be gidaname hūlhai feye de dosika manggi acara be tuwame tabcilame yabuki aikabade hūlha labdu oci uthai yarkiyafi amba cooha de gajifi gisabume wame yabuki.

（譯文）征剿賊時，將扎薩克等之兵丁、我等喀爾喀之一萬名兵丁分為三路，於内地兵前各為一隊行進，我等三路蒙古兵皆將帳房贅物留於大營，少帶兵丁，輕騎簡從，

① 《喀爾喀副將軍丹津多爾濟奏請率喀爾喀兵丁進剿摺》（雍正九年十一月二十八日），《清代新疆滿文檔案彙編》第1册，第182頁。

每夜設伏，日則遊牧而行，賊少即剿殺、捉生、襲擊卡倫，俟入賊巢，酌情搶掠；倘若賊衆，則即引至大軍處剿殺。[①]

即以蒙古各扎薩克及喀爾喀兵為前鋒，用蒙古騎兵的戰法對付準噶爾，所謂“以夷制夷”。雍正十一年，公博爾屯又提出將科布多駐兵内滿洲兵與緑營兵合編，操練成步兵，以步制騎，來應對準噶爾騎兵。定邊左副將軍策凌為此議奏稱：

amban be hūlhai banin muru be tuwaci arga jali be baitalame morin ulha be hūlhame jaka šolo be tuwame burgišabume ašašaha ucuri dosinjifi facuhūrabure be uju obuhabi.uttu ofi hūlha faidafi dere acame uthai birere dosire arame arbušambi ede heni ašašarakū alime gaici uthai marifi gelhun akū latunjirakū ini amba cooha be goro faidafi miyoocan be seri obume ibebufi morin i deleri goro miyoocalabume muse be inu miyoocalafi okto muhaliyan be wajikini sembi.ede musei cooha bireme dosici uthai burulambi komso niyalma lakcafi dosici uncehen be halgime meiteme gaifi afambi labdu cooha bireci emdubei burulambi musei cooha majige fargafi ilici i inu ilifi dasame teksilefi nenehe songkoi jimbi burulara jailara be an i baita obuhabi.dobori ohode komso niyalma jifi kaicame miyoocalame teyeburakū belhebume belhehekū oci dosinjifi morin ulha be daliki sembi.hūlha musei bade jifi hono uttu bade muse ini bade geneci i damu musei cooha be teyeburakū šadabure cukubure morin ulha be macubume durime hūlhame yabure on be tookabume inenggi goidabume kunesun wajikini giyamun be lashalafi kunesun siraburakū obufi musei cooha be mohobure cukubure be kicembi.

（譯文）臣等觀賊人情形，以施展伎倆，偷盜馬畜，乘騷動之際，伺機進襲擾敵為首要。是以，賊列陣照面即佯作衝鋒，對此若毫不動摇迎拒，即退返不敢進犯。遠列其大軍，疏置鳥槍兵推進，並於馬上遠施，欲我衆亦施放鳥槍，靡盡藥彈。對此，若我兵衝突，彼即敗退，倘小股我兵脱隊陷入，則纏圍截擊後隊。倘衝陣兵多，則一味敗退，至我兵稍追停止，彼亦停止重整，照初前來，撤避為其常事。至夜，則來小股吶喊放槍，不使休息而徹夜整備，未備則直入驅趕馬畜。賊至我地尚且如此，我若往其地，彼祇圖使我兵不得休息而困乏，使馬畜羸瘦而盜奪，遲滯行程。待時日久長糧秣告竣，則斷絶驛站，裨行糧不濟令我兵窮困。[②]

---

① 《喀爾喀副將軍丹津多爾濟奏請率喀爾喀兵丁進剿摺》（雍正九年十一月二十八日），《清代新疆滿文檔案彙編》第1册，第182頁。

② 《定邊左副將軍策凌奏議進剿準噶爾摺》（雍正十一年十二月十一日），《清代新疆滿文檔案彙編》第2册，第400頁。

準噶爾軍作戰並不像清軍那樣排列大陣，而是以散兵方式結成鬆散陣形，用其贊巴拉特鳥槍優勢遠程打擊清軍，使用傳統典型的蒙古騎兵非接觸性戰術。夜晚又派小股兵力襲擾清軍，搶奪清軍馬匹，頗有後來“敵進我退，敵駐我擾”的遊擊戰意味。其中，對清軍威脅最大的是準噶爾軍的奪馬戰術，和通泊之戰後，準噶爾軍越過阿爾泰山進犯喀爾喀蒙古時，“策凌敦多布等領兵至蘇克阿爾達乎等地一無所獲，便又派兵二千由小策凌敦多布子曼濟率領，派往杭愛搶奪馬畜（ceringdondob se cooha be gaifi suke aldahū sere bade jifi umai bahakū geli juwe minggan cooha be tucibufi ajige ceringdondob i jui manji gaifi hanggai i baru morin ulha be durime unggihe）”。[①] 準噶爾軍的這種戰術，固然有其優勢與隱蔽性，但面對清軍厚集兵力四處設防，有時也會損失慘重，為此他們做了應對措施，完善其放搶戰術。據準噶爾厄魯特降人查干庫本告稱：

mini ukame jidere onggolo geren jaisang se ishunde hebešehengge muse duleke aniya erdeni joo de ambarame gidabuha ere mudan hele jafabume takūraha susai funcere niyalma be yooni wabume jafabuhabi ereci amasi aika hele jafara hūlhame genefi morin ulha be dalire oci julergi komsokon niyalma be tursul seme yabubume amba feniyen be sirame yabubuki seme hebešehebi seme alambi.

（譯文）我逃來之前，諸位宰桑彼此議稱，我等去年於額爾德尼昭大敗，此番差遣捉生之五十餘人，悉數被擒斬。嗣後，若捉生潛往驅趕馬畜，則令少數人在前為先鋒，大股接續而行。等語。[②]

冷兵器時代，人是披甲站立並無依托掩蔽而戰的，火器出現於戰場後，殺傷力日漸加強，野戰築城也相應出現了。準噶爾與清朝的烏蘭布通之戰的駝城即屬野戰築城，準噶爾軍在小規模的戰鬥中，還會利用其乘騎採用肉盾戰術。雍正十一年七月，在巴里坤附近庫爾墨圖山遭遇戰中，準噶爾軍放搶分隊被清軍圍攻，署寧遠大將軍查郎阿奏報戰鬥情形時奏稱：“賊知斷難衝出，遂登上高山，以其乘馬為盾向下放槍（hūlha ainaha seme bireme tucime muterakū be safi den alin de tafafi ceni yaluha morin be kalka obufi fusihūn ici miyoocalara de）。”[③]

準噶爾軍在放搶襲擾時，為了確保和加强機動性，每名騎兵都有一匹或幾匹備用馬，並配置充足的糧秣、彈藥。在行軍過程中甚至在戰鬥進行時都可以隨時更換。換馬是按接力的

① 《振武將軍錫保奏額駙策凌等追擊準噶爾兵及察干廋爾兵强準噶爾未敢進犯摺》（雍正九年十月初一日），《清代新疆滿文檔案彙編》第 1 册，第 107 頁。

② 《署寧遠大將軍查郎阿奏聞遵旨嚴飭各處卡倫小心防範準噶爾侵擾摺》（雍正九年十月初一日），《清代新疆滿文檔案彙編》第 2 册，第 204 頁。

③ 《署寧遠大將軍查郎阿奏報於庫爾墨圖地方圍剿準噶爾情形摺》（雍正十一年七月二十三日），《清代新疆滿文檔案彙編》第 2 册，第 143 頁。

方式進行的，這樣可以保證安全，對完成預定的任務影響最小。準噶爾俘虜供稱："我等來時，每人帶馬四匹、一月行糧、三十出鉛彈，會射箭者，每人十五枝箭（be jidere de niyalma tome duite morin emu biyai kunesun gūsita cu tarcan i muhaliyan gabtame bahanara urse tofohoto da niru gajiha）。"①

準噶爾也非常注重單兵軍事訓練，"噶爾丹策零檄令，各鄂托克所有十五歲以上少年，悉數教習馬上放槍射箭（g'aldan cering ni baci selgiyefi otok otok de bisire tofohon se ci wesihun juse be gemu morin i dele miyoocalabume gabtabume tacibuha）"。②"又，教習馳馬持鳥槍作裝三次火藥鉛彈之狀，據聞尚亦有練得之人，不能者頗多（jai morin be feksibubufi ilan mudan tuwai okto muhaliyan tebure durum arame tacibure de kemuni taciha niyalma inu bi seme donjiha muteburakūngge umesi labdu）。"③準噶爾人使用火器時，又學會了排槍戰術。乾隆二十四年，闢展辦事大臣定長派員清剿準噶爾殘餘勢力時，奏報戰果稱："又行追趕一番吶喊衝入時，賊等將二十餘杆鳥槍一起施放（geli amcame emu jergi kaicame dosire de hūlhasa orin funcere miyoocan be sasa sindara de）。"④

準噶爾人通過貿易和自製，建立了一支以裝備贊巴拉特鳥槍為主，披服中亞風格鎖子甲的騎兵隊伍。實戰證明，這是 17 世紀至 18 世紀中葉中亞地區最善戰的軍隊。他們深深懂得並且充分運用了突然襲擊和靈活機動的作戰原則，同時採取了智取計賺的謀略手段，是當時中亞各部族和清軍的夢魇，也是沙俄東擴南進前所未遇的勁敵。

Military Equipment and Combat Methods of the Junggar Khanate

Nasanbayar

The Junggar Khanate was a local government established by the Junggar tribe, one of the Siwei Lats in West Mongolia from the 17th to the mid-18th century. The khanate fought against the Qing government in the east, Russia in the north, and invaded the nomadic tribes in Central Asia from time to time in the west, such as Kazakh and Brute. The combat power that the Junggar

① 《綏遠將軍馬爾賽奏聞準噶爾敗走科布多已知會大將軍仍竭力追殺等事摺》（雍正十年八月十六日），《清代新疆滿文檔案彙編》第 1 册，第 347 頁。

② 《署寧遠大將軍查郎阿奏暫將投誠之準噶爾默爾根審明留營乘便解京摺》（雍正十一年八月初七日），《清代新疆滿文檔案彙編》第 2 册，第 154 頁。

③ 《署寧遠大將軍查郎阿奏報來投誠厄魯特納木魯及回子克什克口供摺》（雍正十一年十二月二十八日），《清代新疆滿文檔案彙編》第 2 册，第 423 頁。

④ 《闢展辦事大臣定長等奏派主事富奎等前往博格達山追剿瑪哈沁摺》（乾隆二十四年閏六月初一日），《清代新疆滿文檔案彙編》第 39 册，第 218 頁。

Khanate has burst for a century and a half depends not only on the innate combat literacy of the nomadic cavalry, but also on constantly absorbing the emerging technologies of the surrounding tribes. This article focuses on the Manchu archives of the Qing Dynasty, supplemented by other historical materials, and focuses on the military equipment of the Junggar Khanate in the zero period of Galdance and its unique firearms–equipped nomadic combat methods.

首次金川戰争中清朝對“番子”人名地名的採録*

——對“漢字十二字頭”、《同文韻統》、《清漢對音字式》關係的一個推測

石岩剛

清廷自清初以來將軍事、政治權力漸次推延至川藏交界地帶之後，由於軍事、政治的需求，往來之官員、士人日漸增多，清朝關於該區域的地理知識逐漸增加，然而關於其歷史和人文的瞭解，仍多是臉譜化的“言語不通、形狀獰惡、自古氐羌野性難馴”等。[①] 也正是由於這種語言上的阻隔，乾隆年間第一次金川戰争之時，出於搜集軍事情報的考慮，清高宗曾於戰争開始階段下令收集金川地區的所謂“番子”人名、地名，以滿藏漢三體合璧形式編纂成册，前後數次修改呈奏。本文首先根據中國第一歷史檔案館所藏幾份第一次金川戰争時期採録西番人名、地名的相關檔案文獻，就此次採録“番子”人名、地名的時間和經過做一系統梳理。之後對其中出現的“漢字十二字頭”概念，結合《同文韻統》及《清漢對音字式》等文獻，厘定其概念所指，並就它們之間的關係進行論説。

一　第一次金川戰争期間“番子”人名、地名的採録經過

清乾隆朝先後兩次對大小金川進行征剿，本文所叙述之内容，發生於乾隆十三年（1748），也就是第一次金川戰争之時。第一次金川戰争起於乾隆十二年，終於乾隆十四年，歷時近三年，勞師靡餉，方得金川初定。乾隆十二年三月十二日，清高宗降旨將張廣泗調任川陝總督，經理四川省事務，張廣泗本人也是一開始就信心滿滿，稍作準備後即上奏言“酋首不日可殄滅”,[②] 然戰事大大出乎清高宗和張廣泗之意料，在遭遇敗績之後，清高宗在班第的建議之下，決意派遣大學士、果毅公訥親經略金川戰事。[③] 訥親於乾隆十三年六月初三日抵達小金川軍營，於十四日就在攻打大金川時首遭敗績，訥親“自是懾服，不敢自出一令”[④]。

---

* 本文係國家社會科學基金青年項目“第巴桑結嘉措時期（1679—1705）西藏地方與中央政府政治關係研究”（16CMZ007）階段性成果。本文寫作得到國家民委民族研究項目“清朝中央政府與西藏地方往來公文書翻譯史研究”（2018-GMB-048）資助。

① 《清高宗實録》卷215，乾隆九年四月丁丑。

② 《清高宗實録》卷291，乾隆十二年六月丙子。

③ 《清高宗實録》卷320，乾隆十三年四月甲子。

④ 昭槤:《嘯亭雜録》卷1，“殺訥親”條，何英芳點校，中華書局，1997，第14頁。

除面對前綫戰場的接連失敗之外，清朝決策機關的相關人員還不得不處理來自不同文化、地理環境的一系列名言詞彙，其中與軍事行動直接相關者，即為人名和地名。儘管在第一次金川戰爭過程中，從《清實録》等相關文獻中並未發現由於人名或地名的錯訛所導致的戰事失敗，但人名、地名的翻譯問題在此後清朝與大小金川的交通中，始終是一個問題。[①]而如何處理這些出自不同語言文字的人名、地名，是清朝從首次金川之戰開始即着手解决的問題。

第一次金川戰爭中，首次提及審定“番子”人名、地名的文獻，目前所見為中國第一歷史檔案館所藏一份軍機處録副文書，為訥親與協辦大學士傅恒之間的往來寄信（原文為滿文）[②]：

寄信

大學士果毅公寄信協辦大學士

閏七月十五日寄信：聖諭，此後奏摺之内，番子人名、地名俱擇取原音釐定具奏，此外另以清字、漢字並書於册具奏。經查，所書番子人名、地名，錯謬甚多，如賊首langk'a（朗卡）之名即非原音，番子言為namk'a[③]，此尚且僅為一詞，餘外多甚不通。班尚書[④]今又巡查内地，伺其返回軍營，再行遵旨改正繕寫具奏。此間，難免有聖旨詢問，提前知會寄信前來。

乾隆十三年閏七月二十二日

（附件）

寄信

大學士等具奏摺内所書番子地方人名及地名等漢字，偏離本音，殊非原名，為此遵旨寄信大學士、尚書，此後奏摺内之番子人名、地名取原音釐定上奏，此外另以清字、漢字並書於册具奏。將今我處勘定漢字十二字頭之例撰書賫送，送抵之時，照例繕寫。為此寄信。

該件寄信的附件，是當時在京的協辦大學士傅恒領旨後給大學士訥親、兵部尚書班第的寄信。起因乃是訥親及班第等川省前綫人員所送達奏摺之内的地名、人名等漢字音寫，與“番子”語言發音相去較遠，故此寄信要求嗣後奏摺之内的“番子”人名、地名應取原

① 如乾隆三十六年十二月“又番地名字，多係西番語音，如刮耳崖等名，其本音並不如此，皆係緑營字識信手妄書，遂至差之毫厘謬以千里”。見《清高宗實録》卷898，乾隆三十六年十二月甲戌。“又諭曰：桂林等奏到土司圖内地名，頗多舛誤，未足為據。番地名目，大率本之唐古忒居多。因令章嘉呼圖克圖逐一查對，並用清字譯出，詳注圖内，寄交温福、桂林。嗣後該處土音為西番字所不能通者，並著詢明該處土人，用清字對音，一併更定具奏。”見《清高宗實録》卷901，乾隆三十七年正月壬辰。

② 中國第一歷史檔案館藏録副奏摺，檔案號：03-0170-0155-005。

③ 即藏文nam mkha'（天空、虛空）之意。

④ 指班第，時任兵部尚書。

音厘定後，並附書清字、漢字一同具奏。與此同時，又將傅恒處所勘定的“漢字十二字頭”（nikan hergen-i juwan juwe uju）書寫規則賫送訥親等人，要求以後按照“漢字十二字頭”的規則繕寫具奏。訥親在收到傅恒寄信之後，經查發現的確錯謬甚多，並以“賊首”langk'a（《清實録》作朗卡）為例，説明其本音應為 namk'a。

從清朝至遲在乾隆十三年閏七月十五日之前即已經認識到訥親奏摺之内的西番人名、地名多非本音來看，這些内容必是經過通曉番字或者説通曉藏文的人閱看過後指出的。此時清朝在機構上設有“四譯館”，其中的“西番館”理論上是負責處理藏文相關事務的。然與藏文相關的事務自清初以來，歸屬理藩院管轄，四譯館長期處於“並無承辦事務”的狀態，到乾隆十三年被歸併於禮部會同館，合稱“會同四譯館”。[①] 實際上，清朝藏文翻譯的任務，早期是由從蒙古前來的西藏僧人承擔的，隨着順治、康熙年間唐古特學的設立，以及派員前往西藏、西寧等處學習藏語文等，清朝逐漸培養了自己的翻譯人才，遂一變而為由唐古特學相關譯員會同駐京喇嘛承擔相關翻譯任務。[②] 在本文主題所發生的乾隆十三年之前的一次派員前往西藏等處學習藏語文，事在雍正十一年（1733），理藩院從唐古特學生中揀選豐升額、伍勒穆集等人派往西藏和西寧學習藏語文。[③] 此伍勒穆集在乾隆十四年時任理藩院員外郎，[④] 並參與撰修《同文韻統》之事務，處理藏語文相關文書為其職掌。此外，深得清高宗信任的章嘉呼圖克圖也曾多次承擔翻譯任務。而關於“番子”人名、地名的審閱，另外一份文書[⑤]（原文為滿文）給予明確説明，其中確曾由章嘉呼圖克圖來審訂完成：

> 十三年九月
>
> 遵旨。公訥親等所奏番子地名、人名之唐古特字咨於章嘉呼圖克圖，將寫錯之唐古特字、清字勘定，漢字依照漢字十二字頭厘定，附於其所奏原册後，謹呈。又，將此等唐古特名詞如何，咨於章嘉呼圖克圖，呼圖克圖道：此中所載人名，則可成詞，地名則多不成話，仍需再譯。如此，依照呼圖克圖所言之例，譯為清語、蒙古語，另繕於册，一同謹呈。聖旨到時，以新編漢字十二字頭之書厘定，連同伊等所奏原册，賫送伊等。
>
> 乾隆十三年九月二十二日朱批聖旨：知道了，擇機賫送，欽此。

這裏提及為以後採録譯名而新編的“漢字十二字頭”之書，意在此後採録譯名要按照此“漢字十二字頭”之書繕寫造册。同時也説明，經過前次閏七月傅恒與訥親之間往來寄信之

---

① 《清高宗實録》卷 315，乾隆十三年五月戊申。

② 石岩剛：《清朝前期藏文文書翻譯實踐、譯員及譯員培養》，《中國藏學》2018 年第 2 期。

③ 中國第一歷史檔案館藏録副奏摺，檔案號：03-0186-2633-020。

④ 《奉旨開列諸臣職名》，《御製同文韻統》，張羽新主編《中國西藏及甘青川滇藏區方志彙編》第 48 册，學苑出版社，2003，第 117 頁。

⑤ 中國第一歷史檔案館藏録副奏摺，檔案號：03-0170-0155-009。

後，清朝在初次給予四川前綫將領以“漢字十二字頭”之後，又在此次檔案所產生的九月編訂了“新編漢字十二字頭”，並將其作為採録人名、地名的規範用字賚送前綫，關於這兩件檔案之間的區别，下文將具體討論。

在清朝和四川前綫官員已經注意到人名、地名音寫問題之後的九月，訥親向朝廷上奏摺（原文為滿文）①，説明開始按照“漢字十二字頭”的規則來整理這些名詞的音寫問題，其摺曰：

奏

臣訥親為事謹奏。

臣謹遵聖旨，將番子地名、人名，以實際音調記録，選取知曉番話、會寫番字之人，詳審整理二十字，以清字、漢字和唐古特字三種字體審訂造册，謹奏。

又，整理之時，除陸續呈奏而外，今凡依已定漢字十二字頭之書例整理送達之時，祈陸續依例繕寫具奏。

為此謹奏。

乾隆十三年九月初六日

乾隆十三年九月十九日，奉朱批聖旨：知道了，欽此。

訥親的這份奏摺説明，他們在整理西番人名、地名之時採用的方法是按照各個名詞的實際發音採録，並挑選能説“番話、會寫番字之人”來審定所採録名詞，之後再按照“漢字十二字頭”規則將其整理上奏。此項任務並非一次完成，而是一個持續的、漸進的工作。根據訥親此份奏摺所言，他們整理了二十個字，結合下引文書以及傅爾丹和班第奏摺所附二十個人名、地名可知，訥親此份奏摺之後應有附件，内容為其採録整理之二十個人名、地名，惜今已不存。

此外，這份奏摺還説明，當時四川省的軍事前綫並没有官方設置的譯員職缺，故不得不臨時“選取知曉番話、會寫番字之人”。此外，結合其他史料可以肯定，連當時的四川督府都没有相應的職位。明確提及將清朝培養的藏語文翻譯人員差遣前往四川督府之時，已經是乾隆二十八年了。是年，清高宗“諭軍機大臣等，前開泰將巴塘滋事之喇嘛番人名字，混行譯漢，業已改正交發。昨於審擬摺内，見有熱敖名色，按番字對音，應作沙爾鄂。此等譯漢，設使稍肯留心，即可不至舛訛若此。前已有旨傳諭該督，於額設筆帖式二員内，改設理藩院熟諳翻譯筆帖式一員補授。現今揀選派往。著傳諭阿爾泰，嗣後遇有關涉喇嘛番人名字，務須留心斟酌音漢，勿踵開泰故習，並將現在筆帖式内揀選酌留一員，其一員送部另補”。②

此後，向四川督府派遣筆帖式銜藏文譯員始成定規，如乾隆四十年就提及將曾在乾隆二

① 中國第一歷史檔案館藏録副奏摺，檔案號：03-0170-0155-008。

② 《清高宗實録》卷691，乾隆二十八年七月甲申。

十二年被派遣前往西藏學習藏語文翻譯的達桑阿（dasangga）遣往四川總督府赴任筆帖式，“達桑阿補授四川總督筆帖式，赴任”。[①] 此外，康熙年間曾有六世達賴喇嘛為打箭爐地方糾紛之事給成都府打箭爐諸官員之文，[②] 亦是送至北京，由駐京喇嘛莫爾根綽爾濟（mergen corji）等人會同翻譯後，交予理藩院，而非成都官員接到西藏來文翻譯後再奏至北京，此亦可佐證清前期在四川成都並没有設置相關譯員職缺，以承擔藏文翻譯任務。

關於以上幾份檔案的内容，我們需要注意的有兩點，第一是時間，最初開始注意到譯名問題的時間是在乾隆十三年閏七月十五日之前，傅恒就“番子”人名、地名音寫問題給訥親寄信；第二就是文中所謂“漢字十二字頭”究竟是指什麽。

關於“漢字十二字頭”的問題，衹有結合這些採録的譯名名册纔好具體討論。然而，關於訥親奏送名録中人名、地名所存在的問題，因這份作為附件的名録今已不存，故很難知道具體的情形。不過幸運的是，在訥親於乾隆十三年九月因戰事不力而被傅恒取代之後，[③] 此項任務又被分派給了會同傅恒辦理事務的傅爾丹和班第二人。在中國第一歷史檔案館所藏有關採録西番人名、地名之事的檔案中，二人共有三份奏疏，有兩份所録附件被保存了下來。其在書於乾隆十三年十月十六日的奏摺（原文為滿文）[④] 中言：

> 奏
>
> 臣傅爾丹、班第謹具奏。
>
> 經查，近來大學士公訥親奏事時，欽差大臣訥親欲令我進京。内大臣傅爾丹，今在軍營遵旨而行，尋訪番子所有言語，後會同尚書班第釐定繕寫呈奏。故此將臣等詳審釐定之番子地名、人名二十，以清字、漢字、唐古特字三體文字審定造册，謹呈奏。俟後陸續尋獲，再逐件具奏。為此謹具奏。
>
> 乾隆十三年十月十六日
>
> 乾隆十三年十一月初二日朱批聖旨：知道了，欽此。

此二人所作工作大致與訥親等人相同，尋訪名詞二十個後以三體合璧形式整理審定後上奏。依文書内容而言，後面還應附有包含二十個人名和地名的名單，惜亦不存。此後的十一月和十二月，此二人陸續進呈了兩份名單，内容相同，衹是奏摺後面所附附件為不同的人名、地名，清單得以保留至今。兩份奏摺分别為乾隆十三年十一月二十日上奏、十二月十四日朱批[⑤]

---

① 中國第一歷史檔案館藏軍機處滿文録副奏摺，檔案號：03-0186-2633-020。

② 中國第一歷史檔案館、内蒙古大學蒙古學院編《清内閣蒙古堂檔》第16册，内蒙古人民出版社，2005，第449頁。

③ 《清高宗實録》卷325，乾隆十三年九月丁丑。

④ 中國第一歷史檔案館藏録副奏摺，檔案號：03-0170-0155-010。

⑤ 中國第一歷史檔案館藏録副奏摺，檔案號：03-0170-0155-013。

和十二月初五日上奏、二十二日朱批①，内容均為：

> 臣等依宫内賞送新編漢字十二字頭之書，詳審厘定番子地名、人名二十個，將其以清字、漢字和唐古特字三種字體審訂造册，謹呈奏。俟後陸續尋獲，再逐件具奏。為此謹具奏。

以下即為傅爾丹和班第二人所奏他們採録的譯名名册，今分别將其按照人名、地名以及奏摺時間整理列表如下（見表 1、表 2）。

表 1　乾隆十三年十一月二十日傅爾丹、班第所奏人名、地名册

滿文	藏文	漢文	根據《清漢對音字式》擬字
人名			
sonom gendun	bsod nam dge ’dun	莎諾$_{\text{穆}}$格$_{\text{因}}$都$_{\text{因}}$	莎諾木格恩都恩（格、都均合恩字成音）
nima giyaltsan	nyi ma rgyal mtshan	尼瑪基$_{\text{雅勒}}$擦$_{\text{因}}$	尼瑪（瑪字平聲）基雅勒（雅字以勒字帶音）擦恩（擦字合恩字成音）
balgun	dpal mgon	巴$_{\text{勒}}$沽$_{\text{因}}$	巴勒（巴字以勒字帶音）古恩（古字合恩字成音）
gumburabden	mgon po rab brten	沽$_{\text{穆}}$補喇$_{\text{補}}$德$_{\text{因}}$	古木（古字以木字帶音）補喇布（喇字以布字帶音）德恩
giyamtsotar	rgya mtsho’ thar	基$_{\text{雅穆}}$磋塔$_{\text{呼}}$	基雅木（雅字以木字帶音）磋塔爾（塔字以爾字帶音）
garsanggiyai	dkar sangs rgyas	噶$_{\text{呼}}$薩$_{\text{英}}$基$_{\text{雅伊}}$	噶爾（噶字以爾字帶音）桑（桑乃薩和英合音）基崖（崖乃雅合伊成音）
dzo r’i giyal	tsog bzhi rgyal	佐日基$_{\text{雅勒}}$	佐日基雅勒（雅字以勒字帶音）
yama r’i ala	yam bzhi a la	雅$_{\text{穆}}$日阿拉	雅木（雅字以木字帶音）日阿拉
jambum	lcam ’bum	扎$_{\text{穆}}$補$_{\text{穆}}$	扎木（扎字以木字帶音）補木（補字以木字帶音）
dorji anbum	rdo rje an ’bun	多$_{\text{呼}}$濟阿$_{\text{因}}$補$_{\text{穆}}$	多爾（多字以爾字帶音）濟安（安乃阿和恩字成音）補木（補字以木字帶音）
地名			
šakši	shag shis	沙$_{\text{克}}$施	沙克（沙字以克字帶音）施
dzalgiyok	stsal kyog	匝$_{\text{勒}}$基$_{\text{岳克}}$	咱勒（咱字以勒字帶音）基岳克（岳字以克字帶音）
gatub g’ogiyok	ka thub kog kyog	噶圖$_{\text{補}}$郭基$_{\text{岳克}}$	噶圖補（圖字以補字帶音）果基岳克（岳字以克字帶音）
muniyag’am	mu nyag kam	穆尼$_{\text{雅}}$嘎$_{\text{穆}}$	穆尼雅嘎木（嘎字以木字帶音）
dadzak	dag tsag	達匝$_{\text{克}}$	達咱克（咱字以克字帶音）
li yok	li g・yog	禮岳$_{\text{克}}$	禮岳克（岳字以克字帶音）
kabli	khab li	喀$_{\text{補}}$禮	喀補（喀字以補字帶音）禮
bodaladi	sbog tag la ti	播達拉氏	波達拉氏
ginpungye	kyin phung yes	基$_{\text{因}}$普$_{\text{英}}$葉	基恩（基字合恩字成音）彭（彭乃普字和英字合音）葉
hortsan	hor mtshan	和$_{\text{呼}}$擦$_{\text{因}}$	和爾（和字以爾字帶音）擦恩（擦字合恩成音）

説明：此表内容為奏摺之附件，表格為筆者所加。第四列為根據《清漢對音字式》規則所擬之字，所用《清漢對音字式》為光緒十六年聚珍堂刻本。

① 中國第一歷史檔案館藏録副奏摺，檔案號：03-0170-0155-015。

表 2　乾隆十三年十二月初五日傅爾丹、班第所奏人名、地名册

滿文	藏文	漢文	根據《清漢對音字式》擬字
		人名	
geksin bum	skegs sin 'bum	格$_{\text{克}}$西$_{\text{因}}$補$_{\text{穆}}$	格克（格字以克字帶音）西恩（西字合恩成音）補木（補字以木字帶音）
dorjibum	rdo rje 'bum	多$_{\text{哷}}$濟補$_{\text{穆}}$	多爾（多字以爾字帶音）濟補木（補字以木字帶音）
giyag'arbum	rgya gar 'bum	基$_{\text{雅}}$嘎$_{\text{哷}}$補$_{\text{穆}}$	基雅噶爾（嘎字以爾字帶音）補木（補字以木字帶音）
r'erji	zher kyis	日$_{\text{哷}}$濟	熱爾（嘎字以爾字帶音）濟
damba	bstan bha	達$_{\text{穆}}$巴	達木（達字以木子帶音）巴
gesiba šengge	dge shes pa shing keg	格西巴佘$_{\text{英}}$格	格西巴升（升乃舍英合音）格
lamgi	lam kyis	拉$_{\text{穆}}$基	拉木（拉字以木字帶音）基
burukgi	'brag kyis	補嚕$_{\text{克}}$基	補嚕克（嚕字以克字帶音）
abojin（後一詞毀損）	藏文毀損	漢文毀損	
geklu	skeg lo	格$_{\text{克}}$魯	格克（格字以克字帶音）魯
		地名	
se bok k'ok	se pog khog	塞播$_{\text{克}}$科$_{\text{克}}$	塞波克（波字以克字帶音）課克（課字以克字帶音）
lung a tat	lung a thad	魯$_{\text{英}}$阿塔$_{\text{特}}$	隆（隆乃魯英合音）阿塔特（塔字以特字帶音）
dak dzak	dag tsag	達$_{\text{克}}$匝$_{\text{克}}$	達克（達字以克字帶音）咱克（咱字以克字帶音）
šak bak	shag dpag	沙$_{\text{克}}$巴$_{\text{克}}$	沙克（沙字以克字帶音）巴克（巴字以克字帶音）
wangbum	dbang 'bum	斡$_{\text{英}}$補$_{\text{穆}}$	旺（旺字乃斡英合音）補木（補字以木字帶音）
giyok giyok	kyog gyog	基$_{\text{岳克}}$基$_{\text{岳克}}$	基岳克（岳字以克字帶音）基岳克（岳字以克字帶音）
ari k'ok	a ri khog	阿哩郭$_{\text{克}}$	阿哩課克（課字以克字帶音）
cu k'ai	chu khag	儲卡$_{\text{克}}$	楚卡克（卡字以克字帶音）
g'o rung	ko zhung	郭濡$_{\text{英}}$	果嚨（嚨字乃嚕英合音）
lutli	lud li	魯$_{\text{特}}$禮	魯特（魯字以特字帶音）

以上即為清乾隆十三年採録“番子”人名、地名的經過，以及以表格形式展示的其採録成果之兩例。通過上文分析我們可以看出，清朝在第一次金川戰争開始及之前，並没有在軍事前綫與當時四川督府設置相關的譯員職缺，這一職缺的設置要等到第二次金川戰争的前夕。戰争期間對於相關人名、地名等情報的搜集乃是在戰争持續了一段時間之後，纔有清朝相關人等注意到譯名的問題，故此方纔有意地先後讓訥親、傅爾丹、班第等人開始搜集，並按照“漢字十二字頭”的順序整理造册報送。

二　“漢字十二字頭”、《同文韻統》及《清漢對音字式》

滿文中有一個被稱為國書或清書“十二字頭”的概念，是清朝初學滿文者所當掌握的基礎知識。十二字頭是指將滿文按照每個音節的語音結構特點分門别類，歸納為 12 種類型的音節，並按一定順序排列出來，取名為“juwan juwe uju”（十二字頭）①。而本文上引文屢有提

① 安雙成：《滿文十二字頭我見》，王鍾翰主編《滿族歷史與文化》，中央民族大學出版社，1996，第 233—243 頁。

及的“漢字十二字頭”(nikan hergen-i juwan juwe uju),在其他地方幾乎没有發現過這一概念。那麽為了瞭解這一概念所指,我們就需要回到按照“漢字十二字頭”規則制定的文獻中去尋求,在此,這一文獻即指上文表1和表2所羅列的人名、地名。

本文首先將注意力放在清代流傳甚廣的《清漢對音字式》上。清朝治内廣土衆民,操不同語言文字的族群衆多,這就使得翻譯在清朝處理日常機務中顯得極為重要,這其中往往存在許多問題,如清高宗乾隆三十七年諭旨:

> 内外各衙門題奏咨行事件,凡遇滿洲蒙古人地名,應譯對漢字者,往往任意書寫,並不合清文蒙古文本音,因而舛誤鄙俚之字不一而足。……於體制殊為未協。著交軍機大臣依國書十二字頭,酌定對音,兼寫清漢字樣,刊成簡明篇目,頒行中外大小衙門。嗣後遇有滿洲蒙古人地名對音,俱查照譯寫,俾各知所遵守。①

此頒行“簡明篇目”即為《欽定清漢對音字式》,初刊於乾隆三十八年,後於道光十六年(1836)重刻。② 此書在乾隆三十八年僅刊行一百部,然敕令准許各省根據實際需要各自刊行,後隨着道光年間的重刻,流傳更廣,對規範清中後期清文、蒙古文人名地名漢音對譯問題影響極大。③

考之《清漢對音字式》的編纂經過,根據春花的研究,當是乾隆十五年清高宗命傅恒率儒臣重定十二字頭音訓,但書未及刊行傅恒即病逝,後由劉統勳接替完稿並於三十八年由武英殿刊行。④ 溯此而上,本文發現傅恒在承擔此任務之前的乾隆十四年十二月二十八日,即奉清高宗之命,與和碩莊親王允禄等會同監纂、章嘉國師纂修《同文韻統》。⑤ 而再往前的乾隆十三年九月十四日,允禄在編纂《同文韻統》的初始階段曾説:

> 遵旨恭譯梵音字母,查《文殊問經》《金剛頂經》《師利問經》三部内俱有此五十字,而所用漢字各有不同,臣等於三經内擇其與西番本字音韻相合者取用外,其音韻不合者,另於十二字頭漢字内取用。……查從前譯十二字頭時奉旨,凡本字下有餘音者,將餘音字細書於本字下,欽此。今遵旨,凡遇呼聲應長之字,即將本字疊書,而下一字微小,合為一字。其本字下另帶别音者,即於本字下將别音字細書合為一字。其有有音無字者,照釋典本身切例,將所切二字並書合為一字。其一字有二音者,如上音分數多、下音分數少,或下音分數多、上音分數少,將分數多之字正書,分數少之字細書俱

---

① 《清高宗實録》卷905,乾隆三十七年三月甲子。
② 《清漢對音字式》,光緒十六年聚珍堂刻本。
③ 春花:《乾隆敕修〈欽定清漢對音字式〉及其影響》,《歷史檔案》2008年第1期。
④ 春花:《乾隆敕修〈欽定清漢對音字式〉及其影響》,《歷史檔案》2008年第1期。
⑤ 《奉旨開列諸臣職名》,《御製同文韻統》,張羽新主編《中國西藏及甘青川滇藏區方志彙編》第48册,第109頁。

> 合為一字。此後有一字帶三音者，亦照此例將分數多之一字正書，分數少之二字細書，亦俱合為一字。①

引文中提及的疊書、細書、切字等方法，是在翻譯十二字頭時所採用的。其中“另於十二字頭漢字内取用”，當是指此翻譯的十二字頭。清代出於滿漢等多語種互譯的需要，編纂過一些詞書、清文鑒等，但是在清前期為便利滿漢對音而將滿文十二字頭所對應的漢文音寫字樣編輯成册的並不多見，如陳子可等編《清書全集》内有“清漢對音協字”，上列滿文十二字頭，下列漢文對音字，所列對音漢字多寡不一，最後附有滿文切音字。②而官方並没有編纂過相應的對音、切音詞書，直至乾隆朝編訂《御製增訂清文鑒》之時，仍言“御製清文鑒全函折衷大備，惟當時編纂諸臣，依國語分類排纂，未列三合切音漢字，注中間採經傳成語，以佐訓詁，日久易啓傳會穿鑿之習。朕志切紹聞，指授館臣，詳加榷核，每門首著國語，旁附漢字對音，或一字，或二合、或三合切音”。③可以證明，清前期官方並没有編纂過相關以清字十二字頭排序的漢字音寫此十二字頭的詞書等工具書。以上由《清漢對音字式》上溯至《御製增訂清文鑒御製序》，再至《同文韻統》中所收允禄奏摺，貫穿其中的乃是如何來為清字和漢字的對音找到一個方法或規則，以求“庶幾嘉與我子孫、臣民，可以同文、可以傳世而行遠”。④而這一切的源頭，我們可以在此次採録西番人名、地名的過程中窺見端倪。

上引乾隆十三年九月十四日允禄奏摺内所言“於十二字頭漢字内取用”當與傅恒給訥親寄信所言“我處勘定漢字十二字頭”（nikan hergen-i juwan juwe uju）所指相同，這應是允禄、傅恒以及章嘉呼圖克圖等人合力初編的一種將滿文十二字頭對應以漢字音寫，並遵照《同文韻統》允禄奏摺所言音寫規則而編輯成册的工具書。而此後乾隆十三年十二月二十六日，允禄所呈奏摺言及“俱於欽定十二字頭漢字内取用”，之後又提及相應的音寫規則。⑤而這個“欽定十二字頭”内開列的漢字，當即與上文所引幾份檔案所提及的“ice banjibuha nikan hergen-i juwan juwe ujui bithe”（新編漢字十二字頭之書）所指相同，乃是上述三人初編漢字音寫滿文十二字頭工具書經清高宗審閲後的版本。

此外，考之《同文韻統》内開列音寫規則，所謂“其本字下另帶别音者，即於本字下將别音字細書合為一字”，如damba之於達穆巴；“其一字有二音者，如上音分數多、下音分數少……分數少之字細書俱合為一字”，如šak之於沙克；“有一字帶三音者，亦照此例將分數多之一字正書，分數少之二字細書，亦俱合為一字”，如giyok giyok之於基岳克基岳克等，此次採

① 《奉旨開列諸臣職名》，《御製同文韻統》，張羽新主編《中國西藏及甘青川滇藏區方志彙編》第48册，第108—109頁。

② 春花：《乾隆敕修〈欽定清漢對音字式〉及其影響》，《歷史檔案》2008年第1期。

③ 《御製增訂清文鑒》，清高宗乾隆三十六年十二月二十四日序，《欽定四庫全書薈要》本。

④ 《御製增訂清文鑒》，清高宗乾隆三十六年十二月二十四日序，《欽定四庫全書薈要》本。

⑤ 《奉旨開列諸臣職名》，《御製同文韻統》，張羽新主編《中國西藏及甘青川滇藏區方志彙編》第48册，第110頁。

録之西番人名、地名的滿漢文對音規則，均合於《同文韻統》之例。

從上引第一份檔案中“將今我處勘定漢字十二字頭之例撰書賫送”可知，這份“漢字十二字頭”應當是在乾隆十三年閏七月前一段時間内勘定的，即是在允禄、傅恒乃至章嘉呼圖克圖的主理之下形成並下發四川前綫開始使用的，甚至可以説就是為了解決來自四川前綫奏摺内“番子”人名、地名所存在的問題而編訂的。下面幾份檔案屢屢提及“新編漢字十二字頭”也可作如是觀，並且這次新編漢字十二字頭，乃是經過清高宗審定同意而被稱為“欽定十二字頭漢字”，這在上引允禄於乾隆十三年九月十四日和十二月二十六日兩份奏疏用語的變化中即可體現出來，前者言“於十二字頭漢字内取用”①，後者一變而為“於欽定十二字頭漢字内取用”②。這也正對應於本文所用時在閏七月的檔案中所言“我處勘定漢字十二字頭之例撰書”，到九月份一變而為“新編漢字十二字頭”，意即經過清高宗審閲過後的漢字十二字頭，即為“欽定十二字頭漢字”，該書被賫送四川前綫。

結　語

清朝乾隆年間第一次金川戰爭之時，出於軍事需要，先後令訥親、傅爾丹及班第等四川前綫將領負責採録“番子”人名、地名，並以清字、唐古特字和漢字三體合璧形式造册繕寫具奏，前後有五六次之多，留存至今的名詞録文，有傅爾丹和班第二人於乾隆十三年十一月、十二月前後兩次奏摺的附件。根據與此相關的檔案内容，筆者推定，如同康熙年間六世達賴喇嘛致成都官員書，因官方並没有在成都設置相關譯員職缺，而俟送遞北京之後方由莫爾根綽爾濟等人會同翻譯後，再交付理藩院一樣，乾隆朝在第一次金川戰爭開始階段，亦同樣没有在四川督府設置相關譯員職位，非但四川督府如此，即便是軍事前綫，遇有需要翻譯之事時，同樣不得不臨時尋找“知曉番話、會寫番字之人”。一直到第二次金川戰爭的乾隆二十八年，始將給四川督府設置筆帖式銜唐古特語譯員職缺作為定制。

通過將《清漢對音字式》和上述傅爾丹及班第奏摺附件所存“番子”人名、地名名録用字進行對比，再結合《同文韻統》的編纂經過，以及檔案中屢次提及的“漢字十二字頭”即“新編漢字十二字頭”等術語，筆者認為，正是因為第一次金川戰爭，清朝為了解決來自前綫將領奏摺内的“番子”人名、地名音寫所存在的問題，最初經由允禄、傅恒、章嘉呼圖克圖等人編纂《同文韻統》前期工作所積纍的經驗，遵照一定的規則將滿文十二字頭音寫為相應的漢字，即為“漢文十二字頭”之本意。此後又經過清高宗的認定一變而為“欽定十二字頭漢字”，也就是檔案中所言“新編漢字十二字頭”，衹是在第一次金川戰爭之後，“漢文十

① 《奉旨開列諸臣職名》，《御製同文韻統》，張羽新主編《中國西藏及甘青川滇藏區方志彙編》第48册，第108頁。

② 《奉旨開列諸臣職名》，《御製同文韻統》，張羽新主編《中國西藏及甘青川滇藏區方志彙編》第48册，第110頁。

二字頭”的説法没有再次出現。有了處理“番子”地方人名、地名的經驗和編訂規則之後，到了乾隆十五年，清高宗又下令傅恒等率儒臣重定十二字頭音訓，也就是上文提及的《清漢對音字式》之緣起，祇是其相應的音寫規則有了部分修訂，如細書、疊書、二合、三合等不再體現在《清漢對音字式》當中，真正做到了“刊成簡明篇目”①。

Notes on the Collection and Edition of Fanzi's Persons and Places' Names in the First Jinchuan War: An Experimental Interpretation of the Relationship between Nikan Hergen–i Juwan Juwe Uju, *Tongwen Yuntong* and *Qing-Han Duiyin Zishi*

Shi Yangang

In the First Jinchuan War, Qing ordered the generals in Sichuan to collect Fanzi's Persons and Places' Names and edit them into Manju–Tibetan–Han trilingual booklets. After comparison, we could find some obvious clues of connection among Nikan Hergen–i Juwan Juwe Uju, *Qing-han Duiyin Zishi*, *Tongwen Yuntong*. Compiling experience of *Tongwen Yuntong* and the demand for First Jinchuan War, had promoted jointly the compilation of Nikan Hergen–i Juwan Juwe Uju. Thereafter, on this basis, Qing Dynasty compiled successfully the *Qing-han Duiyin Zishi* and had great influence in the transliteration of Manju–Han in the second half of the Qing.

① 《清高宗實録》卷 905，乾隆三十七年三月甲子。

清中期新疆南疆新建城市稱謂辨析

王　耀

乾隆二十四年（1759），清廷平定大小和卓之亂，天山南路歸入版圖。為滿足軍政需要，“回疆自乾隆二十四年平定後，建大城八，曰喀什噶爾，曰英吉沙爾，曰葉爾羌，曰和闐，曰阿克蘇，曰烏什，曰庫車，曰喀喇沙爾”①，上述八處分別設置參贊大臣、辦事大臣、領隊大臣駐守，而以參贊大臣總領南疆事務。清代漢文史籍、滿文檔案、察合台文文獻及英文、俄文等西文資料中，對新建城市的稱謂記載不一，如“鎮城”“滿城”“漢城”“gulbagh”“Yangi Shahr”等。這些稱謂或者體現軍事屬性，或者具有民族色彩，它們出現在不同歷史時期、不同記述主體的文字或圖像中。如不加以審慎辨析並從整體上把握不同稱謂的文本特性和時代特徵，在新疆歷史尤其是城市史研究中，則會出現概念不清、稱謂雜用等問題。

賈建飛曾就清中期南疆地區“滿城”“漢城”的文本記述、出現時間及歷史背景進行分析，②做出了有益探索，然而所據材料僅限於漢文記載，未參閱同時代的滿文、察合台文及西文記載等，部分史實欠缺且不够全面，所論僅及“滿城”“漢城”，未涉及“鎮城”“gulbagh”“Yangi Shahr”等稱謂。除賈氏文章或者偶有著述涉及個別問題外，未見其他專文論述，因此該問題仍有較大學術探討的空間。本文擬在前人研究基礎上，藉助更為豐富的多語種文獻和中文、外文古地圖等，就相關稱謂的文本特性等進行探討，糾正今人研究中的錯用現象，並分析不同稱謂的時代特徵和話語語境等，從而部分展現歷史演變脉絡，豐富現有新疆城市史研究。

一　新建城市

清中期南疆新建城市，基本集中在乾隆統一之初和道光朝平定張格爾之亂後這兩個時間段。乾隆統一之初，新建城市大致分為兩種類型。一是擇址新建，另起爐竈。喀什噶爾新城

---

① 松筠修，汪廷楷、祁韻士撰《西陲總統事略》卷10《回疆各城事略》，嘉慶十四年刊本，第21頁a；中國書店影印本，2010，第174頁。

② 賈建飛：《滿城，還是漢城——論清中期南疆各駐防城市的稱呼問題》，《西域研究》2005年第3期，第92—100頁。

在回城西二里餘，於乾隆二十七年建成；[①] 阿克蘇新城在回城西北，於乾隆三十一年興建；[②] 乾隆三十年烏什事件後，新建城市，賜名"永寧城"；[③] 喀喇沙爾（今焉耆）舊城頹壞，於乾隆二十三年新建土城一座。[④] 二是占用、改建原有回城，在回城内部新闢一隅，用於安置衙署、駐扎官兵。英吉沙爾於乾隆二十四年在城中建一東西隔墻，城市分為南北兩部分，南面居住當地民衆，北面居住官兵；[⑤] 同年在葉爾羌回城西南隅闢出一區，建設衙署等；[⑥] 在和田伊里齊城東南隅闢出一區，用於衙署、兵房駐地；[⑦] 乾隆年間，衙署、兵房等亦在庫車城内，"官兵回户，其居一城之中"。[⑧]

相較於乾隆年間南疆八城新建或改建，[⑨] 道光年間城市新建則主要是受張格爾之亂破壞的"西四城"——喀什噶爾、英吉沙爾、葉爾羌、和闐。這四座乾隆年間新城基本都遭損毀，道光八年（1828），喀什噶爾新城在回城東南二十餘里外建設；[⑩] 英吉沙爾新城由城内遷

① 參見和瑛《回疆通志》卷 7《喀什噶爾·建置》，中國國家圖書館藏抄本。另參見滿文檔案乾隆二十七年十月初九日《喀什噶爾參贊大臣永貴等奏報喀什噶爾地方城池倉廒工程告竣摺》，"於回城派出兵員，酌情率兵駐扎，令巡查城門、街道"，新城内"存儲糧食、兵械、火藥的倉庫、驛站，房間共 78 間，將回城内所有看守錢糧、兵械、倉廪以及站内的官兵一併遷至新城"。中國邊疆史地研究中心、中國第一歷史檔案館編《清代新疆滿文檔案彙編》第 58 册，廣西師範大學出版社，2012，第 409 頁。文中滿文檔案由中央民族大學顧松潔女士幫助翻譯，特致謝忱。

② 參見徐松著，朱玉麒整理《西域水道記》，"阿克蘇回城據其麓，鎮城在其西北數十步"（中華書局，2005，第 78 頁）。另據滿文檔案乾隆三十一年三月二十六日《烏什參贊大臣永貴等奏留駐阿克蘇兵丁移到城外另建營房居住摺》（《清代新疆滿文檔案彙編》第 78 册，第 430 頁）和乾隆三十二年閏七月二十日《烏什參贊大臣永貴等奏阿克蘇城竣工摺》，"於城西門外，色提卜阿勒氏 182 丈的院子，修堡，安置兵丁"（《清代新疆滿文檔案彙編》第 85 册，第 45 頁）。

③ 《回疆志》卷 1《城池》，"乾隆三十年，逆回伯克厄色木土拉繼其子賴哈木土拉，據城以叛，經將軍公阿明平定後，於原處改築駐防城一座，開四門，賜名永寧城"（乾隆間抄本，《中國方志叢書·西部地方》第 1 號，臺北：成文出版社，1968，第 35—36 頁）。

④ 參見《回疆通志》卷 11《喀喇沙爾·建置》。另見《西域水道記》，"哈喇沙爾城，乾隆二十三年建，高丈三尺，周二百五十四丈，東西門二"（第 112 頁）。

⑤ 《回疆通志》卷 7《喀什噶爾·英吉沙爾·建置》，"乾隆二十四年初建，以駐官兵，其城中隔一墻，南半回民居之，北半官兵居之"。

⑥ 參見《回疆通志》卷 8《葉爾羌·建置》。

⑦ 《回疆通志》卷 8《和闐·建置》，"和闐城，名伊里齊，舊有土築城垣，高一丈九尺，周圍三里三分，四門，其城東南隅隔截，向東開一門，為駐扎領隊大臣官員兵丁之處，其三面皆回人居住"。

⑧ 七十一：《西域聞見録》卷 2《新疆紀略下》，日本寬政十二年刊本，第 7 頁 a。另據滿文檔案乾隆三十二年八月二十五日《庫車辦事大臣弘晌將庫車城衙署倉庫兵房驛館修葺一新片》，"平定庫車城後，安頓駐守官兵所有倉廪、驛站、官兵辦事衙署，從前並無"，"分别辦理之處，皆於彼時將釋放的回子等空出的房屋作為官房"（《清代新疆滿文檔案彙編》第 85 册，第 248 頁）。

⑨ 《滿城，還是漢城——論清中期南疆各駐防城市的稱呼問題》中記述"乾隆統一南疆後，直至張格爾叛亂前，衹有喀什噶爾新築城池，以容納駐守官兵及軍政大臣"（《西域研究》2005 年第 3 期，第 93 頁），與史實不符；且推論"以喀什噶爾為例，衹有新城或鎮城之説。也許這正是作者對滿漢混居現實的一種反應。另外，亦有可能因為在張格爾叛亂前，喀什噶爾外的其他城市駐軍僅以界墻與回城相隔，没有專門的稱呼正反應出時人對並非獨立的這些城市的真實寫照"（《西域研究》2005 年第 3 期，第 94 頁），亦無法立論。

⑩ 《清實録·宣宗成皇帝實録》卷 137，道光八年六月，"喀什噶爾滿城，前經長齡奏准，在喀喇哈依地方改建。茲

至回城北一里處新建；[①] 葉爾羌新城亦在舊城西三里遷址新建；[②] 僅和闐原址修補仍舊在回城東南隅。[③]

二 "回城""鎮城"

（一）回城

與清中期新建城市相對應的是當地舊有城市，這類城市在不同記述主體書寫的各類文獻中常被稱為"回城"，如表1所示。

表1 "回城"相關記載

文獻類型	內容	資料來源
漢文史籍	《西域地理圖說》："沙雅兒南，有大河一道，各回城河水，至此會而為一，流入羅布諾爾。"	阮明道主編《西域地理圖說注》卷1《城村户口》，延邊大學出版社，1992，第22頁
	《西域聞見録》："布古爾之西三百里，有回城，曰庫車"；"烏什本係回城"；"喀什噶爾回城，與鎮城相連，極繁盛"	《西域聞見録》卷2《新疆紀略下》，第6頁b、第9頁b、第18頁a
	《西域水道記》："北渠經喀什噶爾城北，復東至回城北，折由其東，入於河"；（葉爾羌城）"鎮城在回城中西南隅"；"阿克蘇回城據其麓"	《西域水道記》，第28、61、78頁
	《嘉慶重修一統志》："喀什噶爾城曰徠寧，周四里餘，東西南北四門，城東有回城。"	《嘉慶重修一統志》卷526《喀什噶爾》，《四部叢刊續編》史部，上海書店，1985，第29册，第1頁b
	《清實録·宣宗成皇帝實録》："道光八年六月"，（喀什噶爾滿城）"其去該處回城二十餘里之七里河，為適中之地"；"至英吉沙爾舊滿城向在回城之内"	《清實録·宣宗成皇帝實録》卷137，道光八年六月，第35册，第104頁上欄
	《林則徐奏稿·公牘·日記補編》：道光二十五年林則徐流放新疆，至阿克蘇，"遂先入回城，城内有候館，甚宏敞"	陳錫祺主編《林則徐奏稿·公牘·日記補編》，中山大學出版社，1985，第159頁
	《漢西域圖考》："阿克蘇城，高丈二尺，周百四丈。回城在南，鎮城在其西北"；（英吉沙爾）"乾隆四十年展築七分，南墉即回城北墉"	李光廷：《漢西域圖考》卷2《天山以南諸國沿革考》，同治刊本，第37頁a、第42頁b；臺北：樂天出版社，1974，第195、206頁

據那彦成等奏，新建城垣工程，業已全竣，其去該處回城二十餘里之七里河，為適中之地"（中華書局，1986年影印本，第35册，第104頁上欄）。

① 《清實録·宣宗成皇帝實録》卷137，道光八年六月，"至英吉沙爾舊滿城向在回城之内，地勢湫隘，兵回雜處，既多未便，且衙署兵房，俱經焚燬，與其修復舊城，不如擇地另建。現在新勘城基，距回城不及一里，著准其移建，俾官兵另居一城，一切俱照舊制辦理"（第35册，第104頁）。

② 《清實録·宣宗成皇帝實録》卷136，道光八年五月，據那彦成奏報"該處滿城原建在回城之西隅，形勢逼仄，不足以壯觀瞻而資捍禦。復將恒敬等所勘舊城以西三里許之罕那克地基，詳加履勘。該處地勢高阜，渠流環繞，移建城垣衙署，形勢亦復相宜"（第35册，第92頁上欄）。

③ 《清實録·宣宗成皇帝實録》卷148，道光八年十二月上，記有"喀什噶爾、英吉沙爾、葉爾羌新建城垣衙署兵房等項工程及和闐修補城工"之語，推知和闐城未發生位置改移等，僅是原址修補（第35册，第266頁上欄）。

續表

文獻類型	內容	資料來源
中文古地圖	《新疆地輿總圖》標注“阿克素城”“回城”	《新疆地輿總圖》，現藏於臺北“國家圖書館”（原“國立中央圖書館”），該圖大致反映乾隆三十八年前後的新疆狀況，具體研究參見王耀《臺北“國家圖書館”藏清代〈新疆地輿總圖〉研究》，《中國典籍與文化》2014 年第 3 期，第 121—128 頁。圖幅參見 https://www.wdl.org/zh/item/11385/#q=%E6%96%B0%E7%96%86，2017 年 9 月 28 日
	《新疆全圖》標注“阿克素”“回城”	《新疆全圖》，現藏於美國國會圖書館，該圖同樣大致反映乾隆三十八年前後的新疆狀況，其與《新疆地輿總圖》具有某種關聯，具體研究參見王耀《臺北“國家圖書館”藏清代〈新疆地輿總圖〉研究》
	《西域聞見録》“輿圖”標注“喀什噶爾回城”	《西域聞見録》“輿圖”，第 4 頁 b
	《嘉慶重修一統志》中《阿克蘇圖》標注“阿克蘇城”“回城”；《喀什噶爾圖》標注“徠寧城”、“回城”與“英吉沙爾”、“回城”	《嘉慶重修一統志》卷 524《阿克蘇圖》，第 29 册，第 2 頁 a、第 1 頁 a
	《西域輿圖》中《英吉沙爾圖》標注“英吉沙爾”“回城”；《葉爾羌圖説》標注“鎮城在回城内西南隅”等；若干圖幅及圖説中均使用“回城”	《西域輿圖》，現藏於中國國家圖書館，圖幅表現年代大概為嘉慶後期
	《喀什噶爾圖説》標注“回城”，《阿克蘇圖説》標注“回城”	《西陲總統事略》卷 2《南北兩路全境圖説》，嘉慶十四年刊本，第 19 頁 b、第 29 頁 b；中國書店影印本，2010，第 30、35 頁
	《新疆識略》中《喀什噶爾輿圖》《英吉沙爾輿圖》《阿克蘇輿圖》中都出現“回城”字樣	松筠修，徐松撰《新疆識略》卷 3《南路輿圖》，道光元年刊本，第 12、31、51 頁；《續修四庫全書》史部地理類，上海古籍出版社，2002，第 732 册，第 598、607、617 頁
滿文檔案	乾隆二十七年十月初九日《喀什噶爾參贊大臣永貴等奏報喀什噶爾地方城池倉廒工程告竣摺》：“於回城派出兵員，酌情率兵駐扎，令巡查城門、街道”	《清代新疆滿文檔案彙編》第 58 册，第 409 頁
西文著述	瓦里漢諾夫提到“Mussulman towns”	Capt.Valikhanof, M.Veniukof, and other Russian travellers, *The Russians in Central Asia: Their Occupation of the Kirghiz Steppe and the Line of the Syr-Daria: Their Political Relations with Khiva, Bokhara, and Kokan: Also Descriptions of Chinese Turkestan and Dzungaria,* Translated from the Russian by John and Robert Michell, London: Edward Stanford, 6 Charing Cross, 1865. “The Chinese fortresses, manchens, or ‘gulbai’, are armed like the Mussulman towns”, p.148

據表 1 可知，乾隆、嘉慶、道光年間記録新疆史實的官修或私人撰寫的重要漢文文獻，對於當地舊有城市，常以“回城”稱之；同時期的志書地圖或單幅（册）中文古地圖，也基本以“回城”稱之。這種稱謂與清朝對該地信仰“回教”的認知有關，在同時期的漢文文獻中，亦常見以“回人”稱呼當地民衆，以“回疆”“回部”稱呼南疆地區等。乾隆朝滿文檔

案中提及“回城”，與這一時期南疆軍政長官由滿人、蒙古人擔任有關，[①]他們在與乾隆皇帝的文書往來中時常使用滿文。表 1 中《西域地理圖説》大概成書於乾隆二十八年前後，以漢文為主，夾雜部分滿文，據研究，該書作者應該是兼通滿漢文的滿人。[②]因此，在同一批人書寫的滿文、漢文資料中，同時出現“回城”也屬正常。其影響亦延伸至近代西方人的著述中，瓦里漢諾夫（Valikhanof）於 1858—1859 年遊歷南疆，記述多採自當地資料和見聞。[③]

除“回城”外，“土城”“舊城”亦被用來稱呼舊有城市。如《西域地理圖説》《回疆志》中皆出現過“土城”[④]，這一稱謂僅偶見於乾隆年間文獻，主要還是因為新建城市同樣是夯土構造，難以“土城”區分新舊。而以“舊城”（Old City 或 Kuhna Shahr）稱呼舊有城市，在《西域地理圖説》《西域水道記》《回疆通志》《西域圖志》《漢西域圖考》等清中期漢文史料及近代西文資料中，都有出現。同樣，以“新城”（New City 或 Yangi Shahr）稱呼新建城市，也屬於順理成章，且多與“舊城”對應使用。

（二）鎮城

“鎮城”在一些文獻中用於稱呼新建城市，如表 2 所示。

表 2 “鎮城”相關記載

文獻名稱	内容	資料來源
《西域聞見録》	“喀什噶爾回城，與鎮城相連，極繁盛”； “輿圖”中標注“喀什噶爾鎮城”“喀什噶爾回城”	《西域聞見録》卷 2《新疆紀略下》，第 18 頁 a;《輿圖》，第 4 頁 b
《西域輿圖》	《喀什噶爾圖説》：“鎮城在回城西北”；《英吉沙爾圖説》：“鎮城南與回城毗連”；《葉爾羌圖説》：“鎮城在回城内西南隅”；《和闐圖説》：“鎮城在伊里齊回城内東南隅”；《阿克蘇圖説》：“今鎮城即嘉慶十六年被水後重修也，在回城西北”；《烏什圖説》：“鎮城為乾隆三十年重建，賜名永寧城”；《庫車圖説》：“鎮城在沙雅爾回城北一百八十里，乾隆五十八年建設”；《喀喇沙爾圖説》：“鎮城惟東西二門，東曰德綏，西曰撫徠”	《西域輿圖》，現藏於中國國家圖書館

① 吴豐培先生所撰《薩迎阿奏議》題跋曰：“清制，凡邊疆大吏，均用滿蒙人員，且多貴胄之裔。康乾之世，頗選幹練之才，而此輩當此重任，尚能悉心經營，穩定邊局。又善用漢族幕僚，為之佐理。故於政治措施、民族關係，尚能得體。”馬大正、吴錫祺、葉于敏整理《吴豐培邊事題跋集》，新疆人民出版社，1998，第 156—157 頁。

② 《西域地理圖説注》“序言”，第 2 頁。

③ “例如，瓦里漢諾夫、維紐考夫和其他俄國旅行者的《俄國人在中亞》（倫敦，1865），有許多方面是以俄國人的中亞旅行記以及出自瓦里漢諾夫之手的喀什噶利亞的歷史，土著的史料和當地見聞為依據的。”參見佐口透《18—19 世紀新疆社會史研究》（上），凌頌純譯，新疆人民出版社，1984，第 8 頁。

④ 《西域地理圖説注》卷 1《城村户口》，“葉爾羌，舊有土城一座”（第 1 頁）；“庫車，南西北三面環山，平川三百餘里，舊有土城一座”（第 22 頁）；“喀什噶爾，舊有土城一座”（第 28 頁）。另見《回疆志》卷 1《城池》，第 37 頁。

續表

文獻名稱	內容	資料來源
《西域水道記》	（英吉沙爾城）"舊城周二里八分，高一丈七尺，乾隆四十年，展築七分。南北二門，南墉即回城北墉。回城東西與鎮城等，南北視鎮城三分之一，東偏一門，出入鎮城者由之"；"二十七年，參贊永公貴於舊城西北波羅泥都之園塞爾們莊建鎮城"；（葉爾羌城）"鎮城在回城中西南隅"；（和闐）"城即額里齊城也。高丈九尺，周三里三分，門四，三品阿奇木伯克一人治之。鎮城在其中"；"阿克蘇回城據其麓，鎮城在其西北數十步"	《西域水道記》，第 36、38、61、71、78 頁
《莎車紀行》	（阿克蘇）"回城據其麓，鎮城在其西北數十步，地勢益下，同於釜底。山泉泛溢，陡若建瓴。鎮城、回城間築堤泄水，注於城南"	倭仁:《莎車紀行》，咸豐元年，第 9 頁 a，中央民族學院圖書館編《甘新遊踪彙編》，1983 年油印本
《漢西域圖考》	"阿克蘇城，高丈二尺，周百四丈。回城在南，鎮城在其西北"；"乾隆二十七年參贊永貴於舊城西北建鎮城，高丈四尺，周二里五分，賜名曰徠寧"；"和闐額爾齊城本舊城，今以為鎮城在城中東南隅"	《漢西域圖考》卷 2《天山以南諸國沿革考》，第 37 頁 a，第 195 頁；第 42 頁 a，第 205 頁；第 52 頁 a，第 225 頁

《西域聞見録》最早刊行於乾隆四十二年，由曾任庫車糧員的七十一撰著，就筆者查閱的史料來看，未見其他乾隆朝文獻以"鎮城"稱呼新城且未見早於其記載者。乾隆朝《西域圖志》及稍早成書的《西域地理圖説》《平定準噶爾方略》《回疆志》等史籍中，均未出現"鎮城"。就編修層級而言，《西域圖志》《平定準噶爾方略》均為乾隆皇帝敕修；《西域地理圖説》應該出自永貴之手，蘇爾德增修後為《回疆志》，兩者具有關聯關係。① 永貴曾任喀什噶爾參贊大臣、烏什參贊大臣和伊犁將軍等職，② 蘇爾德曾任烏什參贊大臣，③ 可以説《西域地理圖説》與《回疆志》均出自高級軍政官員之手。據此而論，在乾隆朝官修漢文文獻和較高級官員編修的漢文史書中，未見使用"鎮城"稱呼新城。同時期的滿文檔案多出自南疆參贊大

① 參見吴華峰《〈回疆志〉編纂研究》，朱玉麒主編《西域文史》第 9 輯，科學出版社，2014，第 251—277 頁。另參見王耀《李文田、西域地理書及其他》，《昌吉學院學報》2016 年第 6 期，第 18—21 頁。

② 乾隆二十六年，永貴曾任喀什噶爾參贊大臣，至乾隆二十八年返京任禮部尚書。乾隆三十年，烏什事件爆發，永貴赴疆辦理。據中國第一歷史檔案館、中國人民大學清史研究所、中國社會科學院中國邊疆史地研究中心編《清代邊疆滿文檔案目録》（第 7 册新疆卷 2，廣西師範大學出版社，1999），其中滿文檔案的奏摺題名中體現官職，乾隆三十年十月初一日《總理回子各城事務參贊大臣永貴等奏銷平定烏什所用銀兩糧石數目摺》（第 710 頁），這是永貴首次以"總理回子各城事務參贊大臣"身份上奏。乾隆三十年十二月初二日滿文奏摺《烏什參贊大臣永貴等奏請發給沙爾呼勒地方伯克養贍錢文摺》（第 722 頁），則是首次以"烏什參贊大臣"身份上奏。烏什事件二月爆發，十月平定。平定後，乾隆皇帝決定將南疆最高軍政長官自喀什噶爾遷至烏什，永貴當為首任"烏什參贊大臣"。至乾隆三十三年十一月二十五日滿文奏摺《烏什參贊大臣永貴奏署理伊犁將軍謝恩摺》（第 874 頁），署理伊犁將軍。乾隆三十三年十二月初七日滿文奏摺《署伊犁將軍永貴奏恭進玉器摺》（第 876 頁），滿文檔案中首次以"署伊犁將軍"身份上奏。

③ 胡正華主編《新疆職官志（1762—1949）》，新疆維吾爾自治區人民政府辦公廳等內部印刷，1992，第 30 頁。轉引自《〈回疆志〉編纂研究》，朱玉麒主編《西域文史》第 9 輯，第 271 頁。

臣、辦事大臣、領隊大臣，上呈乾隆皇帝御覽，其中亦未見“鎮城”之説。同時考慮到《西域聞見録》出自曾任庫車糧員的較低層級官吏七十一之手，在乾隆朝“鎮城”之説僅偶見於私人著述中，因此推測在當時官方往來文牘及官修或較正式的滿、漢文史籍中，並不傾向於使用這一稱謂。

《西域輿圖》現藏於中國國家圖書館，據其中《阿克蘇圖説》“今鎮城即嘉慶十六年被水後重修也”，以及地圖中“鞏寧城”“惠寧城”“徠寧城”等地名中“寧”字均未避諱道光皇帝“旻寧”而改寫，推測該圖大概反映了嘉慶十六年至嘉慶二十五年（1811—1820）的新疆狀況。該圖雖未注繪圖人及淵源等，但據其中鈐印的“石舟自書校閱圖説”紅色方章推測，該圖由張穆編繪。張穆，字石舟，嘉道年間西北史地學的重要代表人物，著有《蒙古遊牧記》，其曾審校祁韻士的《西域釋地》《西陲要略》。張穆並未親身涉足新疆，祁韻士在嘉慶年間曾遣戍伊犁，潛心於西域史地。經筆者校讀，《西域輿圖》中部分文字摘抄自《西域釋地》。而表 2 中《西域水道記》作者徐松，同樣是嘉道年間重要的西北史地學人，嘉慶年間曾遣戍新疆七年，受命增補祁韻士《伊犁總統事略》，後賜名《新疆識略》，交武英殿刊行。

追溯這一歷史是為了説明，《西域輿圖》無論是否為張穆編繪，其素材當來自祁韻士等嘉道年間研治西北史地的學人。“鎮城”稱謂出現於《西域輿圖》及《西域水道記》中，與嘉慶年間遣戍新疆的文人有關。尤其是徐松足迹遍及天山南北，其以“鎮城”稱呼新城當有一定道理。但是，檢閲徐松增補的、道光皇帝賜名的官修《新疆識略》，其中却無如此稱呼。同時，與《西域輿圖》有一定淵源關係的祁韻士《西域釋地》《西陲要略》等著述中，也未見如此稱謂。同時，嘉慶年間重要的西域史籍《回疆通志》中亦無此稱謂。大概可以推知，在嘉道年間的漢文文獻及地圖中，“鎮城”之説雖有所出現，但使用不廣，較正式的官修文獻中並未採用。

咸豐元年（1851），倭仁出任葉爾羌幫辦大臣，其將沿途行經見聞等總為《莎車紀行》一書。書中述及阿克蘇，以“鎮城”稱之。然經比對，這段文字應該轉録自《西域水道記》，① 吴豐培先生也曾指出倭仁參閲了《西域水道記》。② 李光廷《漢西域圖考》完成於咸豐、同治間，大概為同治元年（1862）前後，刊行於同治九年。③ 該書同樣參閲了《西域水道記》，④ 其

---

① 《莎車紀行》記載：（阿克蘇）“回城據其麓，鎮城在其西北數十步，地勢益下，同於釜底。山泉泛濫，陡若建瓴。鎮城、回城間築堤泄水，注於城南”。《西域水道記》記載：“阿克蘇回城據其麓，鎮城在其西北數十步，地勢益下，同於釜底。山川泛濫，陡若建瓴。嘉慶十六年四月乙亥至五月朔己卯，雨不止。庚辰，山水大至，繞回城，入自鎮城東門，城西北陷。伊犁將軍晉公昌、喀什噶爾參贊鐵公保重修治之。城周一百四丈，高丈二尺，門三，鎮城、回城間築堤泄水，注於城南。”（第 78 頁）兩相比較可見，《莎車紀行》中相關記載在話語、用詞等方面完全節録自《西域水道記》，僅删略了部分史實記載。

② 吴豐培先生所撰《莎車紀行》題跋曰：“其所經地區，往往溯其沿革，民族地名，多述其原來命名之意，書末雜論新地概況，蓋本諸《西域水道記》，尚多可據。”《吴豐培邊事題跋集》，第 193 頁。

③ 參見李軍《西北史地學巨著〈漢西域圖考〉論略》，《魯東大學學報》2015 年第 1 期，第 2 頁。

④ 據《漢西域圖考》卷 1《圖説》，“徐氏《西域水道記》云，今阿里之達克喇城東北三百十里，有岡底斯山，即昆侖也”（第 35 頁 a，第 113 頁）。可見李光廷曾參閲《西域水道記》。

中提及“鎮城”的話語與《西域水道記》記載類似，推測其中“鎮城”之説應該直接轉述自《西域水道記》或受其間接影響。因此可以説，偶見於咸豐、同治年間漢文文獻中的“鎮城”記載，基本是受《西域水道記》的影響而為之。

綜合來看，“鎮城”一説雖出現於乾隆、嘉慶、道光、咸豐、同治朝漢文文獻中，但較之於更大量的官方或較正式文獻記載來看，其使用範圍並不廣泛，僅存在於私人撰寫或編繪的史籍中。就字面意思而言，“鎮”有鎮撫、統御之意，“鎮城”具有軍政統轄的意味。在中國古代的邊地、邊塞等地名、城名中，時常出現“鎮南關”“鎮遠”等類似詞語。而乾隆年間伊犁將軍轄區内的新賜城名，如“永寧城”“徠寧城”“惠遠城”“惠寧城”“鞏寧城”等，單純從字面來看，似乎更强調“寧”“惠”，大致體現了中央惠澤邊疆、希望邊疆安寧的良善願望，似乎未突出强力壓制等意涵。《西域圖志》和《新疆識略》分别由乾隆皇帝和道光皇帝御敕撰修，是最能體現官方意志的文獻，其中均未出現“鎮城”，似乎也能證實上述推論。至少可以説，清朝正式官方文獻中，不傾向於使用“鎮城”這一稱謂。

上文已分析，“鎮城”一説最早出現於乾隆四十二年的《西域聞見録》。該書成書後，又被後世以《西域記》《西域總志》《新疆輿圖風土考》《西域瑣談》《異域瑣談》《遐域瑣談》等書名刊行，[①] 流播甚廣。而表 2 中其他書籍使用“鎮城”之説，又多受到《西域水道記》影響。總的看來，這兩部書雖然在一定範圍内影響較大，但終歸是私人撰著，其説法並未被同時期及後世的官修漢文文獻所採納。在清中後期察合台文文獻《伊米德史》以及 19 世紀六七十年代成書的英文、俄文著述中都未出現這一稱謂，似乎也表明未受到這兩部書的影響。

《西域聞見録》作者七十一和《西域水道記》作者徐松，都曾踏足西域且有較長時間的生活經歷。尤其是徐松，嘉慶十七年至嘉慶二十五年間遣戍伊犁，[②] 實地考察天山南北，“（徐松）於南北兩路壯遊殆遍，每所之適，携開方小册，置指南針，記其山川曲折，下馬録之。至郵舍則進僕夫、驛卒、台弁、通事，一一與之講求”。[③] 如果剔除“鎮城”字面上的壓制等意思，單純强調其軍政管理職能，以徐松等内地文人視角如此稱呼新城，亦有合理之處。

這些新城較之於舊城，城内建築基本以衙署、兵房為主，主要駐扎官員、兵丁等，主要承擔軍政管理的城市職能。如乾嘉時期的喀什噶爾新城，“城内建衙署、倉庫、官兵住房，參贊大臣衙署一所，協辦大臣衙署一所，英吉沙爾領隊大臣公館一所、印房等處章京官房三所、筆帖式官房三所、折房一所、滿印房一所、漢印房一所”等，以及“滿營協領衙署一所、佐領官房一所、防禦住房一所、緑營副將衙署一所、遊擊衙署一所、城守營小公館一所、滿營兵房八十間、緑營兵房一百三間”。[④] 再如圖 1，這幅《喀什噶爾新建城圖》現藏於臺北“故宫博物院”，繪製的是道光八年喀什噶爾新城，當年賜名“恢武城”（今疏勒縣）。圖中城

① 參見高健《〈西域聞見録〉異名及版本考述》，《中國邊疆史地研究》2007 年第 1 期，第 119 頁。

② 參見朱玉麒撰“前言”，《西域水道記》，第 2 頁。

③ 參見龍萬育序，《西域水道記》，第 9 頁。

④ 《回疆通志》卷 7《喀什噶爾 · 建置》。

内區域貼黄標記基本為“遊擊衙署”“火藥局”“參贊大臣幫辦大臣衙署”“武備庫”等軍政設施。另據貼黄標注，“喀什噶爾新建城垣距舊城東南二十餘里，高一丈九尺，周五里九分，内除衙署、局庫、倉廒外，餘俱兵房”，新城的軍政管理職能顯而易見。依此看來，新城的軍政管理職能確與“鎮城”之説存在契合之處。

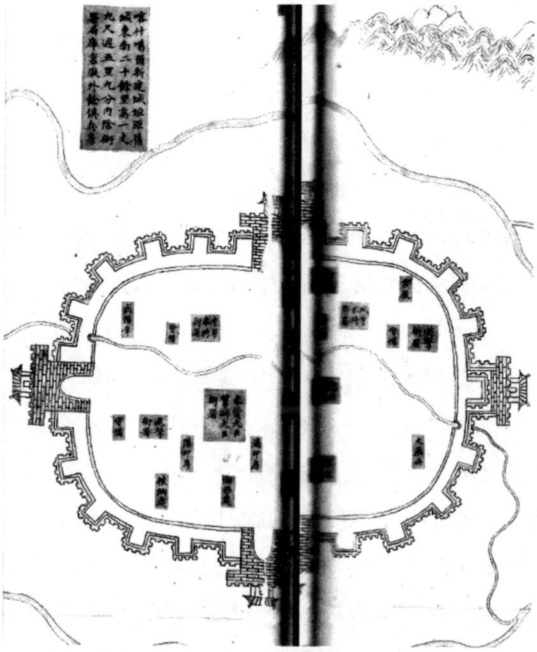

圖 1　道光朝《喀什噶爾新建城圖》

資料來源：道光年間《喀什噶爾新建城圖》，故機 058957。馮明珠、林天人主編《筆畫千里——院藏古輿圖特展》，臺北“故宫博物院”，2008，第 62—63 頁。

三　“滿城”“漢城”

（一）滿城

道光六年，和卓後裔張格爾入卡作亂，乾隆年間所建喀什噶爾、英吉沙爾、葉爾羌三城被毁。道光七年十一月初八日，道光皇帝召見時任直隸總督那彦成，次日頒給欽差大臣關防，諭令赴疆處理善後事務。[①] 檢閲相關史料，“滿城”之説集中出現於這一時期的《清實録》和那彦成處理善後事務的奏議中。

道光七年十一月，《清實録》記載：“又上年逆裔將喀什噶爾滿城攻破，被擄官兵三百餘人，盡將髮辮剪去。”[②] 此條是筆者所見最早以“滿城”稱呼新城的記載。該條記載同時出現

① 事見《那文毅公籌畫回疆善後事宜奏議》卷 73，第 7 頁 a；容安輯《那文毅公奏議》，上海市歷史文獻圖書館藏本。

② 《清實録·宣宗成皇帝實録》卷 130，道光七年十一月下，第 34 册，第 1166 頁。

於那彦成的奏議中，此時那彦成正在馳赴新疆的路上，道光皇帝惦念邊務，囑托再三，並言“以上皆面諭未盡之言，特諭令知之”①，所言内容同於《清實録》記載。②《清實録》之記載應採自上諭。

道光七年臘月二十九，張格爾被擒，隨即被押解進京，道光八年五月十四日被處死。一份稀見漢文抄本《剿平喀什噶爾奏摺》現藏於大連圖書館，之前未公佈，2013年李勤璞先生進行了研究，其中有一份五月十三日第二次會審張格爾的記録，有問答如下：

一問該逆：六年搶占喀什噶爾回城，何以七十餘日之久始將滿城攻破？彼時該逆所作何事？

供：我到喀什噶爾後回子俱來從我，所以回城易破。滿城因防守甚嚴，至七十餘日始行攻破。那時我在阿奇木伯克衙門居住，並未到别處去過。③

據五月十二日諭旨，由鄭親王烏爾恭阿、定親王奕紹、協辦大學士富俊等會同刑部堂官審訊，上述供詞呈報道光皇帝。據這份文書所言，清廷中央衙署及皇帝，有以“滿城”稱呼新城之例。這與上節道光七年十一月間上諭一致。

道光八年四月，那彦成抵達葉爾羌，查勘城垣選址等，於四月十九日上呈《葉爾羌舊城應行移建摺》，“行抵葉爾羌，遵即周歷舊城，悉心查看。查得該處滿城，原建在回城之西隅，與回城雜處，地僅一角，本形逼仄”，復查勘新址，“查該處地勢高阜，渠流環繞”，建議遷址新建。④五月十五日上諭中提到“據該督查明，該處滿城原建在回城之西隅，形勢逼仄，不足以壯觀瞻而資捍禦”，並“著照所請，准其在罕那里克地方另建新城”。⑤《清實録》道光八年五月的記載與五月十五日上諭内容一致。⑥

道光八年五月初六日，那彦成上呈《會同楊芳、武隆阿、蘇清阿具奏查勘喀、英二城移建新城並設兵情形摺》，其中提到“竊查喀什噶爾滿城經揚威將軍長齡勘定喀喇哈依地方，奏明另建”，“臣道經英吉沙爾，查得舊滿城亦在回城之内，地勢湫隘，兵回雜處，日久究多不便”。⑦六月初七日上諭中提到“喀什噶爾滿城，前經長齡奏准，在喀喇哈依地方改建”，

① 《那文毅公籌畫回疆善後事宜奏議》卷73，第10頁b。

② 《那文毅公籌畫回疆善後事宜奏議》卷73，“又上年逆裔將喀什噶爾滿城攻破，被虜官兵三百餘人，盡將髮辮剪去”及該句前後文字（第10頁a），同於《清實録·宣宗成皇帝實録》中的記載。

③ 李勤璞：《剿平喀什噶爾奏摺》（*Text and Notes of the Jiaoping Kasigar Zouzhe*），載於*Journal of Sino-Western Communications*（《中西文化交流學報》）5.1（徐文堪先生古稀紀念中西學論專號），July 2013,pp.113-141。

④ 那彦成：《葉爾羌舊城應行移建摺》，道光八年四月十九日，見《那文毅公辦理善後奏議》上卷，馬大正、吴豐培主編《清代新疆稀見奏牘彙編·道光朝卷》，新疆人民出版社，1996，第7頁下欄。

⑤ 《那文毅公辦理善後奏議》上卷，《清代新疆稀見奏牘彙編·道光朝卷》，第8頁上欄。

⑥ 參見《清實録·宣宗成皇帝實録》卷136，道光八年五月，第35册，第92頁上欄。

⑦ 那彦成：《會同楊芳、武隆阿、蘇清阿具奏查勘喀、英二城移建新城並設兵情形摺》，道光八年五月初六日，見《那文毅公辦理善後奏議》上卷，《清代新疆稀見奏牘彙編·道光朝卷》，第9頁。

“至英吉沙爾舊滿城向在回城之内，地勢湫隘，兵回雜處，既多不便”等語。[①]《清實録》道光八年六月的記載與六月初七日上諭内容相同。[②]

目前研究南疆“滿城”之説，所據史料基本不出上述記載。上文基本厘清了各條記載之間的文本關係和出現時間，大致可知“滿城”之説集中出現在道光七年、八年的皇帝上諭和那彦成奏議中，而上諭中的内容又被抄録進《清實録》，這構成了“滿城”之説的基本史料。在後續部分奏牘、律例中，出現“滿城”也皆與那彦成有關。如道光九年五月初五日，喀什噶爾參贊大臣武隆阿接到上諭，提到“嚴禁招引回婦私入滿城”[③]，實際上與同年三月初五日那彦成上呈《會同武隆阿查明回疆兵民商回有干例禁各條出示永禁摺》有關，其中提到“各城滿城均係專立之城，祇有官員兵丁居住，日久混淆，官兵奸宿回婦甚至包占，不自尊重之大員往往亦淫蕩無耻。應嚴行示禁，嗣後嚴飭阿奇木伯克等通行曉諭不准回婦入城。倘敢違紀，本城大臣查明將城守營及阿奇木均嚴加議處。招引回婦進城之官兵照軍法律治罪”[④]，這是那彦成處理善後事務的措置之一。其後該條亦寫入道光朝《欽定回疆則例》“禁止回婦私進滿城”條中。[⑤]

然而值得注意的是，在道光年間參與平定張格爾之亂及稍後處理南疆軍政事務的其他大臣的奏議中，却未出現“滿城”之説。如《札隆阿奏稿》[⑥]、《長文襄公辦理善後奏議》、《長齡奏稿》[⑦]、《壁昌奏稿》[⑧]、《葉爾羌守城紀略》[⑨]、《長清奏稿》[⑩]、《富興阿公牘》[⑪]及《奕山

① 《那文毅公辦理善後奏議》上卷，《清代新疆稀見奏牘彙編·道光朝卷》，第9頁下欄。

② 參見《清實録·宣宗成皇帝實録》卷137，道光八年六月，第35册，第104頁上欄。

③ 武隆阿：《遵旨分别示禁回疆兵民商回條款摺》，見《武隆阿奏稿》，《清代新疆稀見奏牘彙編·道光朝卷》，第67頁上欄。據吴豐培所撰跋文（第68頁下欄），武隆阿，瓜爾佳氏，滿洲正黄旗人；嘉慶二十五年充喀什噶爾參贊大臣，道光六年回疆變亂，授欽差大臣，與楊遇春、長齡率軍出關，七月，克喀什噶爾城。道光七年十一月至九年十一月，任喀什噶爾參贊大臣。該抄本為吴豐培先生家藏。

④ 那彦成：《會同武隆阿查明回疆兵民商回有干例禁各條出示永禁摺》，道光九年三月初五日，見《那文毅公辦理善後奏議》下卷，《清代新疆稀見奏牘彙編·道光朝卷》，第45頁下欄。

⑤ 參見托津等纂《欽定回疆則例》卷8，續纂，“禁止回婦私進滿城”條，《中國西北文獻叢書續編·西北史地文獻卷》，甘肅文化出版社，1999，第5册，第445頁。

⑥ 札隆阿，滿洲正藍旗人。道光八年四月出任葉爾羌辦事大臣，九年正月調喀什噶爾參贊大臣，至十一年二月解。據吴豐培跋文，《清代新疆稀見奏牘彙編·道光朝卷》，第72頁下欄。

⑦ 長齡，蒙古正白旗人。道光三年授軍機大臣，六年授揚威將軍率部討伐張格爾，七年，擒張格爾。十年浩罕又入邊，復命為揚威將軍。浩罕求通商，許之，邊境乃安。十二年，回京。據吴豐培跋文，《清代新疆稀見奏牘彙編·道光朝卷》，第110頁。

⑧ 壁昌，蒙古鑲黄旗人，道光七年從那彦成赴新疆辦理善後事宜，道光九年充葉爾羌辦事大臣，道光十年八月浩罕來犯，堅守三月，自撰《葉爾羌守城紀略》。十一年，擢參贊大臣。據吴豐培跋文，《清代新疆稀見奏牘彙編·道光朝卷》，第132頁。

⑨ 壁昌：《葉爾羌守城紀略》，中央民族學院圖書館編《中國民族史地資料叢刊》之二十七，内部資料，1982年油印本。

⑩ 長清，鈕鈷禄氏，滿洲鑲紅旗人。道光五年十月實授阿克蘇辦事大臣，至道光十二年十月調任葉爾羌參贊大臣，十四年三月任烏魯木齊都統。據吴豐培跋文，《清代新疆稀見奏牘彙編·道光朝卷》，第136頁下欄。

⑪ 富興阿，道光十七年至二十年任喀什噶爾領隊大臣。據吴豐培跋文，《清代新疆稀見奏牘彙編·道光朝卷》，第202頁。

奏稿》[1]、《薩迎阿新疆奏稿》[2]等，其中不乏揚威將軍長齡、隨從進疆的壁昌等那彥成同僚密友的奏議。從文本書寫角度而言，不能不説道光朝"滿城"之説，與那彥成本人密切相關，或者説"滿城"是那彥成的慣用書面語言而已，似乎不宜從這一具有個人色彩的話語中，機械簡單地概括一個時代的民族隔離等狀況。[3]

從清中期尤其是道光朝更大量的漢文資料來看，"滿城"之説是具有那彥成色彩的個人話語。後續除在瓦里漢諾夫的記載中出現過"manchen"的稱謂，[4]在其他清中後期漢文文獻、察合台文文獻及英文、俄文等西文資料中，再未見"滿城"之説，可見道光朝"滿城"之説的文本影響不大。其短暫出現於道光朝，基本不為後世沿用，似乎説明這一稱謂的不合時宜。

清代滿城與八旗駐防密切相關，"凡有八旗駐防的城市，均劃出特定的八旗軍隊駐防地，修築界墻，簡稱滿城"。[5]滿城的發展與清前中期的軍事行動密切相關，定宜莊認為滿城的發展可劃分為兩個階段；[6]馬協弟更概括地指出："清代滿城的建置是從順治初到乾隆末葉近一百四十餘年間陸續完成的。大約隨着軍事推進而設，順康間直省，雍末乾初西北，乾隆中期以後新疆藩部。"[7]馬協弟指出，《八旗通志》中直接稱呼"滿城"者僅二十座，其餘皆稱"駐防

---

① 奕山，道光七年從征喀什噶爾，擢頭等侍衛，歷伊犁領隊大臣、參贊大臣，十八年授伊犁將軍，二十七年授葉爾羌參贊大臣。據吴豐培跋文，《清代新疆稀見奏牘彙編·道光朝卷》，第451頁上欄。

② 薩迎阿：《薩迎阿新疆奏稿》，中央民族學院圖書館編《中國民族史地資料叢刊》之二十四，内部資料，1982年油印本。

③ 賈建飛在《滿城，還是漢城——論清中期南疆各駐防城市的稱呼問題》（《西域研究》2005年第3期，第95頁）中提到"這（滿城）是清政府在張格爾叛亂後加强民族隔離的一種迹象"，"顯然，與'回城'相對應的滿城更能表現出一種民族隔離的意味，它體現出的是一個不同的民族體。因此，它是服務於清政府民族隔離原則的"。這與文獻記載的個體化色彩不符，有過度解讀材料之嫌。

④ Capt.Valikhanof, M.Veniukof, and other Russian travellers, *The Russians in Central Asia*, Translated from the Russian by John and Robert Michell. 該書至少四次提到"Manchen"，"The Chinese fortresses, manchens, or gulbai, are armed like the Mussulman towns. If the manchens occur close to a native town, the space between them is converted into a street", p.148; "The Chinese Manchen lies 4 $\frac{1}{2}$ miles S. of Kashgar, on the right bank of the Kizyl river, surrounded by a wall like that of Kashgar, with two gates on th N. and S. sides", p.154; "Hakim-beg, Kasim, and the other Begs escaped to the Chinese 'Manchen' or citadel", p.218; "The Chinese, who had marched out of their 'Manchen', or citadel, at that town, to meet Tilya-Khan, were defeated", p.226. 綜合幾處記載來看，瓦里漢諾夫對於南疆新城（包括乾隆新城和道光新城），並没有一個統一稱謂的概念，或稱為中國堡壘（Chinese fortress），或稱為滿城（Manchen），或稱為古勒巴格（gulbai），或稱為中國城堡（Chinese citadel）。並且，結合滿城（Manchen）加注引號和書寫方式來看，該詞應該來自當地資料或瓦里漢諾夫的見聞。

⑤ 李孝聰：《歷史城市地理》，山東教育出版社，2007，第374頁。其他論著中關於清代滿城的定義，基本與此相同，較重視强調八旗駐防等制度因素。馬協弟認為"滿城，即清代八旗兵的駐防城，是清代駐防全國各地的八旗官兵及其眷屬的居住地"（《清代滿城考》，《滿族研究》1990年第1期，第29頁）。蘇奎俊指出，"滿洲八旗駐防新疆各要地後，需修建城池，使旗人居住其中，滿族仍保持旗民界限，構成少數滿族人聚居區，這就是所謂的'滿城'"（《清代新疆滿城探析》，《新疆大學學報》2007年第5期，第83頁）。定宜莊認為，"'滿城'專指各省駐防旗人所居城池而言"（《清代八旗駐防研究》，遼寧民族出版社，2003，第204頁）。

⑥ 定宜莊：《清代八旗駐防研究》，第205頁。

⑦ 馬協弟：《清代滿城考》，《滿族研究》1990年第1期，第30頁。

城”，今新疆地區有滿城六座：惠遠滿城、惠寧滿城、會寧滿城、鞏寧滿城、孚遠滿城、廣安滿城，都位於伊犁、巴里坤、烏魯木齊、古城、吐魯番等北疆地區，而南疆地區有葉爾羌駐防城、徠寧駐防城、英吉沙爾駐防城、阿克蘇駐防城、永寧駐防城。

關於南北疆城市稱謂的差異，馬協弟認為，“而八旗在新疆駐地有稱駐防城，有稱滿城者。蓋稱駐防城者，内含緑營，非如稱滿城者滿洲等八旗獨駐故”。[①] 清中期南疆為換防兵，定期從北疆地區調撥，《西陲要略》記載：“新疆滿洲、緑營官兵分佈南北兩路，有駐防、換防之分……南路之喀什噶爾、英吉沙爾、葉爾羌、烏什、阿克蘇滿兵，則自烏魯木齊、古城、巴里坤調撥，其緑營兵則自内地調撥，皆輪班更替，非常駐者也。”[②] 另據《西域圖志》，“初以阿克蘇為回部適中之地，喀什噶爾、葉爾羌為回部諸城之冠，英噶薩爾則有境屬邊圉，外藩鄰接，皆兼設滿營緑營，分兵防守。他如哈喇沙爾、庫車、塞喇木、烏什、和闐，則但酌留緑營以資捍衛。乾隆三十一年，以阿克蘇滿營防兵移駐烏什，則烏什又為山南重鎮，而阿克蘇祇駐緑營”。[③] 綜合兩則記載可知，清中期在南疆喀什噶爾、英吉沙爾、葉爾羌、烏什、阿克蘇確實是由滿營、緑營共同駐防。如在八旗駐防的話語體系下，以滿洲等八旗獨自駐防者稱為“滿城”，則南疆無“滿城”。在蘇奎俊、朱永杰等其他學者的研究中，所謂新疆滿城亦限於上文提及的六座，而不涉及南疆城市。[④]

據現有研究及文獻記載來看，“滿城”是與八旗駐防緊密相連的。除與那彦成有關的奏牘、上諭等文獻外，大量同時代人的記述中並不使用“滿城”稱呼南疆滿營、緑營共同駐防的城市，應該是與“滿城”的特定背景及含義有關，同時這可能也是當時的官員與士人較為一致的認知。比如，祁韻士在《西陲要略》中直稱“滿城”者，有古城（孚化城）、巴里坤（會寧城），[⑤] 南疆諸城皆不稱“滿城”。綜合清代“滿城”的特定背景來看，大概能够理解那彦成“滿城”之説的曇花一現和不合時宜。

然而，因為《清實録》為官修正史，那彦成奏牘、文稿等又是研究張格爾之亂前後南疆狀況的重要史料，所以“滿城”之説有所流播，影響到今人研究。如約瑟夫・弗萊徹（Joseph Fletcher）在相關研究中以“滿城”（Manchu Cantonment）稱呼張格爾之亂時的新城，[⑥] 尚屬允當，於史有據。1830 年浩罕入侵，壁昌堅守葉爾羌，弗萊徹仍以“滿城”稱呼這次事

① 馬協弟：《清代滿城考》，《滿族研究》1990 年第 1 期，第 30—32 頁。

② 祁韻士：《西陲要略》卷 3《伊犁駐兵書始》，道光十七年刊本，第 1 頁 a;《中國方志叢書・西部地方》第 2 號，臺北：成文出版社，1968，第 97 頁。

③ 鍾興麒、王豪、韓慧校注《西域圖志校注》卷 31《兵防》，新疆人民出版社，2002，第 437—438 頁。

④ 參見蘇奎俊《清代新疆滿城探析》，表 1“新疆滿營駐防表”，《新疆大學學報》2007 年第 5 期，第 83 頁；朱永杰、韓光輝《清代新疆“滿城”時空結構研究》，《滿族研究》2010 年第 3 期，第 52 頁；朱永杰《“滿城”特徵探析》，《清史研究》2005 年第 4 期，第 79 頁；朱永杰《清代滿城歷史地理研究》，知識産權出版社，2017，第 26 頁。

⑤《西陲要略》卷 2《南北兩路城堡》中提到“古城滿城，乾隆四十年築，名孚遠城，與漢城毗連，門皆無名，駐滿營兵”，“巴里坤滿城，乾隆三十八年築，名會寧城，與漢城毗連”（第 5 頁 b、第 52 頁）。

⑥ *The Cambridge History of China*, Volume 10, Late Ch'ing, 1800-1911, Part 1, edited by John K. Fairbank, Cambridge University Press 1978, Cambridge, London · New York · Melbourne. “The Makhdumzada forces razed

件中的城市，[①] 雖然壁昌跟隨那彥成入疆辦理善後事務，[②] 但是在其記述親身經歷的《葉爾羌守城紀略》中並未使用"滿城"，而是使用"漢城"。[③] 弗萊徹以"滿城"稱呼1830年壁昌據守的葉爾羌，已與史料記載不符，同時他還將"滿城"用於稱呼道光後期及咸豐、同治年間的新城，[④] 顯然是受到那彥成記載影響而誤用。米華健（James A.Millward）認為乾隆年間所建

to the ground the Manchu cantonments of these cities and showed off their victory by sending envoys to parade their captives in Bukhara, Kunduz, Balkh, Khiva and among the Kazakhs", p.364; "The Ch'ing rebuilt the Manchu cantonments, separating them farther from the native cities, but as before, left the Yangi Hisar, Yarkand and Khotan markets outside", p.367. 另見中譯本，費正清等編《劍橋中國晚清史（1800—1911年）》上卷，中國社會科學院歷史研究所編譯室譯，中國社會科學出版社，2007。約瑟夫·弗萊徹撰寫了第八章"清朝統治在蒙古、新疆和西藏的全盛時期"，其中兩次使用"滿城"稱呼張格爾之亂時期的南疆新城，"張格爾進入喀什噶爾城。英吉沙爾、葉爾羌與和闐的居民也叛亂了。瑪赫杜姆家族的軍隊夷平了這些城市中的滿城，並且派遣使者將俘虜送到布哈拉、昆都士、巴爾赫、基發等地，在哈薩克人中間示衆，以炫耀勝利"（第356頁）；"清朝重新建起各地的滿城，與回城離得較遠，但在英吉沙爾、葉爾羌及和闐，商業區仍舊留在城外。衹有在喀什噶爾，清政府將商業區安置在滿城之中"（第359頁）。

① *The Cambridge History of China*, Volume 10, Late Ch'ing, 1800-1911, Part 1, edited by John K. Fairbank, "Quickly he moved merchants and tradespeople into the Manchu cantonment and burnt the market stands and buildings to the ground, leaving nothing for the invaders", p.370; "As at Yarkand, so also at kashgar and Yangi Hisar: the invaders never succeeded in overpowering the Manchu cantonments, but they remained masters of the country and all the villages and towns", p.370; "Pi-ch'ang's action of moving the Yarkand business community into the Manchu cantonment during the 1830 invasion had proved so effective in thwarting the invaders that it was considered unnecessary to build fortifications around the Altishahr markets, as some had proposed", p.374. 費正清等編《劍橋中國晚清史（1800—1911年）》上卷，"在葉爾羌，壁昌在城內衹帶有清兵五六百人，還有大約4500名本地民軍，但是他有較多的時間做防禦準備。他很快把商人和小商販都搬入滿城"（第362頁）；"在喀什噶爾和英吉沙爾，如同在葉爾羌一樣，侵略者從未能攻克滿城，但是他們控制着這個地區的全部鄉村和城鎮"（第362頁）；"在1830年入侵期間壁昌將葉爾羌商民移入滿城，這一行動已被證明在阻遏侵略者方面是如此有效"（第365頁）。

② "道光六年，逆回張格爾入寇，占據四城。經揚威將軍長齡懋亭公相克復，生擒獻俘。直隸總督那彥成繹堂先生往辦善後，奉旨大名府知府壁昌交那某帶往回疆差遣委用。八年事竣即留為葉爾羌辦事大臣。"參見壁昌《葉爾羌守城紀略》，第1頁a。

③ 壁昌在《葉爾羌守城紀略》中以"漢城"指稱新城，"余仰蒙上頒白玉班指、煙壺、荷包並從優議敘，所有伯克等始各獻策，以回城較大，西面有漢城官兵庇護，其東南北三面太空，請開城北五里亮噶爾河渠其水南注，回城周圍皆成草湖，以省回力"（《葉爾羌守城紀略》，第2頁）；另見"尊奉旨，壁昌授為喀什噶爾參贊大臣，會同揚威將軍長齡、伊犁將軍玉麟共議善後事宜。令先赴該城任事，當即馳往，見回城被賊蹂躪一空，漢城攻損不堪"（《葉爾羌守城紀略》，第4頁a）。

④ *The Cambridge History of China*, Volume 10, Late Ch'ing, 1800-1911, Part 1, edited by John K. Fairbank, "while the 3,000-man Ch'ing garrison locked themselves up in the Manchu cantonment", p.388; "In the Manchu cantonment there were some 6,000 to 7,000 Ch'ing troops, but they had 'little or no communication with the people of the country'", p.390; "Ahmad, the hakim beg, fled into the Manchu cantonment", p.392. 費正清等編《劍橋中國晚清史（1800—1911年）》上卷，1847年七和卓之亂時，喀什噶爾，"當時3000名清軍困守在滿城之內"（第381頁）；1853年間，葉爾羌"在滿城中大約有六七千清軍，但是他們'和農村中的百姓很少或沒有交往'"（第383頁）；1857年，"浩罕的阿克沙哈勒們和貿易團體以及察爾虎特人集合起來支援入侵者。阿奇木伯克愛瑪特逃入滿城"（第385頁）。

新城在最初即被稱為“滿城”（Manchu City），[①] 也顯然是缺乏扎實史料支撑的。

（二）漢城

“漢城”是具有民族色彩的稱謂。在嘉慶、道光年間的漢文文獻和地圖圖像中，北疆地區已見“漢城”之説。如嘉慶初年遣戍伊犁的洪亮吉，記述（嘉慶五年元月）“十六日鼓行六十里抵烏魯木齊漢城北關外客店，日仄昃，車至滿城”，“十七日早至漢城西門外江南巷訪同鄉，托買零件”。[②] 中國科學院圖書館藏《新疆全圖》的表現年代為道光元年至道光十年，在巴里坤和烏魯木齊兩處均分别注記“滿城”“漢城”字樣。[③] 同治三年五月初一日，庫車變亂，波及烏魯木齊，時長庚在烏魯木齊，記述“當五月二十五日夜，遣勇由（烏魯木齊）漢城啓行”，“滿、漢城相距十里，都統遣主事蔭德赫詣漢城提取朱小貴親詢”，“十二日戌初，烏魯木齊漢城陡變，滿城之回絡繹往應，都統率文武登陴守禦，捕城内匿回誅之，移城外商民入城，遥見漢城火光中，有喊殺聲”。[④]

南疆出現相關記載，略晚於北疆。南疆“漢城”之説主要見於道光朝及稍後。道光六年，長清奏：“傳詢自喀什噶爾前來兵丁閆義、巴蘭，供稱喀什噶爾漢城，於八月二十五日被賊攻破，慶祥自縊身死。”[⑤] 道光十年，壁昌奏議，“密令黄泰等潛設伏兵備敵，當將漢城西北兩門堵砌……並派撥回衆，在回漢兩城適中大路堵截，瞥見東北樹林大路一帶，騎步衆賊，約有萬餘，分路直撲回、漢兩城”。[⑥] 上文曾提到壁昌在其自述《葉爾羌守城紀略》中同

---

① James A. Millward, *Beyond the Pass: Economy, Ethnicity and Empire in Qing Central Asia, 1759-1864*, Stanford University Press, 1998, p.150, “This is highly misleading, for, as shown above, these city sections or fortresses were referred to as ‘Mancheng’ (Manchu city) or ‘Xincheng’ (new city) when first completed”. 米華健行文中亦以“Manchu cantonment”來指稱滿城，“The Makhdumzada followers destroyed Laining Cheng, and the Qing rebuilt the city, as it did Manchu cantonments in Yangi Hisar and Yarkand”, p.144.

② 洪亮吉：《遣戍伊犁日記》，第 6 頁 a，中央民族學院圖書館編《甘新遊踪彙編》。

③《新疆全圖》，彩繪本，現藏於中國科學院圖書館，編號：史五八〇　二三六　二五五三八〇。圖幅研究見孫靖國《輿圖指要：中國科學院圖書館藏中國古地圖叙録》，中國地圖出版社，2012，第 48—49 頁；巴里坤、烏魯木齊的標注見第 50、51 頁。另有清代《新疆地輿總圖》，現藏於臺北“國家圖書館”，據研究該圖反映的應是乾隆三十八年的新疆狀况（參見王耀《臺北“國家圖書館”藏清代〈新疆地輿總圖〉研究》），其中在烏魯木齊處標注“迪化滿城”“迪化漢城”字樣（圖幅參見 https://www.wdl.org/zh/item/11385/view/1/11/，2017 年 12 月 4 日）。但此圖並不能説明乾隆年間即以“漢城”稱呼北疆城市，因為與該圖具有同源關係的美國國會圖書館藏《新疆全圖》中標記為“迪化新城”“迪化舊城”。另據劉傳飛研究，臺北藏圖和美國藏圖均與新疆經費局《新疆圖考》具有同源關係且《新疆圖考》為最早版本（參見劉傳飛《清代新疆〈新疆圖考〉及其輿圖系統》，《古地圖學術研討會論文集》，2017，第 208—220 頁）。筆者查閲《新疆圖考》，標記為“迪化新城”“迪化漢城”（經費局《新疆圖考》，第 11 頁 a）。同時，考慮到臺北藏圖係作者笑幻道人於光緒年間抄繪，因此圖中“迪化滿城”“迪化漢城”應是笑幻道人根據清末時代話語而改寫，不能表現乾隆年間新城稱謂狀况。

④ 長庚：《烏魯木齊守城紀略》，第 1 頁，中央民族學院圖書館編《中國民族史地資料叢刊》之二十八，内部資料，1982 年油印本。

⑤《清實録·宣宗成皇帝實録》卷 107，道光六年十月庚申，第 34 册，第 782 頁下欄。

⑥《清實録·宣宗成皇帝實録》卷 175，道光十年九月戊寅，第 35 册，第 730 頁下欄。

樣以“漢城”稱呼新城。道光二十五年，林則徐路過阿克蘇，記道：“遂先入回城，城内有候館，甚宏敞，而結構與漢民屋宇殊異，即卸裝於此。五橋（阿克蘇辦事大臣）來談數刻，隨往漢城拜之。漢城與回城相連，辦事大臣官廨不大。”①道光二十七年，倭里汗入卡作亂，葉爾羌參贊大臣奕山奏稱，“於二十九日晚間馳抵喀什噶爾，見漢城城外並無賊匪，惟城門緊閉，城上有兵把守”，“於十月初一日至喀什噶爾，見該處漢城城垣尚復完整，回城雖經失守，亦未拆毀”。②此外，同治年間任職南疆的景廉，曾記道：“（阿克蘇）回城人煙稠密，百貨雲集，把雜爾喧鬧尤甚（把雜爾如北方之集、南方之圩，回俗以七日為一把雜爾），進漢城北門。”③綜合文獻記載來看，“漢城”之説集中出現於道光、同治年間的漢文文獻中。

“漢城”稱謂的出現，就全國形勢而言，與清中期的軍事、語言、文化等的“漢化”趨勢有關。就軍事而言，“八旗武力這座清朝統治者苦心構築以保衛政權的堤壩，到嘉慶朝以後便迅速走向崩潰，而崩潰的徵象早在雍正初已漸露端倪，到乾隆朝即相當明顯”；④就語言而言，“國語騎射”曾是滿洲統治者維持全國最高統治權的一項政策，早在入關前的皇太極時期即已提出，到乾隆時再次作為口號重新提出並强調，也反映出滿洲語言漸被遺忘的事實。⑤“駐防兵丁生活於漢族人民包圍之中，日常交往不可能離開漢語。對於駐防兵丁子弟來説，會漢文者亦有遠為廣闊的出路，學習漢語實乃大勢所趨。”⑥新疆同樣受到這種趨勢的影響，並且内地商民在新疆的影響越來越大，也是這一時期“漢城”稱謂出現的重要背景。⑦米華健對清中期南疆内地商民狀况的研究也揭示了此點。⑧壁昌在《守邊輯要》中記載，“内地之物，無不希罕。各省商賈，亦來販貨謀利。如元寶、茶葉、大黄、綢緞、磁器、糖針之類，是夷回必用之物。商民久住此間，蓋房立市，種菜養猪，始有内地風味”⑨，更是生動寫照。

就文獻記載來看，在阿古柏入侵南疆及光緒朝收復新疆前後，“漢城”之説僅在光緒朝鄉土志等著述中偶有使用，⑩在大多數的漢文史籍中基本不用，這一時期的英文、俄文著作中

---

① 《林則徐奏稿·公牘·日記補編》，第159—160頁。

② 奕山：《奕山奏稿》（原名《制勝全策》），《清代新疆稀見奏牘彙編·道光朝卷》，第314頁下欄、第315頁。

③ 景廉：《冰嶺紀程》，同治二年，第6頁b，中央民族學院圖書館編《甘新遊踪彙編》。

④ 定宜莊：《清代八旗駐防研究》，第221頁。

⑤ 參見定宜莊《清代八旗駐防研究》，第263頁。

⑥ 定宜莊：《清代八旗駐防研究》，第268頁。

⑦ 賈建飛在《滿城，還是漢城——論清中期南疆各駐防城市的稱呼問題》中已經指出此點，“它的出現首先是對清王朝在南疆軍事部署的變化而做出的反應，其盛行顯然與南疆日益增長的内地人的影響有關”（《西域研究》2005年第3期，第100頁）。

⑧ James A. Millward, *Beyond the Pass: Economy, Ethnicity and Empire in Qing Central Asia, 1759-1864*, “Gathering like Clouds:Chinese Mercantile Penetration of Xinjiang”, pp.113-152.

⑨ 壁昌：《守邊輯要》，第5頁a。

⑩ 《温宿縣鄉土志·沿革》，光緒三十四年刊本，“道光十九年，新築漢城於回城之西”，中國社會科學院中國邊疆史地研究中心編《新疆鄉土志稿》，全國圖書館文獻縮微複製中心，1990，第453頁；《温宿縣鄉土志·山水》，“城北土山一座，回、漢城皆依山脚為基”，《新疆鄉土志稿》，第460頁。《疏勒府鄉土志·歷史沿革》，光緒三十四年刊本，“遂於回城西七里，添築徠寧漢城，文武官員駐焉”，《新疆鄉土志稿》，第595頁。王廷襄：《葉

同樣不使用"漢城"。究其原因，大概與阿古柏入侵時期南疆内地官兵商民大量被殺、人口鋭減有關。英國人羅伯特·沙敖（R.B.Shaw）於1868—1869年遊歷南疆，記述1863年葉爾羌新城被攻占後，大量人員死亡。[①]英國人包羅杰（Demetrius Charles Boulger）記載阿古柏攻占英吉沙爾後，屠殺大量官兵商民。[②]清末察合台文文獻《伊米德史》中也有阿古柏時期屠殺喀喇沙爾居民的記載。[③]收復新疆後，直至光緒末年，内地民人仍舊稀少，商户凋敝，貿易漸被英商、俄商所侵奪。[④]皮之不存，毛將焉附。"漢城"之説自阿古柏入侵直至清末，少有人提及，原因大概在此。

然而，今人研究中使用"漢城"多忽視文獻記載及時代背景，未掌握其階段性特徵。其中魏源《聖武記》記載："初，回俗皆無城。乾隆初定新疆，於回莊旁築墻及肩，名曰'漢城'，僅容官署、兵房、倉庫而已。"[⑤]這條記載錯誤且貽誤後人。[⑥]其錯誤有二：一是"初，回俗皆無城"，不符合史實；二是稱呼乾隆年間所建城市為"漢城"。有研究指出魏源此説受到

析紀程》卷下，"（光緒十八年十二月）十四日辰初抵喀什噶爾新漢城，計行百六十里，是為疏勒州治"，"喀什噶爾從前東為回城，西為漢城，皆在葱嶺北河之北。今則回城在漢城西北，仍處葱嶺北河北岸，漢城在回城東南二十四里處，葱嶺北河南岸"，"二十日巳正出英吉沙爾漢城南門，過回城巴雜爾，長二三里出回城"，中央民族學院圖書館編《甘新遊踪彙編》，第6頁b、第8頁b、第10頁b。另見《劉襄勤公奏稿》卷2，光緒七年七月初二日《新疆南路西四城興修各工完竣並籌辦應修各工摺》，"以城防言之，喀什噶爾、葉爾羌、英吉沙爾、和闐漢、回各城，自同治初年回疆叛變以至官軍克復，疊經圍攻，屢有損傷"，馬大正、吴豐培主編《清代新疆稀見奏牘彙編·同治、光緒、宣統朝卷》上册，新疆人民出版社，1997，第70頁上欄。

① 羅伯特·沙敖：《一個英國"商人"的冒險》，"接着穆斯林們衝進城去，將為數不多的幸存者全部殺掉。辦事大臣及大部分官兵都死在大爆炸中"（王欣、韓香譯，新疆人民出版社，2003，第32頁）。

② 包羅杰：《阿古柏伯克傳》，"經過四十天的嚴密包圍後，駐防部隊投降了。儘管阿古柏伯克本人似乎想對俘虜表示温和的態度，還是有兩千多中國人被屠殺了"（商務印書館翻譯組譯，商務印書館，1976，第86頁）。

③ 毛拉木薩·賽拉米：《伊米德史》，艾力·吾甫爾譯注，陳霞審校，苗普生主編《清代察合台文文獻譯注》，新疆人民出版社，2013。"夜晚大軍屠殺了駐扎在喀喇沙爾外厢巴扎的卡菲爾（異教徒之意），在這裏發生了激烈的戰鬥，尸體之多，填滿了大道"，"這時除城裏的卡菲爾之外，其他地方再也找不着一個卡菲爾"，"伊斯蘭軍隊進入喀喇沙爾以後，一面放火，一面屠殺，喀喇沙爾成了幽靈的場所，卡菲爾都被送入了地獄"，"一個禮拜之内包括官吏、士兵、小販在内的二十多萬卡菲爾離開了人間，而穆斯林僅陣亡了二百人，傷三百人"（第423頁）。

④ 王樹枏等纂修，朱玉麒等整理《新疆圖志》卷4《建置四》，（英吉沙爾）"土著纏回十萬餘，服田畝者半之，工作二千餘，商賈稗販又半之。漢民不及千之一"（上海古籍出版社，2015，第88頁）。其中"土著纏回"指當地維吾爾人。《温宿府鄉土志·户口》，"漢户：男大小八百五十六丁，女大小三百四十二口。纏户：男大小五萬三千四百九十丁，女大小四萬四千二百二十八口"（光緒三十三年刊本，《新疆鄉土志稿》，第444頁）。疏勒府商户情況見《疏勒府鄉土志·商》，"貿遷交易謂之商，本境纏民，居行貿易者，亦繁有徒，然無富資巨本。漢人衹津商三兩家，南商西商四五家，買賣亦極微薄。其英、俄夷商與新疆纏回及關内客回各巨賈，則多住疏附縣城，蓋該城係通商碼頭，故皆輻輳於彼也"（《新疆鄉土志稿》，第601頁）。

⑤ 魏源：《聖武記》卷4《外藩·道光回疆善後記》，中華書局，1984，第196頁。

⑥ 賈建飛在《滿城，還是漢城——論清中期南疆各駐防城市的稱呼問題》中注意到此問題，指出"因此其'漢城'之説可謂錯誤，並因魏源之轉引而誤導後人"，誤導宣統年間《莎車府志》及民國曾問吾《中國經營西域史》（《西域研究》2005年第3期，第97頁），但其並未注意到魏源記載對林恩顯《清朝在新疆的漢回隔離政策》的影響。

壁昌影響，[①]但是將之擴展到乾隆年間則屬魏源個人臆測，於史無據。中國臺灣學者林恩顯在《清朝在新疆的漢回隔離政策》一書中專節探討“居住分離”問題，開篇引用魏源之説，並指出：“居住分離，主要是指清朝在新疆主要城市設置漢城、回城，禁止漢、回人雜居，及其間的往來而言。”[②]林恩顯直接以“漢”代替了清中期的滿、蒙、“漢回”、漢等多元群體，且以僅短期存在於道光至同治年間的“漢城”來統稱所有新城，忽視階段性城市特徵和歷史背景，以偏概全，有脱離史料而過度突出“隔離”之嫌。[③]

“漢城”之説的影響還體現在譯著中。有些譯著中所謂“漢城”實際上是中文譯者根據自己理解的意譯，脱離了原意和史實，這給今人的研究帶來困惑或造成誤導。其一為英國人包羅杰《阿古柏伯克傳》（*The Life of Yakoob Beg*）的中譯本，其中至少出現五處“漢城”，英文本中均為“Gulbagh”。[④]其二為俄國人庫羅帕特金（Kuropatkin）《喀什噶爾》（*Кашгарія*）的中譯本，其中至少出現五處“漢城”稱謂。[⑤]然而據正文中最早出現“古爾巴赫”處的譯

---

① 賈建飛：《滿城，還是漢城——論清中期南疆各駐防城市的稱呼問題》，《西域研究》2005年第3期，第96—97頁。

② 林恩顯：《清朝在新疆的漢回隔離政策》，臺北：臺灣商務印書館，1988，第239頁。

③ 諸如林恩顯書中提及“八大漢城”（第241、242頁），於史無據。史籍中見“南八城”“八城”之説，絶未見“八大漢城”之説。再如論述中提及“内地商民”，作者括注“漢人”（第263頁），也是將問題簡單化，清中期的内地商民絶非僅漢人而已，官員多為滿、蒙，商民有漢人，亦有“漢回”，即來自陝甘的回民。結合具體論述和史料應用來看，林氏所述，僅就“居住隔離”一節而論，存在以偏概全、構建概念等嫌疑。

④ 《阿古柏伯克傳》，“所有的城市外面都築有漢城，這種堡壘由中國軍隊——‘和臺’和東干人的混合部隊——駐守”（第45頁）。Demetrius Charles Boulger, *The Life of Yakoob Beg; Athalik Ghazi, and Badaulet; Ameer of Kashgar*, London: WM H. Allen & Co. , 13, Waterloo Place, S.W. 1878, “All the cities had Gulbaghs constructed outside of them, and these forts were held by Chinese troops—that is, by a mixture of Khitay and Tungani”, p.55. “受到突然襲擊而且没有武裝的中國人就在街上被屠殺，作為外族統治的顯著標記的漢城被夷為平地”，“喀什噶爾的漢城單獨地堅守了一個小時，但最後還是在被圍許多時日以後落入張格爾之手”（第53頁）。Demetrius Charles Boulger, *The Life of Yakoob Beg*, “The Chinese, surprised and unarmed, were butchered in the streets, and the Gulbaghs, as the visible token of the foreign rule, were razed with the ground” , “The Gulbagh of Kashgar itself alone held out, but it at last fell, after sustaining a long siege, into the hands of Jehangir”, p.66. “中國人在被毁的漢城舊址築了一個新的城堡，即新城，留下了一支龐大的‘和臺’戍兵部隊，歸楊大人指揮”（第55頁）。Demetrius Charles Boulger, *The Life of Yakoob Beg*, “The Chinese constructed a fresh fort, Yangyshahr, in the place of the destroyed Gulbagh, and left a large Khitay garrison under Jah Darin”, p.68. “在各城市外就在新近的叛亂中被毁的堡壘舊址上重新建起新的堡壘。這些堡壘現在稱為新城而不再叫漢城”（第57頁）。Demetrius Charles Boulger, *The Life of Yakoob Beg* , “and among some of his public acts may be mentioned the reconstruction of new forts outside the cities, in the place of those destroyed in the recent revolts. These were known now as Yangyshahr instead of Gulbagh”, p.71.

⑤ A.H. 庫羅帕特金：《喀什噶爾：它的歷史、地理概况，軍事力量，以及工業和貿易》，“當英吉沙爾、葉爾羌、和闐等城的百姓得知張格爾和卓占領了喀什城之後，他們也起事了。他們殺死了中國駐防軍，夷平漢城，派出自己的團練去幫助張格爾軍隊圍攻喀什的漢城”（中國社會科學院近代史研究所翻譯室譯，商務印書館，1982，第125頁）；（喀什噶爾）“漢城被圍七十天之後，終於陷落”（第125頁）；“到1863年年底，在喀什噶爾衹有喀什的漢城（城寨）、英吉沙爾和葉爾羌的漢城還在中國人手中”（第142頁）；“1863年，反抗中國人的暴動已席捲喀什噶爾全境。居民們和東干人聯合在一起，迫使中國人堅守在漢城中”（第172頁）。

者注“古爾巴赫即漢城，下面不再採取音譯”① 可知，中譯本中所言“漢城”均是意譯，原文應為“古爾巴赫”。在英文、俄文史料中，經常出現 gulbagh，該詞是維吾爾語“花園”的音譯，並不等同於“漢城”，下節將予以論述。其三是毛拉木薩・賽拉米（Molla Musa Sayrami）的察合台文《伊米德史》（*Tarihi Hamidi*），中譯本中出現三處“漢城”，② 而維吾爾文本中是خىتاي شەھىرى,，③ 根據拼寫習慣，對應的察合台文應該是خىتاي شەھىرى，拉丁文轉寫為 Khitay Shahr，漢語翻譯為“和臺城”或“中國城”較為恰當，而不是具有階段性特徵的“漢城”。

四 “gulbagh”“Yangi Shahr”

清中後期，英國人、俄國人相繼進入南疆地區並留下著述，“gulbagh”“Yangi Shahr”就是這一時期經常出現在西文文獻中的稱謂，並多為當今西方學者所使用。這一問題未見前人探討。

上文提到 1878 年的英文本 *The Life of Yakoob Beg* 及 1879 年的《喀什噶爾》中，都使用“Gulbagh”或“古爾巴赫”稱呼南疆新城。此外，英國人福賽斯（T.D.Forsyth）1875 年出版的 *Report of A Mission to Yarkund in 1873* 中也使用了“Gulbagh”一詞稱呼被張格爾破壞的葉爾羌新城。④ 更早記載見 1858—1859 年遊歷南疆的瓦里漢諾夫的著述，其使用“gulbai”來稱呼南疆新城。⑤

西方人稱呼“Gulbagh”應該是直接從باغچه（花園）音譯而來，漢語一般音譯為“古勒巴格”。當地民衆以“花園”稱呼喀什噶爾新城是有歷史淵源的。乾隆二十七年十月初九日滿文檔案記載：“原先參贊大臣等酌情率領綠營官兵看守倉廩、驛站，剩餘大臣官兵駐扎在城外較近的布拉尼敦院子内外。”⑥ 其他嘉慶、道光朝漢文史籍記載更為確切，《回疆通志》記載：“乾隆二十七年參贊大臣永貴奏請於回城之西北二里許，臨河塏爽之地，築城一座，其地則

---

① A.H. 庫羅帕特金：《喀什噶爾：它的歷史、地理概況，軍事力量，以及工業和貿易》，第 123 頁。

② 毛拉木薩・賽拉米：《伊米德史》，“當時喀什噶爾城分漢城、回城，漢城在回城之中”（《清代察合台文文獻譯注》，第 388 頁）；“回烏什前，和卓和東干人結盟準備攻克葉爾羌漢城”（第 410 頁）；“此時，喀什噶爾漢城還沒有被攻克”（第 447 頁）。

③ 毛拉・穆莎・沙依熱米：《伊米德史》（維吾爾文），安瓦爾・拜圖爾譯，民族出版社，2014，第 137、138、319 頁。該處維吾爾文由中國社會科學院民族學與人類學研究所木再帕爾先生幫助識讀，文中維吾爾文由人民日報社買力克・買買提女士幫助拼寫，謹致謝忱。

④ T.D.Forsyth, *Report of A Mission to Yarkund in 1873*, Calcutta: Printed at the Foreign Department Press, 1875, “A few hundred yards to the west of Kuhna Shahr are the ruins of the Chinese fort called Gulbagh. It was destroyed in 1825 A.D by Jahangir Khoja, and on the recovery of the country by the Chinese they built the several forts of mangshin which are now called Yangi-shahr at Yarkand, Yangi Hissar and this place”, p.40.

⑤ Capt. Valikhanof, M.Veniuk of, and other Russian travellers, *The Russians in Central Asia*, Translated from the Russian by John and Robert Michell, “The Chinese fortresses, manchens, or ‘gulbai’, are armed like the Mussulman towns”, p.148.

⑥ 《喀什噶爾參贊大臣永貴等奏報喀什噶爾地方城池倉廩工程告竣摺》，《清代新疆滿文檔案彙編》第 58 册，第 409 頁。

布拉呢敦之園也。”[①]《西域水道記》記載：“二十七年，參贊永公貴於舊城西北波羅泥都之園塞爾們莊建鎮城。”[②]可見，乾隆年間喀什噶爾新城是占用大和卓布拉尼敦的花園而建。新城雖建，但當地民衆仍舊習慣稱呼該地為“古勒巴格”。20世紀早期的察合台文文獻《東方全史》（*Tavarihi Hämsä Šerqi*）中記載：“就在他的時代，張格爾在喀什噶爾取得了勝利，他還去過喀什噶爾，同躲在古勒巴格的中國人打過仗。”[③]可見以“古勒巴格”稱呼新城的方式，在當地記述中一直存在。至今在該城遺址西北邊的道路仍被稱為“古勒巴格路”。此種以“古勒巴格”稱呼喀什噶爾新城的方式影響到西方人的記述。[④]

“古勒巴格”在近代西文記述中的指稱範圍和使用時間也值得關注。瓦里漢諾夫指稱南疆新城為“中國城堡”、“滿城”或“古勒巴格”；福賽斯則指稱葉爾羌新城；庫羅帕特金的指稱範圍更寬泛，葉爾羌、英吉沙爾、和闐、喀什噶爾的新城均被稱為“古勒巴格”，時間也更廣，從張格爾之亂一直到1863年庫車回民動亂；包羅杰著述中的指稱範圍和時間與庫羅帕特金基本一致。同時結合西文記載，1878年包羅杰記述，那些新建城堡現在稱為新城（Yangyshahr）而不是稱為“Gulbagh”；[⑤]1879年庫羅帕特金記述，“揚格薩爾為中國人所建，從前是他們的城寨（古爾巴赫）”[⑥]，此處“揚格薩爾”是“شەھەر يېڭى”（新城）的音譯；1873年到南疆的福賽斯同樣記述之前的城市為“Gulbagh”，現在稱為“Yangi–shahr”。[⑦]

---

① 《回疆通志》卷7《喀什噶爾·建置》。另見《西陲要略》卷2《南北兩路城堡》，“於舊城西北二里許，臨河爽塏之地，創築一城，其基即布喇呢敦故園也”（道光十七年刊本，第6頁a；《中國方志叢書·西部地方》第2號，第53頁）。

② 《西域水道記》，第58頁。

③ اوغلي خالد قـــرنعلي：《شـــرقي خمسة تـــواريخ》，Казань，1910，第16頁。轉引自潘志平、蔣莉莉《1832年清與浩罕議和考》，（日本）《内亞語言研究》VI，1989，第95頁。

④ 在乾隆年間新建的“南八城”中，除喀什噶爾新城外，葉爾羌新城占用回城西南隅，其衙署是占用小和卓霍集占花園而建。乾隆朝《西域聞見録》卷2《新疆紀略下》記載：“葉爾羌，回疆一大城也。回人呼之為葉爾奇木，為霍集占祖孫父子之巢穴，其居室壯麗，緑琉璃瓦覆之，今為糧餉局矣。園亭寬敞，今修為辦事大臣衙署。”（第13頁）另參見《回疆通志》卷8《葉爾羌·建置》，“和卓園在辦事大臣署内，本係和卓木墨特花園，其中桃杏蘋婆葡萄等花木最盛，引河水鑿為池沼，臺榭橋樑曲折，有情有婆羅樹一株，旁曰大樹亭，將軍新柱所建，北有觀音閣，臺高七八丈，乃和卓木墨特舊居，皆係緑琉璃磚砌成”。另參見《西域水道記》，（葉爾羌）“今廨署即霍集占所居，池臺開廣，古木千章，船步山橋，勾欄甚飭”（第62頁）。雖然文獻記載葉爾羌新城衙署占用原有花園，但未見明顯證據説明西人文獻中“gulbagh”受到葉爾羌新城影響。綜合史料來看，西方人稱呼“gulbagh”是受到乾隆朝喀什噶爾新城影響。

⑤ Demetrius Charles Boulger, *The Life of Yakoob Beg* , “and among some of his public acts may be mentioned the reconstruction of new forts outside the cities, in the place of those destroyed in the recent revolts. These were known now as Yangyshahr instead of Gulbagh”, p.71.

⑥ A. H. 庫羅帕特金：《喀什噶爾：它的歷史、地理概況，軍事力量，以及工業和貿易》，第212頁。原翻譯將“古爾巴赫”意譯為“漢城”脱離了原意，此處引用中改為“古爾巴赫”。

⑦ T.D.Forsyth, *Report of A Mission to Yarkund in 1873* , “A few hundred yards to the west of Kuhna Shahr are the ruins of the Chinese fort called Gulbagh. It was destroyed in 1825 A.D by Jahangir Khoja, and on the recovery of the country by the Chinese they built the several forts of mangshin which are now called Yangi-shahr at Yarkand, Yangi Hissar and this place”, p.40.

綜上可知，乾隆年間在大和卓花園基址上興建喀什噶爾新城，當地民衆習慣以原地名باغچه（花園）稱呼新城，近代西方人來此探察時，受當地資料和見聞影響，將這一情況反映到記述中。近代西文文獻中一般將乾隆朝至阿古柏入侵前的南疆新城記作“gulbagh”，有些是遵循原意，單指喀什噶爾新城，而有些則超出喀什噶爾一地，用來指稱整個南疆新城尤其是葉爾羌、和田、英吉沙爾、喀什噶爾等“西四城”。當今西方學者著作中常使用這一稱謂，如弗萊徹指出乾隆朝所建喀什噶爾新城和葉爾羌新城，也稱為“gulbagh”，是“玫瑰花園”的意思；① 米華健認為當地人稱呼喀什噶爾新城為“Gülbağ”。②

對於阿古柏入侵之後的城市，即道光年間所建新城，西文文獻中較為明確，援引شەھەر يېڭى（新城），音譯為“Yangi Shahr”“Yang-Shahr”“Yangee-shahr”或者直譯為“New City”，漢語一般音譯為“英吉沙爾”，也有“揚格薩爾”之説。檢閲相關記載，也可印證此點。*The Life of Yakoob Beg* 中將阿古柏入侵初期的城市稱為“Yangyshahr”。③ 羅伯特·沙敖的記述同樣如此，“在位於喀什噶爾城南約五里的一個要塞（Yangee-shahr，即新城）里，駐守在那兒的中國軍隊還在堅守”，“葉爾羌楊沙爾（Yarkand Yang-shahr，即葉爾羌新城）的城防”。④1876年，庫羅帕特金進入南疆，稱呼當時的喀什噶爾新城為“揚格薩爾”。⑤1873 年進入南疆的福賽斯則以“Yangishahr”或“New City”稱呼葉爾羌新城和喀什噶爾新城，與“Kuhna shahr”或“Old City”對應出現，⑥ 書中附圖 *Plan of Yarkand* 和 *Plan of Kashgar* 中的標注方式與此相

---

① *The Cambridge History of China*, Volume 10, Late Ch’ing, 1800-1911, Part 1, edited by John K. Fairbank, “at Kashgar and Yarkand, *gulbagh*（lit,’rose garden’）”, p.77.

② James A. Millward, *Beyond the Pass: Economy, Ethnicity and Empire in Qing Central Asia, 1759-1864*, “This cantonment, called in Chinese ‘new city’(*xincheng*) or by the official name Laining Cheng, came to be known by Turkestanis as Gülbağ, ‘rose garden’”, p.143.

③ Demetrius Charles Boulger, *The Life of Yakoob Beg* , “The Khitay were massacred whenever they fell into the hands of the Mahomedans, and the only places that still held out were the citadels, notably the Yangyshahr of Kashgar”, p.102; “The Khitay garrison in the Yangyshahr of Kashgar was also a source of danger to the newly founded dynasty”, pp.106-107.

④ 羅伯特·沙敖:《一個英國“商人”的冒險》，第 30—31、144 頁。

⑤ A. H. 庫羅帕特金:《喀什噶爾：它的歷史、地理概況，軍事力量，以及工業和貿易》，“1876 年 11 月 6 日，我還在揚格薩爾要塞附近觀看了喀什軍隊的一次操練”（第 194 頁）；“幾天以後，即 11 月 14 日，我又在喀什看到一次中國軍隊的操練。我們由專人帶領經過揚格薩爾要塞門旁，到中國軍隊的駐地去”（第 203 頁）；“揚格薩爾要塞距喀什城七俄里，這是喀什噶爾全境實力最强的一個要塞。它確實名不虛傳。揚格薩爾為中國人所建，從前是他們的城寨（漢城）”（第 212 頁）；另在書後所附《俄國使團行經路綫圖》中分別標注“喀什”“揚格薩爾”。

⑥ T.D.Forsyth, *Report of A Mission to Yarkund in 1873*,（Yarkund）“At five hundred yards or so to the west of its stands the Chinese fort or *Mangshin*, which is called Yangishahr or ‘New City’ in distinction to the Kuhna Shahr of ‘Old City’”, p.35; (Kashgar) “It consists of the Kuhna Shahr, or ‘Old City’ , on the right bank of the Tuman river, and Yangi-shahr, or ‘New City’ , on the plain five miles to the south of it”, p.39; “A few hundred yards to the west of Kuhna Shahr are the ruins of the Chinese fort called Gulbagh. It was destroyed in 1825 A.D. by Jahangir Khoja, and on the recovery of the country by the Chinese they built the several forts of *mangshin* which are now called Yangi-shahr at Yarkand, Yangi Hissar and this place”, p.40.

同。另圖 2 為繪製於印度加爾各答的《葉爾羌城市圖》，福賽斯曾兩次進入南疆，第一次是在 1869 年 7 月從拉達克出發，到達葉爾羌後，因阿古柏遠征庫車、吐魯番等地，未能達成既定目標，纔於 1873 年再次進入南疆。① 圖 2 中注明該圖是 1870 年 12 月根據福賽斯的草圖和描述而繪製，是其第一次入疆帶回來的信息，雖然該圖與第二次入疆後繪製的 *Plan of Yarkand* 相比略顯粗疏，但是其中亦以“Yangi Shuhr or New Town”來稱呼這一時期的道光朝葉爾羌新城。綜合來看，近代西文記述中，習慣以“gulbagh”稱呼乾隆朝至阿古柏入侵前的南疆新城，而之後則基本以“Yangi Shahr”稱之。

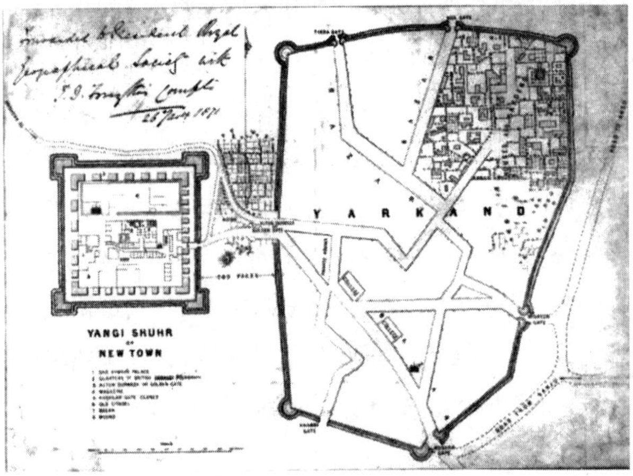

圖 2 1870 年《葉爾羌城市圖》

說明：Complied & Drawn in the Office of the Surveyor General of India, Calcutta, From a Rough Drawing & Descriptions Given by T.D.Forsyth, ESQ, C B. December 1870. 該圖現藏於英國皇家地理學會，圖名為筆者根據內容所加。圖像由北京大學李孝聰教授惠賜，特致謝忱。

結 語

在漢文文獻和滿文檔案中，舊有城市常被稱為“回城”。這一稱謂屬於他稱，即以清朝內地官民為本位，基於南疆民衆信奉“回教”的認知而有此稱謂，自乾隆朝至清末一直沿用。近代西文文獻中亦見“Mussulman towns”，該記述來自當地資料和見聞，應該採自漢文文獻或漢語口述，因為就察合台文文獻來看，當地民衆習慣以“喀什噶爾”“葉爾羌”等地名作為城名，而不是自稱“回城”。乾隆朝、道光朝所建南疆新城，多與“回城”對稱。“鎮城”也屬於他稱，是徐松等內地文人根據觀察、見聞等，對新城的稱謂。就文獻記載來看，此種説法僅出現在《西域聞見録》《西域輿圖》《西域水道記》等私人撰著中，未見官方文獻採用。

---

① 參見 Jack A. Dabbs, *History of the Discovery and Exploration of Chinese Turkestan*, The Hague, 1963。中譯本《新疆探察史》，新疆考古資料第 1 集譯文集，內部資料，新疆維吾爾自治區博物館，1976，3-14 至 3-20.

“滿城”之説集中出現於道光朝張格爾之亂及處理善後事務時期，就文本記載來看，“滿城”多見於那彦成奏稿和與之相關的上諭等往來文牘以及《回疆則例》等文獻中，更大量的同時代官方記載和官員奏牘中並没有使用這一稱謂，從文本角度而言，“滿城”之説具有那彦成的個人色彩。結合滿城的歷史發展來看，這一稱謂與清代八旗駐防有關，如以八旗獨駐者稱“滿城”，則南疆無“滿城”。“漢城”之説基本見於道光朝至同治朝的漢文文獻，同時代的西文文獻、察合台文文獻中並未見這一稱謂。然而今人研究及譯著中，存在較多錯訛。比如，今人研究中存在脱離文獻記載而過度突出“隔離”的問題；在一些影響較大的西文譯作和察合台文譯著中，存在錯誤理解原文而簡單翻譯為“漢城”的問題。

19 世紀六七十年代，俄國人瓦里漢諾夫、庫羅帕特金，英國人福賽斯、沙敖等西方人都曾到南疆實地探察，其記述多來自當地資料和自己的見聞。[①] 上文提及的“鎮城”“滿城”“漢城”多見於漢文文獻，都屬於他稱，即内地官民眼中的當地新城。比較而言，近代西文記述更接近當地民衆的話語。梳理文獻記載可見，近代西文記述中以“gulbagh”來稱呼乾隆朝至阿古柏入侵前的新城，源自乾隆年間占用大和卓花園興建喀什噶爾新城的史實，當地民衆和文獻習慣以باغچە（花園）稱呼該處新城，這種方式直接影響了近代西方人的記述。而自阿古柏入侵開始，西文記述中直接音譯شەھەر ييڭى（新城），以“Yangi Shahr”“Yangee-Shahr”等稱呼新城。這種稱謂的改變也間接反映了當地民衆對於新建城市稱謂方式的變化。

結合西文記述和察合台文文獻來看，當地民衆有以“新城”“舊城”直接稱呼的稱謂方式，[②] 另有以察合台文شەھەرى خىتاي（“和臺城”或“中國城”）或باغچە（花園）來稱呼新城的記載。至於最為豐富的漢文記載中，雖有上述“鎮城”“滿城”“漢城”等稱謂，但是均具有階段性和特定背景，且在乾隆朝《西域圖志》、道光朝《新疆識略》、光緒朝《新疆圖志》等官修文獻中，仍是大量使用御賜的“徠寧城”“永寧城”等稱呼以及“新城”“舊城”對稱的方式。這與當地民衆的稱謂習慣和近代西方人記述基本一致。歷史研究是重視基礎史料的，有一分材料，説一分話。今人研究，如不注意此種整體狀況和各個稱謂的文本特性和時代特徵，則會出現以偏概全或過度解讀等問題，乃至簡單推導出“民族隔離”等不恰當的結論。

---

① 參見佐口透《18—19 世紀新疆社會史研究》(上)，第 8—9 頁。

② 比如察合台文文獻《伊米德史》中，對阿古柏入侵時期的葉爾羌城，曾分稱“新城”“老城”。據記載，“伊斯哈克和卓進入葉爾羌後，那裏的東干人將小和卓帶進了新城内，不讓他出外。結果雙方各自統治了半個葉爾羌地區”，“阿古柏在城外，和卓們在葉爾羌老城内，東干人在新城，三方對峙”(《清代察合台文文獻譯注》，第 434 頁)。

Research on the Name of New Cities Built in the Middle of Qing Dynasty in the Southern Reign of Xinjiang

Wang Yao

In the Chinese historical books, Manchu archives, Chaghatay literature and English or Russian books in Qing Dynasty, the new cities built in the southern reign of Xinjiang were named as Military city, Manchu city, Han city, Gulbagh or Yangishahr. At present, the studies on Manchu city and Han city are only based on Chinese documents, and there are some mistakes in academic research and translations, thus, it deserves further research. The article intends to use multilingual documents and ancient maps to study the text characteristics and era characteristics of the name of new cities. The name of military cities only exists in private writings, and its appearance is related with the city's military and political management functions. Minister Na Yancheng in Daoguang Period was used to calling the new city as Manchu city, from the perspective of the Eight Banners Garrison, there is no "Manchu city" in the southern reign of Xinjiang. "Han city" appeared in the Chinese documents from Daoguang Period to Tongzhi Period, which existence is related to the gathering and dispersion of inland people. In western writings, "Gulbagh" and "Yangi Shahr" were influenced by the language and appellation of the local people, which were respectively transliterated from باغچه (garden) and شهر يڭى (new city), used to refer to the new city before and after the invasion of *Yakoob Beg*.

清代宮廷動物畫譜的製作與思考

黄蕙如

綜觀這幾年清史研究的走向，以藝術史提出的面向是一股新興力量。在學界的分法上，藝術史研究與純歷史研究的角度有所差異，雖然同樣是以“歷史叙事”進行討論與分析，但藝術史的研究更看重圖像、物品等歷史産物對於歷史洪流的叙事，藉着分析圖像或者物品的製作脉絡，可與傳統歷史學互相補充，以達到還原史實的目的。

大航海時代的開啓，致使東西方文明激烈地碰撞，西方傳教士帶着使命感，力圖透過知識傳播來促使“非形象化”的版圖擴張。中國在經歷一系列的衝擊下，對於知識的進取採取了相對積極的政策。與此同時，知識點的傳播進入了國家的統治層面，由於招賢納士的理念以及對人才培育的重視，有相當數量的西洋傳教士進入宮廷為官。傳教士的帶領，為明清之際的宮廷注入了新的活力，在天文、地理、醫學等方面都有所突破。此外，藝術上的成就包括西方繪畫所擅長的切角與光影等，造就了新一代宮廷畫師在藝術上的造詣與突破。

本文擬從清代宮廷動物畫譜著手，與過往研究成果不同，不從藝術史角度切入，但仍以藝術史研究者使用之材料——乾隆年間所修訂之《鳥譜》[①] 和《獸譜》[②] 作為研究對象,進而試論清朝對於“博物學”的認知與態度。

一 《鳥譜》《獸譜》之修纂與概述

“畫譜”一詞早在北宋宣和年間（1119—1125）即有，以一種繪畫合集的形式存在。此一形式延續至清，在康熙年間受到極大重視，因而有多種畫譜産生，如康熙朝的《海錯圖譜》《鶺鴒譜》，乾隆朝的《仿蔣廷錫鳥譜》《獸譜》以及道光朝的《鴿譜》等。本節將概述乾隆年間所修訂的《鳥譜》《獸譜》的成書背景，以此為一粗論。

乾隆十五年（1750），乾隆皇帝敕令如意館針對國家内的動物作以區别，分别編纂了《鳥譜》、《獸譜》以及《職貢圖》三部書。今有學者認為這是乾隆年間某個大計劃下的三個子項目，[③] 主要原因在於，三者開始修訂的時間相近，特别是《鳥譜》與《獸譜》可稱得上是

① 《鳥譜》共 12 册，前 4 册藏於臺北“故宫博物院”，後 8 册藏於北京故宫博物院。

② 《獸譜》藏於北京故宫博物院。

③ 賴毓芝:《清宫對歐洲自然史圖像的再製：以乾隆朝〈獸譜〉為例》,《中央研究院近代史研究所集刊》第 80 期，2013，第 9 頁。

同期開始、同時結束。此一計劃工程巨大、耗費公帑無數，現今檔案中没有記載所支金額，但可從其他官修史書的纂修過程中略探一二。

> 各館修書，關係本朝典禮，考訂固不可草率，而辦理亦不可稽遲。乃各館中，竟有修至十餘年而未成書者，即云移查檔案，動經時日，然亦何至如許之久？朕聞在館人員，以館中月給廪貲，倘書早告成，即不得支領，緣此致稽年月。[①]

清代修纂官書均由翰林院負責，而所需費用基本是由中央支出，計劃若完成則撥發給該項目之銀額即停止發放，如此，則官員們無額外俸禄可領，故在此種情况下，總是有工程拖延之情形發生，這間接導致乾隆皇帝頒發諭令，表達對編纂書籍拖延情况的不滿。

但在編纂《鳥譜》與《獸譜》的過程中並没有這個問題，現今所存檔案、史料中並没有記載該計劃因耗費時間過長而招致皇帝不滿的情况。筆者推斷，或許是這兩部書的告成耗時12年，也就是從乾隆十五年開始，至乾隆二十六年結束，中間經歷8年的圖版繪製以及4年的翻譯，相較於其他僅是文字書寫的官修史書而言，這一計劃似乎更為艱巨。艱巨之處透過爬梳故宫出版社出版的《清宫鳥譜》與《清宫獸譜》即可略窺一二。首先這兩部書均為滿漢文合璧，如同書中“後跋”所言：“右圖左説，兼清漢書。”[②]漢文的博大精深可從書中略為明瞭，首卷中提到神獸“麒麟”之聲及行為：

> jilgam alioi alioi de acanambi , axxara de , horon yongsu bi[③]
> 聲音 律 吕於 合 ，動時 於 ，威 儀 有

以上是滿文翻成漢文時之用法，滿人為非漢民族入主中原，儘管已入關近百年，但在其母語的用字遣詞上仍不像漢文那般艱深難懂。為了符合漢文語境，如意館及翰林院將此段文字翻為“音中律吕，動有威儀”。一來體現出該書的翻譯並不容易，必須由擁有高深的滿漢文造詣者方可完成；二來可從中探得清朝統治者對於治理民族的攏絡，間接發展出滿漢之兼容與統合。再者，這兩部書的圖版部分，細看繪製相當精美，主體為中國風格，融入部分西方繪畫的元素，以表現出立體感，令閲者禁不住發出贊嘆。此外，通過爬梳史料可知，該書集結了多個單位共同編纂，如内務府如意館、書院處以及軍機處等，多個單位相互配合，並非個别單位獨立作業。

> 二十一日，栢唐阿趙其亮來説：大學士忠勇公傅恒交葦鳥一個，傳旨著照樣畫下入

① 慶桂等奉敕修纂《大清高宗純（乾隆）皇帝實録》卷6，臺北：華文書局，1964，第29頁。

② 故宫博物院編《清宫獸譜》，故宫出版社，2014，第407頁。

③ 故宫博物院編《清宫獸譜》，第26頁。

鳥譜，欽此。（於五月初六日，栢唐阿高五十將葦鳥一個，畫得葦鳥紙樣一張，一併持進交軍機處訖。）[①]

編寫《鳥譜》與《獸譜》的工程浩大，所耗人力甚巨，主要是先由各省督撫在轄境内進行物種樣本的蒐集，再上繳至中央，進而由中央相關單位對該物種的習性、外觀進行判定，並繪畫、書寫，層層把關下，最終所呈現的畫譜特殊、珍貴，能展現物種多樣性與清朝政府之包容性。

二 《鳥譜》《獸譜》之修纂人員與設計

《鳥譜》與《獸譜》如此細緻之做工，均出自清代宫廷畫師之手，本節將討論這兩部"百科類書"的修纂人員及其設計。《石渠寶笈續編》中對《鳥譜》《獸譜》的製作有相關的記録，"余省張為邦合摹補繪蔣廷錫《鳥譜》",[②]"《獸譜》仿《鳥譜》為之，名目形相，蓋本諸《古今圖書集成》，而設色則余省、張為邦奉敕摹寫者也"。[③]可知這兩部書之繪者相同。

余省與張為邦共同主持《鳥譜》與《獸譜》繪畫製作部分。第一位繪者余省，生於康熙三十年（1691），卒於乾隆三十二年。字曾三，號魯亭，常熟人。任職於内廷，善繪花鳥蟲魚以及寫生，[④]師事蔣廷錫。康熙年間即入内廷供職，在乾隆朝被譽為"畫畫第一人"，而其作品皆藏於《石渠寶笈》中。[⑤]此外，余省的作品相當受乾隆皇帝的賞識，《御製詩初集》中即有多次皇帝褒揚的詩文記録，如《題余省秋芳圖》：

女夷應是惜韶華，點綴繁英分外嘉，數種寒芳凝玉露，幾枝濃艷注丹霞，興添敲句抽思麗，清伴焚香裊篆斜，見説家丞重秋實，祗今秋實讓秋花。[⑥]

又如《余省群魚戲荇卷》：

渺渺水雲鄉，文鳞樂趣長，唼波隨所適，戲荇忽相忘，盡可供渲染，何須避釣網，

---

① 《畫院處》，《造辦處各作成做活計清檔》（以下簡稱《活計檔》），乾隆十五年四月二十一日。參見中國第一歷史檔案館、香港中文大學文物館編《清宫内務府造辦處檔案總彙》（以下簡稱《總彙》）第17册，人民出版社，2005，第329頁。

② 王杰、董誥、阮元等：《余省張為邦合畫獸譜》，《欽定石渠寶笈續編》，臺北"故宫博物院"編《秘殿珠林石渠寶笈續編》第4册，臺北"故宫博物院"，1971，第1893—1894頁。

③ 《秘殿珠林石渠寶笈續編》第4册，第1894頁。

④ 胡敬輯《國朝院畫録》卷上，《清代傳記叢刊·藝林類》第71册，臺北：明文書局，1981，第15頁。

⑤ 秀大張、庚浦田：《國朝畫徵録續録》卷上，京都墨林齋藏本，第15頁。

⑥ 弘曆：《御製詩初集》卷2，《清高宗御製詩文全集》，中國人民大學出版社，1993，第20頁。

曠觀托雲漢，逸興在濠梁。[①]

再如《題余省菊花》：

如是空非色，誰教鉛粉施，能知花外趣，堪作畫中詩，露朵盈盈際，風枝灑灑時，落英如可啜，何必學安期。[②]

多首御製詩均顯示乾隆皇帝對余省畫作的喜愛。透過詩文可得出余省作品之形態，特别是《題余省菊花》，乾隆帝稱其“堪作畫中詩”。乾隆皇帝曾多次自傲地表示自己對藝術鑒賞的能力，而今不少名家作品上也能見到乾隆帝之各種印鑒。儘管其中有“破壞”之嫌疑，但不能否認的是今人見到《鳥譜》《獸譜》所發出之贊嘆，這反過來也間接説明余省的作畫功底。

而另一位繪者張為邦，據《清宫獸譜》：“生卒年不詳，廣陵人。”其父張震約在康熙朝時入内廷以畫供奉，而張氏本人則於雍正朝、乾隆朝在内廷供職，其子張廷彦則是乾隆朝的宫廷畫師，祖孫三代共事朝廷。張為邦曾師從傳教士郎世寧學習西洋畫技法，他將此一畫法融合了中國風格，進而運用在創作中。[③] 雖《國朝院畫録》中僅有短短的“張為邦，工人物、翎毛。《石渠》著録七、《上元中元下元圖》一卷、《歲朝圖》一軸”的記載，[④] 但檔案中常可見他與郎世寧共同作畫的記録，他在乾隆朝被譽為“畫畫第二人”。

《鳥譜》與《獸譜》的修訂時間大約為乾隆十五年春。余省、張為邦的《鳥譜》又稱《仿蔣廷錫鳥譜》，是按照康熙朝蔣廷錫的《鳥譜》所繪製。其實不單衹是仿照蔣廷錫的《鳥譜》，在乾隆十五年的《鳥譜》繪製之前，宫廷中已藏有不少飛禽類圖譜。《清宫内務府造辦處檔案總彙》中指出，雍正元年（1723）七月初六日，怡親王允祥交《飛禽譜》12 册。[⑤] 此外，康熙年間陳夢雷奉敕編纂的《古今圖書集成》、蔣廷錫繪《鵓鴿譜》等，均收録了相關鳥類的圖文，是相當珍貴的“百科類書”，可惜至今留下的衹有乾隆朝的《鳥譜》與《獸譜》，其餘的均不知所踪。《鳥譜・後跋》曰：

右《鳥譜》十二册，為圖三百有六十。内府舊藏故大學士蔣廷錫設色本，乾隆庚午春，敕畫院供奉余省、張為邦摹繪。並命臣等以國書譯圖説，繫於各幀之左。迄辛巳冬竣事，裝潢上呈乙覽。[⑥]

---

① 弘曆：《御製詩初集》卷 10，《清高宗御製詩文全集》，第 3 頁。

② 弘曆：《御製詩初集》卷 23，《清高宗御製詩文全集》，第 12 頁。

③ 故宫博物院編《清宫獸譜》，第 10 頁。

④ 胡敬輯《國朝院畫録》卷上，第 29 頁。

⑤ 《總彙》第 1 册，第 55 頁。

⑥ 《鳥譜・後跋》，《石渠寶笈續編》第 5 册，北京出版社，2004，第 1891 頁。

而《獸譜》的成書，據該書後跋，“《獸譜》仿《鳥譜》為之，名目形相，蓋本諸《古今圖書集成》，而設色則余省、張為邦奉敕摹寫者也……”可確認《獸譜》是仿照《鳥譜》而成，兩者間存在一定的關聯性，雖然史料中均表明兩部書的成書時間相同，無月日上之分别，但從《獸譜·後跋》中可確認兩書成書的時間實有一定差異。《獸譜》雖然仿照了《鳥譜》的格式，但其中所録内容主要參考了《古今圖書集成》的内容。

三 《鳥譜》《獸譜》之修纂内容與考核

《鳥譜》與《獸譜》兩部書，故名思義即是以“飛禽”與“走獸”為主體的百科類書。本節將討論《鳥譜》與《獸譜》之内容及其真實程度。

首先，針對《鳥譜》的部分作一討論。現有《鳥譜》共12册，前4册藏於臺北“故宫博物院”，後8册藏於北京故宫博物院。一份圖譜一分為二，也間接證明20世紀40年代時局的動蕩與不安。在兩岸多方有志之士的奔走之下，目前有北京故宫博物院出版的《清宫鳥譜》以及中國臺灣莊吉發教授校注的《〈鳥譜〉滿文圖説校注》。[①] 前者係將藏於北京故宫博物院的《鳥譜》做一整理，圖文並茂，講求還原這份圖譜最真實的面貌；後者則是將兩岸所藏《鳥譜》中的滿文重新校訂，更强調在翻譯層面的解構與梳理。

就《鳥譜》本身而言，目前多方的研究者尚能從已出版的圖册及清宫檔案中獲得相關的隻言片語，而從另外一方面看，圖譜所展現的是清朝的國家版圖。這份圖譜參照了康熙年間大學士蔣廷錫繪製的《鳥譜》，將其作為基礎，再在國家版圖内尋求鳥類之樣本，以保證内容的真實性。[②] 乾隆十九年十月十二日，奏事總管王常貴將鳥譜圖樣三十張送到畫院處，並傳旨:“著余省畫得時聚在蔣廷錫畫《鳥譜》後，欽此。”[③] 乾隆二十五年，軍機大臣查明《鳥譜》翻譯部分已完成至第9册。乾隆二十六年十月十四日，軍機處下發給如意館的《鳥譜》《獸譜》分别為絹畫二百一十張及絹畫一百八十張，傳旨:“著將《獸譜》裱册頁六册，《鳥譜》裱册頁七册。”[④] 這證明《鳥譜》《獸譜》為同一時期由余省、張為邦負責之工作。該書收録的鳥類數量多達360種。比起康熙朝蔣廷錫所繪《鳥譜》，乾隆年間所修訂的《鳥譜》更具真實性，且因“右圖左説”“滿漢兼書”，更有助於瞭解書中鳥類的颜色、身形及習性。[⑤]

相較於《鳥譜》,《獸譜》的靈活程度更高了。據《清宫獸譜》,《獸譜》可分為三個部分，分别為瑞獸類、現實存在獸類以及外來的異國獸類。[⑥]“瑞獸”卷首為麒麟，係中國古代神獸，文中表明麒麟為“仁獸”，是國家太平的符號、統治者仁厚的象徵。

① 莊吉發校注《〈鳥譜〉滿文圖説校注》，臺北：文史哲出版社，2017。

② 賴毓芝:《圖像、知識與帝國：清宫的食火鷄圖繪》,《故宫學術季刊》第29卷第2期，2011。

③ 《總彙》第17册，第329頁。

④ 《總彙》第26册，第720頁。

⑤ 莊吉發:《〈鳥譜〉滿文圖説校注·導讀》，莊吉發校注《〈鳥譜〉滿文圖説校注》，第9頁。

⑥ 王祖望:《〈獸譜〉物種考證紀要》，故宫博物院編《清宫獸譜》，第14—21頁。

ere taifin necin i temgetu , gosin jiramin i acabun kai .[①]
此 太 平 的 符 ， 仁 厚 的 靈驗 矣。

除了麒麟，亦收録了騶虞、酋耳、角端等瑞獸，但這些瑞獸，均為上古傳説，在當時的中國並不實際存在。《獸譜》中也多次表明這些瑞獸出現於史書之中，有作為進貢物性質的記録，乃至作為統治者治國理政、道德標準的評判。

而在“現實存在獸類”中，獅子（《獸譜》稱其為“狻麑”及“師子”）成為現實存在的第一獸，顯示了乾隆帝的統治思維，即出於維護民族關係的考慮。文中表明該獸産於西域：

ersulen, musha de adali , tasha yarha be jembi, uthai arsalan inu ,
狻麑 ， 猫 相同 ， 虎 豹 把 吃 ， 就 狮子 是 ，
si ioi bade banjimbi .[②]
西 域 处 生 。

“西域”，泛指今新疆一帶，乾隆年間次第平定該地並將其收録於版圖中。文中説狻麑是與貓相同之物種，若用今天的生物分類法，應該是泛指狻麑與貓屬於同“科”，即均為貓科動物。能吃虎豹者為獅子，主要生處為“西域”地區。官修史書之目録中行序有其意義，狻麑作為《獸譜》中現實存在的第一獸，或許與乾隆二十年將新疆納入版圖有一定的關聯。此外，現實存在的第三獸為“羆”，《古今圖書集成》中稱其“狀如麋圖”，但當乾隆帝至吉林東巡、狩獵時，發現羆實際是一種介於豹與熊之間的生物，與《古今圖書集成》所謂的“麋”相距甚遠，因此他感嘆：“洵夫志怪難徵，百聞固不如一見乎。”[③]

《獸譜》所列最後一類為“外來的異國獸類”。該部分是以各國所進貢之走獸為準，除進貢走獸外，還額外收録了“神話故事”中的若干生物，如獨角獸、三角獸。有學者認為，之所以將這些現實中不存在之獸類作為收録對象，主要與南懷仁的《坤輿圖説》有關。[④]《坤輿圖説》中畫有西方物種，然而，乾隆帝與其下負責編纂《獸譜》者認為，這些物種雖不存在於本國境内，也没有被作為貢品進獻過，但既然出現在西方傳教士所繪之地圖中，是有其真實性的。雖未經實際考察，但從《清檔》中可探知乾隆帝對於《獸譜》的真實程度是有相當大的自信的。

① 故宫博物院编《清宫獸譜》，第 26 頁。
② 故宫博物院编《清宫獸譜》，第 40 頁。
③ 故宫博物院编《清宫獸譜》，第 44 頁。
④ 賴毓芝：《清宫對歐洲自然史圖像的再製：以乾隆朝〈獸譜〉為例》，第 14 頁。

《獸譜》仿《鳥譜》為之，名目形相，蓋本諸《古今圖書集成》，而設色則余省、張為邦奉敕摹寫者也。……回部向晝，底貢兒圖天驥之才，繪事所垂，悉皆徵實，豈郭璞《山海經注》務探隱怪、西京上林獸簿之徒誇羅致所能彷彿哉。既裝池進呈，復命臣等勘正之，僅識緣起如右。①

除自信地表達所繪之物皆存在於世上，文中同時批評了傳統博物志書的隱怪與誇張，間接顯示了這套圖譜的編成表現出乾隆皇帝具有相當的野心及傲氣。

四　動物圖譜之製作意義與目的

早期的史學研究，總會將清朝放置在孤芳自賞却打不過西方堅船利炮的“天朝”觀念下進行討論，但忽略了國家對於非中原文化的吸收與統合。而近幾年的研究打破了這種格局，史學界的前輩們開始從各個角度切入，試圖從中開闢出一個新的局面。這幾年的研究成果顯示，清朝統治者並非如此不堪與迂腐，他們甚至是站在某種高度之上在治理這一偌大的國家。而“博物學”是一門古老的學科，雖然現今已然没落，但事實上這門學問始終是在各門相關學科之上，衹不過是將其細緻分劃罷了。本節試從博物學的角度來探討清朝對於動物圖譜、譜系之概念。

“博物學”是什麽？北京大學哲學系劉華杰教授稱博物學“有着自然、宏觀、‘膚淺’、實用、破壞力小、可持續”等特點。② 簡單而言，就是著重在“物理性質”的原則下去探究這個世界，著重以原始系統面貌來呈現物種的多樣性。“博物學”包含的範圍極廣，所謂的“上探天文、下探地理”就是最好的解釋，藉着這門古老的學科，進而產生了地質學、地理學、植物學、生物學、生態學等新興學科。藉重與大自然之間的交流形成的博物學文化（cultures of natural history），③ 强調在不破壞自然原則、不產生化學變化之下進行探究。

清代在屢興文字獄的情況下，社會中瀰漫着考據學的風氣，仿古與法古的走向亦影響着整個國家以及各個領域的探究。④ 乾隆皇帝就相當喜愛這些仿古之物，總要求造辦處等相關部院來進行物品或者圖畫上的摹仿。而動物圖譜的產生不單是過去學界所强調的衹是一種對前朝體系的繼承，更重要的是統治者瞭解國家的重要依據，其中體現了上位者之思想與概念。《清宫内務府造辦處檔案總彙》中提及“雍正三年五月十九日，莊親王傳旨：著郎世寧照暹

① 王杰、董誥、阮元等：《余省張為邦合畫獸譜》，《欽定石渠寶笈續編》，《秘殿珠林石渠寶笈續編》第 4 册，第 1894—1895 頁。

② 劉華杰：《博物學文化與編史 · 前言》，上海交通大學出版社，2014，第 1 頁。

③ 劉華杰：《博物學文化與編史 · 前言》，第 1 頁。

④ 姜又文：《一個清代詞臣畫家的“科學”之眼？——以鄒一桂（1686—1772）為例，兼論考據學對其之影響》，碩士學位論文，“中央大學”藝術學研究所，2010。

羅國所進的狗、鹿每樣畫一張，欽此”。[①]同年，“九月初四日，據圓明園來帖内稱，太監張起麟傳旨：著將郎世寧畫的老虎取來朕看，欽此”。[②]反映出當朝統治者藉由“圖册”來間接達成對於國家境内以及外藩進貢之物的理解。

關於《鳥譜》的成書，前人研究顯示，其是乾隆十五年時由中央發派各省督撫在轄境内尋找相關素材，進而繪畫集結成册，並且參照了康熙朝蔣廷錫繪製的《鵓鴿譜》及《鳥譜》而成。其中，蔣氏所繪《鳥譜》有360種鳥禽類生物，而乾隆朝余省、張為邦的《鳥譜》則有361種，多了一種由西洋人所記載的“額摩鳥”。“額摩鳥”的部分在《鳥譜》中相對比較特別，其特殊之處有二：其一，没有滿漢同書的對應，或許為已完成之《鳥譜》後續再録之物種；其二，該物種是從未進到清朝境内的生物，“西洋人所記額摩鳥圖説，云額摩鳥古今圖籍未載，西洋舊無此種。於其國一千五百九十七年，當明萬曆二十五年丁酉，紅毛國人始得自嘎拉巴海島，携來西洋，云：‘彼國亦罕覯也。’又説：‘紅毛人言能向後攫物。’又言每歲脱毛時冠亦隨脱，又言無舌無翅，驗之皆不足信也。此鳥在嘎拉巴名額摩，在佛朗機名格素爾，性極馴，以手撫之輒依人而立……”[③]説明儘管該物種没有進入清朝境内，清人却通過向西方傳教士瞭解與學習，獲知該物種的習性，更通過傳教士之口描繪出該鳥之形態與樣貌。這是藉由圖譜來學習，進而完成在生物學上的認知。《鳥譜・後跋》中提到“兹譜所録，凡雲飛水宿之屬，各以類聚，辨毛羽、志鳴聲、考飲啄之，宜紀職方之，産雌雄、雛鷇稽述靡遺，洵足為對時育物之資博考，洽聞之助矣……”[④]再次印證了清代對於博物的理解程度已超乎現在學界的認知，對於鳥類之細枝末節均巨細靡遺地記録，體現了清人對於博物學應用的靈活與實際。今臺北“故宫博物院”藏有清國史館《國語志》，該書對於鳥類、雀類及獸類有相應的滿漢合書記録，除了物種的書寫，亦對鳥類肢體及獸類肢體、習性等進行滿漢文的記載。雖然衹是單純地記録物種及習性，但仿照《鳥譜》與《獸譜》的排序而成，故可從另一個角度來定位這兩本圖譜：乾隆朝之後，除了在道光年間完成的《鴿譜》，清代宫廷中再也没有相關的圖譜系列，而這兩份圖譜能作為傳世之作留存至今，是對於那個時代人物、物種與觀念之重現，無論是對當時生物學的理解，還是對當時人思維模式的探討，均有譜系可依循，這或許是該套圖譜令人耳目一新的原因。

關於《獸譜》的繪製，如前節所述，雖僅收録180種走獸類生物，但如乾隆皇帝自傲地表示：“天驥之才，繪事所垂，悉皆徵實。”乾隆帝認為，過去的傳統博物志，如郭璞《山海經》以及張華《博物志》，没有完整地考據所載物種，即加以收録。對於所録物種是否存在，過去並没有仔細詳核過，缺乏真實性，且過度的誇飾反而導致其價值更低。然而，乾隆皇帝自傲，但並没有真正去證明這些似是而非的生物是否存在。在這部《獸譜》收録的走獸中，

① 《總彙》第11册，第208頁。

② 《總彙》第11册，第208頁。

③ 故宫博物院編《清宫鳥譜》，故宫出版社，2014，第546頁。

④ 故宫博物院編《清宫鳥譜・後跋》，第545頁。

有一部分屬於“傳説性獸類”，至今，世界對這些神獸仍處於未知的狀態，在亦真亦假的概念下，無法完全否定，但也無從去論證其真實存在。但乾隆皇帝的自信包含兩個層面。第一個層面是用上古傳説“擬真”。當然，這或許能用另一種思維來思考，這些亦真亦假的神獸僅管在清代没有“現身”過，但是否能視為乾隆帝對自己主政時期的反思？如《獸譜》所收的第四種神獸“酋耳”，書中述其“王者威及四夷則至”。再如第一種神獸“麒麟”，書中引用《孝經援神契》曰：“德至鳥獸則麒麟臻。”“蓋太平之符，仁厚之徵也。”[①]有趣的是，這些獸類並不存在於清朝境内，衹是利用上古故事來印證該物種的存在。周文王之仁厚德政，使得這些神獸出現在周代，這些事《獸譜》均有記録，然而在康雍乾盛世之下，神獸何以没有出現？

第二個層面是“西洋獸類”的真實性。在書中所録的多種獸類中，除進貢的馬、犬、象之外，還有一些來自南懷仁所繪《坤輿圖説》，如獨角獸、蘇獸等物。獨角獸是西方的傳説性獸類，《山海經》中亦有對該物種的記載，稱其為“臛疏”，《獸譜》稱獨角獸産於亞細亞州印度國，認為該獸真實存在的可能性較高，但至今仍没有實際的辦法去證明該物種的確存在過。此外，“蘇獸”在《獸譜》中的記載為“産南亞墨利加州智勒國”，但《清宫獸譜》中表示該物種僅在《坤輿圖説》中有記載，而《獸譜》的文字記載也源自《坤輿圖説》。前輩學者在考察“蘇獸”的真實性之後認為，除了南美洲特有的“負子鼠”與之相近，其餘物種皆與該物種有一定的差距，但“負子鼠”在體態上也與《獸譜》所繪“蘇獸”有巨大差異，故不認為“負子鼠”就是“蘇獸”。[②]

筆者認為，這些生物的真實性的確有待考察，然而不能完全否認乾隆皇帝的“雄心壯志”。該一時代的考證，在“是否真有這一物”為前提的考量下，即使派遣官員至各省搜羅物種圖版、樣版，但仍有其缺陷，更遑論没離開過國家本土的皇帝本人。西方傳教士在試圖融入中國社會的同時，首先必須取得當朝統治者的認可及信任，所以當南懷仁的《坤輿圖説》出現在皇帝眼前時，皇帝理所當然地認為該物種是確實存在的，再加上對應翻譯過來的解圖文字，對於清人來説，那勢必是真實存在之物種。

結　論

清史對於今天的史學界來説是一熱門的研究議題，主要在於其資料的完整與取得之相對容易，這使得清史研究處於一巔峰狀態。近年來，許多研究成果打破過去的既有認知與觀念，令人不得不重新審視這一時期的社會與經濟狀况，而更多的研究從新的國家脉絡去著手，往往讓人有耳目一新之感。從博物學的視角探討清朝的版圖，在過去的研究中多數學者衹是擦邊而過，並没有深入探究。筆者認為，研究該一時期的歷史，除了以博物學的角度切入，還

① 故宫博物院編《清宫獸譜》，第 26 頁。

② 王祖望：《〈獸譜〉物種考證紀要》，故宫博物院編《清宫獸譜》，第 21 頁。

可以搭配“歷史心理學”的概念，將現有社會學的概念投射其中，或許能有意想不到的研究成果。

清代統治者在治理國家時所面臨的議題不衹是滿漢間的衝突與矛盾，更多時候他們必須考量周邊國家、社會所間接引發的問題，以宗主國的姿態，面對不同民族或者國家進行朝貢、貿易等活動。而西方人來華並非從清代纔開始，早在元代即有馬可·波羅等人前來，相關資料串連起來能顯示一個巨大的國際網絡。而這些新信息的傳播，也使得各朝統治者不得不正視這個問題，更重要的是該如何將其融入自己的知識體系中。“無史料便無史學”，透過官書與史料，能够間接地去探得其原貌。此外，對於“圖像”的解讀，也是試圖去還原真相的辦法。本文所述的《鳥譜》與《獸譜》就具備一定的功能性。圖譜成書的時代隱約透露出清朝“大一統”之姿態與傲氣，除了國土上的完整性，還需要巨細靡遺地反映整個國家的邊邊角角，這是應該具備的視角與氣度。

The Making and Thinking of Animal Painting in Qing Dynasty

Huang Huiru

The compilation of “Tupu” can be traced back to Xuanhe period of the Northern Song Dynasty. Although its level is lower than that of the compilation of official historical books, it is still valued by the rulers of all dynasties.Nowadays, there are many palace paintings of the Qing Dynasty, which contain a wide range of people, objects, fish, birds and animals. This paper intends to discuss the making and Rethinking of the animal type painting in the context of Imperial China from the revised bird and beast manual in Qianlong’s reign, including the understanding and understanding of the local folk customs and human species in the Imperial China, so as to explore the “natural history” perspective of the Qing people.

北京藏傳佛教寺院清代蒙古文碑刻文獻概述 *

格格其

一 北京藏傳佛教寺院清代蒙古文碑刻研究情況

清代蒙古文碑刻文獻主要集中在北京、五臺山、承德等地的藏傳佛教寺院中。而北京自元朝以來就是藏傳佛教傳播的重要區域，隨着清朝多族群政權的形成，蒙古文的碑刻開始出現在都城，尤其集中在藏傳佛教寺院。這些碑刻文獻承載着清代的歷史、宗教、文化等各方面的信息。

截止到目前，元朝時期的蒙古文碑刻文獻得到了很好的整理，① 對碑文本身的研究也相當深入。但是對清代蒙古文碑刻文獻的綜合性與專題研究十分欠缺。最早關注蒙古文碑刻文獻的是一批德國學者，他們對清代多語文碑刻文獻的研究成果顯著。他們在中國期間收集了一些藏傳佛教寺院中的碑刻文獻。最先收集清代多語文碑刻文獻拓片的學者為美國德裔東方學家貝特霍爾德・勞弗爾（Berthold Laufer）。1914 年，該學者在《中國的碑銘：北京、承德、西安等地的藏傳佛教寺院碑銘》② 一書中影印出版在中國收集的拓片。其中包括北京地區蒙古文碑刻 16 通，均立於藏傳佛教寺院中。北京弘仁寺（又名旃檀寺）的 3 通碑文和西黄寺的 1 通碑文，均不見於國内出版的拓片目録或拓片集（詳見下文表 1 中序號為 8、24、25、38 的碑文）。該書出版後，德國學者陸續研究書中拓片，拉開了清代藏傳佛教寺院多語文碑文研究的大幕。1984 年，賴納·弗蘭茨（Rainer Von Franz）出版了《勞弗爾所藏北京寺廟碑銘》③ 一書，轉寫整理了 12 通碑文的滿蒙漢藏全部語種，並做詳細的注解，成為清代多語文碑刻文獻研究的典範，其中蒙古文碑刻文獻 8 通。德國東方學者海涅什（Erich Haenisch）也十分

---

* 本文係中國人民大學科學研究基金（中央高校基本科研業務費專項資金資助）項目“清代蒙古文寺廟碑刻文獻整理與研究”（18XNH033）成果。該研究在收集材料的過程中，曾得到中央民族大學高娃教授、哈佛大學博士候選人孫鵬浩、萊比錫大學博士侯浩然以及清華大學張孝明博士等人的幫助，在此一併致謝。

① 相關研究參見松川節「13 ～ 14 世紀モンゴル文碑刻リスト」『13、14 世紀東アジア史料通信』第四號、2005；全榮《蒙元時期蒙古文碑刻文獻述略》，《朔方論叢》第 3 輯，内蒙古大學出版社，2013。

② Otto Franke and Berthold Laufer, *Epigraphische Denkmäler aus China:Lamaistische Klöster-inschriften aus Peking, Jehol, und Si-ngan*, Dietrich Reimer,1914.

③ Rainer Von Franz, *Die Unbearbeiteten Peking-Inschriften der Franke-Lauferschen Sammlung* , Otto Harrassowitz, 1984.

關注清代藏傳佛教寺院滿蒙漢藏四體碑文，他曾先後發表《北京碧雲寺多語文奠基碑文》①、《1765 年熱河安遠廟四體合璧奠基碑文》②和《1755 年和 1758 年兩通準噶爾多語文碑銘》③三篇文章，探討滿蒙漢藏四體合璧碑文的文本。此外，馬丁・吉姆（Martin Gimm）、萊辛（Ferdinand D. Lessing）等學者的著作也涉及蒙古文碑刻文獻。馬丁・吉姆在其對瀋陽滿蒙漢藏四體合璧《蓮華净土實勝寺碑記》的研究中，轉寫翻譯漢文和滿文碑文，並對其蒙古文和藏文部分做簡略介紹。④萊辛在其關於雍和宫的專著中介紹了立於雍和宫的滿蒙漢藏四體合璧《喇嘛説》碑文。⑤

除德國學者以外，美國學者約翰・克魯格（John R. Krueger）亦轉寫翻譯海涅什的兩通托忒蒙古文碑文，與海涅什探討托忒蒙古文的語音和轉寫問題。⑥美國學者歐立德（Mark C. Elliott）曾對瀋陽北塔法輪寺的滿蒙漢藏四體合璧《法輪寺碑記》⑦做過研究。其文章主要分析了滿蒙藏碑文與漢文碑文的異同，討論清朝多元化族群的關係。

在 20 世紀，西方學者對清代藏傳佛教寺院多語文合璧碑文相當關注，發表了一系列成果。但是 21 世紀，國外的相關研究極為少見，反而中國的研究很活躍。目前，國内對滿漢文碑文的研究相對深入，但是對蒙藏文碑刻文獻的整理與研究較少，現將清代藏傳佛教寺院蒙古文碑刻文獻研究情況加以簡略介紹。

1989 年，北京圖書館（今國家圖書館）出版了《北京圖書館藏中國歷代石刻拓本彙编》,⑧推動了碑刻文獻研究。根據筆者統計，該書收録北京地區藏傳佛教寺院的蒙古文碑文拓片共 30 件，比勞弗爾的收藏多出 14 件。國内最早有關清代藏傳佛教寺院多語文碑刻文獻的研究為李勤璞的《滿蒙漢三體〈大喇嘛墳塔碑文〉譯注》一文。該文探討了順治十五年（1658）立於遼陽城内的《大喇嘛墳塔碑文》。文中首先轉寫滿蒙漢碑文，將其轉譯成現代漢

---

① Erich Haenisch, "Die viersprachige Gründungsinschrift des Klosters Pi-yün-szu bei Peking," *Ostasiatische Zeitschrift*, Vol.11,1924, pp.164-166.

② Erich Haenisch, "Die Viersprachige Gründungsinschrift des Temples An-yüwan-miao in Jeholv.J.1765, "*Akademie der Wissenschaften und der Literature.Abhandlungen der Geistes-ü Sozialwiss*,nr.15,1950.

③ Erich Haenisch, "Zwei Viersprachige Inschriften zum Dsungarenkrieg aus den Jahren 1755 und 1758," *Miscellanea Academica Berolinensian*, Vol.2,No.2,1950, pp.224-247.

④ Martin Gimm, "Zum Mongolischen Mahākāla kult und zum Beginn der Qing-Dynastie: die Inschrift Shisheng beiji von 1638," *Oriens Extremus*, Vol. 42,2000, pp.69-103.

⑤ Ferdinand Diederich Lessing, *Yung-Ho-Kung: An Iconography of the Lamaist Cathedral in Peking, with Notes on Lamaist Mythology and Cult*, Vol.1, Reports from the Scientific Expedition to the North-Western Provinces of China under the Leadership of Dr. Sven Hedin, the Sino-Swedish Expedition, Elanders Boktryckeri Aktiebolag, 1942.

⑥ John R. Krueger, " The Ch'ien-Lung Inscriptions of 1755 and 1758 in Oirat-Mongolian," *Central Asiatic Journal*, Vol.16, No.1, 1972, pp.59-69.

⑦ Mark C. Elliott, "Turning a Phrase:Translation in the Early Qing through a Temple Inscription of 1645," *Aetas Manjurica*, No.3,1992, pp.12-41.

⑧ 北京圖書館金石組編《北京圖書館藏中國歷代石刻拓本彙编》，中州古籍出版社，1989。

語，並提出“整理多語文碑文對照詞彙以及編寫滿洲語詞典”,[①] 對滿蒙文碑文釋讀與研究有重要意義。另外，石岩剛也是國內關注清代藏傳佛教寺院多語文碑刻文獻的學者之一，他是國內首位對滿蒙漢藏四體合璧碑文進行綜合性研究的學者。他在《御製平定西藏碑校録》[②] 一文中，對碑文滿蒙漢藏四種文本進行轉寫整理，並對碑文的語言使用情況、翻譯問題進行了分析，考證了立碑人的姓名和生平事迹。此外，他與孫鵬浩、哈斯朝魯共同完成的《御製四體合璧〈重修正定隆興大佛寺記〉碑——章嘉國師、文本及多語體翻譯》[③]，首先利用藏文史料印證了《重修正定隆興大佛寺記》碑文中述及的章嘉國師在北京的活動；其次轉寫滿、蒙、漢、藏文碑文，討論其中“國師”等詞與《欽定新清語》之間的關係，成為藏傳佛教寺院多語文碑刻文獻研究的代表之作。

值得慶幸的是，近年來隨着對滿蒙漢藏碑刻文獻目録的不斷更新和國家圖書館所藏拓片公之於世，以及國內外不斷出現碑石及碑文拓片，學者們對清代藏傳佛教寺院多語文碑文越發關注。

二　北京藏傳佛教寺院清代蒙古文碑刻文獻統計

迄今為止,除《全國蒙古文古舊圖書資料聯合目録》[④]、《中國蒙古文古籍總目》[⑤] 以及北京相關文博機構出版的目録中收録外,[⑥] 學界尚未對北京藏傳佛教寺院清代蒙古文碑刻文獻做全面的統計。因而，筆者根據北京藏傳佛教寺院清代蒙古文碑刻文獻相關目録、影印出版的拓片資料做了較全面的統計與整理，製成表 1，以期提供一個最完整的目録。拓片目録主要參考《中國蒙古文古籍總目》(以下簡稱《古籍總目》)、《全國蒙古文古舊圖書資料聯合目録》、《北京圖書館館藏蒙古文舊書提要》，影印出版的拓片資料參考《北京圖書館藏中國歷代石刻拓本彙編》(以下簡稱《拓本彙編》)與《中國的碑銘：北京、承德、西安等地的藏傳佛教寺院碑銘》(以下簡稱《勞弗爾藏》)。

列表項目包括序號、漢文題名（文種）、蒙古文題名、拓片目録、拓片出處、立碑年代、立碑地點。其中漢文、蒙古文題名以及立碑年代、地點等信息以最全的《古籍總目》中的信息為基礎，利用其他資料補充。“拓片目録”一欄中①代表《古籍總目》收録的拓片，②代

① 李勤璞:《滿蒙漢三體〈大喇嘛墳塔碑文〉譯注》,《社會科學輯刊》(增刊)，1998，第 219—226 頁。

② 石岩剛:《御製平定西藏碑校録》,《西北民族論叢》第 13 輯，社會科學文獻出版社，2016，第 31—49、295 頁。

③ 孫鵬浩、石岩剛、哈斯朝魯:《御製四體合璧〈重修正定隆興大佛寺記〉碑——章嘉國師、文本及多語體翻譯》,《西域歷史語言研究集刊》第 8 輯，科學出版社，2015，第 523—534 頁。

④ 八省區蒙古語文工作協作小組辦公室:《全國蒙古文古舊圖書資料聯合目録》，內蒙古人民出版社，1979。

⑤ 《中國蒙古文古籍總目》編委會:《中國蒙古文古籍總目》，北京圖書館出版社，1999。

⑥ 如徐自强主編《北京圖書館藏北京石刻拓片目録》，北京圖書館出版社，1994；王丹《北京石刻藝術博物館藏石刻拓片編目提要》，學苑出版社，2014。除蒙古文古籍目録以外，北京地區清代藏傳佛教寺院蒙古文碑刻文獻還被收録於相關漢滿藏文等圖書目録之中。

表《全國蒙古文古舊圖書資料聯合目録》收録的拓片，③代表《北京圖書館館藏蒙古文舊書提要》收録的拓片。"《拓本彙編》"一欄為拓片在該書中的册數與編號，"《勞弗爾藏》"一欄為拓片在該書中的編號。"立碑地點"一欄括號中的地點為碑刻現存地，其中"石刻館"為"北京石刻藝術博物館"的簡寫。

表1　北京藏傳佛教寺院清代蒙古文碑刻文獻統計

序號	漢文題名（文種）	蒙古文題名	拓片目録 《拓本彙編》 《勞弗爾藏》	立碑年代	立碑地點
1	敕建白塔碑①（蒙滿漢）	čaɣan suburɣ-a-yi ǰarliɣ-iyar bayiɣuluɣsan köšiyen-ü bičig	①②③ 60. 京 8029 T.08,T.09	順治八年（1651）七月	北海公園
2	敕建普静禪林碑（蒙滿漢）	qamuɣ-i amuɣulaɣči oron-i ǰarliɣ-iyar bayiɣuluɣsan köšiyen-ü bičig	① 無拓片②	順治八年（1651）十月	黄寺
3	敕建普勝寺碑③（蒙滿漢）	qamuɣ ilaɣuɣsan süm-e-yi ǰarliɣ-iyar bayiɣuluɣsan köšiyen-ü bičig	①②③ 無拓片	順治八年（1651）	南河沿（現存於石刻館）
4	普安禪林碑文（蒙滿漢）	qamuɣ-i amuɣulaɣči oron-u köšiyen bičig	②③ 無拓片	順治八年（1651）	南河沿
5	資福院施地碑（蒙滿漢藏）	buyan kürtegegči küriy-e-dü mönggö ba tariy-a-yi öglige öggügsen köšiyen-ü bičig	①② 無拓片	康熙十七年（1678）	黄寺
6	敕修普静禪林碑④（蒙滿漢）	qotala dakin-i engkeǰigülkü oron-i ǰarliɣ-iyar šinedken ǰasaɣsan köšiyen-ü bičig	①②③ 65. 京 5764 T.10	康熙三十三年（1694）閏五月	黄寺
7	御製旃檀佛西來歷代傳祀記（蒙滿漢）	qaɣan-u bičigsen zandan ǰuu baraɣun ɣaǰar-ača iregsen ba üy-e üy-e-dür takiɣsan-i temdeglegsen namtar	T.26	康熙六十年（1721）三月	弘仁寺
8	資福院地產碑（蒙滿）	buyan kürtegegči küriyen-ü ǰaq-a-yi temdeglegsen köšiyen bičig	① 無拓片	康熙六十年（1721）	黄寺
9	御製資福院碑記（蒙滿漢藏）	qaɣan-u bičigsen buyan kürtegegči küriyen-ü köšiy-e čilaɣun-u bičig	①②③ 無拓片	康熙六十年（1721）	黄寺
10	御製崇國寺碑文⑤（蒙滿漢藏）	qaɣan-u bičigsen čöng go sE⑥-yin köšiy-e čilaɣun-u bičig	①②③ 68. 京 336	康熙六十一年（1722）	護國寺街
11	御製隆福寺碑文⑦	不明	68. 京 181	雍正三年（1725）	隆福寺街
12	黄寺碑⑧	不明	68. 京 8072	雍正四年（1726）	黄寺
13	資福禪院香火地碑（蒙滿漢藏）⑨	buyan kürtegegči küriy-e-dü küǰi šitaɣaǰu tariy-a öggügsen učir-i temdeglegsen köšiyen-ü bičig	①② 69. 京 8048	乾隆元年（1736）一月	黄寺

序號	漢文題名（文種）	蒙古文題名	拓片目録《拓本彙編》《勞弗爾藏》	立碑年代	立碑地點
14	雍和宮碑（蒙滿漢藏）	nayiraltu nayiramdaqu ordo-yin köšiy-e čilaγun-u bičig	① 69. 京 213 T.02,T.03	乾隆九年（1744）	雍和宮（現存於原址）
15	重修普勝寺碑⑩（蒙滿漢）	dakiǰu selbiǰü ǰasaγsan qamuγ-i ilaγuγsan süm-e-yin köšiyen-ü bičig	① 69. 京 8027	乾隆九年（1744）七月	南河沿（現存於石刻館）
16	御製焚香寺碑文（蒙滿漢梵）	qaγan-u bičigsen šasin-u sayin ünürtü süm-e-yin gereltü köšiy-e čilaγun bičig	①②③ 無拓片	乾隆十四年（1749）	門頭村松堂北
17	御製金剛寶座塔碑文（蒙滿漢藏）	qaγan-u bičigsen včir erdeni-yin saγurin ba suburγan-u gereltü köšiy-e čilaγun bičig	①②③ 70. 京 5811 T.31,T.32,T.33,T.34	乾隆十四年（1749）十月	香山碧雲寺（現存於原址）
18	敕建寶勝寺碑記（蒙滿漢藏）	ǰarliγ-iyar bayiγuluγsan üneker ilaγuγsan süm-e-yin gereltü köšiy-e čilaγun-u temdeglel	① 70. 京 6049	乾隆十四年（1749）	門頭村團城演武廳
19	敕修萬壽寺碑記（蒙滿漢藏）	ǰarliγ-iyar selbiǰü bosqaγsan tümen ölǰeyitü süm-e-yin gereltü köšiy-e čilaγun-u bičig	①②③ 70. 京 5811	乾隆十六年（1751）	萬壽寺（現存於原址）
20	資福院佈施地産碑（蒙滿漢藏）⑪	mani-yin rilü bütügeküi nemeri čuγlaγulǰu tariyan γaǰar abuγsan gereči	①②③ 70. 京 8059	乾隆十七年（1752）	黄寺
21	資福院佈施碑（蒙滿漢藏）	γarqu-yin oron kemekü süm-e-dür öglige bariγsan-u tuqai bayiγuluγsan köšiyen-ü bičig	③ 無拓片	乾隆十七年（1752）	黄寺
22	御製重修妙應寺碑文（蒙滿漢藏）	qaγan-u bičigsen dakiǰu selbiǰü ǰasaγsan γayiqamsiγ belgetü süm-e-yin köšiy-e čilaγun-u bičig	②③ 71. 京 440 T.20,T.21	乾隆十八年（1753）	白塔寺
23	御製重修白塔碑銘（蒙滿漢藏）	qaγan-u bičigsen dakiǰu selbiǰü ǰasaγsan čaγan suburγan-u köšiy-e čilaγun-u seyilügsen temdeg	①②③ 71. 京 437 T.17,T.18	乾隆十八年（1753）⑫	白塔寺
24	重修弘仁寺敬贊旃檀寶像（蒙滿漢藏）	öröšiyel-i badaraγuluγči süm-e-yi šinedgen üiledüged kičiyenggüyilen ǰokiyaγsan zandan burqan-u γayiqamšiγtu šitügen-ü maγtaγal	T.27,T.28	乾隆二十五年（1760）九月	弘仁寺
25	重修弘仁寺碑文（蒙滿漢藏）	不明⑬	T.29,T.30	乾隆二十五年（1760）九月	弘仁寺

續表

序號	漢文題名（文種）	蒙古文題名	拓片目録 《拓本彙编》 《勞弗爾藏》	立碑年代	立碑地點
26	重修正覺寺碑文（蒙滿漢藏）	dakiǰu selbigsen tabun suburγan süm-e-yin gereltü köšiy-e čilaγun-u bičig	①②③ 71. 京 865 T.24,T.25	乾隆二十六年（1761）十一月	五塔寺（現存於原址）
27	重修萬壽寺碑文（蒙滿漢藏）	dakiǰu selbigsen tümen ölǰeyitü süm-e-yin gereltü köšiy-e čilaγun-u bičig	①②③ 71. 京 5809	乾隆二十六年（1761）	萬壽寺（現存於原址）
28	實勝寺後記（蒙滿藏）	ǰalγaǰu bičigsen üneker ilaγuγsan süm-e-yin temdeglel	①②③ 71. 京 5809	乾隆二十六年（1761）四月	門頭村團城演武廳
29	重修普靜禪林落成瞻禮有述（蒙滿漢）[⑭]	qotala ariγun samadi süm-e-yi dakiǰu üiledkeǰü tegüsügsen yoson-iyar yosolaqui-dur kereg-i delgeregül-ün šilüglegsen bui	① 72. 京 5747 T.11	乾隆二十九年（1764）十二月	黄寺
30	萬佛樓瞻禮詩（蒙滿漢藏）[⑮]	tümen burqan-tu ordo arši üiledčü tegüsügsen yosolal-du bičigsen šilüg	①②③ 73. 京 1046	乾隆三十五年（1770）五月	北海公園
31	重修黄寺碑文（蒙滿漢藏）	šir-a süm-e-yi dakiǰu bariγsan gereltü köšiy-e čilaγun-u bičig	①②③ 73. 京 8073	乾隆三十六年（1771）五月	黄寺
32	娑羅樹歌（蒙滿漢藏）	sala modon-u daγulal	①②③ 73. 京 5195	乾隆三十八年（1773）閏八月	香山
33	白塔山總記（蒙滿漢藏）	čaγan suburγan aγula-yin yerüngkei-yin temdeglel	①②③ 73. 京 8033	乾隆三十八年（1773）十一月	北海公園
34	資福院蒙古活佛念經辦齋碑（蒙漢藏）	buyan kürtegegči küriy-e-degen sudur ungšiqu-bar mongγol qutuγtu γaǰar tariy-a abču čab čai bolγaqu tuqai košiyen-ü bičig	① 73. 京 8067	乾隆三十九年（1774）四月三日	黄寺
35	迦葉佛偈（蒙滿漢藏）	kešib burqan šilüglegsen šilüg	②③ 無拓片	乾隆四十年（1775）	北海公園
36	七佛塔碑記（蒙滿漢藏）	doloγan burqan-u suburγ-a-yin gereltü čilaγun-u temdeglel	②③ 無拓片	乾隆四十二年（1777）	北海公園
37	七佛塔記並七佛偈（蒙滿漢藏）	doloγan burqan-u suburγ-a-yin gereltü čilaγun-u temdeglel ba doloγan burqan šilüglegsen šilüg	②③ 無拓片	乾隆四十二年（1777）	北海公園
38	壽班禪額爾德尼繪娑羅樹並贊[⑯]（蒙滿漢藏）	bančin erdeni-yin ölǰei yoson-iyar sala modon-u ǰiruγ-i ǰiruǰu maγtaγal-i bičigsen ni	① T.12	乾隆四十五年（1780）十一月	黄寺（現存於原址）
39	昭廟六韻碑文（蒙滿漢藏）	ǰuu miyou süm-e-yi šilüglegsen ǰirγuγan ayalγu	①②③ 74. 京 5032	乾隆四十五年（1780）九月	香山

續表

序號	漢文題名（文種）	蒙古文題名	拓片目録 《拓本彙编》 《勞弗爾藏》	立碑年代	立碑地點
40	清净化城塔記（蒙滿漢藏）	ariγun ariluγsan qubilγan qotan-u suburγ-a-yin temdeglel	①②③ 74. 京 8071 T.13,T.14	乾隆四十七年（1782）六月	黄寺（現存於原址）
41	仁壽寺噶丹舍拉圖佛爺蒙古嘛呢後續碑文（蒙漢藏[17]）	kaldan šerigedei-yin gegen-ten-ü mönggö mani rilü bütegeküi egüride-yin sang-un tula basa qoyin-a nemeǰü čilaγun-dur seyilkü ene učir	① 無拓片	乾隆四十七年（1782）十二月十五日	黄寺
42	資福院佈施碑（蒙漢）[18]	buyan kürtegegči süm-e-yin öglige-yin bei	②③ 74. 京 8078	乾隆四十七年（1782）	黄寺
43	法淵寺碑記（蒙滿漢藏）	šašin-u ürgülǰilel süm-e-yin temdeglel	① 75. 京 664 T.22,T.23	乾隆四十九年（1784）十月	法淵寺（現存於石刻館）
44	喇嘛説（蒙滿漢藏）	blam-a-yi kelelčegsen bölög	①②③ 76. 京 214	乾隆五十七年（1792）十月	雍和宫（現存於原址）
45	御製重修妙應寺碑文（蒙滿漢藏）	qaγan-u bičigsen dakiǰu selbiǰü ǰasaγsan γayiqamšiγ belgetü süm-e-yin kösiy-e čilaγun-u bičig	① 無拓片 T.01	乾隆年間	白塔寺
46	資福院施資願文碑（蒙漢藏）	amuγulang γarqu-yin oron kemekü süm-e-dür buyan-u nemeri ergügsen irügel-ün kösiy-e čilaγun-u bičig[19]	①②③ 78. 京 8064	嘉慶十三年（1808）六月	黄寺

注：

①原碑拓片無題名，該條蒙古文和漢文題名均出自《古籍總目》，該題名當為整理拓片的工作人員根據碑文内容命名的。表 1 中有幾通無題名的碑文題名亦根據《古籍總目》填入。

②“無拓片”指碑文雖收録於拓片目録，但其拓片未出版的情况。

③碑陽為碑文主體内容，碑陰刻有營建普勝寺的官員及工匠題名。

④該碑碑陰為乾隆二十九年（1764）御製《重修普静禪林落成瞻禮有述》（見表 1 中序號 29 的碑文），碑文拓片無題名。

⑤原碑拓片無題名，該條蒙古文和漢文題名出自《古籍總目》。

⑥日本學者栗林均（Kuribayashi Hitoshi）將蒙古語原有的第二母音“e”與借詞中的第二母音“e”區分，用大寫字母代表借詞中的“E”。而鮑培轉寫規則不作區分，均轉寫為小寫“e”。因該字為漢語借詞“寺”的音寫，筆者採取栗林均轉寫規則。

⑦該碑現存放於北京石刻藝術博物館，其蒙古文題名處損泐，無法辨認。

⑧該碑未被相關目録收録，但拓片見於《拓本彙编》。碑文拓片無題名，此處題名出自《拓本彙编》。

⑨原碑拓片無題名，該處題名出自《古籍總目》。

⑩該碑文無題名，此處題名出自《古籍總目》。

⑪ 原碑拓片無題名，該條蒙古文與漢文題名出自《古籍總目》，書中稱該碑為蒙藏二體合璧。但據原碑拓片，該碑當為蒙滿漢藏四體合璧，碑陽為漢藏文，碑陰則為蒙古文和滿文。

⑫ 根據原碑拓片，該碑立碑時間為乾隆十七年。《全國蒙古文古舊圖書資料聯合目録》與《北京圖書館館藏蒙古文舊書提要》中的立碑時間均為乾隆十八年，實為疏漏。

⑬ 拓片蒙古文碑文題名處損泐，無從判斷。

⑭ 該碑文刻於康熙三十三年閏五月《敕修普静禪林碑》（表 1 中序號 6 的碑文）之陰。原碑拓片未見題名。此條蒙古文和漢文題名出自《古籍總目》。

⑮ 原碑拓片未出現題名，該處題名出自《古籍總目》。據筆者初步統計，乾隆朝四體合璧碑文形制為二面四體或四面四體。《古籍總目》中該碑為滿蒙漢藏四體合璧，而《拓本彙編》中僅有滿蒙藏三面的拓片，《拓本彙編》可能遺漏了四面碑文中的一面，即漢文碑文。

⑯ 該碑文無題名，此處題名出自《古籍總目》。

⑰《古籍總目》中稱碑陽為漢藏文，碑陰為蒙古文。但原碑拓片碑陽衹有漢文，並無藏文。

⑱ 碑文無題名，該題名出自《古籍總目》。

⑲ 碑文無題名，該題名出自《古籍總目》。

三　北京藏傳佛教寺院清代蒙古文碑刻文獻價值

北京藏傳佛教寺院清代蒙古文碑刻文獻，對於蒙古文文獻、藏傳佛教在清朝疆域内傳播的歷史、清朝的政治史與制度史等研究都具有重要意義。

一是清朝官方編纂的多語文文獻在很大程度上促進了蒙古文和其他相關語文的發展，是考察清代多種語文的基礎材料。筆者收集的 46 通碑文中，多數為清朝皇帝“御製”或“敕建”。作為由官方所立的多語文合璧碑刻，它的文獻學價值不言而喻，可從中考察清朝官方語言的變化。例如，根據孫鵬浩等人的研究，乾隆年間《重修正定隆興大佛寺記》碑文與乾隆年間“欽定新清語”活動有關；乾隆年間滿蒙漢藏四體合璧《喇嘛説》碑文的多數詞語在《五體清文鑒》中屬同一個詞條。清代多語文合璧碑文與辭書之間有一定的關聯。

二是蒙古文碑刻文獻是蒙古文文獻的重要組成部分。除元朝以外，其他時期蒙古文碑刻文獻的整理與研究尚待深入。本文利用現有的蒙古文文獻目録、影印出版的拓片資料，並結合實地調查，全面統計整理北京藏傳佛教寺院清代蒙古文寺廟碑刻文獻，為相關專題性研究和個案研究提供最新目録，以期促進蒙古文碑刻文獻以及蒙古文文獻研究。

三是北京藏傳佛教寺院清代蒙古文碑刻文獻與蒙古和西藏的佛教歷史有着密切關係。本文統計的 46 通碑文中，17 通立於東黄寺與西黄寺。東黄寺與西黄寺是歷代達賴喇嘛和班禪大師入京後的駐錫地。這些碑文大多記載了達賴喇嘛和班禪大師入京後的活動，涉及滿洲、蒙古和西藏政教高層的歷史事迹。例如，乾隆四十五年（1780），乾隆帝為慶賀六世班禪額爾德尼壽辰親作《壽班禪額爾德尼繪娑羅樹並贊》；乾隆四十七年，乾隆帝為紀念六世班禪額爾德尼在西黄寺立了親撰的《清净化城塔記》碑文。康熙六十一年（1722）立於崇國寺的《御製崇國寺碑文》講述了以哲布尊丹巴呼圖克圖為首的喀爾喀蒙古貴族歸順清朝並資助建造崇國寺的過程。

四是元明清時期的都城北京是藏傳佛教傳播的重要地區。本文所統計的大部分碑刻是為紀念建造與修築寺院而立，涉及寺廟的形成與發展史。根據筆者不完全統計，北京地區清代藏傳佛教寺院數量將近 100 座，本文中收集到的碑刻拓片僅涉及大概 20 座寺院，與這些寺院相關的史料並不多見。因而，記載這些寺廟建造與修築史的碑文是探究北京地區藏傳佛教寺廟歷史與藏傳佛教在中原和蒙古地區傳播歷史的重要史料。

五是碑刻文獻的內容、文種體例等特徵在某種程度上體現了清朝的歷史文化背景，通過這些特徵可以進一步考察清代政治史與制度史中的一些問題。

（1）前文已述及，筆者收集的 46 通碑文中多數為清朝皇帝“御製”或“敕建”碑文。作為承載統治階級政治與文化思想的碑刻文獻，其對考察該時期政治史有重要意義。這些碑文中有 3 通紀功碑，均為乾隆皇帝講述十全武功的碑刻文獻。如立於實勝寺的 2 通紀功碑，乾隆十四年的《敕建實勝寺碑記》與乾隆二十六年的《實勝寺後記》分別為紀念平定大小金川之戰與平定大小和卓之戰的紀功碑。

（2）清朝統治者為構建在中原統治的合理性，採取了一系列文化措施。其中，為有效統治其疆域內多元族群，在“同文”[①] 理念的指導下，促成了滿蒙漢藏回等多語文文獻的形成。在寺院等公衆聚集地廣立多語文合璧碑文成為宣傳統一多元化政權的重要途徑。北京地區清代藏傳佛教寺院多語文碑刻文獻正是在這種政治文化背景下形成的。多語文碑刻文獻不同文本的文字使用特點和互譯順序反映了相關翻譯機構的運行情況。[②] 例如，通過收藏於中國第一歷史檔案館的乾隆朝軍機處一份關於乾隆十六年北京萬壽寺碑文的奏摺 [③] 可以看出，滿蒙漢藏四體合璧碑文的譯寫順序為滿漢文在先，蒙藏文在後。另外，可通過對碑文不同文本的對勘，探索不同文種碑文的翻譯特點和互譯關係。

An Overview of the Mongolian Inscriptions in Beijing's Tibetan Buddhist Monasteries during the Qing Dynasty

Giigch Borjigin (Gegeqi)

At the beginning of the Qing Dynasty, a large number of Mongolian inscriptions appeared in Beijing's Tibetan Buddhist monasteries. Nowadays, although most of the

---

① 詳見馬子木、烏雲畢力格《“同文之治”：清朝多語文政治文化的構擬與實踐》，《民族研究》2017 年第 4 期，第 82—94、125—126 頁。該論文對清朝“同文之治”政治文化概念作了精彩論述。

② 詳見馬子木《論清朝翻譯科舉的形成與發展（1723—1850）》，《清史研究》2014 年第 3 期，第 23—47 頁；馬子木《唐古忒學考》，《清史研究》2016 年第 3 期，第 121—130 頁；石岩剛《清朝前期藏文文書翻譯實踐、譯員及譯員培養》，《中國藏學》2018 年第 2 期，第 55—63 頁。

③ 《碑銘摺》(eldengge wehei bukdari)，乾隆二十六年（1761），中國第一歷史檔案館藏，檔案號：03-179-1880-32。

monasteries and Inscriptions have disappeared, some rubbings of the Inscriptions are still preserved in the National Library and other Institute, and further research is needed. In this paper, I use the relevant rubbing catalogues and rubbings to make a comprehensive statistic on the Mongolian inscriptions in Beijing's Tibetan Buddhist monasteries in the Qing Dynasty, which can provide basic materials for Mongolian literature, Mongolian-Tibeto Buddhist history and the political history of Qing Dynasty.

歸化城副都統衙門户籍檔案的史料價值

烏仁其其格

歸化城土默特部落，是清代蒙古各部落中唯一冠有城市之名的部落。土默特蒙古建築了歸化城，發展了土默川的經濟與文化，使土默川上的歸化城即現在的呼和浩特成為漠南蒙古的經濟文化中心。入清後，由於歷史記憶、區位特徵等原因，歸化城土默特部成為清廷直接管理的内屬旗，人口發展與人户的管理也表現出了自身的特殊性，這些情况被歸化城副都統衙門檔案以滿、蒙、漢三種文字保留了下來。這些檔案雖因歲月滄桑、歷經坎坷而殘缺不全，但仍舊是土默特歷史、内蒙古歷史研究中不可或缺的稀有史料。

一　土默特多文種户籍檔案的性質與内容

户籍管理是朝廷對土默特地區進行控制和保證兵役來源、旗界管理以及財税來源的重要依據。現存於呼和浩特市土默特左旗檔案館的清代户籍檔案，形成於乾隆八年（1743）至清末，因形成時間早、延續時間長、文種多樣、内容豐富而成為瞭解該地區人口情况的重要史料。該部分户籍檔案包括滿、蒙、漢三種文字，其中清代部分以滿、蒙文為主，内容主要可以分為比丁册類、户口地畝草場清册類、户口姓名册類等。

（一）比丁册

比丁册是以服兵役為目的的三年一次比丁時産生的丁册，18—60 歲男丁册可分為男丁姓名數目册和報部丁數册兩種。男丁姓名數目册，即以 18—60 歲男性人口為内容的定期性、連續性的户籍檔案。土默特兩翼現存户籍檔案中，以佐領為單位進行的比丁册，是以管旗王公台吉以下牌頭以上，各牛録逐一核查按户比丁之册。如光緒三十三年（1907）左翼旗六甲喇錫林佐領下比丁册，其規格為 37 厘米 ×37 厘米，細麻紙上以毛筆書寫，紙繩左側裝訂，封面左上角 12 厘米 ×12 厘米大小内細外粗雙綫框内滿文書寫“dashuwa ergi gusai ningguci jalan-i kadalaha xilin nurui hahai gebu ton-i cese”（左翼旗六甲喇錫林佐領下男丁姓名數目册）。内每頁 14 行，每行 7—9 個字符，漢譯為“錫林佐領公中佐領　驍騎校德格金，前鋒賀喜克圖、赫赫、烏力吉布拉格，領催額爾敦達來、晶科、呼爾其蓋、庫樂慈、華盛、斯日古楞，披甲思欽其木格、巴圖孟和……。此一佐領内官兵、閑散、解檔、男丁共計 178 人。此内今年入丁册者 11 人，除此之外並無遺漏隱瞞之事。十户長思欽其木格，領催額爾敦達來、晶科、呼爾其蓋、庫樂慈、華盛、斯日古楞，驍騎校希拉本嘎，佐領錫林保舉，參領朱仙具保呈請”。[①] 此類比丁分册以在册男丁中的官兵之順序簡單記録姓名，結尾有本次本册信息的匯總，最後一頁題寫本册編製時間等。

報部丁數册，比丁當年的七月由理藩院送來兩本鈐印蒙古文比丁空册，為各佐領下男丁姓名數目册的匯總，編造好比丁册後，於當年的十月之内送院。[②] 要求報送理藩院時必須帶有鈐印蒙古文函一份，送達後理藩院再出具鈐印蒙古文回函一份為證，但現存丁册或户口姓名册均為滿文。[③] 其規格為 37 厘米 ×37 厘米，細麻紙上以毛筆書寫，紙繩左側裝訂，有“badarangga doro-i orin emuci aniya huhu hoton-i tumed-i jebele galai gūsin nirui hahai ton be baicafi jurgan de boolaha dangse”（光緒二十一年歸化城土默特右翼三十牛録報部丁數册）字樣，中空有關防“huhe hoton-i meiren-i janggin-u doron”（歸化城都統印）。封内上半部分用蒙古文（印刷字）4 行每行 3 個字符書寫“adaγadu monggol-un turü-i jasaqu yabudal-un yamün-u qarigü bičig”（理藩院覆文）。下端蒙古文 14 行，每行 17 個字符書寫相關内容，漢譯為“……今年比丁之年，各扎薩克務必選賢能者按律於冬末月内報送我部……”的格式化文字，後毛筆書寫“今收到歸化城左右翼呈送比丁册公文稿本二册。光緒二十一年冬末月十八。”第 2 頁開始丁册内容以 10 行為 1 頁，按照左翼首甲喇六佐領的順序，用滿文書寫“jabela galai uju jalan jalan-i janggin hafogga-i kadalaha Daiselaha folun nirui……”（左翼首甲參領福倫轄下），之後按照署印福倫佐領公中佐領、雲騎尉、驍騎校、前鋒校、披甲的順序列男丁姓名，最後總計原檔册内數目和新入丁册數目，“該牛録官兵、閑散男丁、解檔男丁共 102 人，今年新入丁册者 8 人”。[④] 接着按道爾吉雍容佐領公中佐領、木格托布佐領公中佐領、阿拉葛純佐領公中佐領、烏珠格達賴佐領公中佐領的順序記載官兵姓名等。一般按照每個參領管轄之佐領順序記載男丁。接着一一記載二甲喇齊步森參領管轄五佐領、三甲喇那蘇克參領管轄五佐領、四甲喇薩拉蘇參領管轄五佐領、五甲喇伊晶格參領管轄五佐領、六甲喇圖門烏力吉參領管轄五佐領所屬在册男丁及新入册兵丁，最後對左翼三十佐領丁册進行匯總。漢譯為“左翼六甲喇 30 個佐領中，因軍功授孔雀翎公中佐領兼參領 2 人、藍翎公中佐領兼參領 1 人、公中佐領兼參領 2 人、無缺爵位而甲喇换追佐領者 1 人、甲喇换催佐領 8 人、家族内世襲佐領者 3 人、無缺甲喇换追佐領者 5 人、公中佐領者 11 人。此内，參領名字敕書的佐領 1 人、渡口防禦 1 人、世襲雲騎尉 3 人、驍騎校 32 人。此内，佐領名敕書之驍騎校 1 人、渡口驍騎校 2 人、無缺驍騎校者 2 人、前鋒校 7 人、無缺前鋒校 1 人、八級筆帖式 2 人、九級筆帖式 4 人、世襲監生 1 人、前鋒 100 人。此内，驍騎校敕書之前

① 歸化城副都統衙門滿文檔案，光緒三十三年十二月，80-45-12。即全宗 80，類别 45，案卷號 12，下同。

② 歸化城副都統衙門滿文檔案，光緒三十三年七月二十一日，80-24-125。

③ 歸化城副都統衙門滿文檔案，光緒二十一年十二月，80-45-116。

④ 歸化城副都統衙門滿文檔案，光緒二十一年十二月，80-45-116。

鋒 4 人、領催 180 人、披甲 1983 人。此内，軍功六級藍翎侍衛披甲 1 人、六級頂子披甲 5 人、七級頂子披甲 1 人、閑散男丁 1006 人。此内，在退職任之公中佐領 1 人。今年進入比丁者 371 人，餘下的男童中能披甲者 44 人，剩餘孩童 327 人。共計 3712 人，此為各自所屬参領、佐領、驍騎校、領催長等共保舉。佐領馬龍噶、驍騎校納木吉勒、錫林、巴雅爾、阿木古郎、明順，筆帖式浩畢達爾”。[①]

（二）户口地畝草場清册

户口地畝草場清册，分滿文和蒙古文兩種，是土默特地區現存最早的户籍信息檔案，形成於乾隆八年，也是存量較大的户籍檔案。滿、蒙文户口地畝草場清册檔案有棉質麻布藍色封皮或白色紙質封皮，規格為 37.5 厘米 ×37.5 厘米和 36 厘米 ×36 厘米兩種。粗麻紙上毛筆或竹筆書寫，左側紙繩或棉繩裝訂，靠裝訂綫側紅色紙條上漢文書寫“右翼四甲拉特納佐領下原撥户口地畝草場清册”，中間位置 10 厘米 ×10 厘米大小内細外粗黑色雙綫框内滿文書有“jebele galai duici jalan_i usin_i dangse”（左翼四甲喇地畝檔案）。在方框上方貼有紅色豎紙條，滿文書寫“shuang ming baicaha”（雙明查），封面左上角 12 厘米 ×12 厘米大小内細外粗紅色雙綫框内滿文書寫“radna niru”（拉德納佐領）。具體内容每頁書寫 8—10 行，每行寫 7—9 個滿文或蒙古文字符。第 1 行中間位置書有“○ casuci_yin baising”（○察素齊板升），第 2 行高出第 1 行 3 個字符，書“○ somun_u janggi tašibaisan arban ama”（佐領塔西拜贊 10 口），接着是該户地畝位置、土地等級，最後有該户地畝總數。在合計數上方用滿文和蘇州碼子書有“afahari 〡百〥十〣,doron 〧十〢”[②]（簽字 153、印章 72）。這些檔案雖然是為整理耕地而記録，但其内容涉及户主姓名、人口，每一塊地的等級、使用類型、與哪裏人發生何種土地關係，典、租地的收益形式，等等，[③]包含了較真實且較早的當地住户信息。

（三）户口姓名册

户口姓名册以所屬甲喇為單位，是統計所有家户户口姓名的登記册，是真正意義上的户籍册。其規格為 22 厘米 ×22 厘米，白色細麻紙上毛筆書寫，紙繩左側裝訂，封面右側漢字書“道光二十七年”，中間漢字書“左翼頭甲户口册檔”，封面左上角紅色黑邊紙上滿文書有“dashuwan ergi gusai uju jalan–i kadalaha saiyindalai nirui boigun anggali haha hehei gebu ton–i cese(左翼旗首甲喇賽音達賴佐領户口男女姓名數目册)”字樣。[④]内每頁 12 行，第 1 行“saiyindalai nirui boigon anggala gebu ton–I cese”（賽音達賴佐領户口姓名數目册子），第 2 行

① 歸化城副都統衙門滿文檔案，光緒二十一年十二月，80-45-116。

② 歸化城副都統衙門滿文檔案，雍正十年，80-47-8。

③ 歸化城副都統衙門滿文檔案，80-47-15；蒙古文檔案，80-48-18。

④ 歸化城副都統衙門滿文檔案，道光二十七年十一月，80-45-3。

為所屬佐領村名“badai gasan hoton ci sandelabuhangge juwan ba”（巴岱村相距城 10 里）。約從紙張三分之二位置起行，抬頭為户主職業、姓名、年齡，下一行起為其家庭成員，按照長幼男女順序記録。如：

披甲達瓦　三十六歲
寡母宫森巴　七十六歲
妻其木德　三十二歲
子伊長嘎　四歲
女兒席和爾　十歲
女兒經格爾　六歲
這一户六口。[1]

按所屬村子一一記載，最後匯總，“此一佐領内官 2 人、領催 6 人、前鋒 4 人、披甲 73 人、閑散男 6 人，6 個村子男女共計 230 人”。後書“道光二十七年十二月”，留一張白紙隔開再書下一個佐領户口册。其間新增人口用紅紙條標“yice nonggiha”（新增）貼於人名下方；已死亡人口在人名下用紅（或白）紙條標“akuha”（死了）貼於人名下方。出嫁者用紅紙條標“tusuke”（嫁）貼於人名下方。

清代漢文户籍檔案較少見，據宣統年間的調查户口草册情况看，也是以佐領為單位記載男丁户口，[2] 其規格為 22 厘米 ×22 厘米，在白色細麻紙正中間用毛筆書寫“宣統二年八月”，右上角貼有長方形紅紙，上書“調查户口草册”，用紙繩左側裝訂。内容部分由左到右書寫，每頁 17 行，每行寫 8—10 個字符，以所屬佐領下各村男丁姓名、户内人口姓名、年齡以及與户主關係為順序記載，書寫格式與滿文同。如：

石老臧營村　領催五十一　年　五十七歲
　　妻雲氏　年　五十五歲
　　子富全　年　三十七歲
　　媳香香　年　三十五歲
　　次子哈力塔哈氣爾　年　二十六歲
　　三子哈力吞山　年　二十歲
　　四子思巴子　年　十四歲
　　孫達清格　年　九歲

① 歸化城副都統衙門滿文檔案，道光二十七年十一月，80-45-3。
② 歸化城副都統衙門滿文檔案，宣統二年八月，80-47-46。

次孫月慶　年　五歲……[①]

這裏還有黑徒户口信息，如：

黑徒七十六　年　六十歲
妻韓氏　年　五十八歲
子車車　年　三十四歲[②]

每村最後一頁上用蘇州碼子書“〢十户”（20户），“男〡十〥 女〡十〨”（男15女18）的小計。最後書有“以上共一百二十二户　男三百三十六名　女二百三十四名　驍騎校一員　領催十四名　披甲八十八名　孀婦三名　黑徒十二名　拉嘆五名　通共合男女五百七十名”[③]的匯總。雖然喇嘛也被統計在内，但未注明何人為喇嘛。這應該是所屬佐領下的全部人口統計，與單純意義上的丁册有别，屬於因户籍人口管理而進行的統計。

二　户籍檔案的史料價值

清至近代的土默特地區多文種户籍檔案，不僅翔實地反映了當時土默特地區人口發展變化及經濟、軍事和地方管理方面的信息，而且提供了本地區人口管理的發展演變、地權構成及村落信息、土默特兩翼與周邊蒙旗之間的旗界問題、内地雁行者和落户者的信息等豐富的社會生活史料。

第一，户籍檔案是一部較完整的人口發展演變史。區域人口發展演變是瞭解區域經濟社會發展的重要内容，而翔實的人口信息的保存在内蒙古地區還是比較少見的。就土默特蒙古的情況看，明隆慶六年（1572），阿拉坦汗統領的十二土默特合為六營，共4萬人，[④]按照每丁5口計，應為20萬口。至16世紀後期，土默特部控弦之士達10萬人，總人口在35萬至40萬。由於戰争、遷移、避禍，土默特蒙古人口鋭減，[⑤]至崇德元年（1636），“詔編所屬三千三百餘丁為二旗”，[⑥]設20佐領，以每丁5口計，總人口約16000人。康熙四十六年（1707），土默特兩翼佐領達到62個，僅以150丁編1佐領計，兩翼人口已達到4萬餘口。之後據乾隆七年綏遠城將軍補熙、山西巡撫喀爾吉善、歸化城都統班達爾什等的奏摺，“土默特兩翼額甲五千名。壯丁、幼丁三千八百名，出征年老、殘廢退甲人等並其妻子、寡婦、孤子家口，

① 歸化城副都統衙門滿文檔案，宣統二年八月，80-47-46。
② 歸化城副都統衙門滿文檔案，宣統二年八月，80-47-46。
③ 歸化城副都統衙門滿文檔案，宣統二年八月，80-47-46。
④ 翟九思：《萬曆武功録》卷8《俺答列傳上》，中華書局，1962。
⑤ 土默特左旗《土默特志》編纂委員會編《土默特志》上卷《地理志》，内蒙古人民出版社，1997，第53頁。
⑥ 張曾：《歸綏識略》（《綏遠通志稿》附册）卷33《土默特》，内蒙古人民出版社，2007。

以及喇嘛、沙比納爾共六萬餘口”。[①] 這些都是大概數字，而真正意義上的户籍人口信息出現在乾隆八年。

《清高宗實録》記載，乾隆八年，土默特兩翼人口總數為 43559 口，[②] 但是兩翼所屬村落數、各村落屬户數及每户所屬人口數等均未詳載。同年，土默特滿蒙文原撥户口地畝草場清册給出了翔實的數據。當時涉及 316 個村 4567 户 24065 口，僅從人口情況看，已占當時土默特蒙古總人口的 55.24%。從之後道光二十七年（1847）滿文《左翼頭甲户口册檔》、咸豐二年（1852）滿文《左翼六甲户口册檔》等零散檔案看，百餘年間土默特左翼所屬各甲佐 35 個村莊的户數基本都在減少，最多者減少 26 户，當然也有少數村子的户數在增加，如巴沙爾村增加 12 户、胡布得村增加 9 户等。到清末的光緒年間，土默特左右翼户數合計 3463 户，男 7509 口、女 6431 口，共計 13940 口。[③] 當然因檔案産生的原因各異，有的是粗略的，而有的非常翔實，如莊頭入蒙古籍的檔案，記録了潘莊 56 户 307 口、西王莊 52 户 237 口、杜莊 7 户 48 口、四德堡 11 户 49 口、張莊 12 户 45 口、四德堡西營子 12 户 63 口、東王莊 24 户 104 口、四間房 14 户 63 口、西劉莊 4 户 22 口、趙莊 58 户 267 口、宋莊 4 户 17 口、吴莊 5 户 23 口、大劉莊 28 户 129 口，對 13 莊的户主與户主的關係、姓名、年齡、原籍、户口地畝數等進行了詳細統計。[④]

第二，提供了較翔實的地權構成及村落信息。與一般的户籍檔案不同的是，現存土默特地區最早的人口信息檔案是伴隨着土地清查檔案而出現的，因此保存了大量土地信息。據該部分檔案統計，當時土默特兩翼 29 個佐領下的全部耕地面積為 23577.58 頃，占當時兩翼全部耕地面積的 31.42%。按照經營形式可分為自耕地（6477.21 頃，占被統計到的土地面積的 27.47%）、合種地（1696.19 頃，占被統計到的土地面積的 7.19%）、租出地（12543.58 頃，占被統計到的土地面積的 53.2%）、典出地（2860.6 頃，占被統計到的土地面積的 12.13%），反映出當時兩翼地區土地經營的多樣性以及農耕化的推進。而當時被統計到的公共遊牧地 14268 頃，牧場僅占總面積的 4.46%。畜牧業經營者退居到不可耕種的芨芨草、馬蓮草、浮泉、鹽碱、砂石地，有 13 個佐領下 24 個村[⑤] 已經無牧場可尋。另外，檔案較詳細地反映出乾隆八年的村落及家户情況，為瞭解土默特地區早期村落與人口結構提供了詳細的史料。本地區 47 類户口地、香火地檔案中涉及 316 個村子，[⑥] 這些村落均為蒙古村落，所以這些檔案是瞭解本地區蒙古族定居生活以及村落化發展最翔實的史料。同時，檔案中被統計到的有 4567 户 24065 口，這已占當時土默特蒙古總人口的 55.24%，即檔案反映了將近一半人口的準確户

---

① 曉克主編《土默特史》，内蒙古教育出版社，2008，第 360 頁。

② 《清高宗實録》卷 198，乾隆八年八月壬子，中華書局，1985，第 542—543 頁。

③ 歸化城副都統衙門漢文檔案，光緒三十三年，80-6-887。

④ 土默特左旗檔案館檔案，民國 37 年，111（全宗）-1938（年份）-27（案卷號）。

⑤ 烏仁其其格：《清代至民國時期土默特地區社會變遷研究》，遼寧民族出版社，2017，第 44 頁。

⑥ 歸化城副都統衙門滿蒙文檔案，80-47-1-110。

籍情況。從乾隆八年到道光二十七年以至咸豐二年的百餘年間土默特左翼所屬各甲佐 35 個村莊的人户變化情況看，各村子的户數基本都在減少，當然也有少數村子的户數在增加。人口的增減情況：左翼頭甲巴彦吉日噶勒佐領下的村落與人口，乾隆八年到道光二十七年間減少 3 個村子 51 户 169 口；[①] 左翼六甲喇什克勒克佐領下村落與人口，乾隆八年到咸豐二年間減少 6 個村子 50 户 423 口；[②] 左翼六甲訥沁佐領下村落與人口，乾隆八年到咸豐二年間減少 1 個村子 54 户；[③] 左翼頭甲那木扎布佐領下村落與人口，乾隆八年到道光二十七年間減少 65 户 281 口。[④]

第三，記録了土默特與周邊蒙旗之間的邊界地名。土默特地區人口檔案中留存有界址相連旗之間的邊界信息和村落之間的村界信息。[illegible]（哈來灣）在鄂爾多斯和土默特邊界上，長期以來因黄河改道而在鄂爾多斯和土默特之間移位。如乾隆五年黄河移向鄂爾多斯，哈來灣到了土默特轄境内。[⑤] 清代旗界之間的劃分已經十分明顯，但旗内村落之間的邊界衹有内部知曉，而這一情況主要通過公共牧場有關信息被少量保存了下來。如，巴拉嘎存和烏蘭不浪二村的公共牧場位於村北之 [illegible]（濤饒勒濟河）、[illegible]（哈拉哈達）、[illegible]（古爾布拉格），南至 [illegible]（古爾阿曼）的 [illegible]（胡杜閣），西至 [illegible]（哈爾給勒河），北至 [illegible]（大濤饒勒濟），東至 [illegible]（仰給爾齊圪川）、[illegible]（小濤饒勒濟）、[illegible]（合力葉哈達之布拉格）。[⑥] 這為生活在這裏的人們瞭解自己的生存空間提供了有力的依據。

第四，提供了進入土默特地區的内地雁行者的來源信息。在豐美的草場被日漸開墾以及牧消農長的大趨勢下，土默特蒙古等由於“差事緊急”“不諳耕種”“急需銀錢”等原因出租出典土地後，“蒙户年久迷失，既失其地，又失其租”，甚至出現倒兑（即賣租不賣地）或倒租以及轉租轉典、土地兼併現象。而土地經營者來自山西、陝西、山東等省份的各縣，如右翼六甲諾孟德勒格爾佐領下珠兒嘎岱板升土默特蒙古有 25 户 132 口的土地，租典給來自忻州縣、祁縣、太原府等 12 個府縣的民户，涉及張、楊、穆、韓等 40 個姓氏，[⑦] 租典 106.90 頃土地。這裏因衹記載姓而未記載名字，没統計同姓者，全部居住人口中外來者占了 30.30%，假設這些租典者與當地人有長期的租典關係，那麼這三分之一的人口對當地

---

① 歸化城副都統衙門滿文檔案，乾隆年間，80-47-77。歸化城副都統衙門滿文檔案，道光二十七年十一月，80-45-3。

② 歸化城副都統衙門滿文檔案，乾隆八年，80-47-23。歸化城副都統衙門滿文檔案，咸豐二年十二月，80-45-4。

③ 歸化城副都統衙門滿文檔案，乾隆八年十二月十三日，80-47-6。歸化城副都統衙門滿文檔案，咸豐二年十二月，80-45-4。

④ 歸化城副都統衙門滿文檔案，乾隆年間，80-47-110。歸化城副都統衙門滿文檔案，道光二十七年十一月，80-45-3。

⑤ 歸化城副都統衙門滿文檔案，雍正十年，80-47-10。

⑥ 歸化城副都統衙門滿文檔案，雍正十年，80-47-15。

⑦ 歸化城副都統衙門滿蒙文檔案，雍正十年，80-47-14。

蒙古人的生活與習俗的影響是可想而知的。隨處可獲得土地且年限較長，使民人從“雁行”轉變為定居，娶妻生子，漸成村落，出現了齊他德巴格希（kitadbagši）板升[①]、牌録（[illegible]）板升[②]、哈沙土（[illegible]）板升[③]、牛牛（[illegible] [illegible]）板升、星星（[illegible] [illegible]）板升、新店子村[④]等漢化村名。

第五，户籍檔案包含豐富的社會生活信息。土地與人口史就是生活在這片土地上的人們的社會史。牧消農長以及日益增多的內地民人，使土默特地區的宗教與社會文化逐漸多元化。一向迷信喇嘛教的土默特蒙古開始出現信仰道教者，如乾隆八年，賽因烏力吉佐領下小筆帖式村蒙古毛烏肯、雲木楚木、道爾計色楞已成為專職道士。[⑤]還有關於格薩爾廟[⑥]的記載，這在土默特地區還是比較少見的。乾隆初年的土默特户口地畝册檔案中，有不少“[illegible]”（家奴）成分的人的土地人口記載，家奴有的自己頂門立户，未見其所屬户或主人姓名者，如家奴蒙古渡仍；[⑦]有的仍在其屬户名下且未分家，如披甲納木吉勒；[⑧]還有的仍在屬户名下，但已經分家立户，如“昆都撥什庫阿拉布坦家奴蘇德”[⑨]等三種類型的家奴。這些“[illegible]”擁有屬於自己的土地，土地經營管理自主並當差服役。[⑩]土默特地區的包衣人或家僕在經濟轉型、土地流失的當時，擁有大量土地並對其進行自由經營，與多方發生聯繫，這成為瞭解這一時期內蒙古地區土地問題、階級階層關係，尤其是屬户與家奴關係的一個典型。

户籍檔案也提供了土默特地區家庭結構的信息，如從清末察素齊村的家庭結構看，多數家庭為由一對夫妻及其已婚或未婚子女組成的直系家庭或核心家庭，人口稍多一些的家庭其成員較複雜。如驍騎校烏力哀達賴家由其本人及其妻、長子、長兒媳、次子、三子、四子、寡嬸、侄兒、侄兒媳、從弟、次從弟共 12 口組成；披甲六十九家由其本人及其妻、長子、長兒媳、次子、次兒媳、三子、四子、寡嬸、侄子、侄媳、次侄、次侄媳、侄孫組成。[⑪]其中第一個家庭包括了同父兄弟二人的親屬以及同曾祖父不同父親的從弟親屬；第二個家庭包括了同父兄弟二人的親屬。這些家庭模式的存在，一方面由於新開户需要由所屬佐領、驍騎校、領催、十户長等人對其三代情況、有無相争之宗族之事，以及保證開户後應差等情況具

① 歸化城副都統衙門滿文檔案，乾隆八年，80-47-20。

② 歸化城副都統衙門滿文檔案，乾隆二十七年，80-47-25。

③ 歸化城副都統衙門滿文檔案，雍正十年，80-47-26。

④ 歸化城副都統衙門滿文檔案，乾隆八年，80-47-5。

⑤ 歸化城副都統衙門滿文檔案，雍正十年，80-47-17。

⑥ 歸化城副都統衙門滿文檔案，雍正十年，80-47-6。

⑦ 歸化城副都統衙門滿文檔案，雍正十年，80-47-11。

⑧ 歸化城副都統衙門滿文檔案，雍正十年，80-47-10。

⑨ 歸化城副都統衙門滿文檔案，雍正十年，80-47-15。

⑩ 歸化城副都統衙門滿文檔案，乾隆年間，80-47-82。

⑪ 歸化城副都統衙門滿文檔案，光緒十六年，80-45-6。

保畫押，呈請户司允准，並請制定所屬佐領，繕入比丁册。[①]另一方面也有規避繁重差役的因素在裏面，但更重要的是體現了土默特蒙古多子多孫、注重親情的傳統思想。

康熙年間，蒙古語不僅是當時兩翼境内唯一通用語，且普遍使用畏兀體蒙古文字。[②]康熙中後期開始，土默特官方個別行文中出現少量滿文書寫的人名、地名、職名，[③]且有些新名詞直接用漢語，如"地譜錢"（difur）、"摺子"（jezi）等。[④]在已經目録化的歸化城副都統衙門蒙古文檔案中，嘉慶至宣統年間的檔案僅占全部蒙古文檔案的22%。這雖然有檔案資料遺失等原因，但蒙古文在官方文書中已很少被使用。除了日常生活外，蒙古人的詞訟、合約等亦用漢字書寫。隨着漢語影響的擴大，土默特蒙古人開始取漢名的情况也多起來。

從户籍類檔案看，清中期以後，蒙古語地名漢化情况也相當普遍，有的蒙古語地名被漢語名稱所代替，如"[illegible]"稱為"南雙樹"，"[illegible]"稱為"西窑子"；有的用漢字書寫而逐漸訛化，如"[illegible]"稱為"襖太"，"[illegible]"稱為"黑鷄兔"，"[illegible]"稱為"美麗營子"，"[illegible]"稱為"公喇嘛村"，等等。

歸化城土默特兩翼多文種户籍檔案從多角度反映了清代土默特兩翼的發展演變，人口變化與人口流動、人口管理以及村落發展變化，是研究土默特地區、瞭解清代内蒙古地區的重要史料，其中藴含的豐富内容亟待進一步探尋、挖掘，以便更好地推動相關領域的研究。

The Value of Historical Household Archives in the Yamen (Administration) of Deputy–Commander–in–Chief of Guihua City

Urenchichig

The household archives of Guihua City, governed by Deputy–Commander–in–chief, which is currently stored in the Archives Administration of Tumed Left Banner, Hohhot , were formed during the 8th year of Qianlong to the end of the Qing Dynasty, which took over more than a hundred years. Its early formation, consistency, and the variety in languages as well as its rich content, have brought along the historical significance in terms of studying the population in the region. It reflects the characteristics of population evolution, migration and

① 歸化城副都統衙門滿文檔案，乾隆八年正月二十三日，80-23-13。

② 巴彦塔拉盟公署:《蒙古聯合自治政府巴彦塔拉盟史資料集成——土默特特别旗之部》（蒙、漢、滿文）第1輯，大阪單式印刷株式會社，1942，第1頁。

③ 巴彦塔拉盟公署:《蒙古聯合自治政府巴彦塔拉盟史資料集成——土默特特别旗之部》（蒙、漢、滿文）第1輯，1942，第23頁。

④ 歸化城副都統衙門蒙古文檔案，同治十三年四月初一日，80-48-576。

population management of the Tumed Mongolian ethnic group in Guihua City during the Qing Dynasty. It also unveils the history of local economy, military and social changes. The content and value of these household registration files lies not only in its active role to the study of Tumed Mongolian history, but also in providing important historical data for the study of demography and sociology.

清末内蒙古地區官辦開墾中的西盟墾務局及墾務公司*

蘇日朦　格日勒圖

清末"官辦開墾"是學界關注已久的議題，這一政策實施的背景及其影響等方面前人研究均有涉及。[①]本文在前人研究基礎上，主要針對研究成果尚顯薄弱的西盟墾務局及墾務公司的内部細節進行考述，以求對"官辦開墾"有更為全面、直觀的瞭解。

由清朝中央政府派遣的督辦蒙旗墾務大臣貽谷實施的開墾政策被稱為"官辦開墾"。在實施的過程中除了設立作為墾務行政機構的墾務局之外，還創辦了墾務公司。光緒二十八年（1902）四月二十四日，貽谷在綏遠城設立了墾務行政機構——墾務總局。同年八月，貽谷在包頭鎮設立了墾務輔助機構即西盟墾務局及西路墾務公司。光緒三十一年十一月，綏遠城墾務總局移駐包頭之後，改稱西盟墾務總局。西盟墾務總局與西路墾務公司管理歸化城土默特，伊克昭、烏蘭察布二盟之墾務工作。此外，在張家口設立的東路墾務公司則管理豐鎮、寧遠、張家口、多倫諾爾、獨石口等各廳及察哈爾左右翼地區的墾務事宜。而在内蒙古西部烏蘭察布、伊克昭二盟及察哈爾、土默特等旗實施的官辦開墾均以設立墾務公司的手段來展開墾務工作，這一性質也是内蒙古西部蒙旗墾務區別於其他地區的一個重要特徵。

本文在討論西部二盟墾務時，重點對開展具體墾務工作的機構，即墾務局、墾務公司的組織、人員構成、資金流動等進行詳細考察，尤其以西路公司前期的活動内容為中心，追踪公司創立初期的人員構成、資金的籌集、收入支出以及後來的人事調動等細節，試圖從實施開墾的前綫重新探討清政府主導的所謂"官辦開墾"之實情及性質。

有關清末蒙古地區的土地開墾，前人研究成果豐碩，其中代表性的學者為閻天靈、蘇德畢力格、林士鉉、梁冰、劉毅政、安齋庫治、鐵山博、山下裕作等。以上學者研究的共同點是認為清末官辦開墾由清朝中央政府實施，墾務局和墾務公司則為實施官辦開墾的工作機構，因其研究側重點不同，並未涉及墾務局、墾務公司的組織機構、人員構成、資金流向、收入支出等具體内容。比如梁冰[②]在其論文中分析了墾務公司股本收集情況，却没有説明西路公司成立的詳細情況，如設立時間以及地點等。王艷萍的《清末察哈爾八旗蒙地的放墾》

---

* 本文係國家社科基金青年項目"清代内蒙古南部蒙漢雜居地區社會結構研究"（18CZS049）階段性成果。

① 參見汪炳明《是"放墾蒙地"還是"移民實邊"》,《蒙古史研究》第3輯，内蒙古大學出版社，1989；蘇德畢力格《晚清政府對新疆、蒙古和西藏政策研究》，内蒙古人民出版社，2005；王玉海《發展與變革——清代内蒙古東部由牧向農的轉型》，内蒙古大學出版社，2000；等等。

② 梁冰:《鄂爾多斯史志研究文稿》第4册，伊克昭盟地方史編纂委員會，1984，第56頁。

一文主要對清末東路墾務公司的設立及相關問題進行了研究。[①] 鐵山博在其《清末內蒙古移民實邊政策——以伊克昭盟杭錦旗為例》[②] 一文中簡述了西路公司、東路公司等墾務公司介於官府和農民之間，放墾土地，榨取利潤，扮演中介機構的史實，却没有對公司的資金、人員等情況進行深入探討。

另外，前人研究中重點關注的問題是清末官辦開墾對內蒙古南部蒙漢雜居地區民族關係發展演變帶來的影響，而作為官辦開墾實施機構的墾務局和墾務公司並未得到足够的重視。毫無疑問，這些機構對於官辦開墾的實施至關重要，充分探討上述墾務實施機構的內部細節，是評價官辦開墾這一政策必不可少的重要環節。

一 墾務行轅職員構成

光緒二十八年一月十日，兵部左侍郎貽谷被清廷任命為督辦蒙旗墾務大臣，二月二十八日，他抵達太原，與山西巡撫岑春煊商議開墾西部兩盟土地相關事宜，三月二十九日從太原出發，四月十八日抵綏遠城，與綏遠城將軍信恪協商之後，於四月二十四日在綏遠城成立了墾務總局。[③] 與此同時，通知伊克昭、烏蘭察布二盟王公赴綏遠城商議墾務事宜，却遭到王公們的强烈反對而暫時擱置。由此，墾務工作之重心向直接隸屬於清朝皇帝的“內屬旗”即察哈爾左右翼八旗王公牧場轉移，對已墾耕地進行清丈並開放新的荒地成為官辦開墾的起點。

是年五月一日，貽谷抵張家口會見察哈爾都統奎順，此時豐寧押荒局[④] 已改為督辦豐寧墾務局，由原來的山西布政使管轄轉歸墾務大臣貽谷直接管轄，由其負責管理察哈爾左右翼王公牧場墾務事宜。[⑤] 同年八月，貽谷在包頭鎮設立了西盟墾務局，[⑥] 試圖施行西部二盟墾務計劃，但再次遭到該二盟王公的普遍反對，未能順利開展。為推進官辦開墾工作，同年清廷授予貽谷理藩院尚書銜，光緒二十九年又任命其為綏遠城將軍。二十九年五月，伊克昭盟杭錦、達拉特、準噶爾等旗開始報墾荒地，對西部蒙旗土地的開墾事務終於開始有了頭緒。光緒三十一年十一月一日，綏遠城墾務總局與包頭西盟墾務局合併，改稱西盟墾務總局。當時的墾務組織機構如圖 1 所示。[⑦]

---

① 王艷萍：《清末察哈爾八旗蒙地的放墾》，《內蒙古墾務研究》第 1 輯，內蒙古人民出版社，1990。

② 鉄山博「清末内蒙古における『移民実辺』政策—伊克昭盟杭錦旗を一例として」『地域総合研究』19（2）、1992、93—113 頁。

③ 內蒙古自治區檔案館編《清末內蒙古墾務檔案彙編》（以下簡稱“《彙編》”），內蒙古人民出版社，1999，第 5、71 頁。

④ 豐寧押荒局，清政府在內蒙古豐鎮、寧遠地區設立的墾務機構。光緒八年設置，局本部在豐鎮，掌管豐鎮、寧遠一帶蒙地放墾事宜。十一年撤銷，十五年恢復原屬山西省布政使管轄。二十七年改組為豐寧墾務局，改隸綏遠墾務總局管轄。

⑤ 安斎庫治「清末綏遠における開墾」第二部『満鉄調查月報』1938 年、20 頁。

⑥ 《彙編》，第 266 頁。

⑦ 安斎庫治「清末綏遠における開墾」第二部『満鉄調查月報』1938 年、290 頁。

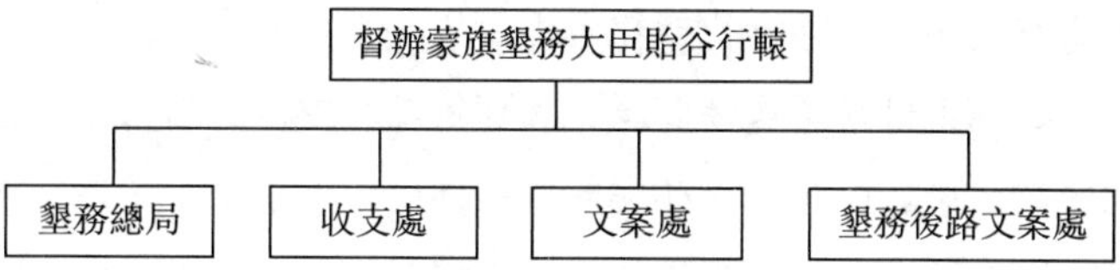

圖 1　墾務組織機構

貽谷的墾務機構由在綏遠城設置的墾務總局、行轅收支處、行轅文案處、墾務後路文案處等部門構成。行轅文案處管理文書，行轅收支處管理資金，墾務後路文案處負責管理墾務後路文書。墾務總局、行轅文案處、行轅收支處等機構官員設置詳情如表 1 至表 3 所示。

表 1　墾務總局人員

姓名	職務	出身	備注
恩銘	總辦	歸綏道理	
王德榮	總辦	兵部主事	貽谷親信
曹受培	總辦	山西省試用道	岑春煊舉薦
姚學鏡	會辦	請補山西河曲縣知縣	

表 2　行轅文案處人員

姓名	職務	出身	備注
張光乃	總辦	奉天試用同知	兼行轅收支處會辦
李雲慶	總辦行走	兵部主事	貽谷親信
陳光遠	幫辦	兵部候補主事	貽谷親信
馮汝玠	幫辦	兵部司務	貽谷親信

表 3　行轅收支處人員

姓名	職務	出身	備注
曹受培	總辦	山西省試用道	岑春煊舉薦
胡懋鉞	支應委員	候補縣丞	兼該處監印官

表 1 至表 3 資料來源：內蒙古自治區檔案館編《清末內蒙古墾務檔案彙編》，內蒙古人民出版社，1999。

最初於綏遠城設置的墾務總局總辦由歸綏道恩銘和兵部主事王德榮擔任，會辦為山西河曲縣知縣姚學鏡。歸綏道歸山西省管轄，下轄歸化、薩拉齊、豐鎮、寧遠、清水河、托克托、和林格爾七廳，兵部主事王德榮隨貽谷從京城而來，為貽谷親信之一。①

行轅文案處總辦張光乃為奉天試用同知，他曾在奉天參加官辦開墾。貽谷將此人安排在

① 貽谷、高庚恩修纂《歸綏道志》十二廳"志考"，《內蒙古歷史文獻叢書》，遠方出版社，2010。

墾務機構當中，應有意藉用張氏在推行墾務方面的經驗與專長。行轅文案處總辦行走在職權方面並不遜於總辦，兵部主事李雲慶任此職，兼任行轅收支處總辦行走；幫辦為兵部候補主事陳光遠、兵部司務馮汝玠。以上三人亦與貽谷一同由京城前來，是貽谷在兵部任職時的隨從和親信。任行轅收支處總辦兼墾務總局總辦的是曹受培，此人為山西省試用道，是受山西巡撫岑春煊之薦而來的官員。候補縣丞胡懋鉞任行轅收支處支應委員，兼任該處監印官，負責印務。

《清末内蒙古墾務檔案彙編》（以下簡稱"《彙編》"）記載，墾務後路文案處總辦同知吴廷燮、該處幫辦山西太原通判顧庚虞，均為山西省調遣安置的人員。墾務總局行轅文案處、行轅收支處、墾務後路文案處共設 55 個職位，其中 32 個職位由山西省出身的官僚任職，8 個職位由貽谷親信任職，剩餘 15 個職位由各省調配的人員補任。可見，督辦蒙旗墾務的各機構職員當中諸如總辦、總辦行走、幫辦、會辦這類重要的職位，均由貽谷親信或山西省出身的官僚擔任。

二　墾務總局資金情況

前人研究認為，清末官辦開墾是由清朝中央政府實施，然而實際上中央政府並沒有給予貽谷等人資金方面的支持，且貽谷等人從北京出發至綏遠城的旅費是由山西巡撫岑春煊承擔的，[①] 甚至墾務總局成立初的資金均由山西省調遣支配，清朝中央政府並没有撥付大量資金來實施開墾政策。表 4 為光緒二十八年八月西路墾務公司成立時資金流向及行轅收支處資金投入情況。

表 4　西路墾務公司成立時的資金情况

單位：兩

墾務總局資金	來源	金額
墾務總局職員旅費	山西布政使	5000
西路墾務公司官股	山西商務局	60000
西路墾務公司商股（晉商曹潤堂招集商股）	山西商人	60000
墾務總局運營資金	山西布政使	50000
合計		175000

資料來源 :《彙編》，第 1024—1025 頁。

由表 4 可見，包括貽谷及其隨行人員的旅費 5000 兩在内，西路墾務公司官股 6 萬兩、晉商曹潤堂招集商股 6 萬兩、墾務總局運營資金 5 萬兩等均由山西省支配運作。墾務總局利

① 《彙編》，第 979 頁。

用這些資金購買了達拉特旗賠償基督教教會的土地，以此作為西二盟官辦開墾的切入點。其中山西省出資官股 6 萬兩，墾務總局運營資金 5 萬兩，共計 11 萬兩白銀，於光緒二十八年九月、十月、十一月分三次由當時山西巡撫趙爾巽派人押送到歸化城行轅收支處，其中 1 萬兩白銀為城平銀（100 兩城平銀換算成庫平銀為 99.72 兩）。因此，從山西省接受的庫平銀為 109972 兩。①

三　西路墾務公司人員構成

清末西二盟的官辦開墾分為東、西二路。東路負責察哈爾左右翼八旗及張家口、多倫諾爾、獨石口、豐镇、寧遠等地墾務，西路則負責伊克昭、烏蘭察布二盟，歸化城土默特等地墾務。東路墾務公司於光緒八年至十一年間成立，即張之洞任山西巡撫期間，後一度中斷運行。光緒二十七年前後，將豐寧押荒局改設為豐寧墾務局，後在張家口設立東路墾務總局及東路墾務公司，辦理東路墾務。後於歸化城設立了墾務行轅、文案處、收支處、墾務總局、墾務後路文案處等辦公機構。

在山西商人曹潤堂與武洋等人的提議下，貽谷與山西巡撫岑春煊協商設立東、西路墾務公司，官、商股本分別為 6 萬兩，共計 12 萬兩。

光緒二十八年八月，於包頭鎮設立西路墾務公司，以管理歸化城土默特，伊克昭、烏蘭察布二盟的墾務工作。八月十日，東路墾務公司在張家口設立，管理豐鎮、寧遠、張家口、多倫諾爾、獨石口各廳和察哈爾左右兩翼的墾務工作。西路墾務公司雖設於光緒二十八年八月，但其正式運營始於光緒二十九年正月。光緒三十一年末，該公司暫停經營。這一時期可稱之為前截公司。光緒三十四年四月，貽谷因罪被革職入獄。這一時期可稱之為後截公司。光緒二十八年八月七日，貽谷為設立東、西路墾務公司上奏清廷：

……向來私訪私開從未能行官墾，以致蒙員受賄受柄地商，地商包攬假手地户，攘取官地據為己有，即如察哈爾左右翼，已墾地畝甚多，其繳押荒報墾升科者，不過十之一二……然舉可耕之地，零星租放即無從前諸弊，而領地之人或因無力退繳，及蒂欠押荒銀兩者亦難得其必無，迨至撤地另放已多紛擾，不如未經放地之先設法預籌，則宿弊不禁而自棨，查近年各省，辦理路礦及工藝局廠事務，率多招集股本設立公司，施之今日辦墾情形憂為有益……蒙旗地多膏腴，邊地富商久所歆羡，一經公司招致入股必多，則鉅款無難遽集。②

綜上所述，貽谷認為設立墾務公司為招集官、商股本的最佳途徑，這一主張獲得清廷的

① 《彙編》，第 1024—1025 頁。

② 《彙編》，第 1024—1025 頁。

首肯。

最初被委派到西路墾務公司的人員為曹潤堂、武洋、曹中成、姚世義等人，詳情如表5所示。

表5 西路墾務公司職員

姓名	職務	出身	備注
曹潤堂	職員	山西商人紳士	
武洋	職員	山西商人紳士	不久去世
曹中成	職員	山西紳士，内閣中書	
姚世義	職員	户部主事	

資料來源:《彙編》。

光緒二十八年十月八日，貽谷以官商合辦名義，派遣墾務局職員李雲慶、周克昌、馮汝玠、姚學鏡到西路墾務公司任職，貽谷致信西路墾務公司：

墾務西路公司，前經奏定官商合辦，業經派令知府曹潤堂，辦理在案，現在已集商，商股籌撥官本開辦在邇，惟公司頭緒較繁，關係憂重，歸畫之初，亟宜添派各員，以資經理，查主事李雲慶，直隸知州周克昌，司務馮汝玠，知縣姚學鏡勘以委令。[①]

李雲慶起初被任命為行轅文案處總辦行走，此時已被升為行轅文案處總辦，周克昌為墾務總局會辦，兵部司務馮汝玠為行轅文案處幫辦，姚學鏡為墾務總局會辦，他們不僅在墾務總局任職，也在墾務公司兼職。在墾務公司成立不到兩個月的時間内，貽谷以官商合辦的名義將隨同其而來的親信及墾務局人員盡數安插進墾務公司，以確保其在墾務公司中的利益。職員詳情如表6所示。

表6 光緒二十八年十月西路墾務公司職員

姓名	公司職務	墾務局職務	出身
李雲慶	職員	行轅文案處總辦	兵部主事
周克昌	職員	墾務總局會辦	直隸州知州
馮汝玠	職員	行轅文案處幫辦	兵部司務
姚學鏡	職員	墾務總局會辦	河曲縣知縣

資料來源:《彙编》。

光緒二十九年五月十一日，貽谷在西路墾務公司設置總辦、副總辦職務，任命曹潤堂為

① 《彙編》，第1032頁。

總辦，姚世義、曹中成為副總辦："……西路墾務公司，前經奏定官商合辦，非分直隸候補知府曹守潤堂，户部主事姚主事世義，內閣中書曹中書中成，辦理在案，查現在西盟墾務相繼而來，所有接受地畝，查勘渠務，在在均關緊要，亟須將調辦公司各員，加劄派委以專責成，曹守潤堂著派為正總辦，姚主事世義、曹中書中成均派為副總辦，務即與前派會同辦理。"①

如上所述，曹潤堂、姚世義、曹中成三人均為於光緒二十八年八月設立西路墾務公司之初被派遣的職員，現被提升為正、副總辦，其詳情如表7所示。

表7　西路墾務公司職員

姓名	職務	出身
曹潤堂	總辦	山西商人紳士，候補直隸州知府
姚世義	副總辦	户部主事
曹中成	副總辦	內閣中書

資料來源:《彙編》。

光緒二十九年五月十六日，西路墾務公司總辦曹潤堂為籌集股本返回山西省，因此貽谷分別任命曹受培、周克昌為東、西路公司總辦。同年七月十七日，貽谷以曹潤堂為操辦父母喪事一時無法回到西路公司為由，任命其親信兵部主事李雲慶為西路公司總辦。②具體情況如表8、表9所示。

表8　西路墾務公司人員（光緒二十九年五月）

姓名	公司職務	墾務局職務	出身
周克昌	總辦	會辦	直隸州知州
姚世義	副總辦	/	户部主事
曹中成	副總辦	/	內閣中書

表9　西路墾務公司人員（光緒二十九年九月）

姓名	公司職務	墾務局職務	出身
李雲慶	總辦	行轅文案處總辦	兵部主事
姚世義	副總辦	/	户部主事
曹中成	副總辦	/	內閣中書
馮汝玠	職員	行轅文案處幫辦	兵部司務
姚學鏡	職員	墾務總局會辦	請補河曲縣知縣

表8至表9資料來源:《彙編》。

① 《彙編》，第1040頁。

② 《彙編》，第1041—1042頁。

從以上圖表可明確看出，西路墾務公司成立一年左右時，山西商人紳士、候補知府曹潤堂西路公司總辦的位置由貽谷親信李雲慶所取代。這一系列人事變動更加證實了貽谷實際操縱西路墾務公司的史實。再則，從墾務局和墾務公司的人員配置來看，二者基本上是重疊的，墾務局人員在墾務公司身兼職務是當時的普遍現象。如上所述，光緒三十一年十二月，西路墾務公司又稱前截公司，暫停經營一段時間之後，於光緒三十二年（1906）年正月再行運作，被稱為後截公司。同年四月三日，貽谷任命時任西盟墾務總局總辦的姚學鏡為後截公司總辦，派遣西盟墾務總局幫辦胡懋鉞到杭錦旗墾務局任職。西路後截公司由認墾處和修渠處兩個部門組成，後截公司的收入支出均經由該二部門，這一點可以從光緒三十二年正月到光緒三十四年四月的公司收支注册中得知。[①] 後套地區即杭錦、達拉特二旗能够灌溉的水田的認墾承領和水利設施的利用許可權均掌握在西路後截公司手中，這是貽谷等墾務職員的主要財源之一。至於後截公司人員、資金等的狀況，擬在今後的研究中繼續深入。

四 東路墾務公司人員配置

被委派到東路墾務公司的人員中有山西省試用道曹受培、刑部候補主事宋乃鵬、分省試用通判左樹珍、分省試用通判李年慶等官員。其中曹受培由山西巡撫岑春煊舉薦，李年慶則為跟隨貽谷一同從京城而來的李雲慶之胞弟。具體情況如表 10 所示。

表 10 東路墾務公司職員（光緒二十八年八月）

姓名	職務	出身	備注
曹受培	職員	山西省試用道	
宋乃鵬	職員	刑部候補主事	
左樹珍	職員	分省試用通判	
李年慶	職員	分省試用通判	李雲慶胞弟

光緒二十八年十月十一日，貽谷致信東路墾務公司墾務總局，委派山西省試用道曹受培為總辦。同年八月，東路墾務公司成立時，曹受培被委任為東路公司職員，在不到兩個月的時間内即被提升為該公司總辦，同時被委任為東路公司副總辦的是刑部候補主事宋乃鵬及分省試用通判李年慶，這二人亦為兩個月之前剛剛被委派到東路公司任職的。另外，作為貽谷親信的墾務總局總辦王德榮、行轅文案處總辦張光乃二人亦被委派到東路墾務公司任職。具體情況如表 11 所示。

① 《彙編》，第 1064—1068 頁。

表 11　東路墾務公司職員（光緒二十八年十月）

姓名	公司職務	墾務局職務	出身	備注
曹受培	總辦	行轅收支處總辦兼墾務總局總辦	山西省試用道	岑春煊舉薦
宋乃鵬	副總辦	/	刑部候補主事	
李年慶	副總辦	/	分省試用通判	李雲慶胞弟
左樹珍	坐辦	/	分省試用通判	
張光乃	職員	行轅文案處總辦兼收支處會辦	奉天試用同知	

光緒二十九年正月，期初委派四名職員之後，又增派墾務總局會辦陳際唐①等人至東路墾務公司任職（見表 12）。

表 12　東路墾務公司人員（光緒二十九年三月）

姓名	公司職務	墾務局職務	出身	備注
曹受培	總辦	行轅收支處總辦兼墾務總局總辦	山西省試用道	岑春煊舉薦
宋乃鵬	副總辦	/	刑部候補主事	
李年慶	副總辦	/	分省試用通判	李年慶胞弟
左樹珍	坐辦	/	分省試用通判	
陳際唐	職員	墾務總局會辦	江蘇存記道	
張光乃	職員	行轅文案處總辦	奉天試用同知	
王德榮	職員	墾務總局總辦	兵部主事	貽谷親信

表 10 至表 12 資料來源：《彙編》。

五　墾務公司資金情況

通過墾務局和墾務公司的工作分擔以及公司的資金籌集、收入支出等方面可更加明確地觀察到墾務公司這一機構的性質。如前所述，光緒二十八年八月，山西省作為墾務總局的官股投入 6 萬兩，商人紳士曹潤堂作為商股投入 6 萬兩，墾務局運營資金有 5 萬兩，但事實上這些資金均被東、西路墾務公司所利用，西、東路公司分別使用了 5 萬兩和 8 萬兩。

如上所述，行轅收支處從山西省取得 109972 兩庫平銀的資金。光緒二十八年十月三日，貽谷將其中的 6 萬兩白銀撥付給西路公司，②於十一月七日分別以商號存義公、大德通、和盛元的名義投入 23000 兩、13000 兩和 24000 兩，③此時行轅收支處賬目上僅剩下 49772 兩白銀。

光緒二十八年，應貽谷請求，八月六日、十月四日山西省分兩次撥付 5 萬兩白銀墾務經

① 官局總辦江蘇存記道陳際唐、山西試用道曹受培、奉天試用同知張光乃。《彙編》，第 1026 頁。

② 《彙編》，第 1032 頁。

③ 西北墾務調查局編《西北墾務調查彙冊》（以下簡稱“《彙冊》”），《中國方志叢書 · 塞北地方》第 40 號，臺北：成文出版社，1968，第 252 頁。

費給行轅收支處，[①] 收支處資金增至 99972 兩。接着貽谷從中撥給東路公司官股 5 萬兩，西路公司以開發水渠的名義撥給東路公司 3 萬兩，總計投入資金 8 萬兩，隨着東路公司運營正常化，這些投入資金於光緒二十九年十月悉數收回。

光緒二十九年十二月，收支處將山西省、綏遠城旗丁所需購糧款 16000 兩以山西省所投入運營資金之名義投入，日後也返還了山西省投入的一部分資金。光緒三十一年，西路公司全額返還了山西省投入的官股 6 萬兩，剩餘的 83972 兩全部用作西路公司水渠開發維修費用。直到光緒三十四年貽谷因瀆職罪被清廷彈劾逮捕為止，仍未還清剩餘銀兩。[②] 在此需要補充説明的一點是，由山西省投入的股本原是為了賠償基督教教會之損失，然而在實際的運營過程中出現了異常，並未用於達拉特旗基督教教會的賠償，而是用在了其他地方。接下來在資金股本的使用方面，筆者將進一步解釋説明相關情況。

貽谷抵達綏遠城之後與當時的綏遠城將軍鍾泰商定，由達拉特旗向墾務局提供四成地和四成補地 2000 頃，以每畝 7 錢的價格承包給地商，由此所得 14 萬兩白銀充作達拉特旗基督教教堂損失的賠償，之後在丈量的過程中發現四成地和四成補地並不够 2000 頃，於是又讓達拉特旗補充提供了長勝口渠地，從這些土地中所獲 137065 兩 1 錢 4 分白銀，由西路公司作為基督教教會的賠償金支付給教會一方。[③] 之後光緒三十四年二月二十六日，歸化城副都統文哲琿告發貽谷貪污瀆職，清政府派遣協辦大學士尚書鹿傳林、度支部左侍郎紹英為查辦大臣調查貽谷瀆職案。在調查的過程中詳細查閲審核了西路公司的收入支出，詳情如表 13 至表 15 所示。[④]

表 13　西路公司資金和收入

單位：兩

出所	所屬 / 官股商股私股收入	金額
山西省	官股 / 山西省商務局剩餘款	60000
山西省	官項銀 / 從山西省借的款項	50000
山西省	商股	60000
墾務職員新城馬隊芝生堂	私股商股	77000
豐寧舊押荒局	官項銀 / 舊押荒局罰金	24138
達拉特旗四成地短租銀	地租	6762
達拉特旗四成地地價銀	地價	88360
達拉特旗四成補地地價銀	地價	50284

① 《彙册》，第 252 頁。

② 《彙册》，第 253 頁。

③ 《彙册》，第 254—255 頁。

④ “前截公司總結清册”，《彙編》，第 1053—1054 頁。

續表

出所	所屬 / 官股商股私股收入	金額
後截公司修渠處返還並賞與	修渠費	237931
後截公司認墾處四成正補地	地價	126822
達拉特旗四成正補地	所屬地價	33607
後截公司認墾處	杭錦旗押荒銀返還	54000
後截公司認墾處	杭錦旗押荒銀返還	62000
	商股利息	7859
西盟總局	杭錦旗未放各地短租銀	82216/（内含渠租 65232）
西盟總局	杭錦、達拉特兩旗鴉片租	10088/ 歸渠利
西盟總局	商地水租銀	2209/ 歸渠利
西盟總局	撥解存糧變價盈餘銀	1586/ 歸渠利
西盟總局	撥解渠貨盈餘銀	20882/ 歸渠利
墾務委員袁庚	返還手當補給銀	129
西路公司	販賣器皿銀	26
西路公司	補平餘平銀	860
西路公司	放地經費返還銀	95
合計		1056854

表 14　西路公司支出

單位：兩

支所	所屬 / 支出	金額
達拉特旗賠償金	給基督教教會賠償金	137065
山西省	官股	83972
山西省	官股	60000
山西商人	商股	38300
山西省	商股利息	8397
墾務職員等	商股 / 藉商股之名投入的私股	77000
	光緒三十年、三十一年兩年官股利息	6000（年息 5 厘）
	商股利息	9342（年息 5 厘）
杭錦旗	撥墊押荒銀	54000
豐寧墾務局	舊押荒銀	24138
西盟總局	杭錦旗押荒銀	62000
西盟總局	水渠修理費並賞與渠費	237931
行轅收支處	借款利息	1877

续表

支所	所屬 / 支出	金額
扎薩克烏審郡王旗	給三旗借貸銀	21761
曹潤堂裕盛厚	借款利息	3459
曹潤堂	招股及子公司設立費用	4442
壽挹青		383
西路公司	折照股票印刷費四成地築堤費	8010
西路公司	司員薪津車馬費局用房租等	13974
後截公司	四成正補地地價及蒙旗新貸	33607
	賞銀號	80
西盟總局	杭錦旗光緒三十年地租銀	13000
西盟總局	杭錦旗户口地光緒三十年、三十一年分地租	3983
合計		902721

表 15　西路公司實際剩餘銀兩

單位：兩

支所	所屬	金額	備注
西路公司	官股剩餘利息銀	42180	借給後截公司
西路公司	商股剩餘利息銀	32239	支付給各個商人
西路公司	官商公積銀	22400	支給東路公司
西路公司	提備報效銀	14000	投入後截公司官股中
西路公司	花紅銀	28000	15000 兩已支付，13000 兩存入大德通商號
西路公司	商股奇零銀	1180	支付給商號
合計		139999	

表 13 至表 15 資料來源:《彙編》。

從表 13 至表 15 中西路公司的股本資金和收入支出的狀況可知，西路公司的收入大多用在了償還山西省投入的官商股本及其利息，以及支付杭錦旗地價、地租、押荒銀和水渠租銀等方面。其中山西省投入的官商股本沒過多久已經全部償還，[①] 光緒三十年十一月八日，貽谷寫給西路墾務公司的信札中稱："……招股本不易，晉商之股較他處為憂難，蓋山西從前招商

① 光緒三十一年春，西路墾務公司副總辦姚世義開始償還山西省商股，六、七月在償還商股的報告書中闡述，七月二十一日償還了山西省最初的官股 2 萬兩，九月十八日償還 1 萬兩，其餘 3 萬兩於光緒三十二年夏、秋、冬分三批從綏遠城兵餉中扣除償還。

虧累，人皆視為畏途，現在風氣漸開，呼應較易，萬一該公司有所虧折，商情必自此而塞，恐為以後晉商招股之累，今天臣籌思再四，不得不加以保護，先争維持，擬先將所招晉股，本利完歸，然後漸次撤還。”[①]

即便信札中如是解釋，但實際上此時的西路墾務公司開始運營已經一年有餘，正是官商股本開始生息之時，此時貽谷從東路公司收回 8 萬兩資金投入西路公司，另外從杭錦旗、達拉特旗的報墾地畝上徵收地價地租押荒銀，公司的運營資金有了比較充足的來源和保障。因此，全額償還山西省投入官商股本的目的是試圖將墾務公司所得到的利益盡可能地占為己有，這是以貽谷為首的墾務公司一方的做法，同時在償還山西省官商股本本金、利息的時候，挪用了綏遠城兵餉 98300 兩。

光緒三十一年六月七日，西路墾務公司副總辦姚世義給貽谷的報告中明確説明了西路公司設立時從山西省招集的商股 38300 兩業已全額償還，從光緒三十一年七月到光緒三十二年冬季，分六次利用綏遠城兵餉全額還清了山西省官股 6 萬兩。與此同時，西路公司給各蒙旗借放高利貸，並以此作為獲取利益的手段，譬如給伊克昭盟郡王旗放貸 17500 兩、杭錦旗 4000 兩、烏審旗 5000 兩、扎薩克旗 2500 兩。這一行為為貽谷批准，由西路公司以每月 3 分的利息計算，先將兩個月的利息扣除再行放貸給各蒙旗。綏遠城所轄四位佐領普祥等人，通過貽谷從西路公司借貸，每月的利息為 1 分 5 厘，即便不到一個月時間亦算作一整月來付利息。墾務公司職員從西路公司借貸，每月利息最多不超過 4.5 厘。貽谷挪用綏遠城兵餉償還股本，再給蒙古各旗各佐領借放高利貸，通過西路公司作為收入支出的僞裝等行徑，隨後也成為歸化城副都統文哲琿告發他的主要原因。[②]

小　結

清末官辦開墾實施機構墾務總局和東、西路墾務公司，最初由山西省調配的資金人員設立組建，隨着墾務工作的展開，無論是資金還是人員等方面均積纍了一定的經營基礎，對於山西省的依賴程度開始降低，這一點從墾務局、墾務公司職員人事變動和資金股本的流向等方面可得到證實。隨着全額償還山西省官商股本，墾務局及墾務公司的重要職位也逐漸被貽谷親信所占據。

由墾務局、墾務公司所實施的官辦開墾，其最初目的為開墾伊克昭、烏蘭察布西部二盟以及土默特、察哈爾左右翼土地。由此所徵收地價、地租、押荒銀等財政收入，從原本已經存在的漢人地商攬頭等中間人的手中收回，歸清朝中央政府派遣的墾務大臣直接管轄，實現保障中央政府財政來源之目的。前人研究成果均承襲這一觀點。

本文通過考察墾務局、墾務公司職員的構成、交替更迭，資金股本的籌集償還，收入支

① 《彙編》，第 1051 頁。

② 《彙編》，第 1042、1051 頁。

出狀况等具體問題，考證出由山西省的資金、人員設置組建的墾務局及東、西路墾務公司，其實質為以督辦墾務大臣貽谷為中心的墾務集團獲取私人與集團利益的工具。在三年有餘的時間內，西路公司未上繳清朝中央政府多少白銀，其所有收入除了作為公司的運營資金重新投入之外，或用在了返還山西省官商股本本金和利息之上。由此可見，西路墾務公司實質上成為以貽谷為中心的墾務職員集團獲取利益的據點。與此相關的具體内容，筆者將在今後的研究中繼續深入探討。

A Study of Western Leagues Reclamation Bureau and Reclamation Companies in Inner Mongolia during the Late Qing Period

Surimeng Geriletu

After the Boxer Rebellion, the international and domestic situation has undergone drastic changes. Under the situation of internal and external concerns at that time, the government of the late Qing Dynasty officially issued the Xin zheng in 1901, and began to implement the Xin Zheng(New Policies) nationwide. Land reclamation Officially became one of the main policies of the Qing government to implement the Xin Zheng(New Policies) in Inner Mongolia. There are a lot of detailed studies have been done on the background and impact of the implementation of this policy in the previous research results. However, the few of research on the staffing and capital flow of the Western League Reclamation Bureau and the reclamation company established at that time have been done. Therefore, in this article, authors took the Western League Reclamation Bureau and the Reclamation Company as examples to specifically discuss the details of the operation and operation mode, personnel composition, funding source and flow of the reclamation company. Trying to re-examine the facts and nature of the so-called government-owned reclamation led by the Qing government from the frontline of implementing reclamation.

七世章嘉呼圖克圖與民國政府蒙藏院的矛盾探析

烏力吉陶格套

一 問題的提出

章嘉呼圖克圖是清代内蒙古地區藏傳佛教諸多活佛系統中地位最高的轉世活佛，歷輩均受到清廷的尊崇和優待。清末至民國時期的章嘉呼圖克圖，即第七世（按先世源流為第十九世）羅桑華丹旦白仲美却央益西多杰，清光緒十七年（1891）轉世於青海。二十五年十二月，奉旨入京晉謁，深蒙恩禮，頒賜金印。二十六年，敕授扎薩克達喇嘛，駐京任職，加贈前輩各項榮典。三十年，奉旨補放京城副扎薩克達喇嘛敏珠爾呼圖克圖遺缺，並管理多倫諾爾之匯宗、善因二寺，京城之嵩祝、法淵、知珠、法海四寺，西寧之廓隆、廣濟二寺，五臺山之鎮海、普樂等寺；賞給灌頂普善廣慈大國師印一顆並敕書一道。[①] 民國成立後，因率先贊成共和、勸導蒙旗有功，得到民國政府的各種禮遇，其在清代所享有的許多宗教權利也被保留。南京國民政府成立後，因遣派代表前往祝賀，國民政府承認其一切榮典和待遇。後來，先後以蒙藏委員會委員、蒙旗宣化使、國民政府委員等身份長期活躍於國内政教舞臺，是中國近代史上重要的歷史人物。

然而，對這樣一位重要的民族宗教界人物，學界的研究却比較薄弱，所見現有的相關成果主要是圍繞國民政府成立初期章嘉呼圖克圖與蒙藏委員會、雍和宫喇嘛之間發生的糾紛，以及章嘉以蒙旗宣化使的身份在内蒙古進行的宣化活動等問題而展開，[②] 而有關章嘉呼圖克圖在北京政府時期的事迹及相關問題，叙述均較簡略，諸多歷史細節未被關注，有待進一步深入探索。

綜觀民國時期有關章嘉呼圖克圖的各種史料可以發現，他與北京政府管理民族事務的中央機構蒙藏院之間似乎積怨很深、矛盾重重。這一點在章嘉呼圖克圖於 1926 年 10 月上呈民國政府國務院的一份呈文中得到了全面的體現。該呈文官方史料未曾刊載，是以《大國師章

---

① 釋妙舟:《蒙藏佛教史》，廣陵書社，2009，第 196 頁。

② 有關第七世章嘉呼圖克圖的研究成果主要有馬成文《國内章嘉活佛系統研究概述》,《中國邊疆史地研究導報》1990 年第 3 期；秦永章《民國時期第七世章嘉呼圖克圖在内蒙古的宣化活動述略》,《民族研究》2010 年第 6 期；謝海濤《南京國民政府初期與七世章嘉的關係研究——以“章嘉案”為中心》,《民族研究》2013 年第 2 期。

嘉活佛呈國務院文》為題收録於1930年8月刊行的小册子——《内蒙黄教調查記》[①]。這為我們探索章嘉呼圖克圖在民國北京政府時期的際遇、與蒙藏院的矛盾等問題提供了有益的綫索。該呈文是1926年蒙藏院批准當時代管察哈爾左翼四旗三牧廠各寺廟僧衆印務的商卓特巴喇嘛阿噶旺彦林丕勒（又作阿克旺彦林丕爾。——筆者注）呈請，撤銷多倫喇嘛印務處的决定引起該喇嘛印務處掌印章嘉呼圖克圖的强烈不滿，而向國務院提出的申訴。因此，呈文除對該喇嘛阿噶旺彦林丕勒的種種“舞弊”進行“揭發”之外，還對蒙藏院進行了激烈的控訴（容後詳述）。在章嘉呼圖克圖看來，民國初年贊成共和、至今未出問題的“内蒙六盟暨青海、阿拉善、額爾特（即額魯特）等處……均是本呼圖克圖傳教範圍之地”，而蒙藏院主持蒙藏等民族事務十餘年，“舞弊不堪枚舉……不如取消分部管理，抑或另簡賢員”，對蒙藏院持完全否定的態度。[②]

這一呈文，其年代雖屬於民國北京政府統治末期，起因亦與撤銷多倫喇嘛印務處的具體問題有關，但是章嘉呼圖克圖此舉並非一時衝動，而是在“數年以來，忍無可忍，容無可容”的情形下，纔呈請國務院轉呈大總統“秉公嚴辦”的。文中涉及的問題，儘管出自章嘉呼圖克圖一方，未必均為事實，但它還是比較集中地反映了民國成立以來章嘉呼圖克圖與蒙藏院之間存在的矛盾。那麼，章嘉呼圖克圖與蒙藏院之間的矛盾從何而來，其具體細節又如何，目前尚未出現專門的研究成果。有鑒於此，本文擬以雙方的矛盾焦點為綫索，梳理相關史實，並結合北京政府的蒙古佛教政策，探討産生矛盾的背後原因。

二　民國初期對喇嘛上層及章嘉呼圖克圖的優待

民國北京政府成立初期，袁世凱對蒙施策的第一步，是從籠絡駐京蒙古王公群體，使其率先贊成共和開始的。而對藏傳佛教上層的争取也與此同步，是從在京喇嘛群體入手的，即於1912年2、3月就已開始。關於這一點，後來當選為民國衆議院議員的駐京蒙古王公鄂多臺於1915年給司法部的禀文中曾説：“……沈鈞於共和詔下之次日，由姚錫光招往囑赴雍和宫，勸導喇嘛歸順，親赴北京二十八廟，遍宣德意，旋帶該喇嘛代表等晋謁，輸誠傾向。”[③]可見，民初争取北京各寺廟喇嘛的工作，是由清末隨肅親王善耆考察内蒙古、對蒙古情勢瞭解較多、民初一度出任蒙藏事務局副總裁的姚錫光負責的。文中提到的沈鈞，後來充任蒙藏事務局顧問，章嘉呼圖克圖等進京時均由他負責接待。

1912年3月，以北京各寺廟扎薩克喇嘛烏勒吉巴雅爾、羅布桑貢噶等千餘人之代表得木奇阿旺尊追以及負責聯絡的職員沈鈞、扎拉豐阿、存瑞等為主，組織成立了一個政教組織——蒙藏統一政治改良會。該會以聯絡蒙藏，宣佈五族共和利益及大總統前後措置、良法

① 天純著，秦冰臺、梁步蟾校正《内蒙黄教調查記》，南京大功坊德昌印書館，1930。本文利用了《民國時期社會調查叢編·宗教民俗卷》（福建教育出版社，2004）所收點校版，下同。

② 《大國師章嘉活佛呈國務院文》，《内蒙黄教調查記》，第34—38頁。

③ 《司法部呈徒犯沈鈞可否特赦請示文並批令》，《政府公報》第1200號，1915年9月9日。

美意，求蒙藏幸福為宗旨。[①] 3 月 25 日，袁世凱發佈命令："……兹據駐京扎薩克喇嘛等公懇組織蒙藏統一政治改良會，核其宗旨，係為宣佈五族平等、伸我蒙藏人權起見，應准其先行立會。自兹以往，內外扎薩克蒙古各盟旗暨西藏地方歷來疾苦之事，應候查明，次第革除。並望各王公、呼圖克圖、喇嘛等於中央大政及各該地方應興應革事宜，各抒政見，隨時報告，用備採擇，務使蒙藏人民一切公權私權均與內地平等，以昭大同而享幸福，是所至望。"[②] 可以説，民國初年該組織在聯繫蒙藏各地喇嘛上層、宣佈民國政策等方面承擔了主要的聯絡工作。

1912 年 4 月 21 日，袁世凱發佈大總統令："現在五族共和，民蒙藏回各地方同為中華民國領土，則蒙藏回疆各民族即為我中華民國之民……現在統一政府業已成立，其理藩部事務著即歸併內務部接管，其隸於各部之事仍劃各部管理。在地方制度未經劃一規定以前，所有蒙藏回疆應辦事宜均各仍照向例辦理。"[③] 按照此項命令，在內務部下設蒙藏事務處，專管蒙藏事務。不久，將其擴充改設為直隸於國務總理的蒙藏事務局，設總裁、副總裁各 1 人，未任命正總裁以前，暫由副總裁姚錫光負責管理。

接着，鑒於當時外蒙古和呼倫貝爾的"獨立"以及內蒙古等地的局勢尚不穩定，在駐京蒙古王公們的要求下，民國政府於 1912 年 8 月 19 日頒佈"蒙古待遇條例"，保證蒙古王公上層所享有的各種特權一律照舊，並對宗教上層作出承諾："蒙古各地呼圖克圖喇嘛等原有之封號概仍其舊。"與此同時，蒙藏事務局副總裁姚錫光向大總統袁世凱呈稱："現當共和成立，五族一家，締造新邦，自以維持宗教為急務。按照優待條件，蒙古各王公等既有特殊之待遇，而各處喇嘛、活佛等駐錫各邊，闡揚玄理，亦宜優加蕃錫，藉勵清修。"並請"所有內外蒙各盟旗及西藏等處地方喇嘛、活佛等，無論已否賜有名號，應准其一律開具清單，由大總統再加封號，以示優崇"，得到袁世凱批准。[④] 同年 9 月 9 日，袁世凱任命內蒙古卓索圖盟喀喇沁右旗扎薩克郡王（10 月晉封親王）貢桑諾爾布為蒙藏事務局總裁。[⑤]

在此背景下，章嘉呼圖克圖為了謁見大總統袁世凱，由多倫諾爾起程，於 1912 年 9 月 26 日抵達北京。因其是民國成立後初次進京，受到特別重視。蒙藏事務局事先擬具待遇禮節，交通部奉令特派花車至張家口迎接，並由蒙藏事務局派出專員及京城喇嘛印務處護印扎薩克喇嘛等負責接待。[⑥]

---

① 《呈文·扎薩克喇嘛烏勒吉巴雅爾、羅布桑貢噶、江參桑布、特瑪巴咱爾（應為巴特瑪巴咱爾。——引者注），大格斯貴達喇嘛巴拉貢扎布、巴圖爾桑，達喇嘛等千餘人之代表得木奇阿旺尊追，職員沈鈞、扎拉豐阿、存瑞等為組織蒙藏統一政治改良會，以期聯絡蒙藏，實求共和幸福事》，《臨時公報》1912 年 3 月 26 日。

② 《臨時大總統令》，《臨時公報》1912 年 3 月 26 日。

③ 《內務部酌設蒙藏事務處等緣由公咨》，《臨時公報》1912 年 4 月 24 日。

④ 《蒙藏事務局副總裁姚錫光呈大總統擬將蒙藏等處喇嘛活佛開單再加封號並援例准賜廟名匾額請批示祇遵文並批》，《政府公報》第 124 號，1912 年 9 月 1 日，公文。

⑤ 《臨時大總統令》，《政府公報》第 133 號，1912 年 9 月 10 日，命令。

⑥ 《蒙藏事務局覆國務院秘書廳擬訂章嘉呼圖克圖等來京晉謁大總統待遇禮節單請查照函附單》，《政府公報》第 142 號，1912 年 9 月 19 日，公文。

10 月 19 日，袁世凱發佈命令："章嘉呼圖克圖道行高超，湛深教旨，此次來京謁見，備抒悃忱，深為嘉慰。兹特加封宏濟光明名號，准用其前輩所得黄轎九龍坐褥，並賞穿帶嗉貂褂，賚予銀一萬元。其商卓特巴扎薩克巴彦濟爾噶勒給用紫繮，以示獎勵。"[①] 又經蒙藏事務局呈請大總統，加給章嘉呼圖克圖年俸銀一萬元，以示優待。[②]11 月，又將章嘉呼圖克圖之父台吉噶爾瑪林沁晉封為輔國公，其母蘇木濟特晉封為公夫人。[③] 接着，章嘉呼圖克圖委派屬下各喇嘛活佛等前往蒙古各地，宣傳政府對蒙政策，勸導其傾心内向，為穩定民初的蒙古局勢發揮了重要作用。同時，各地喇嘛上層等紛紛表示贊成共和，得到了民國政府的普遍加封和獎勵。

1915 年底，袁世凱籌擬稱帝，章嘉呼圖克圖晉謁袁世凱，代表内蒙古僧俗人等奏請"早登大位，鞏固邦基"而受到嘉獎。[④] 袁世凱稱帝後，於 1916 年 1 月 19 日加封"昭因闡化"名號。[⑤]

在袁世凱政府對喇嘛上層的籠絡政策下，章嘉呼圖克圖原有的名號不僅兩次得到加封，他還作為駐京各呼圖克圖之首，繼續充任京城各廟額設之掌印扎薩克達喇嘛一缺，並掌管其辦事機構——原設於弘仁寺、當時已遷移至雍和宫的京城喇嘛印務處。同時，他還掌管在内蒙古多倫諾爾所設喇嘛印務處，以及西寧、五臺山等處所屬各寺廟事務。其在北京的駐錫地，設於所屬嵩祝寺。按照清代慣例，章嘉呼圖克圖於每年夏季前往多倫避暑或赴五臺山唪經，往來於北京、多倫、五臺山、西寧等所屬各寺廟，辦理宗教事務；每遇出口或進京，均由蒙藏事務局（院）呈請大總統，派專車迎接或提供各種便利，享受很高的待遇。

然而，民國初期對蒙古宗教上層的優待，考慮更多的是利用喇嘛活佛的宗教影響先穩定内蒙古、青海等地各蒙旗，並以此來影響當時已宣佈"獨立"的外蒙古宗教上層，同時為下一步通過與俄國的交涉解決外蒙古問題争取時間並掌握更多有利證據。這與其説是宗教上的籠絡政策，倒不如説是權宜之計，自然不能與清代前中期尊崇喇嘛活佛、廣建寺廟、鼓勵人們充當喇嘛等昔日的政策同日而語。

三　蒙藏院對喇嘛上層及章嘉呼圖克圖的限制

民國政府在成立初期對藏蒙佛教上層雖曾承諾原有之名號概仍其舊，並普遍給予賞賚、加封，但隨着民國政府對蒙古的各項政策措施的展開，對喇嘛上層的限制也與此同步進行。

① 《臨時大總統令》，《政府公報》第 172 號，1912 年 10 月 20 日，命令。

② 《蒙藏事務局呈大總統擬加給章嘉呼圖克圖年俸銀一萬元請批示祗遵文並批》，《政府公報》第 184 號，1912 年 11 月 1 日，公文。

③ 《臨時大總統令》，《政府公報》第 196 號，1912 年 11 月 13 日，命令。

④ 《章嘉呼圖克圖率前派代表各員暨内蒙古僧俗人等奏請早登大位鞏固邦基摺並批令》，《政府公報》第 1299 號，1915 年 12 月 19 日，呈。

⑤ 《政事堂奉批令》，《政府公報》第 15 號，1916 年 1 月 20 日，命令。

如前提及，1912 年 3 月袁世凱批准成立蒙藏統一政治改良會，准許呼圖克圖喇嘛等各抒政見之後，即遭到當時以喀爾喀親王那彥圖、喀喇沁右旗扎薩克郡王貢桑諾爾布等駐京蒙古王公為主組織起來的蒙古王公聯合會的質疑。蒙古王公聯合會在給袁世凱的呈文中指出："蒙古行政向係各旗扎薩克王公委任各項官員分負責任，喇嘛專闡宗教，不得干預政治，與西藏制度喇嘛兼有行政權者迥不相同，數百年來相沿如此。……此次扎薩克喇嘛組織蒙藏統一政治改良會，是將有宗教政治混合之結果，其於西藏情勢固為切合，若對於蒙古，則不免扞格並恐馴至擾亂，且以事理言之，適成退化。……所謂各抒政見者，在蒙古惟責王公，在西藏則屬之呼圖克圖喇嘛，各無相越，斯各得相安。並飭該會喇嘛勿得干預蒙古行政事宜。"① 另據《大公報》（天津版）的報道，蒙古王公聯合會與蒙藏統一政治改良會還曾圍繞蒙古政教分權的問題進行過討論。報道稱："蒙古聯合會及蒙藏統一會日昨公同會議關於政教分權問題，研究竟日，尚未决定端倪。惟聞蒙古王公之議，擬先由兩會分定權限，即令蒙古聯合會統司政權，由蒙藏統一會專司教權，為將來政教劃分之預備。惟得木奇阿旺尊追喇嘛等不願專任教務，仍欲干涉政權以符蒙藏統一政治改良會之名義。"②

駐京蒙古王公對蒙藏統一政治改良會的戒備，固有其爭奪主導權的一面，但蒙古王公所持有的限制喇嘛教的認識基礎也是不能忽略的。不久，蒙藏事務局成立，蒙古的行政與教務均歸其統一管理；原倡導組建蒙古王公聯合會的喀喇沁王貢桑諾爾布出任蒙藏事務局總裁，為推行其限制喇嘛教的措施，創造了有利的條件。

對於蒙藏統一政治改良會成立後的活動，除了蒙古王公聯合會，涉及蒙旗的另一個機構——辦理各盟蒙旗事宜處也非常不滿。早在武昌起義爆發後，清廷為了防止東北的反清勢力滲入蒙古各旗，以及宣佈朝廷德意、維持穩定，於 1912 年 1 月曾給僧格林沁曾孫駐京蒙古王公科爾沁博多勒噶臺親王阿穆爾靈圭授以"欽命辦理各盟蒙旗事宜"的職銜，派赴内蒙古東部負責辦理各蒙旗事宜。民國成立後該職銜及其辦事機構得以保留。③

1912 年 11 月底或 12 月初，阿穆爾靈圭咨文蒙藏事務局稱："前因蒙藏統一政治改良會破壞蒙旗政治，擅刊蒙古全藏政治改良總理衙門之印，藉端招摇各等情，業經呈明大總統並函致國務院查核在案。查該會違背立會初旨，濫使法權，該會存在一日，蒙旗即多受一日之危害，若不迅飭取消，攸關大局，實匪淺鮮。"並請轉呈撤銷該組織。④ 這一咨請，恰好給蒙藏事務局以此為突破口統一事權提供了機會。緊接着，蒙藏事務局向袁世凱呈文提出："查辦理蒙旗事宜處及蒙藏統一政治改良會，其設立均在本局未經開辦之先。成立日久，衝突時聞，每每發生事端，本局幾窮於應付，以致行政不能畫一，權限不能專屬。長此因循不變，

---

① 《蒙古聯合會主張政教分權》，《申報》1912 年 4 月 5 日，第 2 版。

② 《會議政教分權問題》，《大公報》（天津版）1912 年 4 月 10 日。

③ 參見汪炳明《辛亥革命時阿王"辦理各盟蒙旗事宜"的始末》，《東北地方史研究》1985 年第 4 期。

④ 《蒙藏事務局呈大總統擬請飭令裁撤辦理蒙旗事宜處以一事權文》，《政府公報》第 237 號，1912 年 12 月 24 日，公文。

大之則政令紛歧，小之則互相掣肘，於大局不無關係。蒙藏統一政治改良會門牌、印信均用總理衙門之名稱，殊屬不合。其内容之組織、辦事之干預政權，均不免藉口統一政治四字，以為侵權越分之根據。結社集會本為法律所許，藉會以行權，實為法律所不容。取消固所不可，然應改組辦法，更定名稱，以符私立法團之實際。應請明頒訓令，將該會更名為蒙藏改良會，自行刊刻圖記，不得擅用關防印信，並將規則另行厘訂，呈由本局核准。嗣後該會果有所見，均准隨時呈請本局待認可而後遵行，不得違悖法律，侵越政權，以免歧異。或有建議於大總統及國務院事件，應請交由本局核議辦理。至辦理蒙旗事宜處，本係本局未設以前一時權宜之計，在今日則為贅疣，擬請飭令裁撤，以一事權。”①

12 月 7 日，袁世凱發佈命令："蒙藏事務關係綦鉅，前經責成該局切實整理。所有辦理蒙旗事宜處成立在前，本屬當日權宜之計，應即裁撤，以一事權。至蒙藏統一政治改良會，原係私立法團之性質，乃在會者不明法理，未免侵越政權，殊屬不合。應由該會酌改名稱，另刊圖記，並厘訂規則，呈由蒙藏事務局核定。嗣後該會對於蒙藏事務果有所見，仍准其隨時呈局察核施行。”② 至於蒙藏統一政治改良會後來是否更改名稱、另刊圖記等問題，未見有更多的記載。但綜觀相關史料和研究，該組織的活動主要集中在 1912 年，活動區域涉及内蒙古、西藏等地，在宣傳民國政府對蒙古、西藏的政策，聯絡宗教上層，使其傾心内向等方面，確曾發揮過重要作用。然而在蒙古王公的防備下，其對蒙古的行政事務影響甚微，隨着蒙藏事務局的建議被大總統袁世凱採納，其活動也受到了限制。1913 年 5 月，該會骨幹雍和宫得木奇喇嘛阿旺尊追因“不守規則，勾結黨羽，致滋絶大關係之事，實污教旨”，被“革去一切職務”；其扎薩克喇嘛巴達瑪巴雜爾也因“教徒逞禍，不知管束，偏徇袒護，亦有應得之咎”，受到“應即開缺”之處分。③

民國政府對蒙藏統一政治改良會的限制，既有滿足駐京蒙古王公們要求的一面，又有出於保證蒙藏事務局的行政管理不受干擾順利進行的考慮。這件事，雖與章嘉呼圖克圖並無直接關係，但表明了民國政府對蒙古宗教上層的態度，那就是不准喇嘛呼圖克圖等干預蒙古的行政事務。

1913 年，蒙藏事務局呈請將清代原設之蒙古學、唐古特學等舊有官學設施加以合併或取消，開辦新式教育機構蒙藏學校。在此過程中，原由章嘉呼圖克圖管理的唐古特學被取消，亦未允其參與蒙藏學校的管理事務。蒙藏事務局在呈文中提出，“本局現正籌辦蒙藏學校，專辦學務，分科授課，應按照教育部章程辦理。查從前唐古忒學，管理學務者為章嘉呼圖克圖，其教授學生者為西藏堪布喇嘛二員、西藏通事喇嘛一員，此外有翻譯事件喇嘛一員，隨

① 《蒙藏事務局呈大總統擬請飭令裁撤辦理蒙旗事宜處以一事權文》，《政府公報》第 237 號，1912 年 12 月 24 日，公文。

② 《臨時大總統訓令第六號》，《政府公報》第 221 號，1912 年 12 月 8 日，命令。

③ 《蒙藏事務局呈大總統擬將雍和宫另設副達喇嘛得木奇阿旺尊追革去一切職務並將不知管束教徒之扎薩克喇嘛開缺示懲等情請訓示施行文並批》，《政府公報》第 371 號，1913 年 5 月 19 日，公文。

同翻譯事件固什喇嘛十員。今本局現正籌辦蒙藏學校，自應另延熟悉學務人員充當校長。唐古忒學已經取銷，毋庸再令章嘉呼圖克圖管理。其教授學生之西藏堪布喇嘛以及教授學生之通事喇嘛，應俟該校開辦時酌量派委，充當教員。其向來之應食錢糧米石及撥給房間等事，仍按照向例辦理。至揀選翻譯事件教員喇嘛以及隨同翻譯事件固什喇嘛等項，擬劃歸喇嘛印務處辦理，以清權限而專責成”，得到袁世凱批准。① 可以看出蒙藏學校的辦學方針，仍不允許喇嘛呼圖克圖等干預蒙藏等民族的教育行政。

蒙藏院對喇嘛呼圖克圖的限制，在公文呈遞方面的政令中也有體現。民國成立初期，在一度准許蒙古王公和呼圖克圖喇嘛等“各抒政見”的背景下，無論蒙旗扎薩克還是閑散王公以及喇嘛等，常有直接向大總統或相關部院提出呈請之事，給蒙藏院的統一管理造成一定的混亂。因此，蒙藏院曾專門擬定“蒙古王公喇嘛呈文辦法”，經袁世凱批准，於1914年7月3日以大總統申令正式頒佈。申令强調：“……至各呼圖克圖本以清净為主，更無干涉行政事務之理。此次明令之後，自章嘉以次遇有具呈事件，駐京有商卓特巴扎薩克喇嘛者，均由該喇嘛代為呈遞蒙藏院核辦；在外各呼圖克圖無論有無商卓特巴扎薩克喇嘛，均自行呈明本管各旗扎薩克或盟長，轉呈蒙藏院查核辦理；其所呈請事件，並應以教務及所屬寺廟事件為限，毋得妄干政治。”② 接着，蒙藏院總裁貢桑諾爾布發佈院飭，將此飭交京城及多倫諾爾喇嘛印務處、護理甘珠爾瓦呼圖克圖阿噶旺彥林丕勒轉知各呼圖克圖、喇嘛等一體遵照。③

此項申令發佈後，似乎仍有不遵政令、越權干預情事。半年後的1915年1月，蒙藏院再次重申以上申令，飭交喇嘛印務處務必遵照，並强調“倘不遵此手續辦理，本院一概立予駁斥，一面嚴飭喇嘛印務處查訪。如查出有不肖人等從中勾引蒙民扛幫插訟，立即呈明本院，並當嚴予重懲”。④ 而據相關史料，未經蒙藏院轉呈而受到斥責的事例，仍時有發生，本文在此不再展開。

1921年2月，蒙藏院曾於院内設立一臨時機關——蒙藏世爵世職暨喇嘛懲戒會，遇有應行懲戒事件，由該會負責審查議決辦理；並相應擬定該會條例10條，呈准施行。條例規定，該會掌議決蒙古及西藏王公、官員、喇嘛等懲戒事項；懲戒處分暫時適用理藩部舊例，其別有專條為舊例所未備者，並得援用之；等等。⑤

總之，北京政府對蒙古佛教上層雖多有籠絡或優待，但同時採取了很多限制措施。單從宗教信仰來看，不僅以袁世凱為首的北洋軍閥無須喇嘛為其誦經祈福，就連一直篤信喇嘛的蒙古各階層中亦已出現限制喇嘛教的思想認識。儘管章嘉呼圖克圖自認為是内蒙古的宗教領

① 《蒙藏事務局呈大總統報明籌辦蒙藏學校各情形請鑒核施行文並批》，《政府公報》第298號，1913年3月6日，公文。

② 《大總統申令》，《政府公報》第776號，1914年7月4日，命令。

③ 《蒙藏院飭第七十四、八十二號》，《政府公報》第797號，1914年7月25日，飭。

④ 《蒙藏院飭》，《政府公報》第980號，1915年1月30日，飭。

⑤ 《蒙藏院總裁貢桑諾爾布呈大總統援案酌擬蒙藏世爵世職暨喇嘛懲戒條例並設臨時會情形文（附條例）》，《政府公報》第1829號，1921年3月27日，公文。

袖，情況也並無二致。

四 察哈爾左右翼各旗群寺廟管理權限的劃分

章嘉呼圖克圖雖曾受到民國政府的各種優待，但其原有的宗教權力並非原封不動地延續或保留，1912年民國政府就察哈爾左右翼各旗群寺廟的管理問題所作的權限劃分，即是直接體現。嗣後章嘉呼圖克圖與蒙藏院的關係逐漸惡化，亦以此為開端。

1912年9月26日章嘉呼圖克圖抵京之際，已經到京等候袁世凱接見的還有三位來自內蒙古的呼圖克圖喇嘛，他們分別是甘珠爾瓦呼圖克圖、察哈爾格布錫綽爾濟、烏蘭察布盟杜英呼圖克圖。據第五世甘珠爾瓦呼圖克圖追憶，其先世大多轉世於青海，民初來京的是第四世甘珠爾瓦呼圖克圖（按先世源流為第十六世）。四世甘珠爾瓦於1854年轉世於青海，16歲時來到蒙古坐床，在五當召學經禪修20年。後來應邀前往呼倫貝爾宣教，一度還曾遠去布里雅特講經，但常居於多倫諾爾。[①]另據蒙藏事務局於1912年10月初開具的"謁見大總統呼圖克圖名單"，其封號為"廣經安命愛誠甘珠爾瓦莫爾根呼圖克圖"。[②]

據蒙藏統一政治改良會的報告，早在1912年5月，甘珠爾瓦呼圖克圖就曾派代表達喇嘛阿噶旺彥林丕勒到京與該會聯絡，表示贊成共和。隨即由該會向袁世凱代陳，並請優加獎勵。對此，袁世凱作出批示："甘珠爾瓦呼圖克圖向為錫林郭勒盟及察哈爾、巴爾扈（虎）各旗所信仰。此次深明大義，洞悉時局，事前既經安撫蒙衆，保全秩序，事後又能勸導各該蒙旗不為浮言所摇惑。兹派達喇嘛阿克旺彥林丕爾來京贊成共和，深堪嘉許。甘珠爾瓦呼圖克圖准其乘坐前輩受賞黄圍車、貂皮坐褥；阿克旺彥林丕爾作為商卓特巴扎薩克迅即回廟，傳知甘珠爾瓦呼圖克圖宣佈共和意旨，邀同各該蒙旗代表來京翊贊共和，均予一體優待。"[③] 9月，蒙藏統一政治改良會又向蒙藏事務局報告："甘珠爾瓦已四面派人宣佈大總統德意，並極力勸導已附庫倫、由半途追回之西（錫）林果勒副盟長烏珠穆沁扎薩克和碩親王之代表暨駐察哈爾旗活佛格布錫呼圖克圖、駐烏蘭察布盟活佛杜英呼圖克圖暨察哈爾蒙古三總管及蒙古官員、徒衆等四十餘人均恭賫贐品，於九月十八號即陰曆八月初八日到口（指張家口）。"[④]可見，甘珠爾瓦呼圖克圖等晉京事宜，是事先與蒙藏統一政治改良會聯絡、經袁世凱批准而促成，因此受到格外重視，由蒙藏事務局、交通部派員或派車辦理了接待事宜。甘珠爾瓦呼圖克圖一行於9月19日即早於章嘉呼圖克圖一周就已抵達北京，駐錫於雍和宫。

---

① 札奇斯欽、海爾保羅撰述《一位活佛的傳記——末代甘珠爾瓦·呼圖克圖的自述》，臺北：聯經出版事業公司，1983，第30—31頁。

② 《蒙藏事務局開具謁見大總統呼圖克圖名單》，《政府公報》第155號，1912年10月2日，通告。

③ 《中華民國元年五月二十二日大總統批》，中國第二歷史檔案館藏蒙藏院檔案，内蒙古檔案館影印件，440-13號。

④ 《蒙藏事務局致内務交通部甘珠爾瓦呼圖克圖等定期來京請照禮節單優待各條特派警隊保護／花車赴口迎接函》，《政府公報》第142號，1912年9月19日，公文。

1912年10月19日，即加封章嘉呼圖克圖的同一天，袁世凱又發佈命令："甘珠爾瓦呼圖克圖宣明佛理，翊贊共和，厥功甚偉。玆特加封圓通善慧名號，並賞穿帶嗉貂褂，賚予銀一萬元。其商卓特巴扎薩克喇嘛阿克旺彥林丕爾給用紫繮，以示優異。"[①] 此外，還賞賚章嘉和甘珠爾瓦兩位呼圖克圖"哈達各一方、貂褂各一件、朝珠各一貫、黄緞各二匹、片金緞各二匹、金錶各一枚、珊瑚手串各一貫、鼻煙瓶各一對"；又給兩位商卓特巴扎薩克喇嘛巴彥濟爾噶勒、阿噶旺彥林丕勒賚品"哈達各一方、黄緞各二匹、黄綢各二匹、磁瓶各一對、銀錶各一枚"。[②] 可見，不僅甘珠爾瓦的接待規格和賞賚標準與前述章嘉呼圖克圖的情况相同，而且賞給兩位商卓特巴喇嘛的紫繮和賚品也完全一樣。

與此同時，蒙藏事務局向大總統袁世凱呈文稱："章嘉呼圖克圖、甘珠爾瓦呼圖克圖到京以來，先後謁見大總統，均蒙俯賜慰勞，禮遇有加……擬請將察哈爾右翼四旗所有寺廟喇嘛概歸章嘉呼圖克圖管理，察哈爾左翼四旗並三牧廠寺廟喇嘛概歸甘珠爾瓦呼圖克圖管理。"並請將"關於地方政務及一切重要事件，仍歸各該總管管理"。10月25日，袁世凱批示"應即照准"。[③]

作為民族事務管理機構，蒙藏事務局提出這一方案的目的看來還是比較明顯的，那就是宗教事務和地方政務必須分開，章嘉呼圖克圖等喇嘛活佛衹負責寺廟與喇嘛事務，不得干預應歸察哈爾各旗總管管理的地方政務和重要事件，即便在宗教事務上也應進行權力分割，以避免政教權限不清或因宗教權力過於集中於一人之手而帶來管理上的不便。民國政府或許還考慮到章嘉呼圖克圖當時還年輕，而甘珠爾瓦則正處中年、在響應外蒙古宣佈"獨立"的呼倫貝爾等地或有影響力。這再次表明新成立的民國政府不准許宗教上層干預蒙古政治這一基本方針。

而從章嘉呼圖克圖的角度來看，民國政府在接待禮儀、加封名號、賞賚標準、權限劃分等各方面給予傳統上歸其所掌管的多倫喇嘛印務處統一管理的甘珠爾瓦呼圖克圖同等待遇，顯然是降低了自己的身份，削弱了自己的權力。這樣，蒙藏事務局的這一決定引起章嘉呼圖克圖的不滿，為日後章嘉呼圖克圖及其商卓特巴喇嘛與甘珠爾瓦呼圖克圖及其商卓特巴喇嘛以及蒙藏院之間的矛盾埋下了伏筆。

甘珠爾瓦呼圖克圖等在北京滯留月餘後，於10月底返回内蒙古。不久離開多倫，遷居至元上都遺址所在的召奈曼蘇木（漢文史料多作昭蘇乃木城）地方。1913年1月，以歲紀更新，還曾特派其屬下喇嘛進京祝賀，呈遞贐品。[④] 然而，6、7月，外蒙古軍隊竄犯至内蒙古察

① 《臨時大總統令》，《政府公報》第172號，1912年10月20日，命令。

② 《蒙藏事務局呈大總統備齊賚予章嘉甘珠爾瓦兩呼圖克圖及隨來喇嘛等品物照章應由局發交開單請批示衹遵文並批（附單）》，《政府公報》第181號，1912年10月29日，公文。

③ 《蒙藏事務局呈大總統擬將察哈爾右翼四旗及左翼四旗三牧廠各寺廟喇嘛分別歸章嘉呼圖克圖暨甘珠爾瓦呼圖克圖管理請鑒核示遵文並批》，《政府公報》第179號，1912年10月27日，公文。

④ 《蒙藏事務局呈大總統代遞甘珠爾瓦呼圖克圖特派喇嘛賚呈壽佛哈達等品以伸賀忱文並批》，《政府公報》第248號，1913年1月14日，公文。

哈爾各旗境内，在昭蘇乃木城一帶與民國政府軍隊對峙的軍事衝突中，甘珠爾瓦呼圖克圖被多倫鎮守使王懷慶屬下統領高青雲殺害。關於這件事，五世甘珠爾瓦呼圖克圖追述："這位王都統（指王懷慶）在多倫的時候，就和章嘉大師的屬下有比較親密的往來。他難免受到章嘉大師屬下一些不肖弟子們的影響，而作出這件重大的錯誤。"① 後來，1914 年 8 月 23 日，袁世凱發佈命令，將甘珠爾瓦呼圖克圖"准從優照親王例予祭"，並再給予一次恤金一千元，以慰幽魂。② 同時又批示："前充淮軍統領高青雲，輒敢擅自殺斃，事後復畏罪潛逃，實屬法無可逭。高青雲應如所擬，處以死刑，由陸軍部通飭嚴密查拿，務獲懲辦"。③ 但後來是否拿獲懲辦，不得而知。

民國政府雖然將察哈爾各旗群寺廟僧衆的管理權限劃分為二，向章嘉呼圖克圖和甘珠爾瓦呼圖克圖分别頒給印信，但實際上仍如同虚設，未能發揮多少作用，而且還帶來了另一個新的問題。那就是清代所設多倫喇嘛印務處照舊存續之外，又多出了兩個權力相等的掌管喇嘛寺廟事務的機構，而對於新設機構與多倫喇嘛印務處的權力關係，並未作出明確規定。從當時察哈爾右翼四旗各寺僧衆事務的具體管理情況來看，1913 年章嘉呼圖克圖向蒙藏事務局呈文提出："該四旗之各寺在先散隸各本旗管轄，本屬各為門户，事務繁歧，現既統屬一治，綜合一切，整理教章，自非專設機關，實難期諸就緒。"擬請將管理察哈爾右翼四旗各寺僧衆之執掌暫歸併多倫喇嘛印務處兼辦，得到民國政府批准。④ 而甘珠爾瓦呼圖克圖圓寂後，其管理察哈爾左翼四旗三牧廠各寺僧衆印信由其商卓特巴喇嘛阿噶旺彦林丕勒護理。⑤ 從此，該喇嘛與章嘉呼圖克圖屬下的商卓特巴喇嘛之間的摩擦、矛盾日漸激化。

五 蒙藏院强化對雍和宫的管理與章嘉呼圖克圖的態度

雍和宫，清乾隆九年（1744）由世宗舊邸改建，後來逐漸發展為北京著名的藏傳佛教寺廟之一。其掌管教務之扎薩克堪布，雖例由西藏遣派之喇嘛充任，但其額定喇嘛 300 餘人，皆由蒙古各旗選送，在蒙古各盟旗中具有重要影響力。雍和宫作為皇家寺院，其行政事務例由清廷内務府和理藩院（部）兼管；宗教上的事務則由理藩院（部）下屬京城喇嘛印務處負責管理。

民國成立初期，雍和宫扎薩克喇嘛江贊桑布、得木奇阿旺尊追等，在姚錫光所派沈鈞等人的勸導下，率先贊成共和，並聯合北京其他寺廟喇嘛等，組織成立蒙藏統一政治改良會，

① 札奇斯欽、海爾保羅撰述《一位活佛的傳記——末代甘珠爾瓦·呼圖克圖的自述》，第 35 頁。

② 《大總統批令》，《政府公報》第 827 號，1914 年 8 月 24 日，命令。

③ 《蒙藏院呈甘珠爾瓦呼圖克圖被戕一案業經判决請從優照親王禮予祭並可否再給予一次恤金一千元請示文並批令》，《政府公報》第 829 號，1914 年 8 月 26 日，呈。

④ 《蒙藏事務局呈大總統查管理察哈爾右翼四旗各寺僧衆印務應准暫歸多倫諾爾喇嘛印務處兼辦請鈞鑒訓示祗遵文並批》，《政府公報》第 468 號，1913 年 8 月 24 日，公文。

⑤ 《大總統批令》，《政府公報》第 780 號，1914 年 7 月 8 日，命令。

其辦公處所就設在雍和宫。這樣一來，當時雍和宫實際成為與原設京城喇嘛印務處並存的另一宗教團體蒙藏統一政治改良會的重要活動據點。從此，隨着蒙藏院逐漸强化對雍和宫的管理並向遊客開放，其與掌管京城喇嘛印務處的章嘉呼圖克圖之間積纍了不少矛盾。下面先從民國初期雍和宫管理上的人事變動説起。

在教務管理方面，民國初年雍和宫扎薩克喇嘛為江贊桑布，1913年2月，該喇嘛以“夙明大義、首贊共和”，被袁世凱政府加封為默爾根諾們罕名號。[①]4月，經蒙藏事務局呈請，令其署理五臺山扎薩克喇嘛。[②]5月，前文所提雍和宫得木奇蒙藏統一政治改良會骨幹阿旺尊追被“革去一切職務”。[③]1914年6月，江贊桑布赴五臺山就任。[④]這種人事變動的背後，除有前述蒙藏事務局對蒙藏統一政治改良會的限制因素外，作為京城喇嘛印務處掌印，章嘉呼圖克圖的影響也是不能忽略的。因為各寺廟職任喇嘛的升遷調補事項，在程序上均由喇嘛印務處呈請蒙藏事務局（院）核准辦理。

江贊桑布被調往五臺山之後，雍和宫扎薩克喇嘛遺缺，遂派福佑寺扎薩克喇嘛伊敦加巴代管。[⑤]該喇嘛一直代管至1917年2月。[⑥]1917年3月至1918年9月，派禪福寺扎薩克喇嘛巴拉根加布接任代管。[⑦]另據史料記載，代管喇嘛伊敦加巴於1915年2月章嘉呼圖克圖回籍省親期間曾護理京城喇嘛印務處扎薩克達喇嘛印信暨弘仁寺事務。[⑧]另一位代管喇嘛巴拉根加布也先後於1914年6月、1915年8月在章嘉呼圖克圖出口避暑或請假在外期間，護理京城喇嘛印務處印務及弘仁寺事務。[⑨]可以推測，先後代管雍和宫扎薩克喇嘛印務的伊敦加巴、巴拉根加布應為深得章嘉呼圖克圖信任的高層喇嘛。此外，1915年初内務部提議雍和宫年久失修需要修葺時，章嘉呼圖克圖曾提出“身為黄教領袖，自應竭盡綿薄勉助工款”，並措洋一

---

① 《臨時大總統令》，《政府公報》第227號，1913年2月12日，命令。

② 《蒙藏院總裁貢桑諾爾布呈政治會議委員雍和宫扎薩克喇嘛江贊桑布前經批准署任五臺山扎薩克喇嘛現在政治會議奉令停止應即飭赴五臺山署任請鈞鑒文並批令》，《政府公報》第757號，1914年6月15日，呈。

③ 《蒙藏事務局呈大總統擬將雍和宫另設副達喇嘛得木奇阿旺尊追革去一切職務並將不知管束教徒之扎薩克喇嘛開缺示懲等情請訓示施行文並批》，《政府公報》第371號，1913年5月19日，公文。

④ 《蒙藏院總裁貢桑諾爾布呈政治會議委員雍和宫扎薩克喇嘛江贊桑布前經批准署任五臺山扎薩克喇嘛現在政治會議奉令停止應即飭赴五臺山署任請鈞鑒文並批令》，《政府公報》第757號，1914年6月15日，呈。

⑤ 《蒙藏院呈京城喇嘛印務處暨雍和宫喇嘛等諷經恭祝壽辰並呈遞贐品據情代呈文並批令》，《政府公報》第840號，1914年9月6日，呈。

⑥ 《蒙藏院指令·令喇嘛印務處》，《政府公報》第391號，1917年2月11日，命令。

⑦ 《蒙藏院訓令第三十六》，《政府公報》第872號，1918年6月28日，命令；《大總統指令第一千六百二十一號》，《政府公報》第963號，1918年9月30日，命令。

⑧ 《蒙藏院呈據喇嘛印務處詳報章嘉呼圖克圖請假回籍委派福佑寺扎薩克喇嘛護理印信暨管理廟務情形文並批令》，《政府公報》第1012號，1915年3月4日，呈。

⑨ 《蒙藏院總裁貢桑諾爾布呈報京城扎薩克喇嘛印鑰及弘仁寺事務均派禪福寺扎薩克巴拉根加布護理文並批令》，《政府公報》第754號，1914年6月12日，呈；《蒙藏院照會錫盟東蘇尼特親王旗兹掣定固什哩呼圖克圖之呼畢勒罕請查照飭遵文》，《政府公報》第219號，1916年8月13日，照會。

千元，以補助興修之用。[①]可以看出，雍和宫職任喇嘛的調换與工程款項的資助，對章嘉呼圖克圖提高其對該廟的影響力應該起到了重要作用。

在行政管理方面，1918年以前，蒙藏事務局（院）並未制定管理雍和宫方面的法規條例，亦未派出專管人員直接管理，而祇是派出管理喇嘛印務處事務人員進行間接管理。如1912年12月蒙藏事務局曾派出龔銘鳳、黄恭輔二人負責管理喇嘛印務處事務。[②]在這樣的管理體制下，1918年上半年雍和宫曾發生一起該廟喇嘛梁恩和、栖木次林等向京師地方檢察廳起訴該廟白得木奇盗賣官物案，章嘉呼圖克圖也捲入其中，這給蒙藏院强化其管理提供了機會。該案始末大致如下。

1918年上半年，京師地方檢察廳受理此案後，函請蒙藏院派員詳查，協助辦理。後經蒙藏院查明，以“梁恩和等所控多有不實不盡之處”進行了回覆。地方檢察廳再次傳唤梁恩和、栖木次林等到案嚴訊時，該喇嘛等仍堅持前供稱：“乾隆年之盔甲、寶劍、扎槍等，雖經章嘉活佛送回，已非原物；各殿閣銅佛、羅漢雖尊數仍舊，銅質已非。”而且，當時的《公言報》亦曾報道該廟喇嘛勾結外國僧人盗賣貴重物品之事，引起社會關注。因此，地方檢察廳認為“報紙所載，雖未可盡信，然該寺為貴院直轄寺廟，觀瞻所繫，似應根究虚實，俾釋群疑”，再行函請蒙藏院徹底查明見覆。[③]

同年6月26日，蒙藏院致函地方檢察廳，回覆其調查結果。公函稱，盔甲、劍槍等各件在“當章嘉呼圖克圖送還之時，本院按照原册，檢查相符……此外又無别項盔甲寶劍。而梁恩和等當時並未眼見此項物件，既指為確非原物，究竟如何方為原物，該喇嘛等有無特别見地，貴廳盡可訊明，或調取前項各物，另行鑒定”；關於“各殿閣銅佛、羅漢雖尊數仍舊，銅質已非”的問題，經蒙藏院查明，一部分為前清遺失賠補物品，一部分為1917年3月被盗小銅羅漢，並函請地方檢察廳依法辦理。至於《公言報》所載各節，“係得自某君來函”，“某君言之鑿鑿，不知何所根據”，並請檢察廳“依其職權，直接予以調查，是否故意造謡及其用意安在，自無難得其真相”。[④]地方檢察廳是否繼續審理該案，其結果如何，不得而知。而蒙藏院根據案件調查情况，對涉案人員及相關責任人進行了處分。

這些零星記載雖不足以梳理案件詳情，但章嘉呼圖克圖曾借還過雍和宫原藏盔甲、寶劍等古物，並因此事被捲進該案争執當中，這一點是能够確認的。這反映了章嘉呼圖克圖與雍和宫部分喇嘛之間存在的矛盾，以及雍古宫古物管理上的漏洞。

9月2日，蒙藏院制定公佈《管理雍和宫規則》15條。主要規定“雍和宫事務，向設扎薩克喇嘛管理，該喇嘛例有坐床教經之責，勢難兼顧，應由本院派員兼管”；“兼管雍和宫事

---

① 《蒙藏院呈章嘉呼圖克圖擬捐洋助修雍和宫洵屬熱心公益惟該工程應由内務部辦理如蒙允准俟咨商後令其交納請示遵文並批令》，《政府公報》第969號，1915年1月19日，呈。

② 《蒙藏事務局令喇嘛印務處派員管理該處事務文》，《政府公報》第220號，1912年12月7日，公文。

③ 《蒙藏院覆京師地方檢察廳函》，《政府公報》第861號，1918年6月17日，公文。

④ 《蒙藏院覆京師地方檢察廳函》，《政府公報》第861號，1918年6月17日，公文。

務員，秉承本院長官，管理該廟全體事務；但該廟例應呈報喇嘛印務處事件，仍由該管喇嘛照舊辦理"；"雍和宮各職任以下喇嘛，除由該管扎薩克喇嘛監督教管外，須受兼管雍和宮事務員之監督指揮；前項監督，其事務方面以兼管雍和宮事務員為主，教務方面以該管扎薩克喇嘛為主"；"雍和宮各殿庫，除看殿守庫者外，加派該廟各得木奇分管，以專責成；該廟得木奇六員，由兼管雍和宮事務員會同該管扎薩克喇嘛，將該廟各殿庫等處分為三區，每區派得木奇二人分管"；等等。此外，對殿內有關物品的遺失、損壞及其申報、處罰等做出了很多具體規定。①

9月6日，蒙藏院按照以上規則，派僉事黃恭輔兼管雍和宮事務。②這樣，蒙藏院通過對雍和宮進行行政管理和教務管理的劃分，將其行政管理納入自己的直接監督之下。1922年6月，蒙藏院還曾發佈院令"派參事尹良充喇嘛印務處兼行章京"③，進一步强化了對喇嘛印務處的管理。蒙藏院對喇嘛上層和寺廟的管理日漸强化，實際上意味着章嘉呼圖克圖的權力和影響力不斷被削弱，章嘉對蒙藏院的不滿越積越深。

蒙藏院將雍和宮向遊客開放及票款分配問題，也是引起章嘉呼圖克圖不滿的重要因素。關於雍和宮正式開放的緣起及時間，相關著述説法稍有出入。但是蒙藏院於1915年12月發佈的通告中説得很清楚。該通告稱："雍和宮廟像莊嚴，建築宏麗，第以宸遊舊地，例禁綦嚴，雖有人私往瞻覽，迄無開放明文。近聞該廟僧徒往往對於遊人藉端需索，實屬不成事體。現由本院酌定暫時售票規則數條，酌收票資，嚴禁私索，飭令該廟於一月一日開始實行。凡中外人士，如欲博觀勝迹，尚其惠然肯來，除交納額定票資外，若仍有需索、招摇等項情事，即希報告本院，予以相當之懲罰，以昭整肅而便觀瞻。"④由此可知，蒙藏院擬定雍和宮售票規則、正式向遊覽者開放，始於1916年1月1日。開放初期，蒙藏院在雍和宮設立導觀所，派專員管理開放事務。所收票款，由雍和宮内各得木奇喇嘛輪流值月，負責保管。每月底，不論收入多少，先提出二成，作為導觀所的辦公費和所内職員薪資；又提出一成，作為雍和宮内各項工程專款，其餘七成作為喇嘛補助生活費，按照全廟喇嘛人數平均分配。1918年4月，保管票款的得木奇携款潛逃，改由導觀所管理員兼負保管票款之責，並將票款按日送諸銀行，月底提出本金分配給衆喇嘛。⑤1920年4月，蒙藏院曾擬定《學生遊覽雍和宮收費減價章程》，對凡國立或公私立各學校學生在修業期間遊覽雍和宮時，給予減收原定券價之半價等優惠。⑥

---

① 《蒙藏院令·蒙藏院管理雍和宮規則》,《政府公報》第965號，1918年10月3日，命令。

② 《蒙藏院訓令·令喇嘛印務處》,《政府公報》第970號，1918年10月8日，命令。

③ 《蒙藏院令第三十四號》,《政府公報》第2283號，1922年7月12日，命令。

④ 《蒙藏院通告》,《政府公報》第1305號，1915年12月26日，通告。

⑤ 參見金梁編纂，牛力耕校訂《雍和宮志略》，中國藏學出版社，1994，第426—427頁。

⑥ 《蒙藏院指令》,《政府公報》第1509號，1920年4月27日，命令。

蒙藏院通過開放雍和宫，既消除了廟内僧徒向遊人索要錢財的積弊，又增加了可資分配的收入，並解決了衆喇嘛生計問題，從管理的角度來看，可謂效果顯著。然而，章嘉呼圖克圖却認為這些均為破壞宗教之舉措，甚為不滿。他在後來於 1926 年給國務院的呈文中强調："該廟原是本呼圖克圖應管之總印務處宗教行政之機關、衆僧唪經之所，且乃神佛之静地，何能任便婦女到處遊覽！如此破壞本教，希圖票價分肥，本呼圖克圖阻止多次，該院勾通該廟喇嘛置若罔聞。"[①]

六　蒙藏院變賣雍和宫古物事件與章嘉呼圖克圖的告發

從民初至 1921 年，儘管章嘉呼圖克圖對蒙藏院多有不滿，積壓了不少情緒，但表面上尚較平和，未曾發生重大衝突。而章嘉呼圖克圖與蒙藏院及其總裁貢桑諾爾布之間關係惡化，與蒙藏院變賣雍和宫古物未遂事件有直接關係。

關於此次事件，當時的官方文獻中未見有直接記述，均散見於對蒙藏院或時任總裁貢桑諾爾布的控告材料中。

1923 年形成的揭發貢桑諾爾布"罪行"的一份匿名材料對此次事件有如下記述："……去年因盗賣雍和宫古物，被步軍統領禁阻，該王憤而辭職。按其所為，本應立予重譴，乃政府崇尚寬大，繼任總裁又一味彌縫偏袒，僅將院内一二員司免職，敷衍了事。"接着又描述："查雍和宫為清世宗潛邸……内貯經典、法器及御用書籍、物品甚多，所值甚屬不貲。該總裁利欲薰心……别謀生計之道……適又因創辦蒙藏銀行，與陳副總裁意見衝突，遂另謀組織一蒙藏實業銀行，以相抵制。乃因股款招集不易……遂注及雍和宫所存古物。……故先以巧言聒於清皇室之内務府，以事成入銀行股相要約。又恐明言拍賣横生阻力，不便私圖也。復先開一次法物展覽會，以掩衆人耳目，藉參觀展覽之名，為估價盤查之實。……是以展覽之會甫終，拍賣之議維起。該總裁以迅雷不及之手段，密派心腹參事任承沆、義子僉事王鬱騤，以大車載運三十餘箱至福佑寺。不料事機不秘，竟為章嘉佛所聞，急向政府告密，遂被步軍統領查封……"[②]

此外，章嘉呼圖克圖在 1926 年給國務院的呈文中對此事件也有記述。該文稱："蒙藏院前次盗賣雍和宫之多年玉佛、磁佛各重要之古物，因本呼圖克圖有管該廟之責，其事並不知情，當即回明徐大總統核奪。後經派員查辦，並將移出數十箱之要件查封運回本廟。該院人員不知悔過，尚敢抵抗政府，全體辭職。當經政府照准，另放總裁，一面聘本呼圖克圖為公府高等蒙藏顧問，如再有弊端，事關大局，准隨時覲見報告。未經數月，徐大總統辭職，黎

① 《大國師章嘉活佛呈國務院文》，《内蒙黄教調查記》，第 36 頁。

② 《蒙藏回三族人民泣告全國同胞書》（附《貢桑諾爾布罪惡史》），《北洋軍閥史料·吴景濂卷》第 8 册，天津古籍出版社，1996。該史料後經李俊義、袁剛輯校，編入鄭曉光、李俊義主編《貢桑諾爾布史料拾遺》上册，内蒙古人民出版社，2012。

大總統復任。該院人員四處運動，由政府仍令貢桑諾爾布回任，以後每遇本呼圖克圖之事，無不容心破壞，窒礙難行。”[①]該呈文未提盜賣事件發生的具體時間，控訴的對象主要是蒙藏院，而對於貢桑諾爾布的“破壞”衹是順便提出來，似乎有所保留。

然而，章嘉呼圖克圖後來於1930年給南京國民政府的呈文中，却將此次事件直接説成是貢桑諾爾布所為。該呈稱：“民國八年，貢（指貢桑諾爾布）有私賣廟產佛像法器之嫌，章嘉曾與力争，呈明政府查察，從此結有深隙。”接着又稱：“民國八年，貢氏糾合其同夥，將雍和宫重要古物裝成數十箱，運出盜賣。後因敝大國師有管廟之責，當經告明政府……”[②]其他相關内容與以上1926年的呈文基本相同。

以上材料所記，均屬於單方面的控訴或揭發，並非行政司法機關的調查結論，未必均為事實，但在尚未發現更多史料的情况下，還是提供了重要的綫索。下面以上述記載為基礎，結合其他史料，對該事件的關鍵史實作一簡單梳理和分析。

該事件發生的時間，應在1921年下半年至1922年初這一時段，而非章嘉呼圖克圖所説的1919年。史料記載，1921年4月蒙藏院確實舉辦過雍和宫法物展覽會。為此，蒙藏院事先於同年2月設立籌備處，派王鬱駿為籌備處長，並將汪睿昌、胡文田等20餘人分派為籌備員、書記員，負責籌備展覽會事宜。[③]展覽會原定日期為4月1—5日，6日又延長一天。又因中西人士前往參觀者仍絡繹不絶，4月13—22日又續行展覽。[④]展覽結束大約一年後，1922年4月5日，民國政府批准貢桑諾爾布的辭職申請，同時將其特任為將軍府暢威將軍；並任命副總裁熙彦為蒙藏院總裁。[⑤]4月21日，熙彦辭職，民國政府特任駐京阿拉善和碩特旗扎薩克親王塔旺布里甲拉為蒙藏院總裁。[⑥]據此可以推斷，雍和宫古物變賣事件發生的時間應在展覽會結束之後、貢桑諾爾布呈請辭職之前。

關於準備變賣的古物種類及數量，據塔旺布里甲拉出任蒙藏院總裁以後上呈大總統的調查報告，由蒙藏院派出的人員會同步軍統領衙門人員前往福佑寺，按照原册清點查獲“大和齋御用品六十二件、雍和宫各殿佛事供品二百二十九件，另有清高宗御用書籍、御製詩文及御書墨拓等件，共十四箱。又有御覽書籍一箱為原册所無”。[⑦]

關於變賣古物的緣由，塔旺布里甲拉的報告中衹説：“復查院卷，前總裁貢桑諾爾布所行院令及與内務府往來函牘均聲明，除開御用物品及有關佛事者，始予變賣，分析本極清楚。

---

① 《大國師章嘉活佛呈國務院文》,《内蒙黄教調查記》，第36頁。

② 《大國師上國民政府附陳書》,《内蒙黄教調查記》，第42—43頁。

③ 《蒙藏院令第十二號》,《政府公報》第1804號，1921年3月2日，命令。

④ 《蒙藏院通告》,《政府公報》第1845號，1921年4月13日，通告。

⑤ 《大總統令》,《政府公報》第2189號，1922年4月6日，命令。

⑥ 《大總統令》,《政府公報》第2204號，1922年4月22日，命令。

⑦ 《蒙藏院總裁塔旺布里甲拉呈大總統為院員違令擅專擬請分别懲處繕單呈鑒文（附册三）》,《政府公報》第2282號，1922年7月11日，公文。

該承辦之員若非有心違誤，詎能以李代桃僵！”[①]這一點與上述揭發材料所稱“先以巧言聒於清皇室之内務府，以事成入銀行股相要約”，或多或少互有印證。由此可以判斷，蒙藏院或貢桑諾爾布决定變賣部分雍和宫古物，並未通過民國政府批准，而是與退位後仍居紫禁城的清皇室内務府聯絡，得到其允准後將古物轉運至福佑寺的。這顯然是與清代作為皇家寺院的雍和宫在民國成立後仍被看作清皇室私産有直接關係。民國初年南京政府臨時參議院議决通過《大清皇帝辭位之後優待之條件》等清室優待條件，曾作出承諾：“清帝私産由民國政府特别保護。”所謂清帝私産，具體究竟包括哪些，尚待進一步研究。但是在蒙藏院的正式公文中，雍和宫確實是被作為清室私産來看待的。例如，1917年2月蒙藏院對教育部記名僉事林傳甲呈請在嵩祝寺等處設立蒙藏大學的呈文所作的批示稱：“查嵩祝寺為章嘉呼圖克圖私産，雍和宫為清皇室私産，礙難改作校舍。”[②]至於塔旺布里甲拉呈文所稱貢桑諾爾布曾聲明“除開御用物品及有關佛事者，始予變賣”，以及承辦人員是否得到貢桑諾爾布授意等問題，因史料所限，無法推測。

至於揭發材料所稱，貢桑諾爾布組織蒙藏實業銀行，因股款招集不易而注及雍和宫古物的問題，仍因史料所限，無法得出符合事實的結論。但能够確認的是，1921年3月蒙藏院總裁貢桑諾爾布確曾提出呈請，創辦蒙藏銀行。時任大總統徐世昌曾批示：“所擬籌辦蒙藏銀行尚屬可行，著即會同財政部、幣製局妥擬章程，呈候核辦。”[③]4月，蒙藏院派副總裁陳廷杰負責該銀行籌備事宜。[④]11月，蒙藏院所擬定的蒙藏銀行章程暨招股章程，獲得大總統批准。[⑤]據蒙藏院與財政部、幣製局會同擬定的《蒙藏銀行章程》，該銀行為股份有限公司，以輔助政府、調劑蒙藏金融並發展實業為宗旨。[⑥]至於以上揭發材料所記“蒙藏實業銀行”，其正式名稱應為“蒙古實業銀行”，是由哲里木盟盟長郭爾羅斯前旗扎薩克齊默特散帔勒等呈請，經財政部、幣製局核准，於1922年12月成立，“以調劑蒙古邊地金融並發展實業”為宗旨。[⑦]從該銀行的成立時間可知，它與變賣雍和宫古物事件並無直接關係。

1922年6月5日，民國政府根據塔旺布里甲拉的呈請，下令免去此次雍和宫古物變賣事件中的承辦人員蒙藏院原參事任承沆、編纂王鬱騤的職務。[⑧]並將查獲的雍和宫古物逐一清點後分批送回雍和宫，由蒙藏院另訂保管章程，妥善保護。

---

① 《蒙藏院總裁塔旺布里甲拉呈大總統為院員違令擅專擬請分别懲處繕單呈鑒文（附册三）》，《政府公報》第2282號，1922年7月11日，公文。

② 《蒙藏院批》，《政府公報》第408號，1917年3月1日，批示。

③ 《大總統指令第七百二十八號》，《政府公報》第1829號，1921年3月27日，命令。

④ 《大總統指令第九百二十二號》，《政府公報》第1848號，1921年4月16日，命令。

⑤ 《大總統指令第二千五百二十號》，《政府公報》第2050號，1921年11月9日，命令。

⑥ 《幣製局財政部蒙藏院呈大總統擬訂蒙藏銀行章程暨招股章程繕摺呈請鑒核文（附章程二）》，《政府公報》第2131號，1922年2月6日，公文。

⑦ 《財政部幣製局呈大總統會核蒙古實業銀行章程繕摺呈鑒文（附清摺）》，《政府公報》第2449號，1922年12月30日，公文。

⑧ 《大總統令》，《政府公報》第2248號，1922年6月6日，命令。

以上就是此次事件的大體始末。由於章嘉呼圖克圖及時告發，險些被變賣的雍和宮古物得以追回，避免了國内珍貴文物流向國外而造成的損失。但此次事件給貢桑諾爾布與章嘉呼圖克圖的關係蒙上了一層陰影。

1923 年 2 月 9 日，黎元洪出任民國大總統後發佈命令，特任貢桑諾爾布為蒙藏院總裁。[①]從此至北京政府統治結束，蒙藏院總裁一職一直由貢桑諾爾布擔任。然而，復任總裁後不久，1923 年 5 月貢桑諾爾布即遭到以《蒙藏回三族人民泣告全國同胞書》為名發出的匿名"舉報"。該文稱："貢桑諾爾布入為蒙藏院總裁以來，把持政權，專務掊克，任用群小，朘削蒙人……種種罪戾，罄竹難書。"該文附件《貢桑諾爾布罪惡史》中更是羅列了其種種"罪行"：如，湮没外蒙王公年俸；盗賣全熱荒地礦産於日本；盗賣雍和宮古物；故違法令，任用私人；賣官鬻爵，濫發名器；背叛民國，反復無常；狎妓飲酒，蕩檢逾閑；巧藉名目，詐欺取財；扣減學款，摧殘教育；販賣鴉片，縱任家丁；等等。[②]該文的具體編述者不清，但應出自與貢桑諾爾布素有矛盾且對蒙藏院内部情形有較多瞭解之人。前引有關盗賣雍和宮古物事件的描述，就是該文所述部分内容。不論章嘉呼圖克圖對此是否知情，從貢桑諾爾布的角度來看，章嘉呼圖克圖參與其中的可能性是很難排除的。

總之，章嘉呼圖克圖是内蒙古地區宗教地位最高的活佛，貢桑諾爾布則是民國政府管理蒙藏等民族事務的中央機構的最高行政長官，他們分別是蒙古社會傳統僧、俗勢力的代表性人物。他們之間的矛盾在一定程度上反映了蒙古政教上層之間的權力之爭。

七　多倫喇嘛印務處的撤銷問題與矛盾的公開化

如前所述，由於第四世甘珠爾瓦呼圖克圖的圓寂而暫被擱置下來的察哈爾左右翼各寺廟的管理問題，隨着第五世甘珠爾瓦呼圖克圖的轉世和坐床、迎請事宜的展開，其積壓已久的矛盾再次升温、公開化。

第五世甘珠爾瓦呼圖克圖呼畢勒罕鋼却格扎布，於 1914 年轉世於青海。1924 年由其商卓特巴喇嘛阿噶旺彦林丕勒負責迎請至内蒙古多倫諾爾坐床。途中，於 5 月進京謁見當時的大總統曹錕，呈遞贐品。並經蒙藏院呈請，撤銷其名字中的呼畢勒罕，承襲前輩名號、榮典。[③]在此之前，1922 年 6 月阿噶旺彦林丕勒因病一度辭去護理察哈爾左翼四旗三牧廠各寺廟印務。其遺缺，大總統黎元洪派章嘉呼圖克圖兼管。[④]1924 年 12 月民國政府臨時執政段祺瑞發佈指令，又准以阿噶旺彦林丕勒代管察哈爾左翼四旗三牧廠各寺印務。[⑤]

---

① 《大總統令》，《政府公報》第 2486 號，1923 年 2 月 10 日，命令。

② 《蒙藏回三族人民泣告全國同胞書》附《貢桑諾爾布罪惡史》，《北洋軍閥史料 · 吴景濂卷》第 8 册。

③ 《大總統指令第九百二十號》，《政府公報》第 2952 號，1924 年 6 月 10 日，命令。

④ 《大總統令》，《政府公報》第 2265 號，1922 年 6 月 23 日，命令。

⑤ 《臨時執政指令第一百五號》，《政府公報》第 3143 號，1924 年 12 月 24 日，命令。

1926年春夏之際，阿噶旺彦林丕勒向蒙藏院呈稱，“竊查多倫匯宗、善因二寺，係在左翼正藍旗地方，額設唪經僧徒三百二十名，設有多倫喇嘛印務處，專管唪經僧徒。民國成立，經蒙藏事務局呈准將察哈爾左翼四旗三牧場各寺僧衆，劃歸甘珠爾瓦呼圖克圖管理，察哈爾右翼四旗各寺僧衆劃歸章嘉呼圖克圖管理。……該匯宗、善因二寺既在左翼正藍旗界内，理宜歸察哈爾左翼喇嘛印務處管理。多倫喇嘛印務處似無虚設之必要。邇者多倫喇嘛印務處竟以管理名義，主持開放多倫廟倉牧荒地畝，致糾紛叢生，皆出於權限未清之故”，“應如何明為規定，俾免糾葛之處”，請由蒙藏院主持辦理。①

多倫諾爾喇嘛印務處設立於清康熙四十年（1701），初任掌印扎薩克喇嘛為第二世章嘉呼圖克圖（按先世源流為第十四世）。清末至民國時期的掌印扎薩克喇嘛即第七世章嘉呼圖克圖。清代的多倫喇嘛印務處下轄匯宗、善因二寺，十三處佛倉，十處官倉，以及各佛倉所屬廟丁。十三處佛倉是指匯宗寺和善因寺所屬章嘉、錫埒圖、阿嘉、甘珠爾瓦、吉隆、敏珠爾、那木喀、洞闊爾等各大呼圖克圖屬廟。這些佛倉和官倉均有不同數量的牲畜和香火地。而民國元年袁世凱政府將察哈爾右翼四旗和左翼四旗三牧廠各寺廟管理權限劃分為二之後，多倫喇嘛印務處的地位和權限變得模糊，直接導致了此次糾紛的發生。

蒙藏院接到呈請後，參照舊例，認為多倫喇嘛印務處“僅為管理匯宗、善因二寺喇嘛缺額揀補事項而設，範圍狹小，事務簡單”，並提出解決方案，呈請大總統定奪：“擬將多倫喇嘛印務處歸併京城喇嘛印務處，嗣後匯宗、善因二寺揀補缺額事宜，即由該管喇嘛直接（原文似脱一‘呈’字。——引者注）京城喇嘛印務處辦理。至關於各該廟倉、牧荒地畝及一切重要事務，在左翼四旗三牧場地方者，由管理察哈爾左翼四旗三牧場各寺僧衆印務呈報本院，並該管地方長官核辦；在察哈爾右翼四旗地方者，由管理察哈爾右翼四旗各寺僧衆印務呈報本院，及該管地方長官核辦；各遵照民國元年十月二十五日前蒙藏事務局呈准劃分管理權限原案辦理，彼此不得再有侵越，以杜紛爭。”同年8月7日，民國政府頒佈大總統指令“准如所擬辦理”，隨即於8月21日由蒙藏院令行多倫喇嘛印務處遵照執行。②

代理多倫喇嘛印務巴彦濟爾噶勒接奉命令後，立即向章嘉呼圖克圖、時任察哈爾都統高維岳分别彙報，請求轉呈政府取消原案。同時向蒙藏院呈文辯駁，表示反對。據代理印務巴彦濟爾噶勒給蒙藏院的呈文，多倫喇嘛印務處“成立迄今二百餘年，管轄十三處佛倉、十處官倉，黄黑徒衆不下數千人。其權限較左右兩翼之印務處，當然重要，人所共知。且黄黑徒衆數千人，生聚予斯，均歸管理，實兼有行政性質，並非專理匯宗、善因二寺喇嘛缺額揀補事項”；“至所有廟地，雖係正藍旗地面，但早經奉旨撥歸匯宗、善因兩寺香火經費之産，並有圖册為憑，應歸兩寺管理，與藍旗毫無關係，各府院均有案可查。該阿噶旺彦林丕勒所稱各節，殊屬荒謬”；並對蒙藏院院令提出質疑稱，“文中有八月七日奉大總統指令等字樣，

① 《代理多倫喇嘛印務處巴達喇嘛呈蒙藏院文》,《内蒙黄教調查記》，第30—31頁。

② 《蒙藏院令·令多倫喇嘛印務處》,《内蒙黄教調查記》，第29—30頁。

職處僻在塞外，消息遲滯，甚覺驚疑，敢乞將大總統姓名明令飭知，以憑備案"，最後表示"礙難遵辦"。[①] 確實，文中提到的民國政府命令，雖以"大總統指令"發佈，但當時並無實任大總統，而由杜錫珪攝政内閣代行大總統職權。對此，多倫喇嘛印務處似乎認為此即蒙藏院偏袒該喇嘛阿噶旺彦林丕勒、矇騙政府的證據，從而提出質疑。

巴彦濟爾噶勒上呈察哈爾都統高維岳和章嘉呼圖克圖的呈文内容與以上呈文大致相同。不同之處，更多的是對阿噶旺彦林丕勒的種種"蒙蔽"行為和蒙藏院的審核"錯誤"進行了"揭露"。如文中所稱，"……原呈所稱察哈爾左翼四旗三牧場各寺僧衆劃歸甘珠爾瓦呼圖克圖管理一節，此事係指旗屬小廟而言，若以奉旨建設之善因、匯宗兩寺包括在内，民國元年前蒙藏事務局原呈劃分等情，因衆僧未承認、我佛爺亦未實行其管理權限，原呈既不指明，當時又不接管，迄至民國十五年始行具呈競争……"；"蒙藏院對於如此重大案件，不予詳加考核，燭彼奸謀，乃謂多倫喇嘛印務處近以管轄名義，主持開放多倫廟倉地畝，以致權限衝突，自非加以變更，難免糾紛。如是變更，何以權限即不衝突，何以糾紛即可能免，實屬令人難解。至謂多倫喇嘛印務處僅為管理匯宗、善因二寺喇嘛缺額揀補事項而設，是此之説，印務處就辦揀補喇嘛缺額，其他應辦各種事項，究竟何處何人代為管理！甚所謂範圍狹小事務簡單，按職管轄兩寺十三處佛倉、十處官倉，徒衆數千人，尚云範小事簡，若範圍之大、事務之繁，究以若何，方足以成局事也！"[②]

對於多倫喇嘛印務處的申訴和辯駁，除察哈爾都統高維岳於 10 月 7 日曾下都統署指令"所呈各節，理由尚屬充分，候咨蒙藏院查照取消可也"[③] 之外，未見蒙藏院作出任何回覆。

然而，這件事情似乎激怒了章嘉呼圖克圖。此後不久，章嘉呼圖克圖直接向國務院呈文，揭發了護理察哈爾左翼四旗三牧廠喇嘛印務的阿噶旺彦林丕勒"勾通蒙藏院、蒙蔽政府"的種種"罪證"，以及蒙藏院"破壞宗教、壓制章嘉、冒領經費"的種種"舞弊"。可概括如下：（1）民國元年章嘉呼圖克圖來京晉謁之際，政府"派蒙藏事務局招待一切，經該局在嵩祝寺添加電燈數十個、洋式桌椅數十張，憑值不過數千元，後聞報銷政府有十餘萬元之多"；（2）蒙藏院"捏造是非……以杜公正人之發言，實行壟斷之行為"；（3）蒙藏院派員開放雍和宫，"賣票招人遊覽，不論好壞婦女，任意亂遊，倒行逆施，無所不為"；（4）蒙藏院"盗賣雍和宫之多年玉佛、磁佛各重要之古物"，其總裁貢桑諾爾布回任後，"每遇本呼圖克圖之事，無不容心破壞，窒礙難行"；（5）蒙藏院以九世班禪額爾德尼來京，冒支款項；（6）九世班禪額爾德尼來京之際，蒙藏院無視應由章嘉呼圖克圖出面接待的宗教慣例，"派前副總裁為正專使，本呼圖克圖（指章嘉）為副使，如此亦自可忍氣吞聲遵命前往"，而無法容忍的是蒙藏院"勾通不法喇嘛，取消内蒙重要印務處"。此外，還控訴蒙藏院濫請增加呼圖克圖名額、

---

① 《代理多倫喇嘛印務處巴達喇嘛呈蒙藏院文》,《内蒙黄教調查記》，第 31 頁。

② 《代理多倫喇嘛印務處巴彦濟爾噶勒呈大國師文》,《内蒙黄教調查記》，第 32 頁。

③ 《察哈爾高都統批察哈爾都統署指令第三六八一號》,《内蒙黄教調查記》，第 34 頁。

盟旗王公奴才獲得爵秩、章嘉呼圖克圖及其所管寺廟喇嘛錢糧拖欠不發等問題。[①]可見，章嘉呼圖克圖將長年積壓的不滿向國務院控訴，以此來抵制多倫喇嘛印務處的撤銷决定。此即本文開頭交代的《大國師章嘉活佛呈國務院文》的主要内容。

從章嘉呼圖克圖的角度來講，他所反映的諸如多倫喇嘛印務處經費錢糧的拖欠、喇嘛生計困頓等問題，當時的確存在。以多倫喇嘛印務處為例，清代定例，其喇嘛錢糧衣物等項，均由内外蒙古各旗解送供應。然而，晚清以來，蒙旗財政日趨拮据，喇嘛錢糧多有拖欠。民國成立後，外蒙古因"獨立"或"自治"，停止供應，内蒙古各旗也藉詞推諉或置之不理，使得多倫喇嘛印務處陷入經費困境。因此，章嘉呼圖克圖作為該處掌印，屢次呈請政府撥款救濟。而政府又因無款可濟，或飭交多倫廳就近設法籌撥，或藉故拖欠不發。從多倫廳 1913 年 8 月的回覆來看，"今年庫亂未平，徵税無幾……存款毫無，該寺應領之錢糧，請另籌飭發以濟衆僧"[②]，最終未能籌撥喇嘛錢糧。1914 年初，章嘉呼圖克圖又向大總統袁世凱呈文訴苦："此項錢糧至今尚未發放，該喇嘛等窘迫情形已達極點。"懇請發放"匯宗、善因二寺喇嘛錢糧一萬二千二十兩"。[③]但後來是否發放，未見有相關記載。而章嘉呼圖克圖在上述呈國務院的文中也説："本呼圖克圖所管北京等寺喇嘛錢糧，數年以來欠至數十萬之多。本身年俸公費每年衹一萬二千元，現亦欠至五六萬元。馬衛隊之兵餉每月應領一千三百餘元，現亦欠至八九萬元。"[④]可見，喇嘛錢糧拖欠嚴重，應該比較真實地反映了當時的情况。

此外，從 1926 年 9 月 13 日蒙藏院給喇嘛印務處的院令來看，章嘉呼圖克圖在北京似曾設立駐京辦公處，處長車林諾爾布因事辭職，遂將袁士驥委任為該處處長，並將此事以公函形式通知蒙藏院，嗣後章嘉呼圖克圖所有在京事宜，均與該員接洽辦理。對此，蒙藏院發佈訓令，重申 1914 年大總統申令，"自章嘉以次遇有具呈事件，駐京有商卓特巴扎薩克喇嘛者，均由該喇嘛代為呈遞蒙藏院核辦……章嘉既係駐京掌印呼圖克圖，遇有應辦事宜自應遵照前令辦理。如該商卓特巴喇嘛不在京内，應由該印務處轉呈本院核辦。……該呼圖克圖所設駐京辦公處既非法定機關，該處處長名目復係該呼圖克圖自行設置，所請備案及接洽事宜各節，均與前令抵觸，未便照准。又，該呼圖克圖此次來文係用公函，核與法例不合，應仰該印務處查照十年三月八日本院令行該印，轉知章嘉呼圖克圖，嗣後不得再用公函行文到院"。[⑤]而在當時，章嘉呼圖克圖因多倫喇嘛印務處的撤銷問題，與蒙藏院的關係完全陷入僵局，彼此妥協已不再可能。其設立駐京辦公處並選派處長以及備案等要求直接遭到了蒙藏院的拒絶。

---

① 《大國師章嘉活佛呈國務院文》，《内蒙黄教調查記》，第 34—38 頁。

② 《署理察哈爾都統何宗蓮呈大總統擬將匯宗善因二寺錢糧等項另行籌發請鑒核施行文並批》，《政府公報》第 460 號，1913 年 8 月 16 日，公文。

③ 《灌頂普善廣慈宏濟光明大國師章嘉呼圖克圖呈大總統請飭部將多倫匯宗善因二寺喇嘛錢糧一萬二千二十兩迅速撥發文並批》，《政府公報》第 707 號，1914 年 4 月 26 日，公文。

④ 《大國師章嘉活佛呈國務院文》，《内蒙黄教調查記》，第 37 頁。

⑤ 《蒙藏院訓令第二十六號》，《政府公報》第 3772 號，1926 年 10 月 14 日，命令。

同年 11 月，章嘉呼圖克圖還向内蒙古六盟各旗王公、寺廟發出公函稱："近因不法喇嘛阿噶旺彦林丕勒勾通蒙藏院，蒙蔽政府，奪我所管二百餘年之多倫諾爾喇嘛印務，破壞多年的黄教，不顧國家之大局，十餘年來欺我太甚，現在實忍不能再忍，已將歷代之定案、蒙藏院之弊端、該喇嘛之膽大，通函於各當道，痛陳於中央政府，徵求公論，並請派員調查，秉公嚴辦。……倘政府再聽該院一面蒙蔽之詞，不求甚解，任其亂為，本呼圖克圖……衹好脱離中央關係，自由傳教……附抄呈請政府各案清摺，先此奉聞，以求公論……"① 這樣，章嘉呼圖克圖徹底公開了與蒙藏院的矛盾，表面維持的平和關係徹底破裂。而此時，北伐戰爭業已開始，北京政局多有變動，多倫喇嘛印務處的撤銷問題不了了之。不久南京國民政府成立，章嘉呼圖克圖率先派員祝賀，轉而投靠了國民黨。

結　語

從表面看來，章嘉呼圖克圖與蒙藏院的結怨，始自民國元年察哈爾左右翼各旗群寺廟管理權限的劃分。蒙藏院强化雍和宫管理以及開放售票，使得雙方矛盾越積越深。雍和宫古物變賣事件的發生，又使雙方關係更加惡化。撤銷多倫喇嘛印務處的决定，最終使雙方關係走向破裂。蒙藏院作為民族事務管理機構，其决定和措施，代表民國政府的政策意志。而作為一個具體的辦事機構，其管理責任人及下屬辦事人員更容易招致蒙藏等民族上層的不滿或批評。章嘉呼圖克圖與蒙藏院的矛盾、對總裁貢桑諾爾布的不滿，其實更多的就是對民國政府蒙古佛教政策的不滿。其中出現的個人之間的恩怨，也衹是大的政策背景下的小插曲。

民國政府在成立初期雖然保留蒙古佛教上層原有的封號，並普遍加封給予各種優待，但這不是源自對宗教的信仰，而更多的是出於政治上利用的考慮。這一前提必會産生對蒙古宗教上層是繼續推崇還是加以限制的政策本身的矛盾。章嘉呼圖克圖等喇嘛上層自然期待民國政府給予更多的優待和特權，以便更好地弘揚佛法。而在現實中，喇嘛上層却受到各種限制，且被明確重申不准干預蒙古的行政事務。而在蒙藏院看來，蒙藏地方的政教事務均歸其統一管理，不管章嘉呼圖克圖的宗教地位再高，仍不過是其管理下的一位喇嘛。但章嘉呼圖克圖却以清代形成的觀念——内蒙古的宗教領袖自居，時有無視蒙藏院的規定越級陳請或直接抵制的行為。這種認識上的偏差，是導致章嘉呼圖克圖對蒙藏院越來越不滿、雙方關係逐漸惡化的重要原因。至於前人研究中所涉及的南京國民政府成立初期章嘉呼圖克圖與雍和宫喇嘛、蒙藏委員會之間的糾紛，並不是偶然事件，其實質就是以上矛盾在新的環境下的延續。

---

① 《大國師章嘉活佛致内蒙六盟各旗王公寺廟函》，《内蒙黄教調查記》，第 38 頁。

An Analysis on the Contradiction between the Seventh Janggiy–a Qutughtu and the Bureau of Mongolian and Tibetan Affairs of the Republic of China

Uljeitogtoh

The Seventh Janggiy–a Qutughtu was an important historical figure and active for the domestic political and religious arena during the Republic of China. This article revolves around the issues of the preferential and restrictive policies towards the Lama Living Buddha and Janggiy–a Qutughtu in the beginning of the Republic of China; the separating of management authority of the temples in Chahar left and right wing banners; the strengthening management of the Bureau of Mongolian and Tibetan Affairs toward the Yonghe Temple, and Janggiy–a Qutughtu's attitude towards it; the Bureau of Mongolian and Tibetan Affairs attempt to sell of the Yonghe Temple's antiquities, and Janggiy–a Qutughtu's denouement; the revocation of the Dolonnuur Lama Affair's Council, and the openness of the contradiction between both sides etc, and discusses its origin, focus and intensification. This article examined that during the early period of the establishment of the government of the Republic of China retained the Mongolian Buddhism upper class's original titles of Qing period, and generally granted more titles and various preferential treatments, however it did not originate from religious belief, but more from the political utilization. Janggiy–a Qutughtu and other upper class lamas naturally expected more preferential treatments and privileges from the government of the Republic of China, so as to better promote their Dharma. Undoubtedly, the upper class lamas were subject to various restrictions and explicitly reiterated that they could not intervene in the administrative affairs of Mongolia. From the perspective of the Bureau of Mongolian and Tibetan Affairs, the political and religious affairs of the Mongolian and Tibetan areas were under its unified management, irrespective of how high the religious status of Janggiy–a Qutughtu was, which still a Lama under its management. Although, Janggiy–a Qutughtu set himself as the religious leader in Inner Mongolia, which idea formed in the Qing Dynasty, and eventually ignored the regulations of the Bureau of Mongolian and Tibetan Affairs and do skip–level submission or direct resistance. This gap of understanding was an important reason for Janggiy–a Qutughtu's growing dissatisfaction with the Bureau of Mongolian and Tibetan Affairs and the deterioration of relationship between them.

民國赤峰縣知事葉大匡致國務卿徐世昌書札考釋

李俊義

最近，筆者在整理民國赤峰縣第一任知事葉大匡史料的過程中，再次研讀葉大匡致國務卿徐世昌書札二通[①]，茲對書札詳加標點，撮録如次：

東海相國鈞鑒：

敬肅者。恭讀三月二十一日策令，欣悉重拜國務卿之命，仰見饑溺為懷，拯民水火，豈獨造蒼生幸福，實亦分主座憂勤。滇黔與戎三閲月矣。時局未來，早為明達洞見；叢脞既至，復賴元老治棼。數月來，政見之歧紛如亂絲，禍患之來茫無涯涘。何幸憲台既出一言而天下折衷，一語而乾坤顛轉，挽回於無可轉圜之地，鼓鑄此共和再造之天。重任國務之日，全國人士莫不以手加額，欣欣然而相告曰：元老既出，可以還我太平矣！一人而定國情之向背，一身而繫天下之安危，推舉國喁喁望治之心，固早知戡平大難，捨相國其奚屬？而補救之道，匡正之法，更共仰撥亂之自有真也。大匡忝牧赤峰，於茲三載，其間經過，前稟已詳。惟來日方長，百端待理，一日不卸仔肩，即一日力任繁劇。指日開埠，所有對外方略，更不敢不慎益求慎，惟有勉盡愚誠，以冀國體邦交，兩有裨益。還祈隨時指授機宜，俾得遵循有自，不至隕越貽羞，至叩至禱！

專肅，恭叩

鴻禧！虔請

崇安！

葉大匡[②]謹上

---

① 參見天津歷史博物館《北洋軍閥史料 · 徐世昌卷》（七），天津古籍出版社，1996，第748—763頁。

② 上海圖書館藏《蓉城葉氏宗族全譜》（葉祖學、葉祖盤纂修，民國32年第四届續增石印本，簡稱《葉氏蜀譜》。此學術信息承蒙浙江省紹興市柯橋區實驗中學教師鄧政陽先生告知，謹此申明，並致謝忱！）卷4（第5册）記載："葉大匡，字拔丞，號仲市，榜名章韡，清府學廩生，廣西候補知州，誥授奉直大夫，熱河赤峰縣知事，生咸豐己未（咸豐九年，即1859年。是年，赤峰縣人趙玉豐以優廩生身分參加己未恩科順天鄉試，考中第七十二名舉人）九月二十一日丑時。"據此可知，葉大匡乃清末廩生。張平可先生認為葉大匡是"清末進士"（參見張平可《民國初年赤峰縣第一任知事葉大匡》，高雲華主編《紅山文史》第3集，中國人民政治協商會議赤峰市紅山區委員會文史資料研究委員會，1989，第183頁）。然而，筆者遍查《清朝進士題名録》，實無葉大匡其人，亦無葉章韡其人。退一步説，假如葉大匡是清朝進士，那麼1943年四修《蓉城葉氏宗族全譜》（八卷本）一定會有記載，而事實則不然。

敬再肅者：

大匡前請特派交涉專員，嗣經各部會議，由都統飭令大匡兼任。無如大匡於東西各國語言文字，毫無研究，亦少經驗，何敢膺此重任！現大匡已據情詳請都統轉咨外交部，仍請另派交涉專員。茲特將詳文稿抄呈鈞鑒，務望我公與外交部詳商，總以另派專員為妥。大匡實無對付外人才能，非敢畏難苟安也。再者，赤峰開闢商埠，外人積極進行，意存侵略我國之未能急於籌備者，正以財政困難，故各部會議咨由熱河自行籌款開辦。不知熱河本係受協區域，每年行政經費尚須中央協濟，至數十萬之多。今責成籌此鉅款，熱河從何能籌？然開埠業經宣佈年餘，非惟不能不辦，並不能不急早開辦，若再久久遲延，恐他人必又乘間插足，要求代辦，則利權悉歸他人掌握矣。以大匡愚見，不如俟南方亂事稍定，即由中央指明赤峰開埠，及建築葫赤鐵路籌款。為言特出一千萬元之儲蓄票，以七百萬元為建築葫赤鐵路之經費（必由葫蘆島直接赤峰，萬不可由錦縣接築，轉多周折），以二百萬元為興辦實業之資本，以一百萬元為創置省會（必移省會於赤峰，方能控制全熱）及開埠之用。俟此項儲蓄票發行之時，即可暫由中交兩銀行先行挪墊，所有赤峰商埠及葫赤鐵路均可立時開工。似此籌款既易，興辦亦速。他人遂無從藉口代辦，則國權既少損失，國家收入或即因之而得補助，可斷言矣。此大匡愚昧之見，是否有當，伏祈酌奪施行。

大匡謹再上

此二通書札之後，附有《咨外交部辭交涉員詳文稿》，動之以情，曉之以理，茲徵引如次，以便讀者參稽：

辭交涉員詳文稿

為難膺重任，詳請據情轉咨，仍另委交涉專員事。竊知事於本年三月三十一日，案奉都統六七六號飭開為飭委事，總務處第二科案陳前准外交部咨開為咨行事。本部會同財政、農商等部核議赤峰開埠事宜，具奏一摺，於洪憲元年一月三十一日，奉批令，准如所擬辦理，即由該部轉行遵照。此令。等因。到部相應録批，抄奏咨行，遵照可也。此咨。附抄奏等因。准此，當以此項交涉所需經費，能否由熱河核定政費內勻撥，飭行熱河道尹及財政分廳會同籌議，詳覆核奪去後。茲據該廳長劉鳳鑣、道尹戚朝卿詳稱：查原奏交涉委員，先由都統暫行委派赤峰縣知事葉大匡兼任一節，應請都統加飭委派。至關於交涉一應事務，飭其妥慎辦理。並准置譯員二人，以資襄助交涉委員。既已赤峰縣知事兼任，自無庸另行支薪。惟譯員薪水及交際郵電紙筆應需各費，前奉都統面諭，每月籌給洋二百元，每年共需洋二千四百元。此項需款，係純粹政費性質，應由國庫支出。第查洪憲元年度，核定熱河預算，原案准支各項，政費拮据已極，其關於內務主管部分應支之政費，尤多不敷。現經本分廳另文詳請都統轉咨大部，分別補列流用，能否邀准，尚未敢必。所有前項經費，誠恐無從匀撥，屆時衹可由本分廳設法暫為挪墊，以濟要需等情前來。除批詳悉，查此項交涉所需經費，應准按照該道廳核定數目，每月籌給銀幣二百元，每年共銀幣二千四百元。暫由該分廳挪墊，以濟要需，餘如所議辦理。除加委赤峰縣知事葉大匡兼任交涉委員不另支薪外，仰□[①]按照籌□[②]各節，分飭遵照此批印行外，為此飭委仰該員遵照暫行兼任交涉委員，不另支薪，所有關於交涉案件妥慎辦理，勿負委任，並造具詳細履歷及任事日期，連同譯員名數履歷一併詳報，以憑存咨，切切，此飭。等因。奉此。知事本應恪遵，勉為就職，以圖報效於萬一。無如知事素於國際交涉毫無經驗，亦從未研究，並於東西各國語言文字茫無所知，若徒恃譯員互相轉述，不但彼此之真情真意或有未達，即措詞鬆緊輕重之間，亦屬莫大關係。設譯員誤會意旨，或顛倒錯亂其詞，知事雖身在當前，形同聾啞，亦莫能立與更正。況他人有意乘隙刁難，難免不因此一言一字之罅漏，故事挑剔，或竟藉此而生出不可思議之交涉。倘知事於東西各國語言文字稍有所知，早已勉力擔負。明知國家多設立一機關，即多增一機關之用費。當此國家異常艱難，熱河財政又復非常窘迫，知事亦決不肯詳請特派專員。正以知事於外交學識從無研究，東西各國語言文字素未練習，萬不得已，始預為詳請特派專員，免至外交發生臨時誤事。知事並非敢畏難苟安，實因無此才能，若貿然擔任，誠恐遺害地方，並影響及於國家。區區愚忱，諒亦為憲台所洞鑒。尤有進者，若外交特設專員，遇有棘手事件，知事尚可從中挽環，且辦理外交，貴乎手段靈活，解决神速。若特設專員遇事，有知事從旁協贊，互加商酌，亦易裁决。即到萬分困難，無可商量之時，交涉專員尚可以必須商允地方行政公署，方敢承諾為辭，亦未非暫可延擱，留待轉環之地步。若行政官與交涉員，皆知事一人兼任，不特無人旁助商籌，設遭外人逼迫，亦無可假借推脱，留待轉環之餘地。況各報宣傳，日人轉瞬即將在赤設置領事館。派來領事，自必係經驗最深、精於外交之員，手腕定必靈活，心術亦必奸險。而以知事毫無外交學識，又不解該國語言文字之人，與之酬酢交涉，斷未有不全然失敗者。其受訕笑於外人，固已為國家之恥，萬一稍有不慎，或為舌人所賣，其醞釀無窮後患於地方，與國家者更不知何所底止矣。知事思維至再，此事關係重大，非同任勞任怨即能辦理之事所可同日而語，無論如何，知事决不敢膺此重任，務肯收回成命。據情咨請外交部另行遴派專員，來赤承辦外交，庶免臨時誤事，遺患國家，實深感禱盼切之至。所有萬難兼任交涉員，懇請咨部，另派專員，各緣由是否有當，理合具文，詳請鑒核，准予轉咨，實為公便。謹詳熱河都統。

上述二通書札及附録《咨外交部辭交涉員詳文稿》，涉及民國初期赤峰開埠和交涉員設

① 此字漫漶不清，疑為“即”字。

② 此字漫漶不清，疑為“議”字。

置等若干問題。筆者現就此書札，並結合相關文獻，試作考證，以就正於學界方家大雅。

一　關於葉大臣書札的撰寫時間

前述葉大臣第一通書札起首之所以有“東海相國”之稱，乃因徐世昌（號東海）[①]出任北洋政府國務卿，北洋人呼之“徐相國”。

徐世昌頗得袁世凱的器重，文獻記載，時任民國大總統的袁世凱曾於1914年5月1日發佈命令，任命徐世昌為國務卿。[②]徐世昌以“時艱責重，年衰力絀，鉅任難勝”為由，向袁世凱遞交辭呈，“懇請收回成命，另任賢能”，其文略云：

為時艱責重，年衰力絀，鉅任難勝，懇請收回成命，另任賢能，以宏治理事。伏承本日命令，特任徐世昌為國務卿，等因。敬聆之下，惶悚莫名。竊維國基改建以來，事機搶攘，變幻百端，仰賴大總統精心毅力鎮攝維持，二載有餘，漸臻底定，胥由閎謨獨運，海寓蒼生，實受其福。乃者，約法厘定，新制聿頒，值大權總攬之初基，幸法度修明之有望，等威既辨，氣象一新。國卿一職，輔弼大猷，贊畫全局，責任至為重大。允宜妙選當世杰出之英，以贊休明，而資忠益。豈衰朽遲鈍如世昌者承乏其間，所能勉强集事。且比歲養疴海嶠，息影邱樊，世情久已淡忘，政務諸多隔閡，調弦未熟，學錦堪虞。萬一措注偶乖，既足累大總統知人之明，復無以慰海内喁喁之望。進退失據，負咎何堪！再四熟思，與其貽誤於將來，曷若審圖於先事。此所以驟聞任命，繞室旁皇，却顧逡巡，卒不敢輕於一試者也。惟有籲懇大總統俯鑒下忱，准予收回成命，另任賢能，以襄大政。世昌夙承知遇，仍當以散員留居京寓，遇有所見，隨時獻納，仰備諮詢，庶得稍贊高深，以自盡其一民之義務。量能揣分，榮幸實多，無任誠悃迫切之至。伏乞大總統鈞鑒施行。謹呈。[③]

袁世凱收到徐世昌的辭呈後，批示如下：

批：據呈已悉，難進易退，此為君主時代，屬於一姓一家者言之。若夫共和政體，

① 徐世昌（1855—1939），字卜五，號菊人、鞠人、菊存，又號弢齋、東海、濤齋，別署水竹村人、水竹、石門山人、東海居士、退叟、退耕老人、書髓老人、新庵齋主。因為人圓滑而老謀，人送綽號“水晶球”“活曹操”，影射名水西村人、徐澹如、漁翁等。直隸（今河北）天津人。清光緒十二年（1886）中進士，光緒三十一年曾任軍機大臣。

② 參見《大總統令（五月一日）：特任徐世昌為國務卿此令》，《奉天公報》第763期，1914年5月5日，第13頁。另見《大事記：五月一日公佈中華民國約法，同日特任徐世昌為國務卿》，《時事彙報》第7號，1914年，第4頁。

③ 參見《國務卿徐世昌呈大總統鉅任難勝懇請收回成命另任賢能文並批》（中華民國三年五月二日），《政府公報》第714號，1914年5月3日。

天下為公，選賢與能，同服義務。但當學伊尹之任，不當學伯夷之清。本大總統亦國民一分子耳，俯仰天地，復何所求？徒以全國人民，群相推挽，撑持危局，捨我其誰！茍非為國得人，即藐躬未為盡職，贊襄國務，必有老成。謝公林下，久繫蒼生之思；諸葛隆中，不失澹泊之志。已遣外交總長孫寶琦、陸軍總長段祺瑞造廬勸駕，萬勿推辭。此批。中華民國三年五月二日。[①]

徐世昌請辭國務卿一職不成，遂於 1914 年 5 月 2 日就職，並於次日發佈通告如下：

本年五月一日，奉大總統令，特任徐世昌為國務卿，此令。當以材輇任重，仰懇收回成命。固辭未獲，玆遵於五月二日就國務卿之任，特此通告。中華民國三年五月三日。[②]

1915 年 12 月，袁世凱稱帝，徐世昌以沉默遠離之。1916 年（洪憲元年）3 月，稱帝後的袁世凱迫於外界壓力，取消帝制，於 1916 年 3 月 21 日再次任命徐世昌為國務卿。職是之故，前述葉大匡書札中有云："恭讀三月二十一日策令[③]，欣悉重拜國務卿之命，仰見饑溺為懷，拯民水火，豈獨造蒼生幸福，實亦分主座憂勤。"

1916 年 4 月 22 日，袁世凱特任段祺瑞為國務卿，准國務卿徐世昌免職。[④]

綜上所述，前述葉大匡書札撰寫時間當在徐世昌再次出任國務卿期間，即 1916 年 3 月 21 日至 1916 年 4 月 22 日之間，具體日期無從知曉。

二　關於葉大匡任赤峰縣知事的起止時間

前述書札有云："大匡忝牧赤峰，於玆三載。"那麼，葉大匡是何時到赤峰任職的？

關於葉大匡任赤峰縣知事的起止時間，張平可先生認為，葉大匡於"民國元年至民國六年任赤峰縣知事"[⑤]，此說值得商榷。

其一，1912 年（民國元年），葉大匡並未到赤峰任職，而是另有任用。有三條文獻可資證明，玆徵引如下：

---

① 參見《國務卿徐世昌呈大總統鉅任難勝懇請收回成命另任賢能文並批》（中華民國三年五月二日），《政府公報》第 714 號，1914 年 5 月 3 日。

② 參見《國務卿通告》（中華民國三年五月三日），《政府公報》第 715 號，1914 年 5 月 4 日。

③ 其策令全文如次："任命徐世昌職務令。洪憲元年三月二十一日政事堂奉策令：特任徐世昌為國務卿，即日視事。此令。洪憲元年三月二十一日（下鈐'政事堂印'），國務卿陸徵祥。"參見《任命徐世昌職務令》，駱寶善、劉路生主編《袁世凱全集》第 34 册，河南大學出版社，2013，第 753 頁。

④ 參見《中國大事記：民國五年四月二十二日，准國務卿徐世昌免職，特任段祺瑞為國務卿》，《東方雜志》第 13 卷第 6 期，1916 年，第 1 頁。

⑤ 參見張平可《民國初年赤峰縣第一任知事葉大匡》，高雲華主編《紅山文史》第 3 集，第 183 頁。

蒙藏事務局委任葉大匡調查哲里木盟各旗事宜文

為委任事。查自烏泰倡亂[①]，哲里木盟各旗無辜被其擾攘。際玆甫經戡定，滿目瘡痍，若不妥籌善後之方，殊非綏輯蒙旗之道，亟應調查一切事宜，以資辦理。玆查有葉大匡堪以派委前往，仰即前赴哲里木盟一帶切實調查，隨時具報本局，以備研求。務須體順蒙情，詳加考察，毋負委任。切切。須至委任者。[②]

蒙藏事務局照會烏珠穆沁親王請照料調查員葉大匡文

為照會事。本局前委哲里木盟調查員葉大匡現改派為烏珠穆沁旗調查員，前赴該地考查一切實在情形，以資籌畫。除委任外，相應照會貴親王查照，並希妥為照料可也。此照會。[③]

蒙藏事務局委任葉大匡為烏珠穆沁旗調查員文

為委任事。本局前以哲里木盟多事，特委任葉大匡前往調查。現本局陸續派赴哲里木盟調查員已經數起，足資考察。葉大匡可毋庸前往，即改派為烏珠穆沁旗調查員。仰迅赴該地，切實調查一切情形，隨時具報本局，以備查考。務須勤慎從公，毋負委任。切切。須至委任者。[④]

受蒙藏事務局委任，葉大匡於1912年10—11月調查哲里木盟各旗以及錫林郭勒盟烏珠穆沁旗事情，撰寫了《蒙古略記》，其中第一章、第二章內容於1913年公開發表。[⑤]

其二，前文已講，葉大匡書札撰寫時間當在1916年3月至4月之間，以“忝牧赤峰，於玆三載”推算，則其初始赴任年份應為1913年（民國二年）。

其三，1913年（民國二年）6月之前，赤峰建置仍稱“赤峰直隸州”，有文獻可資證明。

赤峰市檔案館所藏清末民初赤峰州堂檔，其中有《赤峰直隸州議事會、州城董事會為分晰商會不法妄行請轉飭查照事致赤峰州知事李□□咨》（民國二年三月十五日），文末有“右咨赤峰州知事李，中華民國二年三月十五號”字樣；檔案前後鈐“直隸省赤峰直隸州議事會

① 原文脱落“倡亂”二字。《政府公報》10月9日刊登之“更正”如下：“頃接蒙藏事務局函稱，十月初七日政府公報登載，本局委任葉大匡赴哲里木盟文內，查自烏泰下原稿落倡亂二字。請代更正。等因。合函更正。”

② 參見《蒙藏事務局委任葉大匡調查哲里木盟各旗事宜文》，《政府公報》第160號，1912年10月7日，第14頁。

③ 參見《蒙藏事務局照會烏珠穆沁親王請照料調查員葉大匡文》，《政府公報》第195號，1912年11月12日，第20頁。

④ 參見《蒙藏事務局委任葉大匡為烏珠穆沁旗調查員文》，《政府公報》第196號，1912年11月13日，第18頁。

⑤ 參見葉大匡《蒙古略記》（未完），上海圖書館藏《西北雜志》（北京）第4期，1913年，第1—6頁。

之鈐記”長方形朱文篆書印章、“赤峰直隸州城董事會之圖記”長方形朱文楷書印章。這就説明，在1913年3月15日之前，赤峰州知事李某（此人名字不詳）在任，葉大匡並未上任。

赤峰市檔案館藏《翁牛特王旗印務協理二等台吉哈清阿為設立初等小學校事致赤峰直隸州知州葉大匡移》（民國二年六月十八日），文末有“右移赤峰州正堂葉，民國二年六月十八號”字樣。這就説明，至遲在1913年6月18日之前，葉大匡已經出任赤峰州知州一職。王慧先生認為，“民國二年三月，葉大匡隻身來赤峰赴任”①，不知以何為據。不過，葉大匡於1913年（民國二年）3月中下旬來赤峰赴任，也是有可能的。②

赤峰市檔案館藏《赤峰直隸州知州葉大匡為翁牛特王旗設立初等小學校事致熱河都統熊希齡呈稿》（民國二年六月二十日），文末有“本州葉（指葉大匡——引者注）”字樣。此外，赤峰市檔案館藏民國赤峰縣公署檔中有《熱河都統公署為翁牛特王旗設立初等小學校准予立案事致赤峰縣公署指令》（民國二年七月九日），文首有“令赤峰縣知事”字樣。據此可知，1913年6月末至7月初，“赤峰直隸州”改為“赤峰縣”，“赤峰直隸州議事會”相應改為“赤峰縣公署”，葉大匡的“赤峰直隸州知州”一職相應改為“赤峰縣知事”。1913年7月2日，北洋政府亦明令葉大匡擔任赤峰縣知事，③即充分證明這一點。“直隸省赤峰直隸州議事會之鈐記”亦相應改為“赤峰縣知事印”。赤峰市檔案館藏《赤峰縣公署為分撥馬隊常駐團練支局事致赤屬團練支局、義勝營公函稿、指令稿》（民國二年十二月二日），文末即鈐有“赤峰縣知事印”方形朱文篆字印章；《赤峰縣公署為呈報當商調查表致熱河財政廳呈稿》（民國六年十一月四日），文末改鈐“赤峰縣印”方形朱文篆字印章。

葉大匡在赤峰的第一個任期結束後，於1916年11月17日又被民國政府任命為赤峰縣知事，有大總統令為證：

大總統令

熱河都統姜桂題呈請任命盧宗呂為承德縣知事，葉大匡為赤峰縣知事，李傳勳為林西縣知事，方大年為灤平縣知事，唐炳麟為圍場縣知事。應照准。此令。

大總統印

中華民國五年十一月十七日

---

① 參見王慧《清官葉大匡》，高雲華主編《紅山文史》第5集，中國文史出版社，1993，第165頁。

② 1913年3月，當時報紙刊登《赤峰來電》有云：“魏染胡同新聞團鑒：熊希齡到熱，純重黨見，不十數日，將各差缺更替殆盡。李知事輜赤，聯絡蒙旗，内向整頓庶政，聯合毅軍，共保治安。今易李，更派葉大匡接篆。刻間，農工商國民黨五族聯合會電拒無效，請速維持辦法，電覆國民黨，叩。”參見《民主報》1913年3月16日，第3版“公電”專欄。

③ 1913年7月2日，“代理國務總理段祺瑞呈稱：據熱河都統熊希齡呈請，任命曾厚章為承德縣知事，葉大匡為赤峰縣知事，王僧達為朝陽縣知事，曹振循為平泉縣知事，文俊為建平縣知事，孫廷弼為建昌縣知事，余炳猷為豐寧縣知事，唐岳屏為隆化縣知事，張子銓為圍場縣知事。應照准。此令。”參見《亞細亞日報》1913年7月3日，第1版；另見《申報》1913年7月5日，第2版“命令”專欄。

國務總理段祺瑞　内務總長孫洪伊[①]

關於葉大匡在赤峰的離任時間，張平可先生認為是民國六年，此説亦值得商榷。

其一，赤峰市檔案館所藏赤峰縣公署檔中有《赤峰縣公署為司法官及律師考試限期報名事佈告稿》（民國六年十二月三十日），文末有“民國六年十二月卅日，知事葉”字樣。據此可知，1917年（民國六年）末，葉大匡仍在赤峰縣知事任上，並未離任。

其二，赤峰市檔案館藏《赤峰電報局為請派差查拿偷割電綫盜匪事致赤峰縣公署公函》（民國八年一月二十三日），文末有“此致赤峰縣長李（李文升——引者注），局長陳錫蕃”字樣。據此可知，至遲在1918年1月23日之前，葉大匡已離任。

綜上所述，王慧先生認為“民國六年一月，葉知事病死於縣衙”[②]，此説有誤，應為“民國七年一月，葉知事病死於縣衙”。而張平可先生認為“葉縣長逝世於民國七年前後”[③]，雖貼近事實，亦屬模棱兩可。

三　關於赤峰開埠及初設地點問題

赤峰開埠之議，始於1914年初，消息一傳出，即遭到俄羅斯抗議。[④]然而當時的北洋政府仍將其列為議事日程：“（一）洮南及赤峰之開埠，（二）錦（錦州）赤（赤峰）鐵路之建築，（三）連山軍港之建築，（四）疏浚遼河之經費，（五）移民實邊之經費。以上各要政，現已派員赴奉就商。”[⑤]

赤峰開埠地點擬設在北郊，當年7月15日，税務處派員實地往查。當時的新聞媒體雖然做了報道，[⑥]但過於簡略，所派何員，實情如何，均語焉不詳。

關於赤峰開埠之原委以及税務處派員實地調查等，當時的親歷者卓宏謀記述頗詳，兹撮録如次：

赤峰舊為赤峰直隸州，民國二年改為縣，屬於熱河道，為特别區域。在承德縣東北四百七十里，距京八百六十里，為昭烏達盟翁牛特部地方，原名烏蘭哈達，譯言紅山，因其地東北有山，現赭色，故名。前為赤峰廳，增轄開魯、林西二縣，為關外隘口，内

---

① 参見《大總統令》，《政府公報》第314號，1916年11月18日，第4頁。

② 参見王慧《清官葉大匡》，高雲華主編《紅山文史》第5集，第166頁。

③ 参見張平可《民國初年赤峰縣第一任知事葉大匡》，高雲華主編《紅山文史》第3集，第183頁。

④ 参見《北京英文日報言俄羅斯已嚴詞抗議中國之開放歸化、張家口、赤峰、洮南、多倫諾爾諸地作商埠》，《時報》1914年1月13日，第5版之“北京十一日德文報電”。

⑤ 参見佚名《政府對於奉天省最近之計劃》，《時報》1915年10月30日，第2版之“北京念九日申刻專電”。

⑥ 参見佚名《赤峰開埠擬在北郊昨由税務處派員往查》，《時報》1914年7月16日，第3版之“十五日亥刻北京專電”。

蒙門户，與奉省毗連。自南滿鐵路建成後，日本勢力漸及而西（最近日本關東都督府出版《東蒙古》一書而定界限，又舉外蒙車臣汗、土謝圖汗二部，劃歸東蒙，其野心誠不可思議）。日本到赤峰調查，自烏聚龍藏二人①始，事在前清光緒三十年前。其時風氣未開，巡警未設，外人之遊歷斯土者，任其自由出入，毫無覺察。烏龍②歸國後，遍登報紙，極稱赤峰繁富甲於他埠，喚起一般日人注意。於是，日人調查蒙事者，乃接踵而至，其用意從可知矣。按赤峰地土饒腴，四面交通，街道寬敞，一衢七里，商店林立，儼然為天然商埠。然自開魯、林西、經棚屢有戰事後，商務大受影響，領荒之人，不若如前踴躍。議者為交通西路起見，擬築京熱、京赤二路。殊不知熱河偏處西南，山嶺複雜，又無河流以通舟楫。因其地有避暑山莊，為清帝遊幸之所，故設都統以鎮攝之。即在地所需糧食，亦多仰給於赤峰。若就赤峰築路，經朝陽而達錦州，路程不過五百里，與京奉鐵路銜接，交通之便，實莫逾於此。前年政府派隊防赤，亦多由京奉鐵路運兵至錦，由錦達赤，較之由京遵陸赴赤，遠近、難易判然。倘赤峰自闢商埠，非築錦赤鐵路不可，匪特於商業有益，並足以利軍用。

其商埠地點，現勘定在赤峰縣治北境之錫伯河，距街纔里許，東界紅山，南界縣治，西界銀河③，北界招蘇河④，形勢高敞，土脉潤澤，向無水患，雖間有流沙，不足為累。面積東西長四千三百二十弓，計十二里；南北長九十弓，計二十五里；全面積十六萬二十畝，計三百方里。

此段場面甚大，可先盡南面占用，北段留備擴充。南有土嶺，長約數十里，相傳昔時松林遍山，今全境已無此樹，需用木材，多仰給於圍場。氣候多風，早寒，農產品收一季。輸出之貨，以小米、高粱、小麥、蕎麥、雜豆，馬、騾、牛、羊以及皮革、毛絨、煙、麻、土鹼等類為大宗。輸入之貨，以粗細布匹、繭紬、棉花、蘆席、紙扎、藍靛及茶、糖、藥料、海味、火油、褡褳、洋綫、胰皂、紙煙為大宗，而洋商在此設莊採買皮革、絨毛等貨者，不下數十家。

聞赤峰西北巴林部烏珠穆沁旗地方有鹽湖一區，產鹽甚旺，隨產隨結，色味絶美，北銷黑龍江，南銷内蒙古一帶，每年輸出之數甚鉅。該產向歸蒙旗管理，辦法未善，若由中央收為國有，派員整頓，除劃款補貼蒙旗外，可增國課大宗之收入，故赤峰鹽政又不可不注意也。⑤

① 卓宏謀此處有誤，“烏聚龍藏”應為“鳥居龍藏”，“二人”應為“一人”。

② 卓宏謀此處有誤，“烏龍”應為“鳥居龍藏”或“鳥居”。

③ 卓宏謀此處有誤，“銀河”應為“陰河”。

④ “招蘇河”今寫作“昭蘇河”。按，“北界招蘇河”不確，應為“北界半支箭河”。

⑤ 參見卓宏謀編著《最新蒙古鑒》第七卷附録甲“調查自闢西路商埠報告”之一“赤峰”（署名閩侯卓宏謀著），北京彰儀門大街法輪印刷局，1919 年鉛印本，第 1—2 頁。

赤峰商埠開闢後，赤峰縣知事葉大匡在赤峰設立會館。如今，赤峰民間現存一塊匾額，其中，“赤峰會館”四個大字下有十六行小字，均出自葉大匡的手筆，其辭云：

> 民國二年，改直隸州設赤峰縣。翌年春，選紅山脚下三河[①]之畔，水旱相通、紫氣雲集之地，設商埠以迎四方來客，聚八方賓朋。既有來源，又增去物，貨通四海，商富赤峰。建館以通商訊便，而同鄉共通互有携之。民國四年春，葉大匡。

赤峰商埠的開闢及葫赤鐵路的成功開通，吸引大批外省商人涌入赤峰，在一定程度上加快了赤峰與外地的貿易往來，促進了赤峰經濟的繁榮與發展，也提升了赤峰的知名度與美譽度。

四　關於赤峰交涉員設置問題

葉大匡致國務卿徐世昌第二通書札有云：“大匡前請特派交涉專員，嗣經各部會議，由都統飭令大匡兼任。無如大匡於東西各國語言文字，毫無研究，亦少經驗，何敢膺此重任！現大匡已據情詳請都統轉咨外交部，仍請另派交涉專員。兹特將詳文稿抄呈鈞鑒，務望我公與外交部詳商，總以另派專員為妥。”書札之後附有《咨外交部辭交涉員詳文稿》，實乃事出有因。

赤峰開埠之事被敲定之後，1915年11月，時任熱河都統姜桂題電呈政府請設置赤峰交涉員，並交外交部核議，當時的新聞媒體報道了這一事情。[②]

外交部接收熱河都統姜桂題的電呈後，立即會同財政、農商等部核議赤峰開埠事宜，並由外交部主稿，於1916年1月30日向稱帝不久的袁世凱上奏，其文如次：

> 核議赤峰開埠事宜會陳請示外交財政農商部會奏
>
> 奏，為核議赤峰開埠事宜，恭摺會陳，仰祈聖鑒事。竊承准政事堂抄交，熱河都統姜桂題咨呈，赤峰請設交涉員，開商埠，擬交外交、財政、農商各部會核。奉批：閲。等因。查赤峰自開商埠，前由内務部會同主管各部，於議該處蒙漢紳商鮑喜等電請提前辦理案内，擬請由地方長官先行派員籌辦，次第進行。業經奏奉批令：轉行該都統遵照辦理在案。至原咨所請於該處設置交涉專員一節，自為慎重交涉起見，惟設置專員，經費較鉅，擬請先由該都統暫行委派赤峰縣知事葉大匡兼任交涉委員，酌置譯員一二人以資佐理。所需經費，即由熱河於核定政費内匀撥，藉資撙節，俟將來商埠成立，經費充

---

① 三河，指陰河、半支箭河、錫伯河，三河匯流，謂之“英金河”。

② 參見《熱河都統姜桂題電呈政府請設置赤峰交涉員已交外交部核議》，《時報》1915年11月27日，第2版之“北京廿六日亥刻專電”。

足之後，再行酌議另設專員，庶辦理較為順序。又，原咨關於金融、商業各節，亦應俟商埠成立，再由財政部與農商部會商籌辦，以期妥協。臣等悉心核議，意見相同。謹恭摺會陳，伏乞皇帝陛下聖鑒訓示遵行。再，此摺係外交部主稿，會同財政、農商等部辦理。合併陳明。謹奏。①

袁世凱接收《核議赤峰開埠事宜會陳請示外交財政農商部會奏》之後，於1916年2月5日發佈旨令，並由政事堂轉發："政事堂奉批令：准如所議辦理，即由各該部轉行遵照。此令（下鈐'政事堂印'）。洪憲元年二月五日。國務卿陸徵祥。"②1916年2月11日，當時的新聞媒體報道了這一事情。③

熱河都統姜桂題原咨所請"於該處設置交涉專員一節，自為慎重交涉起見，惟設置專員，經費較鉅，擬請先由該都統暫行委派赤峰縣知事葉大臣兼任交涉委員，酌置譯員一二人以資佐理。所需經費，即由熱河於核定政費内匀撥，藉資撙節，俟將來商埠成立，經費充足之後，再行酌議另設專員，庶辦理較為順序"，經外交、財政、農商等部核議，得到袁世凱的批准，使赤峰縣知事葉大臣十分為難，無奈之下，寫信給國務卿徐世昌，附有《咨外交部辭交涉員詳文稿》，請其通融，其結果又如何呢？

赤峰市檔案館藏《圍場縣公署為請轉商日領令若山等人將商夥遺散物品帶回事致赤峰縣公署咨》（民國七年四月一日），文末有"此咨赤峰縣知事兼交涉員李（李文升——引者注）"字樣。這就説明，葉大臣病逝於赤峰縣知事任上之後，其繼任者赤峰縣知事李文升仍然兼任交涉員。那麽，赤峰開埠後，赤峰縣知事葉大臣在任期内事實上也在兼任交涉員。换句話説，葉大臣寫信給國務卿徐世昌，請其"與外交部詳商""另派專員"，在其任期内没有實現。

1917年11月，熱河都統呈請外交部，以赤峰縣"交涉案日加繁密，非設置專員不足以資應付，請呈請添設交涉員，並擬請以簡任職存記熱河都統公署顧問兼官銀號總辦張翼廷充任"。熱河承德縣人張翼廷"久在奉天、綏遠等處任繁缺要職，④所在成績昭彰，蒙邊情勢既所夙諳，外交經驗亦復有素"。經外交部提出國務會議議決，認為張翼廷"薦充交涉員，尚屬

① 參見《核議赤峰開埠事宜會陳請示外交財政農商部會奏》，《中華全國商會聯合會會報》第3卷第6期，1916年，"法令"專欄，第1頁。另見《財政、外交、農商部奏核議赤峰開埠事宜會陳請示文》（一月三十日），《税務月刊》第3卷第27期，1916年，"公文"專欄，第11—12頁；《財政、外交、農商部奏核議赤峰開埠事宜會陳請示摺》（洪憲元年一月三十日），《政府公報》第31號，1916年2月6日，"奏摺"專欄。

② 參見《財政、外交、農商部奏核議赤峰開埠事宜會陳請示摺》，《政府公報》第31號，1916年2月6日，"奏摺"專欄。

③ 參見《赤峰開埠事宜之核議》，《時報》1916年2月11日，第6版之"要聞"。

④ 張翼廷由增貢生保舉知縣，曾任柳河縣知縣，遞保直隸州知州，奉天補用知府，"器識宏深，守堅才卓，洵為守令中不可多得之員"。張翼廷後出任奉天財政司司長兼奉天國税廳籌備處長、奉天財政廳廳長，"守經達權，才大心細，實事求是，所至有聲"，深得上司器重。參見《熱河都統奏保奉天候守張翼廷摺》，《政治官報》第465號，1908年1月25日，第15頁；另見《綏遠都統潘矩楹奏保薦前奉天財政廳廳長張翼廷懇予甄用摺》（洪憲元年二月二日），《政府公報》第35號，1916年2月10日，第27頁。

人地相宜"[①]。1918年4月20日，奉大總統令，張翼廷遂順理成章地出任赤峰交涉員兼赤峰開埠局長。[②]1918年5月，張翼廷曾提出辭呈，熱河都統及北洋政府均不允准。[③]

五　關於熱河道尹移駐赤峰兼交涉員問題

1918年12月10日，順直省議會就"請以熱河道尹移駐赤峰兼交涉員"一事，向參議院遞交請願公函，其文云：

> 徑啓者：查赤峰一域，商務日見發達，交涉愈益繁多，若無高級長官鎮懾，其間恐有貽誤之虞。本會管見及此，擬請將熱河道尹移駐赤峰，兼交涉員職務，以資治理。用特繕具請願書，函送貴院，即祈公决，咨行政府施行，無任翹企。此致參議院。附送請願書一扣。中華民國七年十二月十日。[④]

上述請願公函之後，附有《順直省議會請以熱河道尹移駐赤峰兼交涉員請願書》原文，言辭懇切，認識深刻，其文云：

> 順直省議會為請願事。竊以赤峰地處熱區之東北，為内蒙交易之中心，物産既富，商賈日集。近年以來，政府履行四年五七中日條約，闢該地為商埠。雖埠地尚未規定妥協，而日人之領事已設署辦事。日人之遊歷或自由貿易者，已紛至沓來，交涉之事，日有所聞。歐戰現已終結，各國之來赤埠設領事立行棧通商者，將日見其多。而交涉之事，亦將因之而益繁。現設之交涉署長，係薦任職體制，既未崇高局勢，又嫌卑隘主客，相形實有見絀之勢。况商埠要地，華洋雜處，若無高級官長鎮攝其間，地方事宜有非僅署長縣知事所能勝任之處。查熱河道道尹一職設立之始，赤峰尚無開埠之議，故駐在承德，與都統同一地點。現在赤峰既闢為商埠，都統為全區最高級長官，在承德坐鎮最為萬全。擬請將熱河道尹移駐赤峰，以資鎮攝，而便治理。仍援照上海吉長各道尹兼交涉員成案，由道尹兼赤峰交涉員，體制既崇，對外斯易。而督飭各縣辦理交涉事宜，亦易收效。至經費一項，道尹既兼交涉員，則原設之赤峰交涉署，可即裁撤，署長俸

① 以上引文參見《外交總長陸徵祥呈大總統請設置熱河赤峰交涉員一員兼充赤峰開埠局長照章作為薦任文》，《政府公報》第808號，1918年4月24日，第15—16頁。

② 1918年4月20日，"大總統令：令外交總長陸徵祥呈請，任命張翼廷為熱河赤峰交涉員兼充赤峰開埠局局長，應照准。此令"。《申報》1918年4月22日，第2版"命令"專欄。

③ 《大總統指令第八百六十二號（中華民國七年五月十三日）：令熱河都統姜桂題：呈熱河赤峰交涉員兼充赤峰開埠局局長張翼廷請留簡任原資由》，《政府公報》第828號，1918年5月14日，第8頁。

④ 參見《順直省議會請以熱河道尹移駐赤峰兼交涉員請願函》，《參議院公報》第1期第5册，1919年，"公函"，第152頁。

給，固可節省，而辦公用人各項，亦可略事變通。一轉移間，商埠交涉，既得相當之人治理，而國庫財力亦可稍紓，實屬兩有裨益。為此提出請願書，陳請貴院，希即查照提付院議，轉咨政府施行，無任盼切。此上參議院。議長：邊守靖。介紹人：陳賡虞、楊以儉、趙元禮、曹鈞、朱仕清。①

上文中所説的“雖埠地尚未規定妥協，而日人之領事已設署辦事”，即指日本人在赤峰設立領事館之事。②

參議院收到請願公函及請願原文之後，於1919年1月25日就此事咨請國務院，請求裁決，兹徵引如次：

參議院為咨送順直省議會請將熱河道尹移駐赤峰兼交涉員一案，本月二十五日開會，由請願委員會提出審查報告，當經院議可決，多數通過。兹依議院法第五十條之規定，相應抄録本院請願委員會審查報告順直省議會公函及請願原文，一併咨請國務院。

① 參見《順直省議會請以熱河道尹移駐赤峰兼交涉員請願書》，《參議院公報》第1期第5册，1919年，“請願書”，第101—102頁。

② 日本駐赤峰領事館，亦即日本駐熱河領事館，包括所屬的員警署，是1915年日本政府向袁世凱提出“二十一條”中第六條“關於南滿洲及東部内蒙古的條約”的要求以後，為謀求在熱河占有特殊權益而設立的。袁世凱為取得日本對他的支持，以大總統的身份發佈了把多倫、歸化城（今呼和浩特）、龍口、洮南、張家口、連山灣（今葫蘆島）和赤峰開闢為商埠的命令，讓外國人居住並進行貿易。於是日本政府在1916年5月提議開設駐赤峰領事館，經日本國會通過赤峰領事館預算案，於次年2月27日正式成立，地址在赤峰四道街東路北楊子彬院内（今赤峰八中後院）。1920年遷至赤峰二道街東路南（今永巨街道辦事處後院，該院原是山西曹家在清朝開設的當鋪）。1928年北伐戰爭時，於6月1日臨時撤退到奉天總領事館工作，同年11月1日重開。此間，在駐赤峰領事館先後任職的日本人有北條太洋（1917年2月27日任領事代理、副領事，1917年12月24日任領事，1919年8月13日復任領事）、高橋隆司（1919年6月4日任領事）、北村國太郎（1922年12月14日任事務代理、外務書記生）、平冢晴俊（1923年5月26日任領事）、和田正勝（1925年4月19日任領事）、中根直介（1926年6月3日任事務代理、外務書記生，1928年11月1日復任事務代理、外務書記生）、牟田哲二（1930年5月4日任事務代理、外務書記生）。1931年10月30日，因九一八事變，撤退到北平公使館工作。1932年1月29日，臨時閉館。1933年3月初，熱河淪陷，4月4日重新開館，清野長太郎就任領事。1936年2月5日，栗本秀顯任領事代理、副領事。1936年10月30日，工藤敏次郎任領事代理、副領事。原領事館設立了日本赤十字醫院，醫生名叫小橋助人。日本駐赤峰領事館，除保護日商外，同時接待以遊歷、考古為名前來赤峰進行特務活動的日本人，協助他們測繪地圖、拍照地形、勘測礦產、瞭解風土人情等，以圖對熱河地區進行文化侵略、經濟侵略和武力侵略。有關日本駐赤峰領事館的詳情，可參見北條太洋《熱河》，日本東京新光社，昭和8年（1933年）九月二十七日印刷，九月三十日發行，第405頁。日本帝國駐赤峰領事館：《赤峰事情》，昭和12年（1937年）二月印行，第60—63頁；日本帝國駐赤峰領事館原著，馬希、余冠倫譯《赤峰事情》（昭和12年）第七章“政治”第二節“行政與司法”第三項“日本駐赤峰領事館”，《内蒙古史志資料選編》第5輯《日文翻譯資料專輯》，内蒙古地方志編纂委員會總編室，第358頁。另見李在洲《日本在赤峰設駐熱河領事館》，高雲華主編《紅山文史》第1集，中國人民政治協商會議赤峰市紅山區委員會文史資料研究委員會，1985，第98—99頁；馬希《民國初年日本在赤峰設立領事館的目的》，高雲華主編《紅山文史》第4集，中國人民政治協商會議赤峰市紅山區委員會文史資料研究委員會，1990，第51—56頁；李在洲《日本人在赤峰的特務活動》，高雲華主編《紅山文史》第4集，第57—58頁。

附原案。中華民國八年一月二十五日。[①]

然而，熱河道尹移駐赤峰兼交涉員一事，最終没有落實。

六　關於熱河赤峰交涉員改為特派熱河交涉員問題

由於赤峰商埠的日本人激增，1921 年 5 月 11 日，熱河都統姜桂題請特派交涉員，仍保舉張翼廷出任。[②]

1921 年 5 月 14 日，“國務例會，財政、交通、海軍、教育四總長仍未出席，其他閣員及靳均於十二時三十分到院開議，下午一時四十分散會，由法長董康入府報告其議決案件，據院秘書廳之公佈，計有三起：（一）外交部提議擬將赤峰交涉員一缺改為特派熱河交涉員，議決照辦；（二）内務部提議修正管理寺廟條例，議決通過；（三）議决由財政部發給國庫券一百萬元交兩湖巡閱使作為施南七縣賑撫善後款項”。[③]

1921 年 5 月 17 日，外交部就“擬請將熱河赤峰交涉員改為特派熱河交涉員”一事，呈報大總統徐世昌，“擬懇大總統准予改設，以利進行。所有熱河改設特派交涉員緣由，理合呈候鑒核訓示遵行”[④]，其文略云：

呈為擬將熱河赤峰交涉員改為特派熱河交涉員，以重職守事。竊准熱河都統電稱：民國七年四月，准部咨以呈，准設置熱河赤峰交涉員一缺，旋經咨准部覆，以赤峰交涉員署既經成立，熱河並未設有交涉專署。嗣後，各縣遇有交涉案件，應徑函赤峰交涉員，就近轉向駐赤日領交涉，以資捷便，而重職權，均經令遵各在案。查該交涉署自設置，迄今已逾三載。年來，西洋各教堂發生交涉，亦漸繁重。該交涉員職權所及，固以一埠為限，而責任所負，尤以各縣為多，循名核實，殊不相副。況熱區控制蒙藩，毗連奉省，日人前赴蒙地考察遊歷，動滋交涉，應付萬難。擬請仿照各省成案，將該交涉署改為特派交涉署，以為全區交涉機關，體制較崇，職責斯重，對内對外庶能統一事權。至該署常年經費，仍依原案開支，不再追加預算，合併聲明。等因到部。查熱河一區交涉漸繁，赤峰交涉員事實上兼理各縣交涉案件，已非一日。熱河都統議就原有經費改設特派交涉員一缺，以符名實，似屬可行，當經提出國務會議議決照辦，擬懇大總統准予

① 參見《咨國務院咨送順直省議會請將熱河道尹移駐赤峰兼交涉員一案業經院議可决文》，《參議院公報》第 1 期第 6 册，1919 年，“公文”，第 196 頁。

② 參見《申報》1921 年 5 月 12 日，第 6 版“北京專電”（11 日下午 7 鐘）。

③ 參見《申報》1921 年 5 月 15 日，第 7 版“京聞拾零”（昨日星期四）。

④ 參見《外交部呈：大總統擬將熱河赤峰交涉員改為特派熱河交涉員以重職守文》，《政府公報》第 2003 號，1921 年 9 月 21 日，第 10—11 頁。

改設，以利進行。所有熱河改設特派交涉員緣由，理合呈候鑒核訓示遵行。謹呈。①

1921 年 5 月 21 日，大總統徐世昌接到外交部呈請後，發佈指令："呈悉，准如所擬辦理，此令。"②

1921 年 5 月 28 日，大總統徐世昌再次發佈指令："任命張翼廷為外交部特派熱河交涉員，此令。"③

1922 年 4 月 15 日，張秉彝出任熱河交涉員④，張翼廷不再擔任特派熱河交涉員。

Textual Research on the Letters from Ye Dakuang , Magistrate of Chifeng County in the Republic of China, to Secretary of State Xu Shichang

Li Junyi

This paper examines the two letters from Ye Dakuang magistrate of Chifeng County in the Republic of China, to Secretary of State Xu Shichang and the appendix *Detailed Manuscript of the Negotiators of the Ministry of Foreign Affairs*, and studies some issues related to the opening of Chifeng port and the establishment of negotiators in the early Republic of China.

① 參見《擬請將熱河赤峰交涉員改為特派熱河交涉員呈》,《外交公報》第 1 期，1921 年，"法令" 專欄，第 13—14 頁。

② 參見《大總統指令第一千二百八號：令外交總長顏惠慶：呈擬將熱河赤峰交涉員改為特派熱河交涉員以重職守由》,《政府公報》第 1884 號，1921 年 5 月 21 日，第 2 頁。

③ 參見《大總統令》(中華民國十年五月二十八日),《政府公報》第 1891 號，1921 年 5 月 29 日，第 1 頁。

④ 參見《十五日閣議：張秉彝簡熱河交涉員……》,《新聞報》1922 年 4 月 16 日，第 4 版 "國內專電"。

復旦大學圖書館館藏米夏埃爾·哈恩私人藏書綜述：印度學書籍 *

李勝海

米夏埃爾·哈恩（Michael Hahn）教授是已故的德國印度學、藏學和佛教研究的權威，他從20世紀70年代開始在漢堡大學和波恩大學任教，1988—2006年擔任馬爾堡大學印度學和藏學系主任。從博士學位論文的研究課題《韻律鬘贊》（Vṛttamālāstuti）起，哈恩在梵文文學尤其是佛教文學上表現出過人之處，對以風格華麗及叙事為特徵的印度文學産生濃厚的興趣，其畢生的研究涵蓋主要以佛教内容為主題的詩歌、故事、戲劇、書信、格律、贊頌、王政論等體裁。哈恩精通藏學，對藏文的深究不停留於以藏文翻譯來研究印度文本，他所出版的《古典書面藏文課本》在西文的古典藏文教材中是最受推崇的。① 他在藏文構詞和詞源學方面發表了不少研究成果。哈恩一生出版的專著有20種，發表的論文超過100篇。②

經過留德博士、復旦大學文史研究院劉震研究員的介紹，復旦大學在哈恩教授去世前購得他的私人藏書（以下簡稱“藏書”）。在時任復旦大學圖書館館長葛劍雄的大力關心之下，該次採購得以順利完成。哈恩的主要學術專長决定了他的藏書以印度研究、西藏研究和佛教研究三個領域的最多。然而他涉獵甚廣，所以藏書所涉還包括中亞研究、尼泊爾研究、蒙古研究乃至少量漢學、日本學、東南亞研究及西亞研究等内容。限於篇幅，本文將側重於藏書中佛教以外的印度研究的内容，本文的續篇將綜述藏書的印度佛教和哲學部分。③ 其藏書中的藏學書籍數量也達千册。

與他的著作一樣，哈恩的藏書也反映了其深厚的印度文獻學的傾向，具體地説即偏重於古代、重視承載文本的語言的特徵，並以文本的精確展示和詮釋為主。藏書除了收羅超地域的印度古代語言的書籍外，偶爾還有區域性的克什米爾語和泰米爾語等語言的書籍。在現代

---

* 本文得到國家社科基金重大項目“吠陀文獻的譯釋及研究”（17ZDA235）支持。

① *Lehrbuch der klassischen tibetischen Schriftsprache*, Swisttal-Odendorf: Indica et Tibetica Verlag, 1994.

② 哈恩的簡歷、出版目録及多種著作見 https://uni-marburg.academia.edu/MichaelHahn，訃告見 http://iabsinfo.net/2014/08/obituary-tribute-to-michael-hahn/。

③ 兩篇綜述的對象主要是本文撰寫時存放於復旦大學江灣校區圖書館密集書庫的西文圖書5676册。哈恩藏書還包括：（1）存放於復旦大學文科密集書庫、内容以藏學為主兼及漢文的書籍344册；（2）存放於理科圖書館的日文和俄文圖書566册；（3）期刊417册。哈恩藏書中的零散資料39箱（包括期刊、書、筆記、文稿、文本等）現存於復旦大學圖書館特藏部。

的南亞次大陸的語言中，藏書中還有少量涉及印地語和尼泊爾語的工具書。以現代研究語言為媒體的書籍中除了大量英文和德文書刊外，還有數量不少的日文、法文、意大利文書籍，另外還有俄文以及少量波蘭文、丹麥文、朝鮮文等文字的材料。鑒於哈恩本人的文獻學傾向，本文也將圍繞文本傳統的主題展開介紹。

一 梵文語言

藏書中介紹印度文明的百科全書性的著作有法文《經典的印度》，① 從典籍的角度對印度文化遺産的綜述是温特尼茨不衹局限於文學題材的《印度文學史》。② 藏書中收集了 12 册的新編依字母順序排列的梵文及相關著作和作者的目録，是收納大量信息的研究工具。③ 梵文研究領域藏書内容極為豐富，梵文語言方面有近現代學者出版的梵文工具書和研究成果以及傳統的語言類書籍。前者包括梵文學習中涉及的梵文歷史、詞典、語法、讀本、句法等，藏書中有湯山明為研習梵文及佛教文獻學的人編寫的兩册參考書目專門介紹這類内容。④ 特别梵語種類的語法包括《學生吠陀語法》、《史詩梵文語法》、《佛教混合梵文語法與詞典》以及《碑銘混合梵語》等。⑤

在印度的傳統梵語語言典籍方面，⑥ 系統介紹波你尼語法體系的著作是《波你尼：他的著作及其傳統》。⑦ 在常用的波你尼（Pāṇini）《八章書》（Aṣṭādhyāyī）的版本中，藏書中有伯特林克和卡特雷分别出版的梵文文本及德文和英文翻譯。⑧ 在《八章書》的經典注疏中波顛闍利

① Louis Renou and Jean Filliozat, *L'Inde classique: manuel des études indiennes*, 2 vols., Paris: Librairie d'Amérique et d'Orient/École française d'Extrême-Orient, 1985.

② 藏書中有德文版 Winternitz 的 *Geschichte der indischen Literatur* 第 1 册與第 3 册、英譯本 *History of Indian Literature* 的第 1 册的第 1 部分（含吠陀）和第 2 部分（含史詩和往事書）以及第 3 册第 1 部分（含古典梵文文學）。德文版第 3 册的後一半講述論典（śāstra）中的語法、詞典學、哲學、法論、義論、欲論、醫學、天文、星算和數學等。藏書中所無的第 2 册以佛教典籍為主，兼及耆那教文獻。復旦大學圖書館藏有藏書以外的英譯本覆蓋所缺的内容。除了特别注明，本文所提到的書籍均屬哈恩藏書。

③ V. Raghavan, et al., *New Catalogus Catalogorum: An Alphabetical Register of Sanskrit and Allied Works and Authors*, Vols. 1–12, Madras：University of Madras, 1968 – 1988. 最後詞條為 pradhyāna。

④ Akira Yuyama, *A Select Bibliography on the Sanskrit Language for the Use of Students in Sanskrit* 和 *A Select Bibliography on the Sanskrit Language for the Use of Students in Buddhist Philology*。

⑤ Arthur Anthony Macdonell, *A Vedic Grammar for Students*, Bombay: Oxford University Press, 1958; Thomas Oberlies, *A Grammar of Epic Sanskrit*, New York: Walter de Gruyter, 2003; Franklin Edgerton, *Buddhist Hybrid Sanskrit Grammar and Dictionary*, 2 vols., Delhi: Motilal Banarsidass, 1970; Th. Damsteegt, *Epigraphical Hybrid Sanskrit*, Leiden: E.J. Brill, 1978.

⑥ 參見藏書中沒有的 Hartmut Scharfe, *Grammatical Literature*, Wiesbaden: Harrassowitz, 1977。

⑦ George Cardona, *Pāṇini: His Work and Its Tradition, Volume One: Background and Introduction*, Delhi: Motilal Banarsidass, 1988.

⑧ Otto Böhtlingk, *Pâṇini's Grammatik: herausgegeben, übersetzt, erläutert und mit verschiedenen Indices versehen*, Hildesheim: Georg Olms, 1964; Sumitra M. Katre, *Aṣṭādhyāyī of Pāṇini: Roman Transliteration and English Translation*, Delhi: Motilal Banarsidass, 1987.

（Patañjali）《大疏》（Mahābhāṣya）的傳統藏書以 10 册校勘本《大疏明燈釋》為代表，其中包含蓋耶吒（Kaiyaṭa）對《大疏》的注釋《明燈》（Pradīpa）。[①] 菲利奥扎的 5 卷本《波顛闍利的〈大疏〉與蓋耶吒的〈明燈〉及那給沙的〈顯了疏〉》則提供《大疏》兩大注疏直至第一章第三節的法譯。[②] 至於《八章書》的另一種經典注釋《迦濕伽》（Kāśikā），藏書中有在印度瓦拉那西（Varanasi）出版的 1 卷梵文本和烏斯瑪尼亞（Osmania/Usmāniyā）大學梵文學會出版的 4 卷梵文本等。[③] 在非波你尼的梵文語法體系中，《旃陀羅語法》除了完整和部分校勘本外還有《波你尼與旃陀羅對照》一書，確立了兩部語法的經句之間的關係。[④] 此外，在印度佛教及西藏地區傳習的梵文文法還有迦羅巴（Kalāpa）或稱作迦丹多羅（Kātantra）的語法，[⑤] 在兩册《西藏梵文文法文獻史》中，哈恩收藏了第 1 册《經典文獻的傳承》。[⑥]

印度詞典學的歷史可追溯到耶斯迦（Yāska）對更早的辭彙彙集《尼甘都》（Nighaṇṭu）作解釋而形成的詞源學著作《訓釋》（Nirukta）。在後來形成的詞典傳統中，最著名的同義詞詞典是《無死藏》（Amarakośa）。有關印度詞典學的歷史見《印度詞典學》。[⑦] 另一部有關梵語語言的經典是伐致呵利（Bhartṛhari）的語言哲學著作《句詞論》（Vākyapadīya），對於這幾部有關梵語語言的重要著作，哈恩各收藏數種書籍，涉及梵文本、注釋、翻譯或研究。[⑧]

二 婆羅門教傳統

1. 吠陀

印度最早的宗教經典及已被解讀的文字記載是吠陀。[⑨] 其中關於最古老的《梨俱吠陀》，藏書中有梵文校勘本《梨俱吠陀：依格律還原的文本與導論及注》和《梨俱吠陀的頌文》兩

---

① M. S. Narasimhacharya, ed., *Commentaires sur le Mahābhāṣya de Patañjali et le Pradīpa de Kaiyaṭa: Mahābhāṣya Pradīpa vyākhyānāni*, 10 vols., Pondichery: Institut français d'indologie, 1973–1983.

② Pierre Filliozat, trans., *Le Mahābhāṣya de Patañjali, avec le Pradīpa de Kaiyaṭa et l'Uddyota de Nāgeśa*, 5 vols., Pondichery: Institut français d'indologie, 1975–1986. 有關《大疏》的書籍可在復旦大學圖書館網站（www.library.fudan.edu.cn）的館藏目録中用“mahabhasya”在“所有字段”的選擇下檢索，以下以“搜索關鍵詞”的簡稱來代表。

③ 搜索關鍵詞：kasika。

④ Bruno Liebich, *Konkordanz Panini-Candra*, Breslau: M. & H. Marcus, 1928. 有關藏書中《旃陀羅語法》校勘本，可用搜索關鍵詞：candravyakarana。

⑤ 搜索關鍵詞：kalapa/katantra。

⑥ Pieter C. Verhagen, *A History of Sanskrit Grammatical Literature in Tibet, Volume I: Transmission of the Canonical Literature*, Leiden: E.J. Brill, 1994.

⑦ Claus Vogel, *Indian Lexicography*, Wiesbaden: O. Harrassowitz, 1979. 藏書還包含此書中所描述的 Abhidhānaratnamālā、Abhidhānacintāmaṇi 等詞典。

⑧ 搜索關鍵詞：nirukta、amarakosa 及 vakyapadiya。

⑨ 對吠陀文獻的綜述是 Jan Gonda 所著的藏書中没有的 *Die Religionen Indiens* 第 1 卷及 *Vedic Literature: Saṃhitās and Brāhmaṇas*。

種。[①]格爾德納的德文經典全譯本有哈佛東方學系列20世紀50年代的4册本[②]及2003年出版的1册合併本。格爾德納另有兩册《梨俱吠陀選》，分别提供所選的重要頌文的辭彙和注釋。[③]其他的吠陀文獻和資料有《阿達婆吠陀》(Atharvaveda)文本[④]、格里菲斯的《娑摩吠陀頌翻譯及通俗解釋》[⑤]及某些森林書(Āraṇyaka)和梵書(brāhmaṇa)的資料。[⑥]巨篇論著《梨俱吠陀的宗教》[⑦]的第1册講述早期吠陀背後的宗教體系，其中第4—140頁提供詳細的參考書目，《吠陀與奧義書的宗教與哲學》講述這一時期的祭祀、儀軌、宗教習俗與觀念以及哲學思想。[⑧]藏書中尚有討論吠陀梵語語言現象的書籍多種。

2. 奧義書

在奧義書方面，《十八種主要的奧義書》第1册《奧義書文本及吠陀文獻中的平行内容和有關詮釋及文法的注》提供18部書的梵文文本。[⑨]當代思想家、印度前總統拉達克里希南的《主要的奧義書》提供羅馬轉寫的梵文文本、英譯及作者的導論和注。[⑩]《吠陀的六十種奧義書》是60種奧義書的德譯。[⑪]奧利韋爾的新譯本提供12種奧義書的英譯，[⑫]其引言討論歷史演變及近期的學術研究。《主要奧義書和〈薄伽梵歌〉辭彙對照》帶有梵文書名《奧義書語言詞典》(Upaniṣadvākyakośaḥ)，提供辭彙在奧義書和《薄伽梵歌》中的出處。[⑬]研究奧義書語言現象的有《早期奧義書的語言用法：與更早的吠陀時期及經典梵文的用法之比較》。[⑭]藏

① Barend A. van Nooten and Gary B. Holland, eds., *Rig Veda: A Metrically Restored Text with an Introduction and Notes,* Cambridge: Dept. of Sanskrit and Indian Studies, Harvard University; Theodor Aufrecht, *Die Hymnen des Rigveda*, 2 vols., Darmstadt: Wissenschaftliche Buchgesellschaft, 1955.

② Karl Friedrich Geldner, *Der Rig-Veda, aus dem Sanskrit ins Deutsche übersetzt und mit einem laufenden Kommentar versehen*, 4 vols., Cambridge: Harvard University Press, 1951–1957.

③ Karl F. Geldner, *Der Rigveda in Auswahl*, 2 vols., Stuttgart: W. Kohlhammer, 1907–1909.

④ 搜索關鍵詞：atharvaveda。

⑤ Ralph T. H. Griffith, *The Hymns of the Samaveda: Translated with a Popular Commentary*, Benares: E. J. Lazarus, 1926.

⑥ 搜索關鍵詞：aranyaka 及 brahmana。

⑦ Thomas Oberlies, *Die Religion des Ṛgveda*, 2 vols., Vienna: Sammlung De Nobili, 1998–1999.

⑧ Arthur Berriedale Keith, *The Religion and Philosophy of the Veda and Upanishads*, Delhi: Motilal Banarsidass, 1989.

⑨ V. P. Limaye and R. D. Vadekar, eds., *Eighteen Principal Upaniṣads, Vol. I: Upaniṣadic Text with Parallels from Extent Vedic Literature, Exegetical and Grammatical Notes,* Poona: Vaidika Saṁśodhana Maṇḍala, 1958.

⑩ S. Radhakrishnan, *The Principal Upaniṣads: Edited with Introduction, Text, Translation, and Notes*, New Delhi: HarperCollins, 2009.

⑪ Paul Deussen, *Sechzig Upanishad's des Veda*, Darmstadt: Wissenschaftliche Buchgesellschaft, 1963.

⑫ Patrick Olivelle, *Upaniṣads*, Oxford: Oxford University Press, 1996.

⑬ G. A. Jacob, *A Concordance to the Principal Upanishads and Bhagavadgītā*, Delhi: Motilal Banarsidass, 1963. 相關的書有 George C. O. Haas 的 *Recurrent and Parallel Passages in the Principal Upanishads and the Bhagavad-Gītā*。

⑭ Alfons Fürst, *Der Sprachgebrauch der älteren Upaniṣads: verglichen mit dem der früheren vedischen Perioden und dem des klassischen Sanskrit*, Göttingen: Verlag von Vandenhoeck & Ruprecht, 1915.

書中還有幾種書籍提供早期的《家宅經》（Gṛhyasūtra）的文本、翻譯及研究。[①]

3. 法論

從最初採用法經（dharmasūtra）的體裁來界定婆羅門教的生活、儀軌和習俗的傳統發展出了一種宗教法律的體系，到了公元 2、3 世紀這個傳統採取法論（dharmaśāstra）的體裁，出現了最著名的論典《摩奴法論》（Mānavadharmaśāstra）。藏書中有此論及其權威注釋的第 1 册（至第 6 章）的梵文[②]以及比勒博採衆家注釋的 19 世紀譯本。[③]印度學者迦奈規模宏大的 5 卷 8 册《法論的歷史（古代與中世紀的宗教法與民法）》涵蓋了婆羅門教法論的典籍以及它們所制約的行為、儀軌、信仰、法律程序等，並涉及其他與法律有關的典籍體系，幾乎是婆羅門教宗教和文化的百科全書。[④]有關這個領域的其他資源和研究，見網上的“印度教法律參考書目”（Bibliography of Hindu Law）。[⑤]

4.《薄伽梵歌》

在很多傳統的場合，印度的兩大史詩被視作宗教經典，但是本文仍按常規在文學的科目下加以敘述。然而，出自《摩訶婆羅多》第 6 篇的《薄伽梵歌》是印度教最負盛名的聖典。《薄伽梵歌及吉祥商羯羅阿闍黎注》提供了代表不二吠檀多派的梵文注釋，[⑥]策納的《薄伽梵歌及依據原典的注釋》介紹了商羯羅和有制約的不二吠檀多派的代表人物羅摩奴闍（Rāmānuja）的觀點，[⑦]埃哲頓的《薄伽梵歌：翻譯與解釋》則以精確著稱，[⑧]另有德文和拉丁文的翻譯與研究等。[⑨]

5. 往事書

往事書是婆羅門教另一種重要的文獻體裁，[⑩]藏書中有非常有價值的《往事書百科全書：

---

① 搜索關鍵詞：Grhyasutra/Grihyasutra。

② Gaṅganātha Jhā, ed., *Manu-smṛti: With the "Manubhāṣya" of Medhātithi*, Volume I, Calcutta: Royal Asiatic Society of Bengal, 1932. 另有帶有論的全文及另一注釋梵本的 *The Manusmṛti: With the Commentary Manvarthamuktāvali of Kullūka*。

③ George Bühler 譯本和後來 Wendy Doniger 參與的譯本都以 *The Laws of Manu* 為書名。復旦大學圖書館收藏的藏書中沒有 Patrick Olivelle 面向大衆的譯本 *The Law Code of Manu*。這位對印度教法律領域作出最大貢獻的學者的一部相關著作被哈恩收藏，即 *The Law Code of Viṣṇu: A Critical Edition and Annotated Translation of the Vaiṣṇava-Dharmaśātra*。

④ Panduranga Vamana Kane, *History of Dharmaśāstra（Ancient and Mediaeval Religious and Civil Law）*,Poona: Bhandarkar Oriental Research Institute, 1973–1990.

⑤ 網址：http://sites.utexas.edu/hindulaw/，最後訪問日期：2018 年 7 月 6 日。

⑥ Dinkar Wishnu Gokhale, *The Bhagavad-gītā with the Commentary of Srī S'sankarācārya*, Poona: Oriental Book Academy, 1950.

⑦ R. C. Zaehner, *The Bhagavad-gītā: With a Commentary Based on the Original Sources*, London: Oxford University Press, 1973.

⑧ Franklin Edgerton, *The Bhagavad Gītā: Translated and Interpreted by Franklin Edgerton*, Delhi: Motilal Banarsidass, 1994. 藏書中同一書名的 1972 年版不包含梵文。

⑨ 搜索關鍵詞：bhagavadgita。

⑩ 有關往事書見藏書中所沒有的 Ludo Rocher, *The Purāṇas*, Wiesbaden: Otto Harrassowitz, 1986。復旦大學圖書館

依據史詩及往事書的綜合性辭典》[①]及注重宗教習俗的5册《與往事書相關的信仰與實踐的百科全書》。[②]至於個別的往事書，藏書中有文本、翻譯或研究者涉及《薄伽梵往事書》（Bhāgavatapurāṇa）、《毗濕奴往事書》（Viṣṇupurāṇa）、《室建陀往事書》（Skandapurāṇa）、《魚往事書》（Matsyapurāṇa）、《梵天往事書》（Brahmapurāṇa）、《野猪往事書》（Varāhapurāṇa）、《火神往事書》（Agnipurāṇa）和《大鵬往事書》（Garuḍapurāṇa）。[③]值得一提的是，《〈火神往事書〉的修辭學部分》提供了印度文學理論中莊嚴論（alaṃkāraśāstra）傳統中的一個較早的文本以及英譯，[④]《往事書與史詩集》是採自兩大史詩和各部往事書而成的梵文選集，[⑤]《往事書五相：文本歷史研究的嘗試》則是圍繞傳統中所説的往事書的五種特徵來探討往事書形成的歷史。[⑥]

6. 印度教

有關印度教的書籍有側重於神話和神祇[⑦]、毗濕奴派（Vaiṣṇava）和濕婆教（Śaiva）等派别[⑧]、儀軌、密宗[⑨]、印度教與現代性[⑩]以及海外印度教等主題的衆多研究。印度教的概論與綜

藏（亦非屬藏書）相關的重要書籍有 *Epic and Purāṇic Bibliography: Up to (1985): Annotated and with Indexes*、*The Purāṇa Index* 以及 Cornelia Dimmitt 和 J. A. B. van Buitenen 的讀本 *Classical Hindu Mythology: A Reader in the Sanskrit Purāṇas*。關於往事書的主題，可用搜索關鍵詞：purana。

① Vettam Mani, *Purāṇic Encyclopedia: A Comprehensive Dictionary with Special Reference to the Epic and Purāṇic Literature,* Delhi: Motilal Banarsidass, 1979.

② Sadashiv Ambadas Dange, *Encyclopaedia of Puranic Beliefs and Practices*, 5 vols., New Delhi: Navrang, 1986–1990.

③ 分别可用搜索關鍵詞：bhagavata、visnupurana、skandapurana、matsyamahapuranam、brahmapurana、varahapurana、agnipurana 和 garudapurana。其中《毗濕奴往事書》有兩卷梵文及 H. H. Wilson 的英譯經 Nag Sharun Singh 的擴充，其主標題為 *The Viṣṇu Purāṇa: A System of Hindu Mythology and Tradition*。此書第1册的前言是往事書的簡要概述。

④ Suresh Mohan Bhattacharyya, *The Alaṃkāra-section of the Agni-purāṇa*, Calcutta: Firma KLM, 1976.

⑤ S. K. De and R. C. Hazra, eds., *Purāṇetihāsasaṃgrahaḥ: An Anthology of the Epics and Purāṇas*, New Delhi: Sahitya Akademi, 1959.

⑥ Willibald Kirfel, *Das Purāṇa Pañcalakṣaṇa: Versuch einer Textgeschichte*, Leiden: E. J. Brill, 1927. 書評見 M. Winternitz, *Wiener Zeitschrift für die Kunde des Morgenlandes* 36, 1929, pp.340–343。

⑦ 如 Wendy Doniger O'Flaherty, *Hindu Myths: A Sourcebook Translated from the Sanskrit,* New Delhi: Penguin, 1975。E. Washburn Hopkins 的《史詩神話》（*Epic Mythology*, Strassburg: Verlag von Karl J. Trübner, 1915）是一部經典之作；Hans Wolfgang Schumann 的《印度的重大神靈：印度教和佛教概要》（*Die grossen Götter Indiens: Grundzüge von Hinduismus und Buddhismus*）兼論印度教的神和佛教的佛；Veronica Ions 的插圖本 *Indian Mythology* (London: Paul Hamlyn, 1975) 也將少量空間留給佛教和耆那教；R. S. Gupta 的 *Iconography of the Hindus, Buddhists, and Jains* 覆蓋源自印度的三大宗教的宗教藝術。

⑧ R. G. Bhandarkar 的 *Vaiṣṇavism, Śaivism, and Minor Religious Systems* (Strassburg: Karl J. Trübner, 1913) 是經典性的綜述。

⑨ 見 Agehananda Bharati 的《密宗傳統》（*The Tantric Tradition*, London: Rider, 1975）及包含 Alexis Sanderson 的長篇文章《克什米爾的濕婆教詮釋》的 Dominic Goodall and André Padoux, *Mélanges tantriques à la mémoire d'Hélène Brunner/Tantric Studies in Memory of Hélène Brunner*, Pondichrry: Institut français de Pondichéry, 2007。David Gordon White 編輯的《實踐中的密宗》（*Tantra in Practice*, Princeton: Princeton University Press, 2000）中的論文涉及印度教、佛教和耆那教的密宗傳統。

⑩ David Smith, *Hinduism and Modernity*, Malden, MA: Blackwell Publishing, 2003.

述有邁克爾斯的英文書籍以及策納等人的德文書籍。[①]《印度教聖典》是摘選吠陀、奧義書、《薄伽梵歌》、法論、密續和《薄伽梵往事書》的通用印度教經典讀本，[②] 據印度學大家勒努法文本翻成德文的《印度教》中也採用了大量原始資料的譯文。[③]《印度教辭典：公元前 1500 年至公元後 1500 年的神話、民間故事和發展》則闡釋南亞語言的詞條或起源於南亞的詞語。[④]

三　文學

在梵文文學方面，藏書中首先有若干綜述性的書籍作為入手的門徑。除了上面所說的温特尼茨的著作外，還有麥克唐奈用半部書來講述吠陀文獻的《梵文文學史》[⑤]、印度哲學家達斯古普塔及文學專家德（S.K.De）的兼顧文學與詩學的《梵文文學史》[⑥]、渥德爾的 7 卷 8 册《印度詩歌文學》等。[⑦]《梵文文學指南》是採取詞典的形式的工具書；[⑧]《印度系口傳故事類型：印度、巴基斯坦和錫蘭》將南亞的故事分成各種類型及子類，[⑨] 故而對叙事的研究有啓發性意義；《梵文選集和碑銘中所引詩人的描述性目録》是研究詩人作品接受史的重要工具。[⑩]

1. 史詩

在印度的兩大史詩方面，藏書中有《摩訶婆羅多》的全部 19 卷標準精校本，這是由班達卡爾東方研究所歷經 30 多年完成的國際矚目的項目，[⑪] 同一機構還出版了略去校注的《摩訶婆羅多：精校本所構成的文本》（*The Mahābhārata: Text as Constituted in Its Critical Edition*）。

① 可使用作者名及英文的 Hinduism 或德文的 Hinduismus 作為搜索關鍵詞。復旦大學圖書系統中有不屬於哈恩藏書的 Zaehner 略早期但很有影響的概論英文版（*Hinduism*）。Michaels 著作的書名為 *Hinduism:Past and Present*。

② Dominic Goodall, *Hindu Scriptures*, Berkeley: University of California, 1996.

③ Louis Renou, *Der Hinduismus*, Stuttgart: Fackel Verlag, 1981.

④ Margaret and James Stutley, *A Dictionary of Hinduism: Its Mythology, Folklore and Development 1500 B.C.-A.D. 1500*, London: Routledge & Kegan Paul, 1977.

⑤ Arthur A. Macdonell, *A History of Sanskrit Literature*, Delhi: Motilal Banarsidass Publishers, 1997.

⑥ Surendranath Dasgupta and S. K. De, *A History of Sanskrit Literature: Classical Period, Vol. 1*, Calcutta: University of Calcutta, 1975.

⑦ Anthony Kennedy Warder, *Indian Kāvya Literature*, Vols. I–VI and Vol. 7 Parts I and II, Delhi: Motilal Banarsidass, 1972–2004. 藏書中還有 Gaurinath Bhattacharyya Shastri 和 M. Krishnamachariar 的經典梵文文學史。

⑧ Sures Chandra Banerji, *A Companion to Sanskrit Literature*, Delhi: Motilal Banarsidass, 1971.

⑨ 藏書中有以下出版物的複印裝訂本：Stith Thompson and Warren E. Roberts, *Types of Indic Oral Tales: India, Pakistan, and Ceylon*, Helsinki: Suomalainen Tiedeakatemia, 1960.

⑩ Ludwik Sternbach, *A Descriptive Catalogue of Poets Quoted in Sanskrit Anthologies and Inscriptions*, 2 vols., Wiesbaden: Otto Harrassowitz, 1978–1980.

⑪ 由 Vishnu S. Sukthankar、S. K. Belvalkar 和 P. L. Vaidya 相繼任主編而完成的 *The Mahābhārata*, 19 vols., Poona: Bhandarkar Oriental Research Institute, 1933–1966。其中第 1、13、16 三卷各分兩册。同一項目還出版了作為全書附篇的兩卷《訶利世系》（Parashuram Lakshman Vaidya, ed., *The Harivaṃśa: Being the Khila or Supplement to the Mahābhārata*）。藏書中有天覺對《摩訶婆羅多》第二《大會篇》的注釋（*Devabodha's Commentary on the Sabhāparvan of the Mahābhārata*）。

芝加哥大學出版社出版的 3 册經典英譯本依據上述精校本，覆蓋 18 篇中的前 5 篇。[①] 德文的《摩訶婆羅多：提要、索引以及加爾各答和孟買本的對照》包含將近 200 頁的 18 篇內容提要，書中所對照的兩個版本是標準精校本出版之前分别代表孟加拉傳本和天城體傳本的兩個校勘本。[②] 佛教與吠陀專家奥爾登貝格的《摩訶婆羅多：它的起源、内容和形式》是在史詩文學主題上的思索及對其形式的介紹，[③]《天神、祭師和勇士：摩訶婆羅多中的婆利古族人》是圍繞史詩中重要一族對敘事與神話作出的研究。[④]《摩訶婆羅多》的研究工具還包括班達卡爾東方研究所出版的 6 卷摩訶婆羅多 1/4 詩句索引 [⑤]、《摩訶婆羅多中的名字索引》(包含附加的孟買本、加爾各答本與 P. C. Roy 英譯本對照) [⑥] 和《摩訶婆羅多文化索引》(*Mahābhārata: Cultural Index*) 的第 1 卷第 1 分册。

古印度的另一部史詩的標準精校本是由巴羅達的東方研究所出版的《蟻垤的羅摩衍那》，藏書中有全部 7 卷。[⑦] 哈恩收藏了在他去世以前普林斯頓大學出版社出版的依照精校本的 7 卷權威英譯的前 6 卷 [⑧] 以及依據夏斯特里 (Hari Prasad Shastri) 英文本節譯的德文《羅摩衍那：羅摩王子、美麗的悉多和神猴哈努曼的故事》。[⑨]《羅摩衍那》的研究工具有兩卷《蟻垤羅摩衍那的詩句索引》[⑩] 以及對《羅摩衍那》版本學産生過重要影響的《羅摩衍那：歷史和内容以及印刷本的對照》。[⑪] 有關《羅摩衍那》的專著有研究其語言的《蟻垤的梵文》[⑫]、《〈羅摩衍那〉中的明

---

① J. A. van Buitenen, trans., *The Mahābhārata*, Chicago: University of Chicago Press, 1973–1978. 復旦大學圖書館正在訂購來自 Clay Sanskrit Library 的英譯《摩訶婆羅多》中已出版的 15 册。這個譯本是依照 17 世紀的注釋者 Nīlakaṇṭha 所用的《摩訶婆羅多》梵文版本。

② Hermann Jacobi, *Mahābhārata: Inhaltsangabe, index und consordanz der calcuttaer und Bombayer ausgaben*, Hildesheim: Georg Olms Verlag, 1980. 這是 1903 年波恩本的重印。芝加哥大學出版社的三卷英譯提供了標準精校本與孟買本之間的章節對照。

③ Hermann Oldenberg, *Das Mahabharata: Seine Entstehung, sein Inhalt, seine Form*, Göttingen: Vandenhoeck & Ruprecht, 1922.

④ Robert P. Goldman, *Gods, Priests, and Warriors: The Bhṛgus of the Mahābhārata*, New York: Columbia University Press, 1977.

⑤ *The Pratīka-Index of the Mahābhārata: Being Comprehensive Index of Verse Quarters Occurring in the Critical Edition of the Mahābhārata*.

⑥ S. Srensen, *An Index to the Names in the Mahābhārata,* Delhi: Motilal Banarsidass, 1978.

⑦ 見 G. H. Bhatt、P. L. Vaidya 等 7 位學者分别編輯的 *The Vālmīki-Rāmāyaṇa: Critically Edited for the First Time*, Baroda: Oriental Institute, 1960–1975。

⑧ 這是 Robert Goldman 教授作為編輯或總編，但更多是以翻譯或合譯者身份完成的 *The Rāmāyaṇa of Vālmīki: An Epic of Ancient India*。藏書中的第 1 卷和第 3 卷分别為牛津大學和 Motilal Banarsidass 出版社在印度發行的版本。

⑨ Claudia Schmölders, *Ramayana: Die Geschichte vom Prinzen Rama, der schönen Sita und dem Grossen Affen Hanuman*, Regensburg: Eugen Diederichs Verlag, 1986.

⑩ Govindlal Hargovind Bhatt, *Pāda-Index of Vālmīki-Rāmāyaṇa*, 2 vols., Baroda: Oriental Institute, 1961–1966.

⑪ Hermann Jacobi, *Das Râmâyaṇa: Geschichte und Inhalt, nebst concordanz der gedruckten recensionen*, Bonn: Fridrich Cohen, 1893. 藏書中還有 1976 年重印本。7 卷内容提要在第 140—208 頁，Jocobi 認為北傳版本是對更古老的南傳版本的净化，見 Goldman 譯本第 1 卷第 82— 93 頁中所作的新的評估。

⑫ L. A. van Daalen, *Vālmīki's Sanskrit*, Leiden: E. J. Brill, 1980.

喻》[①]、《對〈羅摩衍那〉會話與對話創作的研究》[②] 和布羅金頓教授注重背景及文本發展的《正義的羅摩：史詩的演變》以及同樣探討此書的演變並兼論兩大史詩關係的《史詩的綫索》。[③] 在德里 1981 年國際會議上發表的論文之彙編《羅摩衍那的亞洲變形》代表了各種語言和形式的版本以及對亞洲範圍内接受和再創造羅摩衍那的文化現象的研究。[④]《無限的故事：印地語羅摩衍那的過去與現在》則研究印地語的歷代版本。[⑤] 兩册本《全球羅摩衍那研究的評判性目録》是分語種介紹羅摩衍那的文本（包括寫本）、注釋、翻譯、再創造和研究的綜合性參考書。[⑥]

2. 經典梵文詩與散文

公元 4、5 世紀的梵文詩人迦梨陀娑寫出了最為典雅的詩（kāvya），藏書中有關他的著作也極為豐富，包括關於迦梨陀娑的年代、格律研究、辭彙研究的作品以及參考書目和會議論文集等。[⑦] 綜述性的小型著作有巴特的《與迦梨陀娑相約》、克里希納穆爾蒂的《迦梨陀娑》和魯本的《迦梨陀娑：他的作品的人性意義》。[⑧] 他的作品集有 1 册完整本梵文《迦梨陀娑書集》（*Kālidāsa Granthāvalī [Complete Works of Kālidāsa]*）、英譯 3 册本《迦梨陀娑全集》中的第 1、2 兩册 [⑨] 和 1 册本《迦梨陀娑全集：梵文與俗語的文本》。[⑩]《迦梨陀娑作品集，第一册：戲劇》包含梵文校勘與英譯，[⑪]《迦梨陀娑詞典》第 1 卷基本文本部分的 4 個分册中所編輯的迦梨陀娑的戲劇與詩使用了此前出版的各種版本，校注相當詳細。[⑫]

在迦梨陀娑的詩中，《雲使》是膾炙人口的經典之作，在各種梵文校勘本中德的《迦梨陀娑的雲使》（*The Megha-dūta of Kālidāsa*）極為精細，迦萊（Kale）和坎達爾吉迦爾（Kandargikar）的梵文本都提供了英譯和負有盛名的梵文詩注釋家摩利那他（Mallinātha）的解釋及注。《迦梨陀娑的雲使：依照寫本與伐喇薄提婆注釋而編輯》則提供了 10 世紀注釋家

---

① Madhusudan Madhavlal Pathak, *Similes in the Rāmāyaṇa*, Baroda: Maharaja Sayajirao University of Baroda, 1968.

② Renate Söhnen, *Untersuchungen zur Komposition von reden und gesprächen im Rāmāyana*, *Studien zur Indologie und Iranistik Mognographie* 6, Teil 1 & Teil 2, 1979.

③ J. L. Brockington, *Righteous Rāma: The Evolution of an Epic*, Delhi: Oxford University Press, 1984; 同一作者和出版社出版的 *Epic Threads: John Brockington on the Sanskrit Epics*。

④ K. R. Srinivasa Iyengar, ed., *Asian Variations in Ramayana*, New Delhi: Sahitya Akademi, 1983.

⑤ Danuta Stasik, *The Infinite Story: The Past and Present of the Rāmāyaṇas in Hindi*, New Delhi: Manohar, 2009.

⑥ K. Krishnamoorthy 和 Satkari Mukhopadhyaya 所編的 *A Critical Inventory of Rāmāyaṇa Studies in the World* 的第 1 册收録印度語言和英語，第 2 册收録了其他 30 種外語的材料。

⑦ 見 Chaṭṭopādhyāya 的 *The Date of Kālidāsa* (1926)；Satya Pal Narang, *Kālidāsa Bibliography*, New Delhi: Heritage Publishers, 1976；Mishra 的 *Metres of Kālidāsa* (1977) 及 Banerji 的 *Kālidāsa-kos'a* (1968)。Venkatachalam 所編的論文集（*Kālidāsa Reflections: International Seminar on Unresolved Problems of Kālidāsa-Studies*）中的文章講述在各地區中迦梨陀娑的影響或研究。

⑧ G. K. Bhatt, *Appointment with Kālidāsa*; Krishnamoorthy, *Kālidāsa*; Walter Ruben, *Kālidāsa: Die menschliche Bedeutung seiner Werke*.

⑨ Chandra Rajan, *The Complete Works of Kālidāsa, Volume One: Poems, Volume Two: Plays*.

⑩ V. P. Joshi, ed., *The Complete Works of Kālidāsa: The Text in Sanskrit and Prakrit*, Leiden: Brill, 1976.

⑪ Devadhar, *Works of Kālidāsa, Volume I: Dramas*.

⑫ A. Scharpé, *Kālidāsa-Lexicon. Vol. 1: Basic Text of the Works*, Parts 1–4, Brugge: De Tempel, 1954–1964.

（Vallabhadeva）更早的解釋及更古老的本子，[①] 這本提供梵英辭彙的書和施坦茨勒（Stenzler）提供梵德辭彙的編輯本（*Meghadûda: Der Wolkenbote*）都可以作為便於獨立使用的《雲使》梵文讀本。[②] 這一構思奇特的詩篇還開創了印度信使（saṃdeśa）文學的傳統。[③] 迦梨陀娑的《鳩摩羅出生》和《羅怙世系》在分章節的名為大詩（mahākāvya）的宮廷史詩體裁中都是經典之作。藏書中有兩部名著的梵本和翻譯以及摩利那他和伐喇薄提婆對它們分別作的注釋。迦萊的著作以這位作者慣用的形式提供引言、《鳩摩羅出生》的梵文、梵文（此處為摩利那他的）解釋、英譯和注，[④] 伐喇薄提婆的注釋則有兩種校勘本。[⑤] 在德文著作中，塞義德的 1993 年譯本參考並在譯注中廣引摩利那他的解釋，[⑥]《伐喇薄提婆對迦梨陀娑〈鳩摩羅出生〉一至七章的注釋：與其他注釋尤其摩利那他注之間的關係》是研究注釋的一個重要成果，[⑦]《迦梨陀娑在〈鳩摩羅出生〉中所用的意象》是對譬喻、意象等詩中美學問題的探索。[⑧] 在迦梨陀娑的另一部大詩方面，代表最高學術水準的《伐喇薄提婆“羅怙釋難”：迦梨陀娑的〈羅怙世系〉的最早注釋》第 1 冊包含前 6 章的詩和注，[⑨] 將近長達千頁的《迦梨陀娑的〈羅怙世系〉與摩利那他的注釋》還提供了英譯和作者的注解，[⑩] 這部詩作有德文的全譯本。[⑪]

在極受尊崇的大詩體裁中，與迦梨陀娑的兩部名著一併列入五部大詩的典範之作為婆羅維（Bhāravi）的《野人與阿周那》（*Kirātārjunīya*）、摩伽（Māgha）的《童護的伏誅》（Śiśupālavadha）和室利訶闍（Śrīharṣa）的《那羅王傳》（Naiṣadhīyacarita）。[⑫] 藏書中有各種校勘本、翻譯和梵文注釋，其中包含摩利那他對前兩部大詩的注釋及伐喇薄提婆對《童護

---

① E. Hultzsch, *Kalidasa's Meghaduta: Edited from Manuscripts with the Commentary of Vallabhadeva and Provided with a Complete Sanskrit-English Vocabulary*, London: Royal Asiatic Society, 1911. Śrībrahmaśaṅkaraśāstrī 所編的《雲使》提供了 4 種注釋。

② 搜索關鍵詞：meghaduta。另一書名為 *Meghasandeśa*。

③ James Mallinson 的 *Messenger Poems* 中除了《雲使》外還提供了《風使》和《雁使》的梵文和英譯。另可用搜索關鍵詞：hamsasandesa。

④ M. R. Kāle, *Kālidāsa's Kumārasaṃbhava Canto I–VIII: Edited with the Commentary of Mallinātha, A Literal English Translation, Notes and Introduction*, Delhi: Motilal Banarsidass, 1967.

⑤ 分別由 Gautam Patel 和 M. S. Narayana Murti 校勘。

⑥ Renate Syed, *Kālidāsas Kumārasaṃbhava: aus dem Sanskrit übertragen und unter Berücksichtigung des Kommentares von Mallinātha mit erläuternden Anmerkungen verschen.* 另有 Otto Walter 的德譯本。

⑦ Edwin Möhrke, *Vallabhadeva's Commentar zu Kalidasa's Kumarasambhava (I–VII): in seinem Verhältnis zu anderen Commentaren vornehmilch zu dem des Mallinātha.*

⑧ Martina Jackmuth, *Die Bildersprache Kālidāsas im Kumārasaṃbhava*, Wiesbaden: Harrassowitz, 2002.

⑨ Dominic Goodall & Harunaga Isaacson, eds., *The Raghupañcikā of Vallabhadeva: Being the Earliest Commentary on the Raghuvaṃśa of Kālidāsa*, Volume 1, Groning: Egbert Forsten, 2003.

⑩ Gopal Raghunath Nandargikar, *The Raghuvaṁśa of Kālidāsa: With the Commentary of Mallinātha*; Velankar 所編的 *The Raghuvaṃśa of Kālidāsa* 包含 Malllinātha 的注釋及其他數家注釋的摘選。

⑪ Otto Walte 譯 *Raghuvamscha oder Raghus stamm: ein Kunstepos Kālidāsas*。有關迦梨陀娑的早期詩作《六季雜咏》（*Ṛtusaṃhāra*），可用搜索關鍵詞：rtusamhara。

⑫ 關於大詩，見 Ramji Upadhyaya, *Sanskrit and Prakrit Mahākāvyas*, Saugar: Sanskrit Parishad University, 1992。

的伏誅》的注釋。[①] 值得一提的專著包括研究詩歌藝術的《梵文宮廷史詩的設計與雄辯：婆羅維的〈野人與阿周那〉》、較為難得的翻譯經典注釋的《摩利那他的“主道”對〈野人與阿周那〉一至六章的解釋》、《摩伽對梵文文學的貢獻》以及或許是哈恩教授最後收藏的書之一——2014 年出版的《從文本到傳統:〈那羅王傳〉和南亞的文學群體》。[②] 鳩摩羅陀娑（Kumāradāsa）的《悉達的被虜》（Jānakīharaṇa）和寶源（Ratnākara）的《濕婆的勝利》（Haravijaya）也是重要的梵文大詩。[③] 在近代成書的《羅摩和那拉》（Rāghavanaiṣadhīya），如書名所示是以一語雙關的修辭手法同時敘述羅摩和那拉的故事，取材於《羅摩衍那》的《跋底的詩》（Bhaṭṭikāvya）是用詩例來顯示修辭的原則及語法，《阿周那與十首王》（Arjunarāvaṇīya 或 Rāvaṇārjunīya）同樣取材於《羅摩衍那》，並且是用詩來顯示波你尼的語法。[④]

在經典梵文文學方面，藏書數量頗豐，對於許多梵文名著，哈恩往往收藏有多本書籍。在經典梵文抒情詩方面，值得一提的有艷情詩《阿摩盧百咏》（Amaruśataka）的梵文文本、注釋以及翻譯[⑤]、伐致訶利的《三百咏》（Śatakatraya）及其所含分篇的别集[⑥]、《牧童歌》（Gītagovinda）[⑦] 以及《情賊五十咏》（Caurapañcāśikā）等。[⑧] 在後期的梵文作者中，此處僅舉出兩位作為代表：一位是博學並且作品涉及詩歌、戲劇、諷刺小説、王政論或處世哲理（nīti）、詩學、佛教譬喻故事等衆多領域的安主（Kṣemendra），藏書中有許多呈現、翻譯他的著作以及研究他的背景和思想的書籍。[⑨] 另一位是 17 世紀的著名詩人和文論家班智達王衆

---

① 分别可用搜索關鍵詞：kiratarjuniya、sisupalavadha/shishupalavadha 和 naisadhiyacarita。後者的 Handiqui 英譯本的書名為 *Naiṣadhacarita of Śrīharṣa*。有關兩位經典的注釋家，可用搜索關鍵詞：mallinatha 和 vallabhadeva。

② Peterson, *Design and Rhetoric in a Sanskrit Court Epic*; Roodbergen, *Mallinātha's Ghaṇṭāpatha on the Kirātārjunīya, I–VI*; Tenkshe, *Contribution of Māgha to Sanskrit Literature*; Patel, *Text to Tradition: The Naiṣadhīyacarita and Literary Community in South Asia*.

③ 關於《悉達的被虜》，可用搜索關鍵詞：janakiharana。David Smith 的 *Ratnākara's Haravijaya: An Introduction to the Sanskrit Court Epic* (Delhi: Oxford University Press, 1985) 是介紹《濕婆的勝利》乃至大詩體裁的重要成果。關於寶源詩作的梵本信息，可用搜索關鍵詞：haravijayam/haravijayamahakavyam。

④ 有關以上三部作品，分别可用搜索關鍵詞：raghava-naishadhiya、bhattikavya/bhattikavyam 及 arjunaravaniyam。

⑤ 搜索關鍵詞：amarusataka/amarusatakam。

⑥ 有關伐致訶利，可用搜索關鍵詞：bhartrhari。《三百咏》梵文版本中最值得一提的是 D. D. Kosambi 編輯的連同最早注釋的 *Bhartrihari's Satakatrayam*，藏書中有原本及複印裝訂本。意大利文譯本的書名為 *Sulla saggezza mondana, sull'amore e sulla rinuncia*。

⑦ 搜索關鍵詞：gitagovinda/gitagovindakavyam。意大利文中有 Giuliano Baccali 的譯本，法文的 *Le Gītagovinda: Tradition et innovation dans le kāvya* 研究勝天詩作的語言、格律和文學問題，*Le Gītagovinda de Jayadeva* 提供各種供研究、學習使用的索引等工具，兩書都提供梵文文本。

⑧ 見有部分傳統繪圖與詩文對照的 *Chaurapañchāśikā: A Sanskrit Love Lyric* 及 *Die Kaçmîr-Recension der Pañcâçikâ* 所提供的克什米爾傳本的梵本及德譯。有關詩人比爾哈那（Bilhaṇa）和他别的作品，可用搜索關鍵詞：bilhana。有關以愛情為主題的抒情詩，見 Friedrich Rückert 和 Helmuth von Glasenapp 的 *Indische Liebeslyrik* (Baden-Baden: H. Bühler, 1948) 之中的要略和詩選。

⑨ 搜索關鍵詞：ksemendra。

生依怙（Paṇḍitarāja Jagannātha），藏書中與他相關的書籍衹有幾種，包括詩全集、詩學著作《味海》（Rasagangādhara）及個别詩作。[①] 梵文優秀詩句選集也有多種，此處僅舉依字母順序排列的現代研究成果《善説廣集》。[②]

梵文的散文名著有波那（Bāṇa）的《戒日王傳》（Harṣacarita）和《迦丹波利》（Kādambarī）[③]、蘇般度的《仙賜傳》（Vāsavadattā）[④] 和檀丁（Daṇḍin）的《十王子傳》（Daśakumāracarita）。[⑤]

在梵文故事（kathā）文學中，情節極為生動的大型故事集《故事海》（Kathāsaritsāgara）有梵文本和英、法、德、意的各種譯本，其中全譯本為托尼（C. H. Tawney）的 10 册英譯本《故事海》（*The Ocean of Story*）。[⑥]《故事海》内容的來源為已遺失的《偉大的故事》（Bṛhatkathā），藏書中有重現後一古書的故事的《偉大的故事頌攝》梵文本及耆那教俗語版的英譯本。[⑦] 對以動物為角色的寓言故事集《五卷書》（Pañcatantra），哈恩的收藏量頗大。其他的故事類梵文名著包括《嘉言集》（Hitopadeśa）、《僵尸鬼故事二十五則》（Vetālapañcaviṃśati）和《鸚鵡故事七十則》（Śukasaptati）等。[⑧]

3. 戲劇

哈恩在印度戲劇方面有相當研究並且發表過多種成果，這在藏書在這個領域中的豐富程度上有所反映。包含戲劇歷史的綜述性的著作有英文的《梵文戲劇之起源、發展、理論與實踐》以及漢文都譯作《印度戲劇》的法文與德文專著。[⑨] 其他印度戲劇研究的内容包括起源、衰落、舞臺、開場白、美學、製作及梵文以外的戲劇種類。除了綜述之外，印度學家威爾遜的 19 世紀著作《印度教徒戲劇樣本選》提供了 6 個著名梵文劇本的翻譯和其他 23 個戲劇的提要。[⑩] 在梵文戲劇中迦梨陀娑的《沙恭達羅》像他的著名詩篇一樣是這一體裁中的典範，西方對這部名著的早期反應狀況成了《翻譯東方：十九世紀歐洲對〈沙恭達羅〉的接受》的

---

① 搜索關鍵詞：panditaraja。

② Ludwik Sternbach and Bhaskaran Nair, *Mahā-subhāṣita-saṁgraha: Being an Extensive Collection of Wise Sayings and Entertaining Verses in Sanskrit*, Hoshiarpur: Vishveshvaranand Vedic Research Institute, 1974–2007. 藏書中有第 2—8 册。

③ 可使用 bana 作為作者名搜索，並加搜索關鍵詞：banabhatta。

④ 搜索關鍵詞：subandhu。

⑤ 搜索關鍵詞：dasakumaracarita/dasakumaracharita/dasakumaracaritam/Daçakumâracaritam 及 Die zehn Prinzen。

⑥ 搜索關鍵詞：kathasaritsagara、kathâ sarit sâgara 及 L'oceano dei fiumi dei racconti。

⑦ V. S. Agrawala, *Bṛihatkathāślokasaṁgraha: A Study*, Varanasi: Prithivi Prakashan, 1974; Jagdishchandra Jain, *The Vasudevahiṇḍi: An Authentic Jain Version of the Bṛhatkathā*, Ahmedabad: L. D. Institute of Indology, 1977.

⑧ 搜索關鍵詞：pancatantra、hitopadesa、vetalapancavimsati/vetalapancavimsatika/Vetala-pantschavinsati 和 sukasaptati。

⑨ Arthur Berriedale Keith, *The Sanskrit Drama in its Origin, Development, Theory & Practice*, London: Oxford University Press, 1970; Sylvain Lévi, *Le théatre indien,* Paris: Bouillon, 1890; Sten Konow, *Das indische Drama*, Berlin: Water de Gruyter, 1920.

⑩ Horace Hayman Wilson, *Select Specimens of the Theatre of the Hindus*, 2 vols., London: Trübner, 1871.

主題。[①] 藏書中有不少書籍以兩位著名的古代劇作家為主題，有關跋娑（Bhāsa）有研究專著以及相傳由他創作的十三部戲劇及某些單本的梵文本及翻譯，[②] 有關婆薄菩提（Bhavabhūti）的書籍則主要圍繞他的兩個劇本《摩羅提與摩陀婆》（Mālatīmādhava）和《羅摩傳後篇》（Uttararāmacarita）。[③] 毗舍佉達多（Viśākhadatta）以孔雀王朝成立的歷史背景為題材的《以指環印捕捉羅刹》（Mudrārākṣasa）和首陀羅迦（Śudraka）以城市生活為題材的《小泥車》（Mṛcchakaṭikā）廣受西方學者關注的程度在藏書中也得到體現。[④] 其他印度戲劇還有戒日王（Harṣa）的三部戲劇、王頂（Rājaśekhara）的俗語劇本《樟腦球》（Karpūramañjarī）和使用托寓手法的《智月出升》（Prabodhacandrodaya）等。

印度最早的戲劇理論著作是婆羅多（Bharata）的《舞論》（Nāṭyaśāstra），在後代的注疏中新護（Abhinavagupta）的《舞論》釋是最著名的，[⑤] 另一部重要的戲劇理論著作是勝財（Dhanañjaya）的《十色》（Daśarūpaka）。[⑥] 論述傳統戲劇分析方法的著作有《梵文戲劇分析方法論》、《梵文戲劇批評研究》、《關節與關節分支的理論》及小册子《梵文戲劇中情味的統一性》等。[⑦]

4. 文學理論

作為印度文學理論的起源，《舞論》包含許多被後人進一步發展的要素，成熟的理論則將詩學和文論推向新的方向。印度文學理論歷史的綜述有較簡練的《印度詩學》[⑧] 及印度的學者所著的《梵文詩學史》[⑨] 和兩册本《梵文詩學史研究》等。[⑩] 在具體的文學理論著作方面，藏書中的印度出版物保證了在這個傳統的主要文本方面梵文校本和注疏收藏的豐富性。《舞論》之後在 7 世紀前後興起的莊嚴論是一種以修辭為核心的文學理論，這種學説是在婆摩訶（Bhāmaha）的《詩莊嚴論》（Kāvyālaṃkāra）[⑪] 和檀丁（Daṇḍin）的《詩鏡論》（Kāvyādarśa）兩部著作中開創出來的，其中後者對亞洲的文學和文學理論產生了尤其深遠的影響。迪米

---

① 見 Dorothy Matilda Figueira 的 *Translating the Orient: The Reception of Śākuntala in Nineteenth-Century Europe*。有關《沙恭達羅》的書籍，可用搜索關鍵詞：sakuntala。

② 搜索關鍵詞：bhasa。

③ 搜索關鍵詞：bhavabhuti。

④ 搜索關鍵詞：mudraraksasa/mudrarakshasa 及 mrcchakatika/mrchchakatika/mrichchhakatika/mrkkhakatika。

⑤ 搜索關鍵詞：natyasastra/natyashastra。Banaras Hindu University（1971–1975）出版的帶有新護釋和其他注釋的兩卷校勘本 *Natyashastra of Bharatamuni* 涵蓋至第十八品，Parimal Publications（1987–1989）出版的 4 册本 *Natyasastra of Bharatamuni: With the Commentary Abhinavabharati by Abhinavaguptacharya* 則覆蓋全部三十七品。

⑥ 搜索關鍵詞：dasarupaka/dasarupa/dasarupakam/dasarupavivarana。

⑦ Byrski, *Methodology of the Analysis of Sanskrit Drama*; Mainkar, *Studies in Sanskrit Dramatic Criticism*; Mainkar, *The Theory of the Saṁdhis and the Saṁdhyaṅgas*; Subramanian, *Unity of Sentiment in Sanskrit Plays*.

⑧ Edwin Gerow, *Indian Poetics*, Wiesbaden: Otto Harrassowitz, 1977.

⑨ P. V. Kane, *History of Sanskrit Poetics*, Delhi: Motilal Banarsidass, 1961.

⑩ Sushil Kumar De, *Studies in the History of Sanskrit Poetics*, 2 vols., London: Luzac & Co., 1923–1925.

⑪ 有關《詩莊嚴論》的梵本、翻譯和注釋，可用搜索關鍵詞：kavyalamkara/kavyalankara。

特羅夫至今已出版的《詩鏡論》三品中第一品和第三品的梵藏校勘本及德譯代表了梳理文本傳承的最新成果。[①] 追隨檀丁之後的優婆吒（Udbhaṭa）、伐摩那（Vāman）和樓陀羅吒（Rudraṭa）繼續發展莊嚴論的體系，[②] 而伐摩那又完善了檀丁的《詩鏡論》提出的風格論。此處值得一提的是，新發現的優婆吒對婆摩訶《詩莊嚴論》注釋的梵文殘本的校勘。[③]《印度修辭的名詞解釋》是研究莊嚴論的重要工具，[④]《極致的詩》是有關雙關（śleṣa）修辭的專著，[⑤] 德文中的相關專著包括《從婆摩訶至曼摩吒之間印度人的修辭》和側重數種修辭方式的《對莊嚴論早期歷史的貢獻》。[⑥]

梵文詩學的轉捩點出現於克什米爾的喜增（Ānandavardhana）和新護所提出的暗示（dhvani）和味（rasa）或被美學化的感情的理論。已故哈佛大學梵文教授英戈爾斯參與翻譯的《暗示之光》（Dhvanyāloka）及新護的注釋《眼睛》（Locana）是與原著高居詩學巔峰的地位相稱的里程碑。[⑦] 翻譯《暗示之光》和《眼睛》的另兩位譯者還著有《寂静之味和新護的美學哲學》以及論述、翻譯《舞論》味品及新護的相關解釋的《美學狂喜》，[⑧] 尼奧利的《新護所闡釋的美學體驗》是翻譯新護《舞論》注釋的核心部分及論述從數位注家的解釋至新護味論學説形成的過程的經典專著。[⑨]《印度詩學和美學論著》收集了《暗示之光》和濡耶迦

---

① Dragomir Dimitrov 著 *Mārgavibhāga: Die Unterscheidung der Stilarten* 及兩册 *Śabdālaṃkāradoṣavibhāga: Die Unterscheidung der Lautfiguren und der Fehler*，其中後一專著還包括第三品最早梵文注釋《寶吉祥》（Ratnaśrī）及邦譯師藏文注釋的校本。早期的《詩鏡論》梵文校勘和德譯本為 O. Böhtlingk 的 *Daṇḍin's Poetik (Kâvjâdarça): Sanskrit und Deutsch*。有關《詩鏡論》的其他著作，可用搜索關鍵詞：kavyadarsa/kȧvyadarsa；有關檀丁和他的作品，可用搜索關鍵詞：dandin。

② 分别可用搜索關鍵詞：vamana/kavyalamkarasutrani、rudrata 及 udbhata，其中伐摩那的《詩莊嚴經》（Kāvyāṅkārasūtra）有 Ganganath Jha 的英譯。

③ Raniero Gnoli, *Udbhaṭa's Commentary on the Kāvyālaṃkāra of Bhāmaha*, Rome: Istituto italiano per il Medio ed Estremo Oriente, 1962.

④ Edwin Gerow, *A Glossary of Indian Figures of Speech*, Paris: Mouton, 1971.

⑤ Yigal Bronne, *Extreme Poetry: South Asian Movement of Simultaneous Narration*, New York: Columbia University Press, 2010.

⑥ Gero Jenner, *Die poetischen Figuren der Inder von Bhāmaha bis Mammaṭa*, Hamburg: Ludwig Appel, 1968; Johannes Nobel, *Beiträge zur älteren geschichte des Alaṃkāraśāstra*, Berliin: Otto Francke, 1911.

⑦ Daniel H. H. Ingalls, Jeffrey Moussaieff Masson, and M. V. Patwardhan, trans., The *Dhvanyāloka of Ānandavardhana with the Locana of Abhinavagupta*, Cambridge: Harvard University Press, 1990. 有關《暗示之光》的其他書籍，可用搜索關鍵詞：dhvanyaloka。K. Kunjunni Raja 編輯翻譯的 *Dhvanyāloka Saṅgraha* 是喜增和新護要義的短篇總結。

⑧ Mason 和 Patwardhan 的 *Śāntarasa and Abhinavagupta's Philosophy of Aesthetics*（1985）及兩册本 *Aesthetic Rapture*（1970）。

⑨ Raniero Gnoli, *The Aesthetic Experience According to Abhinavagupta,* Varanasi: Chowkhamba Sanskrit Series Office, 1985. 其他有關味論及暗示的書籍包括 Bhat 的 *Rasa Theory and Allied Problems*、Raghavan 的 *The Number of Rasa-s*、Sankaran 的 *Some Aspects of Literary Criticism in Sanskrit: The Theory of Rasa and Dhvani* 等印度學者的著作。

（Ruyyaka）的《莊嚴整體論》（Alaṃkārasarvasva）的德譯和涉及各種梵文文學理論的論文。①

藏書中還收集了恭多迦（Kuntaka）提出曲語（vakrokti）理論的《曲語生命論》（Vakroktijīvita）和安主提出合適（aucitya）理論的《合適分辨論》（Aucityavicāracarcā）的文本。②其他的梵文詩學著作包括王頂（Rājaśekhara）的《詩探》（Kāvyamīmāṃsā）、金月（Hemacandra）的《詩教》（Kāvyānuśāsna）、婆闍（Bhoja）的《艷情之光》（Śṛṅgāraprakāśa）及《妙音母喉嚴》（Sarasvatīkaṇṭhābharaṇa）、曼摩吒的《詩光》（Kāvyaprakāśa）、濡耶迦的《莊嚴整體論》、毗首那特（Viśvanātha）的《文鏡》（Sāhityadarpaṇa）及班智達王衆生依怙的《味海》等。③西方學者的相關著作包括《詩探》的法譯、德文的《詩教》的前兩品、英文的《文鏡》和德文的《子時蓮之喜悦》。④其他相關書籍還有印度學者的各種詩學專集。

文學是哈恩藏書中最豐富的部分，在這方面除了西方著述較為全面之外，印度的出版物也大大豐富了收藏内容。相關的叢書此處衹舉兩種：一是由哥倫比亞大學出版社出版的提供文學著作梵英對照的克萊梵文圖書系列中的部分書籍；⑤二是 14 册《詩鬘：古老及罕見的梵文詩、戲劇、詩文間雜體、獨白劇、喜劇、格律及修辭》。⑥

四　梵文以外的印度語言

在梵文之外的古代印度語言中，哈恩收藏了相當數量的俗語（Prakrit）、破碎語（Apabhraṃśa）和半摩揭陀語（Ardhamāgadhī）圖書。俗語和破碎語的書籍以文學、語法或語言學為主，其中不乏耆那教的書籍及其宗教經典，數種半摩揭陀語的書籍包括詞典和對語言的介紹。關於這些主題及耆那教的書籍，受篇幅限制，本文無法詳細地描述。《經典詩歌史：梵文、巴利文和俗語》是兼論梵文和俗語經典文學的重要研究。⑦哈恩對地方語言或現代印度雅利安語言中的材料並未留意收藏，《歷史中的文學文化：來自南亞的重構》是將巴利文和藏

① Hermann Jacobi, *Schriften zur indischen Poetik und Ästhetik*, Darmstadt: Wissenschaftliche Buchgesellschaft, 1969.

② 有關曲語論，可用搜索關鍵詞：kuntaka。Samir Kumar Datta 的 *Aucityavicāracarcā (A Study of the Critical Mind of Kṣemendra)* 提供安主論典的梵本和英譯，Camillo Formigatti 的 *Il poeta Kasmiro Ksemendra* 涉及安主的這部詩學著作與其他詩作。

③ 搜索關鍵詞：kavyamimamsa、bhoja（另用 saraswati kanthabharana 和 sarasvatikanthabharanalamkara）、mammata、ruyyaka、sahityadarpana/sahityadarpanah 及 rasagangadhara。

④ Nadine Stchoupak 和 Louis Renou 的 *La Kāvyamīmāṃsā de Rājaśekhara*; Leo Both, *Hemacandras Kāvyānuāsana: Kapitel 1 und 2*; 由 J. R. Ballantyne 開始並由 Prmada Dasa Mitra 完成的 *The Sáhitya-darpaṇa or Mirror of Composition of Viśvanátha*; Richard Schmidt, *Appayyadīkṣita's Kuvalayānandakārikās: ein indisches Kompendium der Redefiguren; mit Āśāhara's Kommentar*。

⑤ Clay Sanskrit Library 的書籍目録及其他信息見 http://www.claysanskritlibrary.org/。

⑥ Durgāprasāda et al., eds., *Kāvyamālā: A Collection of Rare Sanskrit Kāvyas, Nātakas, Champūs, Bhāṇas, Prahasanas, Chhandas, Alaṃkāras &c.*, Parts I to XIV, Varanasi: Chaukhambha Bharati Academy, 1988. Kale、Devadhar、Krishnamoorthy、Parab、V. Raghavan 等編著者及 Sahitya Akademi、Chaukhambha/Caukhambha/Chowkhamba、Nirnaya Sagara 等出版社可作為搜索關鍵詞幫助獲得文本和研究的更多信息。

⑦ Siegfried Lienhard, *A History of Classical Poetry: Sanskrit – Pali – Prakrit*, Wiesbaden: Harrassowitz, 1984.

文包括在內的由國際著名專家合著的各南亞語言的分章文學史，[①]6 册本《印度文學百科全書》的內容也涉及各種南亞語言的文學。[②]

結　語

由於目前中國高校的國際圖書資源尚顯匱乏，從本文的描述中讀者不難推測，哈恩藏書對於涉及印度研究、亞洲古代文明、文化關係史、佛教研究等領域的中國學者來説，價值是難以估量的。如果需要指出其空缺或不足之處，首先是在近代和現代的印度及其他亞洲文化方面，藏書中的書籍較少。由於收藏者本人的專長和傾向，在印度研究的不同學科之間，藏書還有多寡之分。如文學無疑是藏書數量最豐富的學科，與之形成對比的學科是歷史，藏書對於 200 多年來代表印度歷史學觀念變遷的重要史學著作没有充分反映。如史密斯（Vincent Arthur Smith）的《牛津大學學生版印度史》（*Oxford Student's History of India*）代表 20 世紀早期的印度史學，但此書衹是作者更為簡略的著作。在當代印度史學家塔巴爾（Romila Thapar）的衆多著作中，藏書衹包括她早期的《阿育王和孔雀王朝的没落》（*Aśoka and the Decline of the Mauryas*）和更為通俗的《印度史》第 1 册（*A History of India*, Volume One）。藏書中包括 A. L. Basham、Harry Falk、Nilakantha Sastri、D. D. Kosambi、Dines Chandra Sircar 和 Hermann Kulke 等史學家的某些著作，但是未收 Ronald Inden、Daud Ali、André Wink、Cynthia Talbot、Brajadulal Chattopadhyaya、Noboru Karashima、Hartmut Scharfe 等學者的重要史學著作。[③]藏書中處於文學和歷史之間的領域是印度哲學，在非佛教印度哲學方面，西方學者的著述尚且豐足，但對印度出版的各種哲學文本則很少收藏。

從 20 世紀 60 年代攻讀印度學和藏學到後來從教，哈恩的學術生涯歷時 40 餘載，在 2007 年進入榮休狀態後，他曾於 2009 年出任維也納大學的努瑪達（Numata）佛教研究教席。這段漫長的時間給他提供了充足的機會來收藏 20 世紀和 21 世紀初的書籍、論文集和期刊資料，藏書中甚至不乏 19 世紀的出版物。在哈恩退休至去世的幾年時間裏，收藏似有收縮的迹象。在哈恩藏書的基礎上進一步完善相關收藏的要務是補充收藏中的空缺並維持相關的幾個領域的書刊購置。[④]

---

① Sheldon Pollock, *Literary Cultures in History: Reconstructions from South Asia*, Berkeley: University of California Press, 2003. 編者的另一部著作 *The Language of the Gods in the World of Men* 是對從梵文文學到地方文學興起的龐大的過程作理論性論述的嘗試。

② Amaresh Datta, ed., *Encyclopaedia of Indian Literature*, 6 vols., New Delhi: Sahitya Akademi, 1994–2003.

③ 有關印度史研究的變遷，見藏書中没有的 Romila Thapar, *Early India: From the Origin to AD 1300*, Berkeley: University of California Press, 2004, pp.1–36。

④ 在期刊方面，以出版印度學或亞洲研究論文為主的 *Indo-Iranian Journal*、*Journal of the American Oriental Society*、*Journal of Indian Philosophy*、*Bulletin of the School of Oriental and African Studies*、*The Journal of the Royal Asiatic Society of Great Britain and Ireland* 和 *Indian Historical Quarterly* 等期刊在藏書中未被代表。除了購買電子期刊資料庫之外，尚有缺失的刊物或特別的時間段需要補足。

對於身處印度學、藏學和佛教研究等領域之外的中國學者來説，哈恩的藏書除了提供古代亞洲知識體系的寶藏之外，還能讓我們借鑒各國學者研究亞洲文明的視角和方法。馬藤的《佛主的〈偉大的故事頌攝〉：一個古代印度敘事的文學性研究》是用文學批評的方法來研究上文提到的印度故事文學名著；① 在《梵文宮廷詩選集：明源的善説寶藏》中，英戈爾斯教授批評了 18—20 世紀的梵文學者以西方的審美標準來批評梵文文學，② 他又以上文所説的譯著來介紹印度本土的詩學；在一場題為"為什麼印度有哲學?"的演講中布朗克斯特則對歐洲以外的哲學傳統表達了他自己的思考。③ 從這樣的書籍裏，中國文學、哲學和宗教學方面的學者能參考其他亞洲研究學者是如何面對類似的問題，以及他們曾經走過的路徑、所用的方法和產生的想法。因此，哈恩藏書還提供了衆多可採納的學術模式。

A Summary of the Private Collection of Michael Hahn in the Library of Fudan University: Books on India Studies

Li Shenghai

The library of Fudan University purchased the private collection of the late German professor Michael Hahn, gaining valuable resources of books and journals in many academic fields such as Asian studies, Indian studies, Buddhist studies, Tibetan studies, and Central Asian studies for the Shanghai area and even the Chinese academic community. This article is one of the summaries of the contents of Hahn's collection. It introduces the Western–language books of ancient Indian studies and editions in the original languages（especially Sanskrit）, which account for the largest proportion of the total collection, involving Sanskrit language, Hindu literature, and classic poems, essays, dramas and literary theories in Sanskrit literature. With the help of the description of Hahn's collection, this article attempts to provide a brief bibliographic guide for scholars involved in Indian studies.

---

① Maten, *Buddhasvāmin's Bṛhatkathāślokasaṃgraha: A Literary Study of an Ancient Indian Narrative*.

② Ingalls, *An Anthology of Sanskrit Court Poetry: Vidyākara's "Subhāṣitaratnakoṣa"* , pp.49–53.

③ Johannes Bronkhorst, *Why Is There Philosophy in India?* 在這本小册子中作者還論及古代中國是否有哲學。

Early *phyi dar* Manuscripts from Ladakh*

Helmut Tauscher

The first step in the development of the Tibetan Buddhist canon is represented by the collections of sacred literature translated primarily from Sanskrit and Chinese into Tibetan from the 7th century onwards. The first large–scale campaign of systematic translation was started during the time of the so–called "earlier diffusion" (*snga dar*) of Buddhism, at the command of King Khri srong lde btsan (756–796).① These collections are commonly referred to as *bka' bstan bcos*,② understood as containing "all translations of the words [of the Buddha] and exegetical treatises"(*bka' dang bstan bcos 'gyur ro cog*)③, without systematically separating these two categories that in a later development constituted the Kanjur and Tanjur sections of the canon.

Until the 11th/12th century, these *bka' bstan bcos* remained the prevalent type of canonical collections kept at royal palaces and monastic centres. None of these collection has survived as such; they are known from two catalogues of collections at royal palaces in Central Tibet: the *lHan/ lDan (d)kar ma* (Lalou 1953, Herrmann–Pfandt 2008) which is included in the Tanjur (e.g. D 4364) and the *'Phang thang ma*.④ A third one, the *mChims phu ma*, is not extant, but mentioned in later sources. The remains of several collections of that kind survived in the caves of Dunhuang, and also parts of the manuscripts from Tholing kept in the IsIAO library (Rossi Filibeck 2007) and similar collections might have belonged to *bka' bstan bcos* collections. It can be expected that a considerable amount of comparable material lies hidden in various stupas, where waste manuscripts were deposited on the occasion of funeral ceremonies. However, it is only on very rare occasions that they come to light.

---

* This paper is an abridged and slightly modified and revised version of "Manuscript fragments from Matho. A preliminary report and random reflections." M. Clemente, O. Nalesini and F. Venturi (eds), *Perspectives on Tibetan Culture. A Small Garland of Forget-me-nots offered to Elena De Rossi Filibeck.* Paris: *Revue d'Etudes Tibetaines*, July 2019,337-378. Most significantly, in the discussion of the variant readings of *Ālokamālāprakaraṇa* (p.215ff.) the Sanskrit version is taken into consideration.

① For a dating of this event, see Panglung 1994.

② Prolog to the *lHan kar ma* catalogue, Tanjur editions of Cone, Ganden and Peking; see Herrmann-Pfandt 2008: 1.

③ On this topic, see Skilling 1997.

④ Published by Kawagoe 2005; see also Halkias 2004; Dotson 2007.

Such an occasion occurred in spring 2014 in Matho (*mang spro*), Ladakh. Some fifty *mchod rten* at the edge of the village were destructed on the advice of Klu sdings mkhan chen Rin po che, the head of the Sa skya–Ngor lineage, as he detected them as the origin of some malign influence on the wellbeing of the community. One of these *mchod rten* used to be referred to popularly as the "King's stupa" (*rgyal po'i mchod rten*), and another one as the "Queen's stupa" (*rgyal mo'i mchod rten*). This local usage has obviously preserved the memory of historical facts, but it mixes up names and persons and periods of time.

Although not all of these *mchod rten* were contemporary, they are generally said to have been erected "at the time of the Mongol war". This expression usually refers to the Tibet/Mongol–Ladakh–Mughal war around 1680,[①] and the local tradition does, in fact, associate these *mchod rten* in some way with dGa' ldan Tshe dbang (1644–1697), the commander of the Tibetan–Mongol army that invaded Ladakh at that time. Accordingly, it seems to be easy to ascribe some sinister influence to places connected with his name. The connection with dGa' ldan Tshe dbang might be a good excuse for destructing the *mchod rten*. Historically, however, it is not possible, as the *mchod rten* were much older. Possibly, the memories of this 17th century war mix with those of some military campaign by the sTod Hor (Chagatai Mongols) in mNga' ris skor gsum in mid–13th century,[②] but this is mere speculation.

Alternatively, the *mchod rten* are locally said to originate from "the times of the kings", i.e. from the times when there were kings at Matho, before Mar yul was turned into "Ladakh" under the rNam rgyal rulers.

Nothing is known–to my knowledge–about this period of the history of Matho or about its kings in general. In pre–rNam rgyal times, many of the villages were "kingdoms" of their own. Some of them gained wider influence, but Matho, presumably, did not, as it had access neither to mining nor to major trade routes. Nevertheless, as an agricultural area with no competitors for pastoral land some distance up the Indus, Matho might have acquired some importance and also wealth as a supplier of food and an ally (or vassal) of the kings of Shel (or She ye, i.e. modern–day Shey).[③]

When the *mchod rten* were destructed, the rubble together with all the grave goods was

① On these events, see, e.g., Petech 1947, Petech 1977: 71ff., Emmer 2007, Nawang 2015.

② Discussed in Vitali 2005: 100 ff.

③ Quentin Devers in a personal communication of 12 September 2015. On Shel, see Vitali 1996: 245ff. (in particular, n. 352 on the different versions of the name) and 495ff. (in particular, n. 834 for a clear statement of the *Deb ther dmar po gsar ma* on the distribution of power in present-day Ladakh, though the situation might not have been all that clear and easy as bSod nams grags pa makes us believe) shovelled into the river. Much archaeological material was lost in this way: skeletons, a mummy, ritual objects, manuscripts, etc., before this action could be stopped by the intervention of locals who were concerned about the fate of these relics. The remaining grave goods were saved and collected at Matho Monastery by the Matho Museum Project, among them a *thangka*, long human hair, *tsa tsa* and various ritual items, and manuscript fragments. The majority of these items–though not the skeleton and the mummy–and practically all the manuscripts come from the "King's stupa".

The recovered *thangka* has been dated by the art–historians of the Matho Museum Project to the 12th century, but the early 13th century could also be considered possible.① Assuming that it was painted for the funeral ceremony, it could provide a date for the erection of the *mchod rten*, and the *terminus ante quem* for all the items found inside. On an art–historical basis, this dating is supported by two fragmentary illuminations from the "King's stupa" and one that was discovered in a stupa at Matho village; all three show iconographic and stylistic characteristics of works from 11th–12th century mNga ris.②

The manuscript fragments, too, suggest this early dating. Apparently, not all of them were produced at exactly the same period, and it is not possible–at least not at the present stage - to date any of them within the narrow frame of, let's say, half a century. In general, however, their formal characteristics indicate an early phase from the 10th to 12th century, or the early 13th century at the latest, according to the criteria presented by Scherrer-Schaub (1999: 25); some manuscripts might be even older.

These features are mainly:

· The very simple opening sign (*mgo yig*).

· Ornamental signs to mark the end of sections, fill gaps, etc.

· The foliation system(s)③

Short text like ritual and prayer texts usually do not show any foliation. For the rest, no standard way of foliation can be observed; various systems are used, some of them will be discussed below.

· Orthography: the *ma-ya btags*, i.e., the letter *ya* subscribed to *ma* followed by the vowels *i* and *e* in words like *m(y)i*, *m(y)ed*, *sm(y)in* and the like, the *da drag*, i.e. *-da* as a second final consonant after *–na*, *-ra*, and *-la* (e.g. in *phyind*, *gyurd*, *rold*),

· Palaeography: the inverted *i* (*gi gu log*), or the "horizontal" ligatures *r-ts*, *s-t*, *s-p*, *s-ts*.

① Christian Luczanits, in an e-mail communication of 3 August 2015.

② Amy Heller, in e-mail communications of 22 July and 7 October 2015.

③ For systems of foliation in general, see Scherrer-Schaub 1999: 22, Scherrer-Schaub and Bonani 2002: 197, ancient systems are also described in Dotson 2015.

One characteristic of old manuscripts is also the use of string holes, frequently surrounded by red circles. Imitating Indian palm leaf manuscripts, where they were used for tying the manuscripts, these holes were applied to Tibetan manuscripts until around the 15th century, although rather soon they were not used any more, and occasionally even their original meaning seems to have been forgotten. In Matho, roughly 25 % of the manuscripts have string holes, but none of them shows any sign of having been used.

There are two or three leaves or later additions on apparently older leaves that create the impression of more "modern" writing. These cases must be investigated in detail. In general, however, these fragments are certainly the oldest manuscripts ever found in Ladakh.

The manuscripts are written in *dbu can* script as well as in an–in most of the cases–archaic *dbu med*, in various writing styles and handwritings. In general, they resemble very closely many of the manuscripts discovered at Dunhuang, but also the *dbu med* inscriptions at Alchi Monastery (11th cent.). ①

With regard to writing support, there are two kinds of manuscripts: birch bark and paper. The manuscripts were certainly incomplete and damaged already when they were deposited in the *mchod rten*, yet due to the treatment suffered during the destruction of the stupa they were additionally torn to pieces and scattered; those recovered were found in total disorder. This applies in particular to the birch bark manuscripts. Of these, only very few reasonably substantial units are extant; the majority consists only of small pieces. This material has not yet been investigated at all. Special preparation was necessary before it could even been touched without risking damage to the birch bark.

Birch bark has been in use in Ladakh for ritual purposes to the present day. Some scrolls inside the *maṇi* wheels along the walls of temples and monasteries, e.g., are written on this medium. Ladakhi birch bark manuscripts, however, have not been identified so far. They might be of Kashmiri origin and lead us right back to the days of Rin chen bzang po. Radio–carbon dating the birch bark could clarify this question, yet some bureaucratic hurdles must still be overcome before testing can occur.

The paper manuscripts present themselves in unexpectedly good condition after having been cleaned and flattened by the team of the Matho Museum Project. Only a few leaves are affected by fungi or other impairments, and the greater part of them is reasonably legible. Of course, many leaves are torn, and many of the "units" established so far consist only of a single folio; related

① See Denwood 1980 and Tropper 1996, in particular pp. 30-38 on orthographic and palaeographic peculiarities.

folios might simply not have been discovered or their relation to others might not be recognized yet. However, there are also bigger units with up to some 100 folios, and 36 of them in succession.

With regard to style, size, and format they display a great variety, which shall not be discussed here in detail. With regard to content, these manuscript findings contain fragments from a great variety of literary genres: ritual texts, *pūjā*, practice manuals (*khrid yig*), pith instructions (*man ngag*), eulogies (*bstod*), etc., but also "Kanjur" and "Tanjur" texts (i.e., texts that where included into the Kanjurs or Tanjurs some 100–150 years later), as well as philosophical commentaries that could be of Tibetan or even local origin, frequently with interlinear glosses. Very provisionally one can distinguish three groups: "various" ritual and religious texts, "canonical" texts, and "non-canonical" philosophical commentaries etc.

Among them, the ritual and prayer texts may originate from Matho village, but the canonical and commentarial treatises are certainly not from "village manuscripts". With their philosophical texts, their interlinear glosses and their "writing exercises", whereby novice monks practiced writing in the margins of old manuscripts, etc., these fragments very much reflect scholastic monastic life. In the 11th and 12th centuries, the monastic and intellectual centre of the area was Nyar ma (now in ruins),① the only monastery in Ladakh the foundation of which (ca. 1000 CA) can with a high degree of certainty be ascribed to the "great translator" Rin chen bzang po. As the crow flies, it is situated only some six km from Matho on the opposite bank of the river Indus. It seems very likely that Nyar ma monks performing or attending the funeral ceremonies of a Matho king brought their waste manuscripts to deposit them in the stupa, so that these findings offer a glimpse into the library of a monastery at the early days of the "later diffusion" (*phyi dar*) of Buddhism, consisting of both a collection of canonical scriptures and indigenous Tibetan commentarial literature.

Here, only the paper manuscripts shall be discussed, with the main emphasis on the canonical texts, and only a few remarks on the non-canonical material.②

The canonical texts are predominantly *dpe cha*③ of various sizes; the smallest of them measure some 28 × 10 cm. However, there is a clear tendency towards bigger sizes–with regard to both foli-

---

① On this site, see Panglung 1983; Snellgrove/Skorupski 1977: 19. Snellgrove/Skorupski 1980: 84 mentions a description of Nyar ma Monastery as it once was, included in a biography of Rin chen bzang po composed in 1976 by Blo bzang bzod pa from Tiksey Monastery and published by rDo rje tshe brtan in *Historical Materials Concerning the bKra-sis-lhun-po and Rin-chen bzang-po Traditions from the Monastery of Kyi in Lahoul-Spiti (Himachal Pradesh)*, Delhi 1978.

② For a provisional hand-list of both groups of manuscripts, including images of the manuscript, see: http://www.istb.univie.ac.at/kanjur/Matho.

③ As an exception, there is only one canonical text in the format of a stitched booklet among the material identified so far. See below (n.1, p.213).

os and script – in comparison to non–canonical texts. Quite a number of these manuscripts measure ca. 56–60 × 9–12 cm, with 6–9 lines per page. Even large–size folios of 60–65 × 18–20 cm were in use, anticipating the "standard Kanjur size" of ca. 70 × 20 cm of later days. They were prepared for the scribes with wide margins and string holes surrounded by red circles. However, they were not used in this form, but cut in half before the manuscripts were.

Due to the fragmentary character of the material, nothing can be said about an overall systematic structure of this collection. Judging from the foliation, many of the manuscripts did not belong to any bigger set, but were only single texts, which would suggest a *bka' bstan bcos* collection.

In many cases only numerals are used, with crosses marking the units of hundred from fol. 101 onwards, without any indication of any bigger unit as a volume, as the texts were obviously considered as individual items (Scherrer–Schaub and Bonani 2002: 196). Occasionally, the letters *ka*, *kha*, *ga*, etc., are used as numerals numbering the folios (type I of Scherrer–Schaub 1999: 22). Apparently, this system is used only with shorter texts, as no folios with combined letters or any other additions were discovered. In three cases, numerical figures are used instead of numerals spelt out in words. In addition, a system is used where letters indicate the hundreds, followed by numerals (*ka* 1–100, *kha* 1–99, 200, *ga* 1–99, 300, etc.; type II of Scherrer–Schaub).

Other cases, however, suggest the existence of bigger units. Several leaves from short texts bearing a high folio number give evidence of volumes where related or similar texts were compiled. This might indicate an early form of a proto–Kanjur, i.e., an (attempted) comprehensive collection of the Buddha's words in *mdo mangs* volumes, however, without the systematic arrangement of a fully edited and structured Kanjur (Tauscher 2008: xi–xii).

A foliation system typical for western Tibetan proto–Kanjur collections from late 13th to early 15th century (Basgo, Tholing, Tabo, Gondhla, Phukthar), too, is represented among the Matho fragments. In a combination of letters and numerals, all the volumes show the foliation *ka* plus numeral (1–100) for the folios 1–100, *ka* with subscribed *na* plus numeral (1–99, 200) for the folios 101–200, and *ka* with subscribed *ma* plus numeral (1–99, 300) for the third group of hundred. No folios with higher numbers were discovered at Matho. Within texts that cover more than one volume, like the long *Prajñāpāramitāsūtra*s or the *Mahāparinirvāṇasūtra*, and within the groups of sutras that were transmitted as units already prior to their translation into Tibetan, i.e., the *Avataṃsaka* (usually four volumes) and the *Ratnakūṭa* (usually six volumes), the sequence of the volumes is indicated by the letters *ka*, *kha*, *ga*, etc. In these cases the letter *ka* in the foliation is replaced by the respective letter indicating the volume number (type III of Scherrer–Schaub).

Strong evidence for the existence of larger manuscript units is also provided by a manuscript of the *Vinayasūtraṭīkā*. Here, the letters *ka*, *kha*, *ga* and *nga* appear to indicate units of hundred, and the same letters with subscribed *na* equal units of a second series, presumably constituting a second volume.[①] This system is merely inferred, as only folios from the units *kha-na* and *ga-na* are extant, but if this assumption is correct, the *Vinayasūtraṭīkā* could not have been the first text in its set; just like in the Tanjurs, it might have been preceded by the *Vinayasūtravṛttyabhidhānasvavyākhyāna.* However, the foliation *ga-na* 400 does not fit into this assumed system.

The greater part of these canonical texts could be identified with a high degree of certainty, though not all of them. The Matho material preserves textual versions that divert considerably from the editions in the various Kanjurs and Tanjurs, some representing distinct translations from the Sanskrit (or Chinese?) or even translations from different Sanskrit (or Chinese?) models. Due to this fact a number of fragments are suspected to be from "canonical" texts, but they cannot (yet?) be related to any one in particular. In addition, several texts could be identified that are not included in any known canon or at least not in any mainstream Kanjur.

Almost all the major canonical sections (according to the arrangement of the Kanjur and Tanjur of Derge) are represented among the texts hitherto identified. From the Kanjur sections only Avataṃsaka (Phal ches) and Ratnakūṭa (dKon brtsegs) are missing, and from the Tanjur no texts from the sections "Sutra commentary" (mDo 'grel), Abhidharma (mNgon pa), Jātaka (sKyes rabs), and of the sections on the general fields of knowledge, "Grammer" (sGra mdo), etc., have been found. The only text that should probably be included in the "Hymns" (bsTod tshogs) section is not contained in any Tanjur (p. 8ff.).

The absence of Avataṃsaka and, in particular, Ratnakūṭa texts is remarkable, as Ratnakūṭa is prominently represented among the western Tibetan proto-canonical collections mentioned above. Their absence from Matho does not necessarily imply that Avataṃsaka and Ratnakūṭa were not studied at Nyar ma, it simply indicates that at the time of this particular funeral there were no waste copies around from these two sections to be deposited in the *mchod rten*, whatever the reason might have been.

On the other hand, the sections Vinaya ('Dul ba) and Tantra (rGyud) from both Kanjur and Tanjur are particularly well represented. The strong presence of Tantra texts as such is not at all surprising, considering the strong tantric inclination of Atiśa, Rin chen bzang po, Zhi ba 'od, and others who were active in these western parts of Tibet during the early days of *phyi dar* and the time of the production of these manuscripts, which is presumably only slightly later and still to be considered as early *phyi dar*. Nevertheless, it is striking in the context of the general situation of tantric literature in the area:

---

① Cristina Scherrer-Schaub in an e-mail communication of 3 November 2015.

The proto-canonical collections mentioned above contain nothing that could be counted as "tantra" apart from gZung 'dus (*Dhāraṇīsaṅgraha) texts. gZung ('dus), however, is occasionally considered a category distinct from rGyud, and it appears as a separate section, e.g., in the Early Mustang Kanjur (Eimer 1999) and in the Kanjur of Derge.

In the Kanjur of Basgo (around 1635) the rGyud section is fully represented, but it is not (yet?) known according to which tradition. It contains a considerable number of *rnying ma* tantra, in a separate section as well as intermingled with *gsar ma* tantra, as well as texts not included in any other known Kanjur. The same was probably also true for the contemporary Kanjurs of Hemis (Tauscher/Lainé 2015).

The Kanjurs of Stog and Shey (around 1730), in turn, did not continue this (Ladakhi ?) tradition, but presumably took their rGyud sections from a Bhutanese Kanjur.

Like in Hemis and Basgo, in Matho *rnying rgyud* texts are extant, texts considerably diverging from their canonical versions, and text not contained in the main-stream Kanjurs. All of them, however, are included in the Kanjur of Basgo, so that a common tradition of transmitting tantric literature has to be assumed, of which the Matho fragments provide the earliest witness. This tradition might also be reflected in the Kanjur of O rgyan gling (around 1700; Samten 1994), which contains–just like Basgo–a number of *rnying ma* tantra within its general Tantra section (Mayer 2011) and corresponds with Matho and Basgo in some details.

A few examples may suffice:

Chos spyod thams cad kyi man ngag mngon par rtogs pa'i rgyud (**Sarvadharmacaryopadeśābhisamaya tantra*): A commentary on this text is to be found exclusively in the Tanjur of Narthang (N 3536). The root-text, however, is not contained in any Kanjur except for Basgo, where it appears twice.

(rGyud thams cad kyi gleng gzhi dang gsang chen) dPal Kun tu kha sbyor las byung ba [zhes pa'i (b)rtag pa'i rgyal po] (**[Sarvatantrasyanidāna-mahāguhya] Śrī Sampuṭa [tantrarāja]*): Commentaries are included in all Tanjurs, but the root-text is preserved only in the Kanjurs of Basgo and O rgyan gling.

The *Abhidhānottaratantra* is a popular text, known in all main-stream Kanjur editions as **mNgon par** *brjod pa'i rgyud* **bla ma**. In Basgo, however, and in all three manuscripts from Matho it appears as **Nges par** *brjod pa'i rgyud* **bla ma'i bla ma**. Both forms represent nothing other than different translations of "*Abhidhānottaratantra*", but even if this was the sole divergence it would be a very strong indication of the respective line of transmission, in this particular case, pointing to a common tradition of Basgo and Matho (or Nyar ma), in the same way that the two other texts do. Yet it is not only an issue of an alternative translation of the title; the colophon suggests distinct versions.

While that from Matho is not extant, the Basgo colophon does not give the names of the translators, but it does mention two steps of revision: 1) by Kumāra (= Kumārakalaśa?) and Byang chub shes rab, and 2) by Jñānaśrī, Blo gros snying po, and Rab zhi (spelt *bzhi*). This seems to be the same translation by Dīpaṃkara and Rin chen bzang po that is mentioned in the colophon of Phug brag (F 446) as "another translation" (*'gyur gzhan*). In Phug brag the text is titled *Nges par brjod pa'i rgyud bla ma*, but as translators Jñānākara and Rig pa gzhon nu are named, and as revisers Prabhākara and Shākya ye shes.

The version contained in the main-stream Kanjurs, the *mNgon par brjod pa'i rgyud bla ma*, was translated by the same team as the Basgo–Matho version, Dīpaṃkaraśrījñāna (Padmākaraśrījñāna in Stog and Shey) and Rin chen bzang po. However, it was revised by Jñānaśrī and Khyung po Chos kyi brtson 'grus, and, once more, by Ānanda and the "Junior translator" (*lo chung* = Legs pa'i shes rab).

Rare or unique Tanjur texts, too, are preserved at Matho. Again, a few examples shall suffice:

mChod rten la mchod pa dbul ba (**Caityapūjāpradāna*, or similar):① This text claims to be composed by the *ācārya* Nāgārjuna (*slob dpon Klu grub kyis mdzad pa*), however, it is not included among the canonical works ascribed to Nāgārjuna, the author of the *Madhyamakakārikā*, and at least I do not know about such a work ascribed to any Nāgārjuna.

Bodhi(sattva)caryāvatāra: One folio is extant from the shorter and apparently older version of this text, attributed to an *Akṣayamati (Blo gros myi zad pa), which is otherwise known to exist only among the Dunhuang manuscripts (IOL Tib J 628 + PT 794).② The Tanjur version of this treatise, ascribed to Śāntideva (D 3871), too, is represented by only one single folio. However, it preserves, even though only partially, the two *pāda* 10.50cd, which are missing from all Tanjur editions and are known only from the Sanskrit. The complete verse reads in Sanskrit:

> *pratyekabuddhāḥ sukhino bhavantu śrāvakās tathā* |
> *devāsuranarair nityaṃ pūjyamānāḥ sugauravaiḥ* ||
> "Equally, may the Pratyekabuddhas be happy, and also the Śrāvakas,
> constantly worshiped by respectful gods, demigods and humans."

In Matho, the second half of the verse reads:

---

① Preserved in the format of a stitched booklet (Stoddard 2010) of some 17 x 10 cm, which apparently contained several shorter *bstod* texts.

② See Saito 1993 and 2000; for the names of the author, see Saito 2018: 159-157.

[| lha dang lha min mi rnam]s kyis | | rta[g] tu gus bcas skang/[b]skur bar shog |

The beginning of *pāda* c, missing in the manuscript due to breakage of the folio, is easy to be reconstructed from the Sanskrit. The equivalent of *pūjyamānāḥ* ("worshiped"), however, poses a problem, as the reading is very uncertain. The term to be expected is *bskur bar*, but this reading does not seem to be possible. Either the manuscript contains a sever scribal error, or it is an example of an older terminology, rendering *pūj-* by *skang ba* ("to satisfy, gratify, ..."). More evidence is needed to decide which might be the case. However, the canonical translation by dPal brtsegs and Sarvajñādeva is already an "old", a *snga dar* translation, and so we should probably rather assume a scribal error.

A clear example of a different, apparently older translation is provided by the *Āloka-mālāprakaraṇa* (*sNang 'phrel ba'i rab tu byed pa*) of Kampala/Kambala(pāda). In the canonical version (D 3895), the text consists of 281 verses plus one introductory verse of veneration. Of these, the introductory verse and 77 1/2 verses are extant in the Matho fragments on four folios (1, 2, 10 and 11, numbered *ka*, *kha*, *tha* and *da*) of probably twelve.①

Apart from terminological differences and minor variants, some of the verses are rather similar in both translations. In general, however, the different terminology, word order, and arrangement of *pāda*, occasionally even across the limits of a *śloka*, etc., leave no doubt that it is not merely a different version of the canonical translation by Kumārakalaśa and Shākya 'od, but a distinct translation. Possibly, it was even prepared from a–albeit only slightly–different Sanskrit model.

Two of the verses, 216 and 241, consist of five *pāda* each in the Matho version. In the Tanjur of Derge they appear as formally correct *śloka* in the ideal form of metric units of four *pāda*, expressing logically and contextually coherent ideas. As one would not expect a *lotsāba* to add or omit a *pāda* to his liking, these differences must have existed already in Sanskrit, and one rather has to assume the efforts of a Sanskrit editor to formally "straighten" an older version through contextually minor alterations. In fact, the only extant Sanskrit manuscript of this text (Lindtner 2002) displays four-*pāda śloka* in both cases. It is, however, not clear whether this manuscript reflects the direct model of the canonical translation.②

① The entire fragment is edited, in comparison with the canonical version of Derge, in Tauscher 2019.

② This question shall not be pursued here. However, verse 241 (see n.2, p.215), *pāda* b, e.g., might evoke some doubt when *lakṣālakṣaṃ ca tatkṣaṇam* ("having a mark and not having a mark the same moment", translation of Lindtner 2002) is represented by *mtshan dang mtshan nyid med par snang* ("without sign [*lakṣa* ?] and characteristic [*lakṣaṇa*]") in Derge, while Matho reads *mtshan gzhi' mtshan nyid myed ldan pa* ("without the basis of characteristics [*lakṣya*] and characteristics [*lakṣaṇa*]").

In verse 216① "after having properly learned the nature [of defilements], when yoga has been practiced" (| *rang bzhin legs bslab de nas ni* | | *rnal 'byord goms byas de phan 'chad* |) (Ma) is shortened to "thereafter, somebody who has performed (yogic) practice ..." (| *de nas sbyor ba byas pa yis* |), with the content of the omitted *pāda* being clear from the preceding verse. In this case, the additional *pāda* could theoretically represent a passage from a commentary, taken over by mistake when excerpting the verse–text. However, it does not appear in the only known commentary to the *Ālokamālā*, the **Ālokamālāṭīkā Hṛdānandajananī* (*sNang ba'i phreng ba'i 'grel pa Yid dga' ba bskyed pa*) by *Asvabhāva (Ngo bo nyid med pa), D 3896.

In verse 241② the elaborate expression "in the seeing of those who see emptiness as emptiness" (| *stong nyid stong nyid mthong rnams kyi* | | *mthong bas*) of the Matho version is shortened to the lapidary "when one sees (this)" (*mthong nas*). In Matho, the statement of the two preceding *pāda*, viz. that phenomena are like a dream, without sign and characteristics, is repeated in paraphrase, while the canonical version only refers to it.

A characteristic feature of the terminology of the Matho version is the use of *mthong ba* ("to see") where Derge has *snang ba* ("to appear"); both terms translate some form of Skt. *dṛṣ-*, *paś-*, *īkṣ–*, *vīkṣ–* or *iṣ–*. Seven of these cases occur in the fragment (e.g., 241e/d). Twice, however, it is reversed, and Ma reads *snang ba* vs. *mthong ba* in D; in both cases the Sanskrit version has *paś-*.

① Verse 217 in the counting of the Sanskrit manuscript:
| *rang bzhin legs bslabs de nas ni* | | *rnal 'byord goms byas de phan 'chad* |
| *g.yul gi nang du dpa' pa bzhin* | | *'dod chags la sogs skye rnams la* |
| *dpa' bos dgra ltar rdeg par byed* | (Matho)
| *de nas sbyor ba byas pa yis* | | *g.yul ngo ru ni dpa' bo bzhin* |
| *'dod chags la sogs pa yi gnas* | | *dpa' ba'i dgra la bsnun par bya* | (Derge, 59a7f.)
kṛtayogyas tu tatpaścāc chūravat samarodare |
rāgādyāyataneṣv eva prahared bodhiśatruṣu || (Lindtner 2002).
While the two Tibetan versions appear to clearly convey the same message, Skt. *kṛtayogyas* (represented in Derge by *sbyor ba byas pa yis*) in *pāda* a, is ambiguous, possibly even intentionally used as a pun. In combination with the following comparison with the hero in battle, it might suggest the interpretation "when he has joined in combat" (Lindtner 2002). In the Tibetan translations, however, the text clearly speaks about practicing yoga. On the ambiguity of the term *yoga* see Mumm 2018.

② Verse 242 in the counting of the Sanskrit manuscript:
| *brtan pa'i rmyi lam sad shes la* | | *mtshan gzhi' mtshan nyid myed ldan pa* |
| *stong nyid stong nyid mthong rnams kyi* | | *mthong bas 'jig pa lta bu nyid* |
| *ci yin zhes kyang mthong ba yin* | (Matho)
| *rmi lam gsal sad shes pa dang* | | *mtshan dang mtshan nyid med par snang* |
| *mthong nas mi snang dang mtshungs par* | | *ci zhig lta bur snang ba yin* | (Derge, 60a6f.)
gāḍhasvapnotthitajñānaṃ lakṣālakṣaṃ ca tatkṣaṇam |
dṛṣṭanaṣṭanibhaṃ caiva kim apīva ca paśyati || (Lindtner 2002).

Other examples of terminological divergences, both to be found in verse 240 are:

g.yogs pa ("to obscure, cover") (Ma) vs. *khyab pa* ("to permeate, cover, pervade") (D):

Although these verbs are not attested elsewhere as translations of the same Sanskrit term, their meanings are similar enough that we can take them as the equivalents for the same expression; the extant Sanskrit version reads *saṃkīrṇa* ("mixed, mingled, confused, polluted").

'khrul ba ("to deceive" etc.) (Ma) vs. *'khor ba* ("to revolve" etc.) (D):

The semantic connection between these terms is not obvious, but both are attested as translating Skt. *(vi)bhrama*, and in the present case the manuscript reads *paribhrama*, terms that combine the meanings of "roaming around" and "illusion, confusion, error". Probably the idea of *saṃsāra*–like revolving could–in a particular context and time–be expressed by the verb *'khrul ba*. It has to be noted that in colloquial Tibetan the idea of "to err, to be deceived" can be expressed by *mgo 'khor ba* as well as by *mgo 'khrul ba*.

However, unless more evidence for these variations can be found in other texts, it cannot be decided whether they are examples of an "old" and "new terminology", or merely peculiarities of this particular text and its translator.

The non–canonical texts all appear in *dpe cha* format of various sizes, with narrow margins and small script, exclusively an archaic *dbu med*. Quite a number of leaves measure 62–65 × 9.5–12 cm with 10–14 lines per page. Some of them use numerical figures in their *sa bcad*, abbreviations (*skung yig*) and contractions (*bsdu yig*) of syllables (Eimer 1992: 53ff.), just as they can be found in early manuscripts in the *bKa' gdams gsung 'bum*,[①] frequently with interlinear glosses.

Not a single text of this group could be identified so far. As is to be expected from the particular overall situation of the fragments, beginnings and endings of texts are rare. Even if they are extant, they pose questions rather than provide answers at the present stage, as they seem to indicate texts unknown to western academia as well as to local scholars, both laymen and monks.

This is the case, e.g., with the *sDud pa tshigs su bcad pa'i dka'* [the manuscript reads *rka*] *'grel kyi ti ka*, "composed by the Buddhist monk Byang chub ye shes" (*shag gya dge slong byang chub yais kyis sbyar ba*). Regarding the author one might think of the 11th century bKa' gdams pa scholar Ar Byang chub ye shes, author of the *sDud pa tshigs su bcad pa'i 'grel ba* (*bKa' gdams gsung 'bum*, vol. 3: 137–277). However, no … *dka' 'grel kyi ti ka* is known from either Ar Byang chub ye shes or any other author. Whoever the author may be, the text consists of "notes" on the *sDud pa tshigs su bcad pa'i dka' 'grel* by Buddhaśrījñāna, apparently composed by a bKa' gdams

① *bKa' gdams gsung 'bum phyogs bsgrigs*. 90 vols. [Khreng tu'u:] Si khron mi rigs dpe skrun khang, 2006-2009.

pa scholar.① The text originally consisted of 54 folios, 30 of which are extant.

When the people of Matho followed the advice of their Rinpoche and destroyed these *mchod rten*, they revealed a fraction of the oldest layer of Buddhist literature known in Ladakh. Much material was destroyed by the heedless actions of the villagers, the manuscript findings consist exclusively of fragments, the majority of them rather small ones, and the study of the material has only just begun. The full extent of information that it might provide cannot even be estimated. Nevertheless, even at this early stage of research it is possible hypothetically to assume that a part of the manuscripts found at Matho were initially in use at the monastery of Nyar ma. It is obvious that hitherto unknown texts or versions of texts are among the fragments, and one can expect information about the development and transmission of Buddhist canonical literature.

Communalities between some versions of Matho and the Kanjur of Basgo suggest a common origin of their tantric literature. While the Sūtra sections in the Kanjurs of Hemis and Basgo are closely related to the Early Mustang Kanjur (Tauscher/Lainé 2015), their Tantra sections apparently represent a tradition distinct from Mustang as well as from all better known Kanjurs. However, traces of it might have survived in the Kanjur of O rgyan gling.

All this is merely hypothesis; for the time being, nothing else can be offered, and much more detailed and comprehensive analysis of the material is required to evaluate all the information provided by the recently discovered Matho manuscript fragments.

References

Eimer, Helmut. 1992. *Ein Jahrzehnt Studien zur Überlieferung des Tibetischen Kanjur*. Wien.

Eimer, Helmut. 1999. *The Early Mustang Kanjur Catalogue. A Structured Edition of the mDo sngags bka' 'gyur dkar chag and of Ṅor chen Kun dga' bzaṅ po's bKa' 'gyur ro cog gi dkar chag bstan pa gsal ba'i sgron me*. Wien.

Emmer, Gerhard. 2007. "Dga' ldan tshe dbang dpal bzang po and the Tibet–Ladakh–Mughal war of 1679–84." U.E. Bulag and H.G.M. Diemberger (eds), *The Mongolia-Tibet Interface. PIATS 2003: Tibetan Studies: Proceedings of the Tenth Seminar of the International Association for Tibetan Studies, Oxford 2003*. Vol 9. Leiden, Boston. 81–107.

Denwood, Philip. 1980. "Temple and Rock Inscriptions at Alchi." David L. Snellgrove and Tadeusz Skorupski, *The Cultural Heritage of Ladakh. Vol. 2: Zanskar and the Cave Temples of Ladakh*. Part IV, 118–164.

① J.L. Panglung, in an e-mail communication of 14 January 2015.

Dotson, Brandon. 2007. "'Emperor' Mu rug btsan and the *'Phang thang ma Cataloge.*" *Journal of the International Association of Tibetan Studies. Online journal published by the Tibetan and Himalayan Digital Library,* www.jiats.org, Issue 3–December 2007, 1–25.

Dotson, Brandon. 2015. "Failed Prototypes. Foliation and Numbering in Ninth–Century Tibetan *Śatasāhasrikā-Prajñāpāramitā-Sūtras*." *Journal Asiatique* 303.1: 153–164.

Halkias, Georgios T. 2004. "Tibetan Buddhism Registered: A Catalogue from the Imperial Court of 'Phang Thang," *The Eastern Buddhist* 36/1&2, 46–106.

Herrmann–Pfandt, Adelheid. 2008. *Die Lhan kar ma. Ein früher Katalog der ins Tibetische übersetzten buddhistischen Texte*, Wien.

Kawagoe, Eishin. 2005. *dKar chag 'Phang thang ma*, Sendai.

Lalou, Marcelle. 1953. "Les textes bouddhiques au temps du roi Khri–sroṅ–lde–bcan." Journal Asiatique. 313–353.

Lindtner, Christian. 2002. *A Garland of Light. Kambala's Ālokamālā*. Fremont, California.

Mayer, Robert. 2011. *The wonderful Orgyan Ling Manuscript Kanjur*, http://blogs.orient.ox.ac.uk/kila/2011/09/19/the–wonderful–orgyan–ling–manuscript–kanjur/.

Mumm, Peter–Arnold. 2018. "Die Bedeutung von *yóga-* im Rigveda." O. von Criegern, G. Melzer, J. Schneider (eds), *Saddharmāmṛtam. Festschrift für Jens-Uwe Hartmann zum 65. Geburtstag*. Wien. 329–343.

Nawang Jinpa. 2015. "Why did Tibet and Ladakh clash in the 17th century? Rethinking the background to the 'Mongol War' in Ngari (1679–1684)." *Tibet Journal* 40.2, 89–126.

Panglung, Jampa L. 1983. "Die Überreste des Klosters Ñar ma in Ladakh." E. Steinkellner and H. Tauscher (eds), *Contributions on Tibetan Language, History and Culture. Proceedings of the Csoma de Körös Symposium Held at Velm, Austria, 13-19 September 1981*. Vol. 1. Wien. 281–287 and plates VIII–XV.

Panglung, Jampa L. 1994. "New Fragments of the *sGra-sbyor bam-po gñis-pa*." *East and West* 44/1. 161–172.

Petech, Luciano. 1947. "The Tibetan–Ladakhi–Moghul war of 1681–83." *Indian Historical Quarterly* 43/3. 169–199.

Petech, Luciano. 1977. *The Kingdom of Ladakh c.950-1842A.D.* Roma.

Rossi Filibeck de, Elena. 2007. "The fragmentary Tholing bKa' 'gyur in the IsIAO Library." B. Kellner, H. Krasser, H. Lasic, M.T. Much and H. Tauscher (eds), *Pramāṇakīrtiḥ. Papers Dedicated to Ernst Steinkellner on the Occasion of his 70th Birthday*. Wien. Part 1, 53–62.

Saito, Akira. 1993. *A Study of Akṣayamati(=Śāntideva)'s Boddhisattvacāryāvatāra as Found in the Tibetan Manuscripts from Tun-huang*. Mie University.

Saito, Akira. 2000. *A Study of the Dūn-huang Recension of the Bodhisattvacaryāvatāra*. Mie University.

Saito, Akira. 2018. "Facts and Fictions: Reconsidering Śāntideva's Names, Life, and Works." *Journal of the International College for Postgraduate Buddhist Studies*. Vol. 22, 164–145.

Samten, Jampa. 1994. "Notes on the bKa'–'gyur of O–rgyan–gling, the family temple of the Sixth Dalai Lama (1683–1706)." Per Kvaerne (ed.), *Tibetan Studies. Proceedings of the 6th Seminar of the International Association for Tibetan Studies. Fagernes 1992*. Oslo. Vol. 1, 393–402.

Scherrer–Schaub, Cristina Anna. 1999. "Towards a methodology for the study of old Tibetan manuscripts: Dunhuang and Tabo." C.A. Scherrer–Schaub and E. Steinkellner (eds), *Tabo Studies II. Manuscripts, Texts, Inscriptions, and the Arts*. Roma. 3–36.

Scherrer–Schaub, Cristina and George Bonani .2002. "Establishing a typology of the old Tibetan manuscripts: a multidisciplinary approach." S. Whitfield (ed.), *Dunhuang Manuscript Forgeries*. London. 184–215.

Snellgrove, David L. / Tadeusz Skorupski. 1977. *The Cultural Heritage of Ladakh. Vol. 1: Central Ladakh*. Warminster.

Snellgrove, David L. / Tadeusz Skorupski. 1980. *The Cultural Heritage of Ladakh. Vol. 2: Zanskar and the Cave Temples of Ladakh*. Warminster.

Skilling, Peter. 1997. "From bKa' bstan bcos to bKa' 'gyur and bsTan 'gyur." H. Eimer (ed.), *Transmission of the Tibetan Canon. Papers Presented at a Panel of the 7th Seminar of the International Association for Tibetan Studies, Graz 1995*. Wien. 87–111.

Stoddard, Heather. 2010. "Stitched Books from the Tibetan World." A. Chayet *et al.* (eds), *Edition, éditions: l'écrit au Tibet, évolution et devenir*. München. 363–379.

Tauscher, Helmut. 2008. *Catalogue of the Gondhla Proto-Kanjur*. Wien.

Tauscher, Helmut. 2019. "Manuscript fragments from Matho. A preliminary report and random reflections." M. Clemente, O. Nalesini and F. Venturi (eds), *Perspectives on Tibetan Culture. A Small Garland of Forget-me-nots offered to Elena De Rossi Filibeck*. Paris: Revue d'Etudes Tibetaines, July 2019, 337–378.

Tauscher, Helmut / Bruno Lainé. 2015. " 'The Early Mustang Kanjur' and its Descendants." E. Forte, F. Liang, *et. al.* (eds), *Tibet in Dialogue with its Neighbors: History, Culture and Art of Central and Western Tibet, 8th to 15th century*. Beijing, Wien. 292–295 (plates), 463–481.

Tropper, Kurt. 1996. *Die* Akṣobhyavyūhasūtra-*Inschrift in Alchi. Ein Beitrag zur Kanjur-forschung*. (MA–thesis) Wien.

Vitali, Roberto. 1996. *The Kingdoms of Gu.ge Pu.hrang According to mNga'.ris rgyal.rabs by Gu.ge mkhan.chen Ngag.dbang grags.pa*. Dharamsala.

Vitali, Roberto. 2005. "Some conjectures on change and instability during the one hundred years of darkness in the history of La dwags (1280s–1380s)." John Bray (ed.), *Ladakhi Histories. Local and Regional Perspectives. Selected Papers Presented at the 9th, 10th and 11th IALS Colloquia*. Leiden. 97–123.

Abbreviations and sigla

D	Kanjur and Tanjur edition of Derge
F	Kanjur edition of Phug brag
IOL	India Office Library
IsIAO	Istituto Italiano per l'Africa e l'Oriente
Ma	Manuscript fragments of Matho
N	Kanjur and Tanjur edition of Narthang
PT	Pelliot Tibétain

Brief Introduction to the History of Mongol Studies*

J.Urangua U. A. Kuzmin V. Vasilenko

The relevance of the scientific problem lies in the fact that at present the Eastern vector of Russia's foreign policy is becoming very important. At the present stage, relations in various areas of cooperation with the Eastern States, especially with China and Mongolia, are being resumed. World and Russian Mongolian studies are an important part of world Oriental studies. Mongol studies was created by the joint efforts of Russian, French, German, and British researchers of the nomadic Mongolian civilization, its original culture, and the Mongolian language. Mongol studies was formed and developed as a complex science of the Mongolian Sciences, since for a long time there was no division into Mongolian linguistics, Ethnology, history, source studies and historiography. To date, a huge amount of scientific material has been accumulated on the history, economy, politics, and international relations of the history of Mongolia. Russian Mongol studies were formed in the XYIII century by the scientific works of Ya. Schmidt, N. Ya. Bichurin, A.V. Igumnov, O. Kovalevsky, D. Banzarov, G. Gomboev, a.m. Pozdneev, V. L. Kotvich, B. Ya. Vladimirtsov, TS. Zhamtsarano, and others scientists, came to the forefront of the world of Oriental science.

The heyday of the Russian school of Mongol studies dates back to the second half of the XIX–early XX centuries. During this period, the Russian school of Mongolian studies is being formed on an international basis. Mongol scholars, sinologists, turkologists, historians, linguists, ethnologists, archaeologists and other narrow specialists participated in its formation. Particularly close ties existed with the Chinese.

The geographical proximity of the Mongols, the presence of Mongol–speaking peoples (Buryats, Kalmyks) on the territory of Russia, and the appearance of the first translators and Mongol scholars from their environment were undoubtedly a favorable factor in the development of Russian Mongol studies.

In Russia, Orthodox missionaries of Eastern Siberia, school teachers, interpreters, travelers, Siberian officials, and merchants studied the Mongols, the Mongolian language, and culture.

* Funding: Grant from the Russian Foundation for basic research 20-59-4408 «World and Russian Mongolian studies: national schools, concepts, personalities».

Therefore, Russian Mongol studies had favorable conditions for collecting ethnographic, archaeological, and folklore material in Mongolia. During the Soviet period of development of Oriental and Mongolian studies (1917 –1991), there was a break with traditional Oriental studies, which was restored in the post–Soviet period.

Western Mongolian studies also have deep scientific roots. French and German Mongol studies were based on Mongolian sources of Russian origin, and were closely linked by personal scientific ties with prominent Russian scientists. In turn, a number of Russian scientists were of foreign origin (J. I. Schmidt, I. Iering, O. M. Kovalevsky, V. V. Radlov, etc.). They made a great contribution to world Oriental studies.

The formation of historical scientific schools in Russia, Mongolia, France, Germany, great Britain, Poland, the Czech Republic, Hungary, and the United States is impossible without studying the scientific contribution of the world's outstanding Mongolian scientists. Currently, there are scientific works on the historiography of individual national schools of Mongolian studies in an overview form, and there are no generalizing studies devoted to scientific relations, interaction and mutual influence of scientific ideas, concepts and discussion problems of the history of Mongolia, major Mongolian scientists. The bibliography of individual Russian, Mongolian, and foreign Mongol scholars is published in Ulaanbaatar in the annual Bulletin of the International Association of Mongol scholars.

Questions of history of national and world Mongolian studies considered in studies of M. I. Goleman, sh. Bira, B. V. Bazarov, T. Estorga, Z. Longido, J. Uranga, V. V. Graivoronsky, D. V. Dugarova, O. N. Polyanskaya, Y. V. Kuzmin, L. V. Kuras, C. P. Vanchikova, W. B. Chimitdorzhiev, A. D. Candinas, I. V. Kulhánek From, V. G. Datsyshen, V. S. Myasnikov, S. D. Miliband, A. N. Kononova, S. G. Klyashtorny, N. N. Krajina, V. V. Pork, A. N. Khokhlova, Ulymzhiev etc.

Modern Oriental and Mongolian studies have done a great deal of research on the scientific contribution of Russian scientists to world science. This area of scientific research has become especially active in the last thirty years. The Mongolian studies of our country returned to the traditional Russian Mongol studies, restored continuity in science, and restored broken ties. At present, the national Mongolian studies at a new scientific level successfully studies the history, Ethnology, culture, economy, politics, and history of international relations of Mongolia.

Mongol studies are an integral part of Russian Oriental studies, especially significant are the successes of Russian Sinology, which employs a significant number of Russian Orientalists. To date, studies on the history of Russian Oriental studies have been published, which also show the formation and development of Russian Mongolian studies as a related industry.

An important stage in rethinking the scientific heritage of Russian Oriental and Mongolian studies was the collective monographs «History of Russian Oriental studies to the mid-19th century» (1990), «History of Russian Oriental studies from the mid-19th century to 1917» (1997), prepared by leading Russian Orientalists [13,14].

Updated and reprinted «Bibliographic dictionary of Russian Orientalists» in two volumes (1995 and 1997) by S. D. Miliband - one of the fundamental works of national Oriental studies [16,17]. E. V. Boikova published «Bibliography on Mongol studies» (2005) [2].

In the 1900s and 2000s, scientific conferences were held on major Russian Mongol scholars: «Tsybikov readings», «Banzarov readings», «Khangal readings», «Ulymzhiev readings», «Vladimirtsovsky readings», «Katanov readings», which presented a modern assessment of the scientific activities of domestic Mongol scholars, introduced previously unpublished works of famous Russian scientists, archival documents, documents of personal origin.

Special contributions were made by scientists from the Institute of Mongol studies, Buddhology and Tibetology of the SB RAS, The Institute of Oriental Studies of the RAS, The Institute of Oriental manuscripts of the RAS, Buryat state University, the Eastern faculty of St. Petersburg University, Irkutsk and Baikal state universities (Irkutsk). Famous Russian Oriental and Mongolian B. V. Bazarov,M. I. Golman,W. B. Chimitdorzhiev,V. S. Myasnikov,N. N. Kradin, A. N. Khokhlov, A. S. Zheleznyakov, A. D. Andina, I. V. Popov, I. V. Kulhánek From L. V. Kuras, V. M. Alpatov and V. G. Datsyshen, O. N. Polyanskaya, V. D. Dugarov his research was devoted to some topical issues of the history and historiography of Mongolia.

A unique scientific phenomenon in the history of the study of Russian Mongol studies was the publication of the periodical «Mongolika» (Institute of Oriental manuscripts of the Russian Academy of Sciences, editor-in-chief I. V. Kulganek), whose issues are dedicated to the scientific heritage of outstanding Russian Mongol scholars: B. Ya.Vladimirtsov, S. A. Kozin, K. F. Golstunsky, A. Pozdneev, A.V. Burdukov, D. Natsagdorzh, TS.Damdinsuren, M. I. Golman, L. G. Skorodumova, V. V. Grayvoronsky, K. N. Yatskovskaya.

Professor Sh. B. Chimitdorjiev collected, analyzed and published creative biographies of major Buryat scientists-Mongol scholars in the collective work «Outstanding Buryat figures» (Ulan-Ude, 2010). In this monograph ,biographies of both famous Buryat scientists-Mongol scholars and biographies of little-known researchers who also made a serious contribution to the study of the Mongolian peoples were published [3].

A well-known sinologist from Krasnoyarsk, Professor V. G. Datsyshen continued the historiographical research of sinologists P. E. Skachkov, V. S. Myasnikov, and L. A. Berezny, and published major monographs « History of Chinese language study in the Russian Empire» (2000), «History of Russian Sinology» (2015), «Study of the history of China in the Russian Empire»

(2016), which contain valuable material about sinologists who studied the history of Mongolia and the Mongolian peoples [7,8,9].

Russian Mongol scholars published a collective work «Russian Mongol scholars (XYII - early XX centuries)» (1997), which briefly described the creative biographies of A.V. Igumnov, N. Ya.Bichurin, O. M. Kovalevsky, A.V. Popov, K. F. Golstunsky, P. A. Badmaev, A. Dorzhiev, M. N. Khangalov, V. L. Kotvich, G. Tsybikov, A.D. Rudnev, S. A. Kozin, TS Zhamtsarano,E. Rinchino,B. Y. vladimirtsova et al. [21].

Russian ethnographers published a unique publication «Repressed ethnographers (issue 1, 1999)», which presents the tragic fate of 12 repressed Russian ethnographers, including creative biographies of B. E. Petri (author A. A. Sirina), N. N. Kozmin (a.m. Reshetov), who made an important contribution to the study of the history and Ethnology of the peoples of Central Asia and Mongolia [20]. In 2002, the «Second Oriental readings» were held in Irkutsk, dedicated to the famous historian, ethnographer, and economist N. N. Kozmin, and a collection of articles was published.

In 2006, the work of Yu.V.Kuzmin «Professor N. N. Kozmin: historian and economist» (2006) was published, where the creative biography of the Siberian researcher of the history of Mongolia and Central Asia is most fully presented, personal documents and a complete bibliography of the scientist are published for the first time.

In 2001-2019, the center for the study of Mongolia of Baikal state University held nine international scientific conferences dedicated to famous Mongolian scientists: N. N. Kozmin, N. P. Shastina, P. A. Badmaev, E. M. Darevskaya, V. V. Svinin and major historical events in Mongolia: the national revolution of 1911, the Mongolian revolution of 1921, the war on Khalkhin Gol in 1939, and others [15,22].

In 2001-2019, the center for the study of Mongolia of Baikal state University held nine international scientific conferences dedicated to famous Mongolian scientists: N. N. Kozmin, N. P. Shastina, P. A. Badmaev, E. M. Darevskaya, V. V. Svinin and major historical events in Mongolia: the national revolution of 1911, the Mongolian revolution of 1921, the war on Khalkhin Gol in 1939, and others [15, 22].

«Bibliography of Russian works on Mongol studies 1946-2000», prepared by E. V. Boikova and published by The Institute of Oriental Studies of the Russian Academy of Sciences, was introduced into scientific circulation. Bibliographies of individual regions (Buryatia, Irkutsk region, etc.) were published [18].A significant contribution to the study of Russian Mongol studies was made by the works of Professor D. B. Ulymzhiev of Buryat state University, dedicated to all major Russian Mongol scholars [23,24].

The study of the history of Russian Mongol studies was continued by Professor V. D. Dugarov of Buryat state University, who published major studies: «Russian historiography of the history of Mongolia» (2014) [10], a number of articles on the topic under study.

Associate Professor of Buryat state University O. N. Polyanskaya has published a number of monographs on the history of Russian Mongol studies: «Mongol Studies in Russia in the first half of the XIX century: O. M. Kovalevsky and A.V. Popov» (2019) [19], «Professor O. M. Kovalevsky and Buryatia (1 half of the 19th century)» (2001), «Epistolary and diary heritage of the Mongol scholar O. M. Kovalevsky(1828-1833)» (2008) [26] and a series of articles devoted to heritage of outstanding Mongol scholars of Russia.

The history of Mongolian and Russian Mongol studies is the subject of constant scientific publications of Professor Yu. V. Kuzmin: «Mongolia and the Mongolian question in the socio-political thought of Russia (late XIX - Russian Russian-Mongol-Chinese relations (2000)», «Mongolia and China in the assessments of Russian military intelligence» (Ulaanbaatar, 2008), «Irkutsk school of Mongol studies of the XYIII–XX centuries» (2014), Mongolia and Russian-Mongolian relations. Problems of history and historiography» (2016), «The History of Mongolia and its international relations in the twentieth century in the works of Mongolian and Russian researchers» (2018), which present the main concepts of modern Russian and Mongolian Mongol scholars [15,22].

M. I.Golman, a major Russian Mongol scholar at the Institute of Oriental Studies, has been studying the history of Mongolia in the West and the United States for more than 50 years. He is the author of major monographs «Mongolian Studies in the West (centers, cadres, societies)» (2004), «Modern Mongolia in the assessments of Western authors» (2010). These works provide an in-depth analysis of the current state of the study of Mongolia in the West and the United States, as well as the characteristics of major Western Mongol scholars and the main centers of Mongol studies [4,5].

History of the Russian Academy of Sciences in the study of the Mongolian scientific contacts with Mongolian research organizations - special topic of study doctor of historical Sciences T. I. Yusupova «The Soviet-Mongolian scientific cooperation. Formation, development and main results of 1921-1961» (2018) [27]. Ulan-Ude published the documents «Buryat-Mongolian Scientific Committee (1922-1929)» (2017), which presents documents on Mongolian-Buryat scientific relations.

In Moscow, a reference book «Russian military Orientalists. Biobibliographical reference book of M. K. Baskhanov» (2005) [1], which presents creative biographies and a list of works of military Mongol scientists.

The works of Russian military Mongol scholars deserve special attention, as this is one of the most promising areas for study. The activities of Russian military travelers and their views on the solution of the «Mongolian» issue in Russian and world geopolitics are considered in the works of M. K. Baskhanov, E. V. Boikova, A. I. Kolesnikov, Yu.V. Kuzmin. Published a book by E. V. Boikova, dedicated to the famous Russian traveler who studied Mongolia. Published diaries, biography of P. K. Kozlov (authors A. I. Andreev, T. I. Yusupova).

The problem of solving the «uriankhai question» in the system of trilateral relations between Russia, China and Mongolia is relevant for Russian and world Mongolian studies. In Russian historiography, this problem is covered in the works of E. A. Belov (Russia and Mongolia, 1997), V. G. Datsyshen, Yu. V. Kuzmin, S. G. Luzyanin, N. M. Mollerov and other scientists.

These works were written on the basis of materials from Russian archives, many of which were introduced into scientific circulation for the first time. The solution of the «barginsky question» in the system of Russia-China-Mongolia relations after 1911 deserves special consideration. This problem is one of the poorly studied topics of world and Russian Mongolian studies.

Mongolia is the world center of Mongolian studies, there are major scientific centers for the study of history, Economics, Ethnology, geography and culture of the country, such as the Institute of history, Mongolian Academy of Sciences, Institute of international relations of the Mongolian Academy of Sciences, Mongolian state University, Institute of Mongolian studies Mongu, Institute of nomadic civilizations UNESCO. In Mongolia, Ulaanbaatar is home to the international Association of Mongol studies, periodical scientific and informational publications are published, and new books of the world's Mongol studies are received. The national libraries of Mongolia have the most comprehensive book collections on the history and culture of Mongolia, published in the leading centers of Mongolian studies.

The modern Mongolian historical science has developed an original historiographical school, whose major representatives are historians sh. Bira, N. Hishigt, B. Punsaldulam, J. Urangua, L. Longid, TS. Ishdorj, who published a number of source studies and historiographical studies.

Introduction of the scientific results of these authors into the scientific circulation of the world Mongol studies is an urgent task of modern science. Professor of the Mongolian state University Zh. Urangua in 2015 participated and acted as an active participant and moderator of the project. a two-volume monograph «World Mongol studies» was published [11].

Published a creative biography and epistolary legacy of the famous Finnish Mongol scholar G. Ramsted (2017). Published a creative biography and epistolary legacy of the famous Finnish Mongol scholar G. Ramsted (2017). The Historian Punsaldulam has published monographs on the historiography of the history of Mongolia during the Autonomous period: «1911 оны

Монголын үндэсний хувьсгалын түүх бичлэг (1911-2003)» («Historiography of the history of the Mongolian revolution of 1911(1911-2003)») (2006).

In may 2017, J. Urangua made a report «The Formation and development of European Mongol studies in the XVIII–XIX centuries» at the international conference on Mongol studies at the University of Warsaw.

Despite the obvious success, there are many areas in the study of the history of Mongolia and Mongolian studies that need to be improved. For example, existing review articles on the history and current state of Mongolian studies in individual countries do not meet the requirements of the time and urgently require a qualitative analysis of national schools of Mongolian studies and the state of humanitarian scientific thought in various countries.

Today, competition between foreign countries and TNCs for control over the country's mineral resources is increasing on the territory of Mongolia. Competition between the United States and China for greater geopolitical influence in Central Asia and Mongolia itself is growing. In this regard, the preservation of Russia's position in a neighboring friendly country convincingly requires complete and accurate information about the state of world Mongolian studies.

The history of Russian Mongol studies also needs a modern and analytical assessment, since existing publications are of an overview nature and do not reflect all the issues of the formation and development of this field of Oriental studies. Three times in its history (1917,1930-1939, 1986-1991), Russian Mongol studies have changed the ideological directions and methodology of research, which has affected the features of the modern development of Russian Mongol studies.

The complex and contradictory process of formation of Russian Mongol studies and the interaction of Russian and foreign Mongol scholars have not yet been studied objectively and comprehensively. The current state of Russian Mongolian studies, which has returned to the traditional Russian Oriental and Mongolian studies, requires a modern assessment of the state of scientific thought, the dynamics of its development over more than 300 years, and the need to show the role and place of national Mongolian studies in the world science of the East.

A comparative analysis of the history of the formation and development of Russian Mongol studies in the context of world Oriental science and Mongol studies will allow for a more qualitative and professional characterization of not only world, but also Russian Mongol studies.

Distortion and direct falsification of the role of Russian Orientalists and Mongol scholars in the study of the countries of the East and Mongolia require a close study of the Russian heritage, its full introduction into scientific circulation and a modern assessment of the scientific activities of Russian scientists in the context of world scientific thought.

Mongolian scientists are increasingly focused on the Western centers of Mongolian studies:

the United States, great Britain, Germany, the Czech Republic, Hungary, Poland, and the East: Japan, South Korea, China, where there is a more serious material and financial base, as well as more opportunities to pass scientific training and receive grants. Russia does not have enough information on the development of Mongolian studies in China, Japan, South Korea, and Hungary.

The current geopolitical situation, especially the efforts of the United States to increase its influence in Mongolia, urgently require strengthening the scientific study of world Mongolian studies and coordination of Russian centers of national Mongolian studies (Moscow, St. Petersburg, Ulan-Ude, Kyzyl, Irkutsk, Chita). There is a need to create a generalizing historiographical work by joint efforts of Mongol scholars from various countries of the world. This joint research project of Russian and Mongolian scientists will strengthen and strengthen scientific cooperation between Russia and Mongolia, and better study the state and scientific results of foreign Mongolian studies. The successful implementation of the Russian-Mongolian project will undoubtedly increase the prestige of Russian and Mongolian Mongolian studies.

Thus, the topic of the history of world and Russian Mongol studies is studied in Russian and Mongolian historiography.

However, unfortunately, the Genesis and evolution of Russian Mongol studies, its scientific connections with world Mongol studies, as well as the interaction and mutual influence of various scientific schools are poorly represented. Insufficiently summarized the scientific material scientific conceptions of the world Mongolian studies: the ethnogenesis of Mongolian peoples, the Mongolian nomadic civilization, features of international relations in the Russia-Mongolia-China, radical reforms of the Mongolian society and the state in the twentieth century, especially the relations between the state and the Buddhist Church of Mongolia for a long period of development.

The isolated study of Western, Russian, and Mongolian historiography of the history of Mongolia must be overcome and present a complete comprehensive picture of the study of the history, Ethnology, and culture of Mongolia in the world of Mongol studies.

References

1. Baskhanov M. K. Russian military Orientalists before 1917. Bibibliographic reference book, Moscow: East lit, 2005.– 295 p.
2. Boikova E. V. Bibliography of domestic works on Mongol studies 1946–2000–Moscow: East lit–RA, 2005. – 687 p.
3. Outstanding Buryat figures. Volume two (issues 5–8). Second edition. – Ulan–Ude, 2010. – 328 p.

4. Golman M. I. Mongol Studies in the West (centers, cadres, societies).50s – mid–90s of the XX century. – Moscow: Institute of Oriental Studies of the Russian Academy of Sciences, 2004. – 334 p.

5. Golman M. I. Modern Mongolia in the assessments of Western authors. – Moscow: IV RAS, 2009. – 192 p.

6. Golman M. I. Mongolia through the eyes of a Mongol scholar (60–70 – ies of the XX century). – Moscow: IV RAS, 2019. – 288 p.

7. Datsyshen V. G. History of Chinese language study in the Russian Empire.– Krasnoyarsk, 2000. – 110 p.

8. Datsyshen V. G. Studying the history of China in the Russian Empire. Monograph.– M.: Prospect, 2016. – 192 p.

9. Datsyshen V. G. History of Russian Chinese studies. 1917–1945. – Moscow: the Whole world, 2015. – 352 p.

10. Dugarov V. D. Russian historiography of the history of Mongolia.– Ulan–Ude: BSU Publishing house, 2014. – 376 p.

11. Дэлхийн монгол судлал. Монгол эрдэмтдийн лавлагаа. 1–2 боть. (Studies on earth in Mongolia. Inquiries of Mongolian scientists) –Ulan–Baatar, 2015.

12. Iorish I. I. Materials about Mongols, Kalmyks and Buryats in the archives of Leningrad. History, law, Economics, Moscow: Nauka, 1966.– 207 p.

13. History of Russian Oriental studies to the middle of the XIX century. – Moscow: Nauka, 1990. – 435 p.

14. History of Russian Oriental studies from the middle of the XIX century to 1917.– Moscow: East lit–RA, 1997. – 536 p.

15. Kuzmin Yu. V., A. P. Sukhodolov. The history of Mongolia and its international relations in the twentieth century in the works of Mongolian and Russian researchers.– Irkutsk: BSU Publishing house, 2018. – 232 p.

16. Miliband S. D. Biobibliographical dictionary of Russian Orientalists since 1917. Book 1. A–L–M.: Science, 1995. – 702 p.

17. Miliband S. D. Biobibliographical dictionary of Russian Orientalists since 1917. Book 1. M–Ya. – M.: Nauka, 1995. – 765 p.

18. Mongolia in the works of Eastern Siberia. Bibliographic index (1974–1982). – Irkutsk: ISU publishing House, 1988. – 144 p.

19. Polyanskaya O. N. Mongol Studies in Russia in the first half of the XIX century: O. M. Kovalevsky and A.V. Popov.– Ulan–Ude: BSU Publishing house, 2019. – 324 p.

20. Repressed ethnographers. Comp. and ed. By D. D. Tumarkin. – Moscow: East lit., 1999. – 343s.

21. Russian Mongol studies (XYIII–XX centuries). – Ulan–Ude: BNC publishing House, 1997. – 167 p.

22. Sukhodolov A. P., Kuzmin Yu. V. Mongolia and Russian–Mongolian relations of the first half of the twentieth century. Problems of history and historiography.– Irkutsk: BSU publishing house, 2016. – 318 p.

23. Ulymzhiev D. B. Pages of domestic Mongolian studies. The Kazan school of Mongolian studies.– Ulan–Ude, 1994. –107 p.

24. Ulymzhiev D. B. Mongol Studies in Russia in the second half of the XIX–early XX century. Petersburg school of Mongolian studies /D. B. Olymian. Ulan–Ude, 1997. –216 p.

25. Chimitdorzhiev S. B. Bibin Academician Rinchen was an outstanding scientist and writer (1905–1977).– Ulan–Ude, 2005. – 97 p.

26. Epistolary and diary heritage of the Mongol scholar O. M. Kovalevsky (1828–1833). Preparation for publication, Preface, comments and pointers by O. N. Polyanskaya. – Ulan–Ude: publishing house of the Buryat state University, 2008. –228 p.

27. Yusupova T. I. Soviet–Mongolian scientific cooperation: formation, development and main results (1921–1961).– St. Petersburg: Nestor–Istoriya, 2018. – 312 p.

A Sādhanā of Vajravārāhī Found in a Tibetan Manuscript from Khara-Khoto Preserved in Saint Petersburg

Alexander Zorin

Several years ago, I edited an ancient Tibetan scroll with a number of ritual texts on the cults of Mahākāla, Viṣṇu Narasiṃha, Vajrapāṇi and the eight nāgarājas treated as Buddhist protectors (Zorin 2015). It used to belong to the collection of Dunhuang texts in Tibetan preserved at the Institute of Oriental Manuscripts of the Russian Academy of Sciences (IOM RAS), Saint Petersburg. However, it became clear that such an attribution was not correct and the scroll was suspected to have been brought from Khara-Khoto by Pyotr Kozlov (1863-1935). This suspicion was supported when a few fragments of several Khara-Khoto manuscripts that shared strikingly similar paleographic features with the above-mentioned scroll were identified among the previously unprocessed materials of the IOM RAS Tibetan collection, in 2015–2017. The further investigation showed that Dunhuang and Khara-Khoto collections transferred to the Asiatic Museum in the 1910s were mixed to a certain extent in the early Soviet time (Zorin, Sizova 2019: 13–14). The newly identified fragments contain ritual texts on the cults of such tantric deities as Mahākāla, Cakrasaṃvara and Vajrayoginī (or Vajravārāhī)①. All of these texts are going to be published in the complete catalogue of the IOM RAS collection of Tibetan texts from Khara-Khoto that has been prepared by A. A. Sizova, A. A. Turanskaya and myself. Before the catalogue is published, it seems reasonable to present to the academia certain items that may be most important for Tibetan and Tangut studies. Texts on the cult of Vajravārāhī apparently belong to such items.

According to K. Solonin this cult belonged to one of "the major stems of Tibetan esoterism in Xixia" (Solonin 2015: 430), about thirty titles of Tangut texts being identified as those "affiliated with the Vajravārāhī system" (Solonin 2016: 21). K. Solonin pointed out that the Tangut texts of instructions and ritual manuals of Vajravārāhī, closely connected with the Six Yogas system, are

① Vajravārāhī, or Vajra Sow, is one of the major forms of Vajrayoginī, a divine consort of Cakrasaṃvara, one of the supreme deities in Buddhist Tantra. Her cult, that originated in India at the beginning of the 2nd Millennium CE, developed into an independent system, and one of the most influential lineages of instructions on her practice goes back to the 11th century Indian yogin Nāropā (he also spread the so-called Six Yogas that he obtained from his own teacher Tilopā). The cult of Vajrayoginī is analyzed in-depth in (English 2002).

mostly anonymous although several texts were ascribed to a tantric master known as Yar lungs pa who could be their author since no Tibetan originals of these texts were found (Solonin 2015b: 856). Even if all the Tangut texts on the cult of Vajravārāhī were original works it was hard to believe that no Tibetan texts of this kind had circulated in Xixia. Therefore, it is rather natural that a collection of them *was* found in Saint Petersburg. However, it became possible only after 2017, when the manuscript was processed and given an access number XT-177 (Kh. Tib. 177) as an item of the collection of Tibetan texts from Khara-Khoto.

Regretfully, all we have is but a fragment of the manuscript in the *pothi* format of a small size (ca 27×10 cm) that consists of folios 30–38, according to the foliation found to the left of the text on the recto sides, no frame being drawn. Apart from the numbers rendered in short form with use of both words and numerals (*sum bcu*, *so 1*, *so 2*, *so 3*, *so 4*, *so lnga*, *so drug*, *so bdun*, *so 8*) the marginal notes include the letter *kha* that is likely to mean the second volume or the second part of a manuscript. Each folio is made of two layers of soft yellowish paper. The text including the marginal notes is written in black ink. The *dbu med* script is used, its elegant style resembling very much that of the scroll mentioned at the very beginning of this paper. However, their comparison showed that the scribe was different from all the three scribes of the scroll. Numerous focal fragments such as mantras, colophons or key words within the text were marked with yellow color which is faded now. The manuscript is in relatively good conditions but there are white and brownish spots on each folio that damaged the text to some extent and certain syllables are hardly legible.

We do not know if the manuscript was entirely dedicated to Vajravārāhī but the extant nine folios seem to belong to her cult although the first text does not mention her directly. Perhaps, she was referred to in the beginning part of the text which is missing. The fragment we have contains the following texts.

1. F. 30a1–30b1: "A completely hidden instruction [delivered] by the ḍākinīs, the way of progression according to the tradition transmitted from mouth to mouth" (*mkha 'gro ma rnams kyis shin du sbas pa'i man ngag| zhal nas zhal du brgyud pa'i rim pa'*).

2. F. 30b2–31a1: "Empowerments according to an instruction of the Sublime Teacher" (*bla ma dam pa'i man ngag gi dbang bskur*). This is the text on the four empowerments to be obtained via the practice in which the teacher is said to be in the union with the Varahī.

3. F. 31a2–33b8: an untitled sādhanā of Vajravārāhī. The colophon states that the text "was translated for me by Netso Lotsa[wa], who had heard [it] from the Guru himself, and recorded by me, a meditation teacher" (*bla ma'i zhal mas legs 'ongs pa'| lo tsa ne tsos bdag la bsgyur| sgr(?) ubs ston bdag gis {yi ger} bkod|*).

4. F. 34a1–35b3: "The Lamp That Enlightens the Sādhanā of Tamasundarī (the Beauty in the Darkness)" [*mun pa'i nang na mdzes mi* (sic) *dngos grub bsgrub pa'i thabs gsal byed sgron ma*].

5. F. 35b4–35b8: "The Instruction on Tamasundarī " (*mun pa'i nang na mdzes pa'i man ngag*).

6. F. 36a1–36b3: a protective ritual of Vajravārāhī.

7. F. 36b4–36b8: a fierce ritual aimed at killing of an enemy.

8. F. 37a1–38b5: a ritual of the torma offering (gtor ma'i cho ga) [to Vajravārāhī].

9. 38b6–[38b8]: An instruction on the protection [that grants] the fearlessness in front of the epidemics (*'go ba'i <nad?> kyis myi 'jigs pa'i| bsrung ba'i man ngag*): only the first three lines are present.

In this paper I will limit myself with presentation of the texts 4 and 5 from this list since they refer to the same object, namely the yoginī named Tamasundarī, the Beauty in the Darkness, and cover two folios exactly, four pages in total, the photo copy of them being published in the appendix. The first of the two texts is a slightly expanded version of the *sādhanā* of yakṣiṇī Tamasundarī found in the *Root Tantra of Mañjuśrī* (*'Jam dpal rtsa rgyud*) included in the Tibetan Buddhist Canon (Tohoku 1934: No. 543) and available also in the complete English translation under the title *The Root Manual of the Rites of Mañjuśrī* (RMRM). According to this canonical text, Tamasundarī belongs to a group of the eight *yakṣiṇīs* that "can grant every desire" (RMRM: 52.39)[1]. However, in the Khara-Khoto manuscript she is apparently associated and, presumably, identified with Vajrayoginī because the *sādhanā* is inserted in the group of texts on this deity, starts with the homage to Vajrayoginī and calls Tamasundarī a *yoginī* unlike the canonical text where she is never called like that. Moreover, the yogin is prescribed to stay connected with the pride of the personal deity (*yidam*) to accomplish the practice. It means that a supreme tantric deity is invoked, not just a *yakṣiṇī*. Since the text of the manuscript presents itself as a commentary (*the lamp*) on the root text, the latter being called directly at the beginning, we can assume that such an interpretation was invented by adherents of a certain tradition which seems to have not survived to this day. Perhaps, it was spread among the Tangut Buddhists.

Since the entire English translation of the canonical version of the *sādhanā* of Tamasundarī is freely available (RMRM: 52.52–52.56) I will schematically compare its contents with that of XT-177 which basically follows the former one, expanding some points in a commentarial way and admitting some variations and additional nuances like those mentioned above. At the same time, some points remain unique for RMRM.

---

[1] An analysis of the functions of these *yakṣiṇīs* including Tamasundarī is provided in (Shaw 2009).

Contents	XT–177 vs RMRM
Homage to Vajrayoginī	Only XT–177 has it.
The mantra	Both versions starts with it, XT–177 renders the mantra in a corrupted form.
Material aspects	Both versions prescribed to wash the body and put on clean clothes, and to make practice in a secluded and completely dark place; XT–177 provides more details about the latter.
Preliminary practice (mantra recitation)	Both versions hold that it should last for one month, from one full moon till the next one.
Main practice	Both versions have remarks about the exact time of the practice (full moon), place (dark and secluded), clean clothes, anointment of hands and feet with mixture of flower buds (details are slightly different) and white mustard oil, recitation of the mantra. XT–177 prescribes that the yogin remains inseparable from the personal deity and the recitation should be made without any words uttered. Both versions prescribe silence for the period when the yakṣiṇī/yoginī starts arriving (after one month of the invocation) and entering the sexual union with the yogin (XT–177 adds a remark that the yogin should take her by the hand when she arrives for the first time). In this way six months shall pass.
Result	XT–177 claims that the yogin should not produce a passion. The next sentence is damaged but it is likely to have had a statement that she herself has to produce a passion, after which she becomes the yogin's consort. According to RMRM, Tamasundarī becomes the yogin's wife if she starts conversing within six months. Both versions agree that at this moment the yogin may start talking to her and asking her about anything.
Granting desires	Both versions promise that all the yogin's desires will be fulfilled. RMRM emphasizes exquisite physical pleasures she starts granting — "soft touch gives divine pleasure" (52.54). Her supernatural abilities are depicted — she can take the yogin anywhere he likes, etc.
Other consorts are banned	According to RMRM, "one must not approach other women but cohabit only with them. If one goes to other women, they will cause death or insanity" (52.55). XT–177 prohibits sexual union with other consorts, otherwise the yogin will be killed (insanity is not mentioned). However, XT–177 explains that, to guard the yogin from this danger, Tamasundarī will visit him every night.
The retinue become servants, too	Both versions state that all the numerous *yakṣiṇī*s of her retinue start serving the yogin. RMRM promises that "when accomplished as an object of practice by any practitioner, she dispatches, every single day, one yakṣiṇī servant for each of them" (52.56). XT–177 confirms that all the practitioners will obtain the *siddhi*. But, according to this version, *all* the *yakṣiṇī*s will be one's friends and one will stay surrounded by *all* the *yakṣiṇī*s.

I believe this comparison shows that the version of XT-177 can be considered a kind of a commentary on the *sādhanā* of Tamasundarī found in the RMRM. But it also confirms my suggestion that it was reinterpreted as a practice dealing with a supreme deity rather than a miraculous and powerful lover who can grant the yogin with soft touches of divine pleasure and accomplish all he would desire "except for sexual advances on other women" (52.55).

Not much can be said about the second text to be discussed in this paper. Although it is called "The Instruction on Tamasundarī" in the colophon I cannot see any connection with the Beauty in the Darkness. A different *yakṣinī* called Khaṇḍarohā is described in this very short *sādhanā* aimed at defeating an epidemic. The retinue of Vajrayoginī includes the *ḍākinī* with this name but in that context Khaṇḍarohā has red color and four arms while XT-177 depicts her as black and two-armed (and with different attributes in her hands). However, the plausible link with Vajrayoginī may explain the inclusion of this short text in the collection presented in XT-177.

Although the two texts selected for this paper do not deal with common forms of Vajrayoginī they add some new information on her cult and, along with other texts that are to be presented in full in the catalogue of the IOM RAS collection of the Tibetan texts from Khara-Khoto, can support the notion that the Vajrayoginī rituals played a significant role in the practice of Tibetan Buddhism in Xixia.

Below my tentative English translation juxtaposed to the diplomatic transliteration of the two texts is presented. The facsimile edition of the two folios of the manuscript is provided in the appendix and, by comparing it with the transliteration, the reader can easily check some peculiar features of my way to transcribe the ancient Tibetan manuscript.

[4]
Homage to Śrī Vajrayoginī!

(34a1) @||_˙ࠀ˙_||dpal·rdo–e·rnal·'byor·ma·la· phyag·'tshal·lo_|_

The *siddhi* as a result shall be explained. First, the exposition of the mantra: oṃ gu rnu gu hya ke, ghu rnyung ghu rnyung hyang ke, es rgya haṃ ghu hya ke swāhā! [1]

dngos·grub·gyi·'bras·bu·bshad·par·bya·ste·|_
de·la·dang·po·sngags·bstan·pa'·ni_|o–'aṃ·'gu· rnu·gu·hya·ke_|
(34a2) ghu·rn.yung·ghu· rn.yung·hyang·ke__|_
es·rgya·haṃ·ghu·hya·ke· sbā·ha__||_

Then, the way to deliver the result: in the *sādhanā* of the six yogas from "The Root Tantra of Mañjuśrī" it is the *sādhanā* of Yoginī Tamasundarī ("The Beauty in the Darkness").

de·nas·'bras·bu·nges·par·'byin·pa'i·thabs·'jam·dpal·rtsa·rgyud·n
as·_|_rnal·'byor·drug·gi·
bsgrub· (34a3) thabs·yod·pa'·la·|__'di·ni·mun· pa'i·nang·na·mdze
s·ma·ni·_|rnal·'byor·ma'i· bsgrub·thabs·yin·te·|_

Here, first, the way to deal with the material aspects is to be shown: the body should be washed, the clean clothes should be put on.

'di·ltar·dang·po·rdzas·ci·ltar·bya·ba'i·thabs·
bstan·pas· (34a4) lus·khrus·bya'o_|_gos·bkrus·
la·bgon·par·bya'o·|_

Also, as for the time to perform [the rite] it should be performed during a fool moon; as for the place to perform [the rite] it should be performed in a very secluded hermitage, out of contact with [other] people.

de·yang·dus·gang·la·bya·na·zla·ba'·nya·ba·la· bya·'o_|_gnas·gan
g·du·bya·na·rgon·pa'·shin· du·dben·myis·myi·tshor· b(?)i· (34a5)
b(?)ar· bya'o·_|_

In such a place all the entrances should be walled up, leaving one cavity where food can be put in. In the place with no lamp [to lighten] the black darkness, without getting separated from the pride of one's personal deity, the above-cited mantra should be uttered ten thousand times.

gnas·de·lta·bur·sgo·thaṃ–d·rtsig·pas·bcad·nas· za·ma·shong·ba'i
·bug·pa'·1·gzhag·la·|__mun· pa'·nag·par·me·mar·myed·pa'i·gnas·-
su·|_rang· gi· (34a6) yid·dam·lha'inga·rgyal·dang·ma· bral·bas·go
ng·gi·sngags·de·khri·tsho·1·bzlas· pa'·bya'o_|_

Namely, starting from the full moon and up to the full moon of the next month, [the deity] is approached in one's heart, thus the approach [recitation] should be performed during one month.

de·yang·gong·gi·zla·ba'·nya·gang·ba·nas·bzu-ng· nas·zla·ba·phyi·ma·nyi·la·thug· (34a7) thug–su· bsnyen·pa'·byed·pa·ste___|_de·ltar·zla·ba'·1· bsten·pa'·bya'o·|_

Thus, after completing the approach [recitation], one should start to perform the *sādhanā*. As for the time to do it, during the full moon the offerings should be made and, until the fool moon of the next month, recitation [of the mantra] should be performed during one month.

de·ltar·bsnyen·pa'·zin·nas·bsgrub·pa'i·thabs·la·'jug ·par·bya·ste·_ |dus·gang·la·bya·na·zla·_ (34a8) ba'·nya·ba·la·mchod·pa'·byas·na s·_|_ phyi·ma'i·zla·ba·nya'i·bar·du·zla·ba·1·bzlas· pa'·bya'o__|_

Thus, after the month is over, when it is time to go to bed at night one should take a seat on a comfortable rag, out of contact with anybody, and sitting at that place should recite [the mantra].

de·ltar·zla·ba'·rdzogs·nas·|yang·nub·mo·nyal· ba'i·dus· (34b1) <ba'i>su·stan·bzang·po·yi· steng·du·'dug·la·|_ sus·kyang·ma·tshor·bar· byas·la·|___gnas·der·rang·'dug·la·bzlas·-pa'· bya'o__|_

Then, having put on clean clothes, one should stay as if in a cave, with the doors walled up, out of contact with or observation by [other] people, inside the black darkness without a lamp, and, having taken roundish (closed?[2]) flower buds colored like polygala[3], along with white mustard oil, should anoint both hands up to the wrists and both feet up to the soles [with their mixture], then anoint the left arm up to the shoulder.

yang·gos·bkrus·la·gon· (34b2) langs·pug·lta· bu·sgo·brtsigs·la·_|__myis·myi·tshor·ma· mthong·bar·mar ·mye·myed·pa'i·myug·pa'· gnag·pa'i·nang·du·bsdad·la·me ·tog·kha·zlum· kha·dog·ci·__ (34b3) 'sran·'dra·1·blangs·la· yungs·mar·dang·bcas·pa'|__lag·pa'·2·kyi· 'khrig·ma·tshun·c had·la·_|rkang·pa'·gnyis·kyi· s(?)o'·<*rkang*>·mthil·tshun·cad ·du·gyug·go| (34b4) yang·lag·pa'·g.yas·pa'i·gpung·pa'·man· cad·byug·go__|___

The above–mentioned mantra should be recited. At that time, one's mind has the pride of the personal deity. The recitation should be made without uttering words.

gong·gi·sngags·bzlas·pa'·bya'o__|_de'i·dus·su·sems·yi·dam·lha'i ·nga·rgyal·dang·ldan·ba'o_| (34b5) gtam·myi·smra·bar·bzlas·pa'· bya|_

The recitation should be started during the full moon and be performed till the following fool moon. After one month has passed this way, at the midnight the Yoginī is surely to appear in front of one.

dang·po·zla·ba'·gang·ba'i·dus·nas·phyi·ma'i· gang·<*ba'*>i·d us·su·bzlas·<*par'*>bya·ste__|_ de·ltar·zla·ba'·1·lon·ba'i·phy-i+de·nub·mo·_ (34b6) nam·phyed·na·rnal·'byor·ma·rang·gi· drung·du·nges·par·'ong·nge–so·|__

When [she] comes, one should hold her by hand and enter into union, without saying a single word, without reciting even the mantra. [She] will appear like that again and again during six months, and one should enter into union [with her] then, without saying a single word, without reciting even the mantra.

'ongs·pa'·dus·su·gtam·cung·zad·kyang·mi·smra· sngags·kyang ·mi·bzla·bar·lag·pa'·nas·bzung·_ (34b7) la·sbyor·ba'·bya'o_|_ de·bzhin·du·zla· ba'·drug·gi·bar·du·yang·yang·'ong·ste__|_de'i·d us·su·gtam·yang·myi›·smra·sngags·kyang· myi·bzla·bar·sbyor·ba'·bya'o___|_

After she leaves, one should recite [the mantra] without any interruption. In mind one should keep a thought about the Yoginī coming [back]. While six months would pass this way, for the good of the result of obtaining the siddhi, the practitioner should not have a passion to [have her as] a tantric consort.

(34b8) yang·song·nas·bzlas·pa'·rgyun·myi· 'chad ·par·bya'o__|__ sems·kyis·rnal·'byor·ma· yong·ba'i·bsam·ba'·dang·ldan·bar·bya 'o·___|_de·ltar·zla·ba·drug·thal·nas| (35a1) @||dngos· grub·thob·p a'i·'bras·bu·ni·bsgrub·pa'·po·de· phyag·rgya·ma·de·la·chags·sem s·myi·bya'·_|__

[When she herself arrives] with a passion this is how [she] becomes [one's] tantric consort. At this time one [may start] talking to her, and whatever one wants — everything will be done. Whatever is done, whatever is said — everything will turn true. Whatever words are said all the rites will be performed. Whatever substances are needed — everything will be brought, all the elixirs granted. If [she?] comes carrying <?>, if [she?] eats it, the upward movement, eight accomplishments, [and] whatever is desired will be granted.

chags·<*nas(?)·yong(?)·pa*>'i·rgyu·_|_rang·gi· phyag·ma· (35a2) 'gyur·te·_|__de'i·dus·su·de· la·gtam· <*sm*>ra_|__ rang·ci·'dod·pa'·bzhin·thaṃ–d· byed·do___|_ ci·byas·ci·smras·thaṃ–d·kyang· bden·ba'·dang·ldan·no__|_ ci·skad·smras·pa· (35a3) bzhin·du·las·thaṃ–d·kyang·byed·do ___| __rdzas·ci·'dod·pa·thaṃ–d·khyer·de·'ong·bcud· len·thaṃ–d·kyang·<*ster*|>__<?>l·chu·khyer· nas·byung·na·de·zos·na·ste ng·du·'gro·ba'· dang·___|_ (35a4) grub·pa'·brgyad·gang·'dod· kyang·ster·ro·_|__

After that the Yoginī can carry one at night to the abode of deities upon [Mount] Sumeru; can carry [one] at night to whatever place in the Jambudvīpa ④ [one] wants to get to; can frighten all the hostile demons within up to five hundred *yojanās* ⑤. Whatever one says — it will be performed.

de·nas·rnal·'byor·ma·des·rang·nyid·khur·nas·ri·rabs·steng·lh a'i·gnas·su·yang·mtshan·mo·nas· 'gro·nus·so|mtshan· (35a5) <*mo*·'>dzam·bu· gling·thaṃ–d·kyang·yid·la·gang·'dod·pa'·der· khyer·nas·'gro·nus·so___|__dpag·tshad·lnga· b<*rgya*?>·tshun· chad × {na}·yod·pa'i·'gregs· thaṃ–d·bskrod·nus·so___| (35a6) rang·gis· smras·pa'·thaṃ–d·byed·__|_

Another consort is not allowed. If one enters the union with somebody else he will be killed. Therefore, all this has to be guarded. Guarding it, the Yoginī will come to her companion in the darkness and they will be staying together so that one will not want anybody else. If one enters the union with somebody else he will be killed soon.

cung·ma·gzhan·dang·myi·btub·ste____|__ gzhan·dang·sbyor·ba'· byas·na·rang·gsod·par· 'gyur·bas·na·de·thaṃ–d·bsrung·dgos·so_| (35a7) de·bsrungs·na·rnal·'byor·ma·mun·pa'i· nang·gi·zla·grogs·s u·song·nas·_|_de·dang·lhan·1·de·'dug·nas·gzhan·myi·'dod ·do·_|_ gzhan· dang·sbyor·ba'·byas·na·_ (35a8) myur·du·gsod·do·|_

Thus, [one will be] surrounded by hundred thousand *yakṣiṇīs*, the retinue of the so-called *Yakṣiṇī* Who Appear in the Darkness, and every day [they] will bring whatever one wants. All *yakṣas* and *yakṣiṇīs* will be given [to one] as servants.

de·ltar·mun·nag·gi·nang<·>na·_|_'char·ba'i·gnod·sbyin·m o·zhes·bya·ba'·de'i· '<*khor*>·gnod·sbyin·mo·brgya·stong ·gis·bskor·nas·yod· (35b1) pa'·rnams·nyi·ma·re·re·zhing· gang·'dod·pa'·yang·ster·|_gnod·sbyin·pho·mo· thaṃ–d· bran·bzhin·du·ster· ro·|_

The practice will be realized. All the practitioners [of this *sādhanā*] will obtain the *siddhi*. All the *yakṣiṇīs* will come as one's friends. One will stay surrounded by all the *yakṣiṇīs*.

grub·pa'·dang·ldan·no_|_bsgrub·pa'·po· thaṃ–d·kyis·dngos·grub·thob·bo__| (35b2) gnod·sbyin·mo·thaṃ–d·rang·dang·'grogs·nas· 'ong·_|_ rang·yang·gnod·sbyin·mo·thaṃ–d· kyis·bskor·nas·yod·_|__

"The Lamp That Enlightens the Sādhanā of Tamasundarī" is complete.
Ati.
Guhya.

mun·pa'i·nang·na·mdzes·mi·d–ngos·grub· bsgrub·pa'i·thabs·||___ (35b3) gsal·byed·sgron· ma·||_______rdzogs·s. ho______||_____________a+ṭi________________||________ _____ 'ghu·hya___________||____

[5]
oṃ a li ka la ka wa sti swāhā!

(35b4) @#||___||o–'aṃ·a·li·ka·la·ka·wa·sti·sbā· ha·____||__

In one's own heart, the heart (?) in which the deity is generated, (one should see how) from the heart of [a person] grasped by the epidemic Khaṇḍarohā is emitted, with the black body, one face, two arms, holding a lasso in her right hand, grasping an iron hook in her left hand. The *yakṣinī* from the northern side of Sumeru, adorned with the five [types of] golden adornments, very beautiful, seizing a bough of an *aśoka*–tree, the Giver of Refuge carries that [sick person?] to one's feet, holding by the neck with the lasso and grasping by the heart with the hook, and removes red filth (?). [This way one should] meditate.

rang·nyid·snying·po·lha·bskyed·pa'i·<*snying ka·na*?>_rims·bsn aṃs·pa'i·snying·ka·nas·_|_ du<*m*>· skyes·ma·sku·mdog·nag·mo· (35b5) zhal·1·phyag·2·ma·|_phyag·g. yas·na·zhags·pa'·'dzin·ma·_|__g.yon·na·lcags·kyu·bzung·ba'· spros·la·ri·rabs·kyi›·byang·phyogs·nas·|__gnod·sbyin·mo·gser· (35b6) gi·rgyan·cha·lngas· brgyan·pa'·shin·du·mdzes·shi›ng·__|_ a·sho· ka'i·yal·ga·la·brjus·pa'·_|_skyabs·sbyin·mdzad·pas(?)·de'i·ske·la·zhags·pas· bcing·snying·ka· nas·lca (35b7) ° gs·kyus·bzung·nas·___|__ khrid· nas·'ongs·pas·de·rang·gi·rkang·pa'i· <'*og*?>·dmar·myog·myog·spon g·bar·bsam· mo·_|

The Instruction on Tamasundarī is complete.	mun·pa'i·nang·na·mdzes·pa'i·man·ngag· rdzogs·s.hol| (35b8) [blank]

① This is a corrupted form of the mantra, cf. the version found in the Tibetan text *Root Tantra of Mañjuśrī*: *oṃ shrī ṇu gu hya ke shrī ṇu gu hya ke e hya hi gu hyai hi gu hya ke swā hā* (according to the Derge edition, see f. 300b1 of vol.). It is somewhat different from that of the extant Sanskrit text: tamasundaryāyā mantraḥ / oṁ ghuṇu guhyake ghuṇu ghuṇu guhye • ehy ehi guhyake svāhā which is translated into English as *Oṁ ghuṇu*! *Ghuṇu*, *ghuṇu*, O secret one! Come, come, O guhyakī! *Svāhā* (RMRM: 52.52).

② The manuscript has *kha zlum* but, apparently, *kha zum* was meant; however, both variants may express the same idea in regard of flowers; the canonical version has *me tog legs par kha 'bus pa*, i.e. "closed buds".

③ To be more precise, Polygala tenuifolia Willd., if the word *ci 'sran* in the manuscript may be interpreted as a different (or corrupted) form of *byi'u sran ma*. According to the Sanskrit text of RMRM (52.53) two flowers are used, *karṇikā* and *vānapuṣpa*. The former seems to have no equivalent in the manuscript. As for the latter it is not completely clear what the word "vānapuṣpa" means but, perhaps, it is just "a wild (forest) flower". Since the Tibetan verb *sran pa* means "to endure, to be firm", perhaps, the expression *ci sran* might be understood as corresponding with the idea of a wild plant. But it is more plausible that some concrete plant is meant because the flower buds are said to have its color (*kha dog ci 'sran 'dra*).

④ In Buddhist cosmology Jambudvīpa is one of the four continents, but it can be understood in a broader sense as the region where the human beings live.

⑤ According to K. Mimaki, "a Buddhist *yojana* approximately corresponds to 7.3 km, which is half of an ordinary North Indian *yojana*" [Mimaki 2000: 90].

List of literature

English 2002 — English E. *Vajrayoginī: Her Visualizations, Rituals, and Forms*. Boston: Wisdom Publications.

Mimaki 2000— Mimaki K. "A preliminary comparison of Bonpo and Buddhist cosmology". *New Horizons in Bon Studies, No. 15 (Bon Studies 2)*. Edited by Samten G. Karmay, Yasuhiko Nagano. National Museum of Ethnology, Osaka, pp. 89–115.

RMRM — *The Root Manual of the Rites of Mañjuśrī*. Translated by Dharmachakra Translation Committee under the patronage and supervision of 84000: Translating the Words of the Buddha. First published 2020. https://read.84000.co/translation/toh543.html.

Shaw 2009— Shaw M. "Magical Lovers, sisters and Mothers: Yaksini Sadhana in Tantric Buddhism". *Breaking boundaries with the Goddess: new directions in the study of Śaktism: essays in honor of Narendra Nath Bhattacharyya*. Ed. by C. A. Humes, R. F. McDermott. New Delhi: Manohar Publishers & Distributors, pp. 265–296.

Solonin 2015— "Dīpaṃkara in the Tangut context: An inquiry into the systematic nature of Tibetan Buddhism in Xixia (Part 2)". *Acta Orientalia Academiae Scientiarum Hungaricae*. Volume 68 (4), pp. 425–451.

Solonin 2015b— Solonin K. "Local Literatures: Tangut/Xixia". *Brill Encyclopedia of Buddhism*.

Vol. 1. Ed. by J. Silk, O. von Hinüber, V. Eltschinger. Leiden: Brill, pp. 844–859.

Solonin 2016— "Dīpaṃkara in the Tangut context: An inquiry into the systematic nature of Tibetan Buddhism in Xixia (Part 2)". *Acta Orientalia Academiae Scientiarum Hungaricae.* Volume 69 (1), pp. 1–25.

Tohoku 1934— *A complete catalogue of the Tibetan Buddhist canons (Bkaḥ-ḥgyur and Bstan-ḥgyur)*. Ed. by H. Ui, M. Suzuki, Y. Kanakura, T. Tada. Sendai: Tohoku Imperial University, 1934.

Zorin 2015— *Buddiiskie ritual'nye teksty: po tibetskoi rukopisi XIII v. [Buddhist Ritual Texts as Represented in a Tibetan Manuscript from the 13th Century]. Facsimile ed., transliteration by A. V. Zorin and S. S. Sabrukova; tr. from Tibetan, introduction, notes and appendix by A. V. Zorin. Moscow, Nauka-Vostochniya literatura. (Pamiatniki pis'mennosti Vostoka. Vol. CXLVI.)*

Zorin, Sizova 2019— Zorin A., Sizova A. "On the History of the Formation and Processing of the Collection of the Tibetan Texts from Khara-Khoto Kept at the IOM, RAS". *Written Monuments of the Orient*. No. 2(10), pp. 3–18.

本輯作者名録

（按作者姓氏拼音排列）

阿地里·居瑪吐爾地：中國社會科學院民族文學研究所研究員

格格其：中國人民大學國學院博士研究生

格日勒圖：日本東北大學碩士研究生

赫爾穆特·陶舍（Helmut Tauscher）：奥地利維也納大學藏學和佛學系教授

黄蕙如：中國人民大學清史研究所博士研究生

庫兹敏（U. A. Kuzmin）：俄羅斯貝加爾市立大學教師

李俊義：大連民族大學民族史研究所教授

李勝海：復旦大學中華古籍保護研究院教授

劉鳳强：西藏民族大學民族研究院教授

納森巴雅爾：新疆伊犁州瑟公錫滿文化傳播中心工作人員

薩仁高娃：中國國家圖書館古籍館研究館員

蘇日朦：中國社會科學院民族學與人類學研究所助理研究員

石岩剛：陝西師範大學國外藏學研究中心助理研究員

托汗·依薩克：中央民族大學少數民族語言文學學院副教授

瓦西連科（V. A. Vasilenko）：俄羅斯伊爾庫斯克市立大學教授

王耀：中國社會科學院民族學與人類學研究所副研究員

烏力吉陶格套：内蒙古大學蒙古歷史學系教授

烏仁高娃（J.Urangua）：蒙古國立大學教授

烏仁其其格：内蒙古財經大學馬克思主義學院教授

肖剛：中國國家圖書館古籍館副研究館員

亞歷山大·卓林（Alexander Zorin）：俄羅斯科學院東方文獻研究所研究員

稿約

《西域歷史語言研究集刊》是由中國人民大學國學院西域歷史語言研究所主辦的學術刊物，半年刊，由社會科學文獻出版社出版發行。

本刊以介紹國內外學者關於中國西域（青藏高原、天山南北、蒙古高原）以及中央歐亞民族、歷史、語言、宗教、藝術、文化等方面的最新研究成果為主要宗旨。發表具有原創性的學術研究論文、書評和研究綜述等，以期推動國內學界在西域和中央歐亞歷史語言研究方面的進步。

歡迎相關研究領域專家學者自由投稿，稿件字數原則上應控制在3.5萬字以內，文種為漢文、英文、日文、蒙古文（僅限於基里爾文）等。來稿一經刊用，即贈送樣刊2本與單篇文章抽印本20册。

本刊對擬採用稿件有酌情删改權，如不同意删改者，請在來稿中特别聲明。如兩個月內未接到用稿通知，作者可自行處理。

來稿務必參照社會科學文獻出版社學術著作出版規範的格式，並同時發來Word與PDF版兩種形式。漢文稿用繁體字，附作者姓名英文寫法、文章英文題目、英文摘要等，並附詳細的通信地址、郵編、電子郵箱、聯繫電話。

本刊投稿郵箱：xiyulishiyuyan@163.com

通信地址：北京市海淀區中國人民大學國學館118室

郵編：100872

聯繫電話：18811536991

《西域歷史語言研究集刊》編輯部

圖書在版編目（CIP）數據

西域歷史語言研究集刊. 二〇二〇年. 第二輯 ：總第十四輯 / 烏雲畢力格主編. -- 北京 ：社會科學文獻出版社，2021.9

ISBN 978 - 7 - 5201 - 8638 - 4

Ⅰ. ①西… Ⅱ. ①烏… Ⅲ. ①西域 - 文化史 - 研究 - 叢刊 Ⅳ. ①K294.5 - 55

中國版本圖書館 CIP 數據核字（2021）第 138377 號

西域歷史語言研究集刊 二〇二〇年 第二輯（總第十四輯）

主 編 / 烏雲畢力格

出 版 人 / 王利民
責任編輯 / 趙 晨
責任印刷 / 王京美

出 版 / 社會科學文獻出版社 · 歷史學分社（010）59367256
地址：北京市北三環中路甲 29 號院華龍大廈 郵編：100029
網址：www.ssap.com.cn
發 行 / 市場營銷中心（010）59367081 59367083
印 裝 / 三河市東方印刷有限公司

規 格 / 開 本：787mm × 1092mm 1/16
印 張：15.75 字 數：351 千字
版 次 / 2021 年 9 月第 1 版 2021 年 9 月第 1 次印刷
書 號 / ISBN 978 - 7 - 5201 - 8638 - 4
定 價 / 128.00 圓